Droit des sûretés

Dans la même collection

Objectif Droit – Cours

Contentieux administratif, D. Costa.

Droit administratif général, J.-L. Autin, C. Ribot.

Droit commercial, B. Petit.

Droit constitutionnel, R. Debbasch.

Droit de l'urbanisme, J.-F. Davignon.

Droit de la propriété industrielle, H. Gaumont-Prat.

Droit de la protection sociale, E. Jeansen.

Droit des assurances, J. Bonnard.

Droit des biens, J.-B. Seube.

Droit des obligations – Contrat et quasi-contrat, Ph. Delebecque, F.-J. Pansier.

Droit des obligations - Régime général, Ph. Delebecque, F.-J. Pansier.

Droit des obligations – Responsabilité civile, délit et quasi-délit, Ph. Delebecque, F.-J. Pansier.

Droit des régimes matrimoniaux, A. Lamboley, M.-H. Laurens-Lamboley.

Droit des relations extérieures de l'Union européenne, A. Fenet.

Droit des relations internationales, P. Blacher et K. Neri

Droit des relations sociales au travail, M. Meunier-Boffa.

Droit des sociétés, B. Petit.

Droit des sûretés, P. Ancel et O. Gout.

Droit du service public, D. Linotte et R. Romi.

Droit du travail, F.-J. Pansier.

Droit général de l'environnement, É. Naim-Gesbert.

Droit général de l'Union européenne, J. Roux.

Droit international privé, F. Monéger.

Droit pénal général, C. Paulin.

Droit public économique, S. Bernard.

Droits de l'homme et libertés de la personne, R. Charvin, J.-J. Sueur.

Histoire du droit des obligations, C. Bouglé, E. Chevreau, Y. Mausen.

Institutions administratives, P. Jan.

Introduction générale au droit, D. Mainguy.

Introduction à la sociologie et à la philosophie, D. Touret.

Procédure civile, H. Croze, C. Morel, O. Fradin.

Procédure pénale, É. Vergès.

Se préparer à : - EFB/CRFPA - ENM - ENG, O. Dubos, F. Gonthier, M. Lamarche, V. Malabat, F. Melleray, J.-C. Saint-Pau.

Sociologie politique, C. Rouvier.

Successions et libéralités, J. Maury.

Objectif Droit – TD

TD d'introduction au droit et droit civil, P. Ancel, O. Gout, I. Maria.

TD de droit administratif, B. Plessix, M. Ubaud-Bergeron, N. Deffains.

TD de droit bancaire, J. Stoufflet, N. Mathey, H. Causse, J.-F. Riffard.

TD de droit constitutionnel, C. Leclercq, P.-H. Chalvidan.

TD de droit de la protection sociale, P. Coursier.

TD de droit des entreprises en difficulté, P. Pétel, A. Pélissié, C. Lisanti-Kalczynski.

TD de droit des obligations, J.-B. Seube, P. Puig, C. Mouly.

TD de droit des régimes matrimoniaux, A. Lamboley, M.-H. Laurens-Lamboley.

TD de droit des relations collectives de travail, E. Jeansen, Y. Pagnerre.

TD de droit des relations individuelles de travail, P.-H. Antonmattei, A. Chevillard, A. Donnette, C. Neau-Leduc.

TD de droit des sociétés, M. Germain, J.-P. Legros.

TD de droit des sûretés, D. Legeais.

TD de droit international privé, H. Fulchiron, C. Nourissat, É. Treppoz, A. Devers.

TD de droit pénal et de procédure pénale, P. Bonfils, É. Vergès, N. Catelan.

Objectif Droit – Méthodologie

Méthodologie de la recherche en droit, R. Romi.

Méthodologie du droit, F.-J. Pansier.

DROIT DES SÛRETÉS

8e ÉDITION

Pascal Ancel
Professeur émérite de l'université du Luxembourg

Olivier Gout
Professeur à l'université de Lyon (Jean Moulin – Lyon 3)

LexisNexis

LexisNexis SA
141, rue de Javel – 75015 Paris

Avertissement de l'Éditeur

Toute utilisation ou traitement automatisé, par des tiers, de données personnelles pouvant figurer dans cet ouvrage sont formellement interdits.

DANGER

LE PHOTOCOPILLAGE TUE LE LIVRE

Le logo qui figure sur la couverture de ce livre mérite une explication. Son objet est d'alerter le lecteur sur la menace que représente pour l'avenir de l'écrit, tout particulièrement dans les domaines du droit, d'économie et de la gestion, le développement massif du photocopillage.
Le Code de la propriété intellectuelle du 1er juillet 1992 interdit en effet expressément la photocopie à usage collectif sans autorisation des ayants droit. Or, cette pratique s'est généralisée dans les établissements d'enseignement supérieur, provoquant une baisse brutale des achats de livres au point que la possibilité même pour les auteurs de créer des œuvres nouvelles et de les faire éditer correctement soit aujourd'hui menacée.

Siège social : 141, rue de Javel – 75015 Paris

ISBN 978-2-7110-3168-9

ISSN 1284-828X

Liste des abréviations

BGB	*Bürgerliches Gesetzbuch* (Code civil allemand)
Bull. civ.	*Bulletin des arrêts des chambres civiles de la Cour de cassation*
Cass. 1re, 2e , 3e civ.	Cour de cassation (1re, 2e ou 3e chambre civile)
Cass. ass. plén.	Cour de cassation, assemblée plénière
Cass. ch. mixte	Cour de cassation, chambre mixte
Cass. com.	Cour de cassation, chambre commerciale
C. assur.	Code des assurances
C. cinéma	Code du cinéma et de l'image animée
C. civ.	Code civil
C. com.	Code de commerce
C. consom.	Code de la consommation
CGI	Code général des impôts
C. monét. fin.	Code monétaire et financier
CMP	Code des marchés publics
CNUDCI	Commission des Nations unies pour le droit du commerce international
COFACE	Compagnie française d'assurance pour le commerce extérieur
CPC	Code de procédure civile
CPC ex.	Code des procédures civiles d'exécution
C. pén.	Code pénal
CPI	Code de la propriété intellectuelle
CPP	Code de procédure pénale
C. rur. pêche marit.	Code rural et de la pêche maritime
CSS	Code de la sécurité sociale
C. trav.	Code du travail
D.	*Recueil Dalloz*
D.	Décret
Dir.	Directive
infra	ci-dessous
JCP G	*JurisClasseur périodique*, édition Générale
L.	Loi
RTD civ.	*Revue trimestrielle de droit civil*
supra	ci-dessus
V.	Voir

Avant-propos

Cet ouvrage n'a aucune prétention doctrinale. Il a été conçu dans un but exclusivement pédagogique, conformément à l'esprit de la collection. Il s'adresse donc aux étudiants et étudiantes de licence ou de master des facultés de droit.

Le droit des sûretés est une matière qui, comme beaucoup de parties du droit, ne devient intéressante que si l'on prend la peine de la découvrir dans le détail. C'est pourquoi vous ne devez pas penser qu'un ouvrage comme celui-ci peut se suffire à lui-même. Il ne doit constituer pour vous qu'un simple point de départ pour une approche plus approfondie. Dans cette optique, après le texte de chaque chapitre, où vous trouverez un aperçu général de la matière, nous avons fait figurer une rubrique « Pistes à explorer » : il ne s'agit pas d'un approfondissement doctrinal personnel de tel ou tel point, mais de suggestions de recherches qui vous sont directement adressées. Par ailleurs, toujours dans l'optique pédagogique, nous vous mettons en garde, sous la rubrique « Pièges à éviter », contre un certain nombre d'incompréhensions et de confusions que notre expérience d'enseignement de la matière nous a fait souvent rencontrer sous la plume ou dans la bouche des étudiants. Enfin, pour chaque chapitre, nous avons envisagé quelques « Points d'actualité », qui vous invitent à vous intéresser aux dernières évolutions législatives ou jurisprudentielles des questions traitées.

L'ouvrage ne contient pratiquement pas de références doctrinales : seuls sont cités nommément les auteurs qui ont attaché leur nom à telle ou telle théorie importante de la matière. Ce parti pris est simplement inspiré par le souci de ne pas faire double emploi avec les nombreux et remarquables manuels et traités à contenu doctrinal, auxquels cet ouvrage doit évidemment beaucoup, et dont la consultation vous sera de toute façon nécessaire si vous suivez la matière en travaux dirigés (V. *in fine* la bibliographie). Vous ne trouverez par ailleurs dans le texte qu'un nombre très limité de références jurisprudentielles, qui visent les arrêts essentiels de la matière ; chaque arrêt n'est donné qu'avec une référence de publication minimale (soit au bulletin des arrêts de la Cour de cassation, soit, pour les arrêts les plus récents, par le numéro de pourvoi permettant de retrouver l'arrêt en texte intégral sur Legifrance). Il s'agit, par là, de vous obliger à lire d'abord l'arrêt « brut », avant d'aller lire les commentaires (que vous êtes évidemment invités à chercher). Bien entendu, la stricte limitation des références ne signifie nullement que nous n'attachons pas d'importance à la jurisprudence et aux écrits doctrinaux ; elle devrait tout au contraire être une incitation à faire par vous-même les recherches qui s'imposent. L'aptitude à réaliser ces recherches est, en soi, un élément important de la compétence d'un juriste. C'est pourquoi, en dépit de son caractère très sommaire, le présent ouvrage voudrait offrir davantage qu'une vue superficielle des immenses richesses de la matière. Il vise à vous donner des clés vous permettant d'ouvrir par vous-même les portes derrière lesquelles vous pourrez les découvrir. Le droit des sûretés est aujourd'hui une matière très évolutive, nourrie par une jurisprudence abondante, d'incessants changements des textes, et une doctrine de grande qualité, et qui s'est enrichie ces dernières années de nouvelles techniques. Un étudiant ou une étudiante ne peut de toute façon, dans le cadre du cours semestriel qui lui est habituellement consacré, qu'en découvrir une petite partie. C'est pourquoi un ouvrage de ce type, s'il ne souffre pas la comparaison avec d'autres manuels plus approfondis, peut présenter quelque utilité en vous donnant les premiers repères et en vous donnant l'envie d'en savoir plus. Il n'a pas d'autre prétention.

Il reste à préciser que Pascal Ancel est l'auteur de cet ouvrage et qu'il en a assuré les sept premières éditions. Olivier Gout le rejoint à l'occasion de cette huitième édition afin de mettre à jour ce livre et de poursuivre son œuvre.

Sommaire

PARTIE 3

L'AGENT DES SÛRETÉS

Introduction

1. – Première notion des sûretés. Lorsqu'une personne accorde un crédit à une autre, et plus généralement chaque fois qu'un délai est accordé à un débiteur pour l'exécution de son obligation, le créancier peut craindre que le débiteur n'exécute pas son obligation. Pour le protéger contre ce risque, le droit permet au créancier de prendre certaines garanties – et dans certains cas lui en accorde de plein droit ou permet au juge de lui en accorder. Parce que ces garanties rendent le crédit plus sûr, qu'elles donnent davantage de sécurité au créancier, on les désigne traditionnellement par le terme de « sûretés ». En réalité, il n'est pas certain que toutes les garanties contre le risque d'inexécution méritent d'être qualifiées techniquement de « sûretés » – c'est un point sur lequel nous reviendrons – mais le « droit des sûretés », en tant que discipline d'enseignement faisant l'objet du présent ouvrage, peut appréhender de manière globale l'ensemble de ces garanties. Si donc, dans une première approche, on peut définir les sûretés comme les **moyens permettant à un créancier d'être garanti contre le risque d'inexécution de son obligation par le débiteur**, cette définition n'est donnée que comme un point de départ, sous bénéfice d'une réflexion plus approfondie.

2. – Importance et actualité du droit des sûretés. Matière longtemps considérée comme aride, excessivement technique, le droit des sûretés se révèle aujourd'hui comme une des parties les plus riches, les plus foisonnantes du droit privé, l'une des plus liées aux réalités économiques. Et vous ne devez surtout pas perdre de vue les importants enjeux économiques et sociaux qui sont en cause derrière les aspects les plus techniques de la matière (V. *infra*, Pistes à explorer). Longtemps vue comme une branche figée, voire poussiéreuse, elle apparaît aujourd'hui comme étant en constante évolution, en bouillonnement perpétuel. Et, même s'il est principalement réglementé dans le Code civil, au titre du droit commun des rapports entre créanciers et débiteurs, le droit des sûretés s'intègre aujourd'hui sans difficulté dans ce qu'il est convenu d'appeler le « droit des affaires ». Cependant, si elle avait fait l'objet de nombreuses évolutions jurisprudentielles, la matière n'avait pas, depuis 1804, subi de réforme législative d'ensemble. C'est chose faite depuis **l'ordonnance n° 2006-346 du 23 mars 2006**. Cette réforme contient un certain nombre d'innovations majeures sur le fond du droit, qui se retrouveront tout au long de ce manuel. Elle se traduit aussi par un véritable bouleversement de la structure du Code civil. Alors qu'il était jusque-là éclaté entre divers titres du livre III du code, le droit des sûretés est désormais rassemblé dans un livre IV intitulé « Des sûretés », ce qui a l'avantage de rendre la matière plus lisible (sur les origines et le contenu d'ensemble de la réforme, V. *infra*, Points d'actualité). Une autre réforme d'ampleur se dessine. L'article 60 de la **loi n° 2019-486 du 22 mai 2019 relative à la croissance et la transformation des entreprises**, dite loi PACTE, prescrit au gouvernement de réformer le droit des sûretés par voie d'ordonnance dans un délai de deux ans (V. *infra*, Points d'actualité).

3. – Plan de l'introduction. Pour mieux vous faire comprendre ce qu'est une sûreté, nous allons d'abord, dans cette introduction, rappeler quelle est la **situation du créancier en l'absence de sûretés** ; nous vous présenterons ensuite les **différents types de sûretés**, avant de voir quelles sont **les sources du droit des sûretés**.

SECTION 1

LA SITUATION DU CRÉANCIER EN L'ABSENCE DE SÛRETÉS

4. – De l'obligation au crédit. Le créancier est uni à son débiteur par un rapport d'obligation, qui peut avoir diverses origines (contractuelle, délictuelle, quasi contractuelle, légale). En vertu de ce rapport, il peut exiger de son débiteur qu'il fasse, qu'il ne fasse pas, ou qu'il donne quelque chose. Le créancier est titulaire d'un droit de créance, ou droit personnel – contre la personne de son débiteur (par opposition aux droits réels, qui portent sur des choses).

Certaines créances sont à exécution immédiate, elles disparaissent aussitôt qu'elles sont nées : ainsi, dans une vente au comptant où l'acheteur doit payer le prix au moment même où il reçoit la chose. Le créancier, ici, ne court pas de risques particuliers et il n'a pas besoin de garanties.

Il n'en va pas de même si la créance est à terme : le débiteur n'est tenu d'exécuter son obligation que dans l'avenir, à une date fixée de manière plus ou moins précise. Le débiteur bénéficie alors d'un **crédit**.

Cette situation engendre pour le créancier un certain nombre de risques.

5. – Risques du crédit. D'abord, si la créance porte sur une somme d'argent, le créancier va se trouver momentanément privé de cette somme ; or il peut en avoir besoin avant le terme fixé. Contre ce **risque d'immobilisation du capital**, le droit offre un certain nombre de moyens de protection, en permettant au créancier, par des techniques variées, de mobiliser sa créance (cession de créance, subrogation personnelle, effets de commerce, mécanismes de titrisation).

Ensuite et surtout, dans tous les cas, le créancier court le **risque d'inexécution** de ses obligations par le débiteur. Contre ce risque, le créancier est diversement protégé, selon la nature de l'obligation et la nature de l'inexécution :

– si l'obligation inexécutée est une obligation de faire ou de ne pas faire (autre qu'une obligation de somme d'argent), le créancier ne pourra pas toujours la faire exécuter directement (V. C. civ., art. 1221). Si l'exécution en nature est impossible ou s'il existe une disproportion manifeste entre son coût pour le débiteur de bonne foi et son intérêt pour le créancier, il devra se contenter de dommages-intérêts, ce qui ramène au cas suivant ;

– si l'obligation est une obligation de somme d'argent, le créancier peut en obtenir l'exécution forcée, en poursuivant la vente des biens du débiteur. C'est ce que dispose l'article 2284 du Code civil (*ex-art. 2092*)(1) qui ouvre de manière très significative le nouveau livre du Code civil sur les sûretés. Ce texte consacre ce qu'on appelle le **droit de gage général**, qui est la manifestation la plus tangible de la notion de **patrimoine**, universalité à l'intérieur de laquelle les droits (l'actif) répondent des dettes (le passif).

(1) La réforme du droit des sûretés de 2006 s'est aussi traduite par un bouleversement total de la numérotation des articles du Code civil, même lorsqu'ils n'avaient pas été modifiés. Pour vous permettre d'approcher plus commodément la jurisprudence antérieure, il a été choisi, lorsque le texte de l'article n'a pas été modifié, d'indiquer systématiquement l'ancien numéro en italique, après l'actuel. Bien entendu, vous devez vous-même désormais utiliser exclusivement la nouvelle numérotation.

Le créancier qui ne dispose que de ce droit – qu'on appelle le créancier **chirographaire** – n'a cependant aucune certitude d'être payé. Quelle que soit la manière dont il se réalise (§ 1), le droit de gage général ne procure en effet au créancier qu'une protection très limitée (§ 2).

§ 1. – Les modalités de réalisation du droit de gage général

6. – Dualité de procédures. Le droit qu'a tout créancier de se payer sur les biens de son débiteur se réalise soit à travers les procédures civiles d'exécution, soit dans le cadre des procédures collectives touchant les entreprises. L'étude de ces procédures est indissociable de celle des sûretés, sur la réalisation desquelles elles ont d'ailleurs une forte incidence. Les règles du Code civil relatives aux sûretés ne s'appliquent que sous réserve des règles dérogatoires liées à l'ouverture du traitement d'une situation d'insolvabilité (C. civ., art. 2287).

A. – Procédures civiles d'exécution

7. – Procédures individuelles et partielles. Le droit de gage général se réalise normalement par l'exercice des procédures civiles d'exécution, les saisies. Ces procédures (qui ont fait l'objet d'importantes réformes en 1991 – pour les principes généraux et les saisies mobilières – et en 2006 – pour les saisies immobilières) sont à la fois des procédures individuelles (il appartient à chaque créancier de prendre l'initiative de l'exécution ou de se joindre à une saisie déjà commencée) et des procédures partielles (chaque procédure ne permet d'appréhender qu'une partie du patrimoine : tel immeuble, le mobilier situé dans tel lieu, tel compte bancaire...).

8. – Liquidation collective. Jusqu'à une période récente, il n'existait pas, en droit civil, de procédure de liquidation collective du passif, même si le débiteur était en déconfiture, c'est-à-dire si son actif était insuffisant pour couvrir le passif. Les procédures de traitement du surendettement, créées par la loi du 31 décembre 1989 (modifiée en 1995, en 1998, en 2003, en 2008, en 2010, en 2013 et encore 2016) et aujourd'hui intégrées aux articles L. 711-1 et suivants du Code de la consommation, n'étaient au départ que des procédures permettant au débiteur d'obtenir globalement des délais et des remises vis-à-vis de ses différents créanciers ; elles ne débouchaient pas sur une liquidation collective. Il n'en va plus de même depuis la loi n° 2003-710 du 1er août 2003, qui a mis en place une procédure de « rétablissement personnel », applicable lorsque la situation du débiteur est irrémédiablement compromise. Cette procédure avait été conçue en 2003 comme un équivalent simplifié de la liquidation judiciaire applicable aux entreprises, dans laquelle les biens du débiteur sont vendus au profit de l'ensemble de ses créanciers, les dettes subsistant après cette liquidation étant effacées. Mais, dans le dernier état des textes, il peut y avoir effacement des dettes sans liquidation, si les biens saisissables du débiteur sont insuffisants.

B. – Procédures de traitement des difficultés des entreprises

9. – Procédures collectives et globales. Dans de nombreux cas, la réalisation forcée des biens du débiteur peut être poursuivie dans le cadre des procédures relatives aux entreprises en difficulté réglementées dans le Code de commerce (C. com., art. L. 610-1 à L. 680-7). Ces procédures, qu'on appelait autrefois les procédures de faillite, ont été réformées à maintes reprises au cours des cinquante dernières années, d'abord en 1967 et en 1985, puis, plus récemment par la loi n° 2005-845 du 26 juillet 2005, par l'ordonnance n° 2008-1345 du 18 décembre 2008, par l'ordonnance n° 2010-1512 du 9 décembre 2010, par l'ordonnance n° 2014-326 du 12 mars 2014 ainsi que celle du n° 2014-1088 du 26 septembre 2014, par la loi n° 2015-990 du 6 août 2015 et en dernier lieu par la loi n° 2016-1547 du 18 novembre 2016. Ces diverses réformes – qui en disent long sur l'instabilité de la matière – ont considérablement étendu le champ d'application de ces procédures : conçues à l'origine pour les seuls commerçants, elles s'appliquent aujourd'hui à toutes les personnes physiques ayant une activité professionnelle indépendante ainsi qu'à toutes les personnes morales de droit privé. Il s'agit de procédures collectives, en ce sens que tous les créanciers (du moins ceux qui se manifestent en déclarant leur créance) sont associés à la procédure ; il s'agit d'autre part de procédures globales, en ce que tous les biens du débiteur sont appréhendés. Ces procédures, qui ont été à l'origine conçues dans le but de sanctionner le commerçant inapte à gérer ses affaires, sont ensuite devenues des moyens de payer les créanciers dans les meilleures conditions. Depuis 1967, et surtout depuis 1985, le législateur a fait passer au premier plan une tout autre préoccupation : la sauvegarde de l'entreprise en difficulté. Dans un premier temps, à titre préventif, une procédure de conciliation peut être tentée entre le débiteur et ses créanciers. Au-delà, peut s'ouvrir, selon les cas, une procédure de sauvegarde ou de redressement judiciaire, qui peut déboucher sur un plan destiné à assurer la continuation de l'entreprise. Le paiement des créanciers repassera cependant au premier plan si, l'entreprise ne pouvant être redressée, il y a liquidation : les biens seront alors vendus et leur recette distribuée aux créanciers. Dans tous les cas, ces procédures se traduisent par d'importants sacrifices imposés aux créanciers, même d'ailleurs à ceux qui sont titulaires de sûretés. C'est pourquoi, dans tous les développements de ce manuel, il faudra soigneusement tenir compte des incidences de ces procédures.

§ 2. – Les limites du droit de gage général

10. – Double limite. Qu'il se réalise à travers les procédures collectives ou par le moyen des saisies, le droit de gage général des créanciers ne leur confère aucune garantie de paiement, à la fois en raison de la limitation de son assiette, et de la pluralité de ses titulaires.

A. – Limitation de l'assiette

11. – Généralité apparente de l'assiette. Selon l'article 2284 du Code civil (*ex-art.* 2092), le créancier peut se payer sur « *tous* les biens présents et à venir » du débiteur. Cette formule très compréhensive peut être lue comme consacrant le principe de l'unité du patrimoine, théorisé au XIXe siècle par Aubry et Rau, et longtemps considéré en droit français comme un dogme intangible. L'idée est que toute personne n'a qu'un seul patrimoine, à l'intérieur duquel tous les biens (quelle que soit leur fonction) répondent de toutes les dettes (quelle que soit leur origine). C'est ainsi que, en principe, lorsqu'une personne exerce une activité professionnelle, même les biens qu'elle utilise pour sa vie non professionnelle (sa maison d'habitation par exemple) répondent de ses dettes professionnelles – et réciproquement. Cependant, même dans une telle conception, l'assiette du droit de gage général est plus limitée que ne le laisse croire la formule de l'article 2284, dans la mesure où ce droit ne peut se réaliser que sur les biens du débiteur présents au moment où le créancier exercera son droit (1°). Mais par ailleurs, et surtout, il est de moins en moins vrai que tous les biens présents du débiteur répondent de ses dettes, notamment en raison d'une certaine remise en cause du principe de l'unité du patrimoine (2°).

1° Limitation de l'assiette aux biens présents au jour de la réalisation du droit

12. – **Absence de droit de suite.** Si, virtuellement, le droit de gage général porte sur tous les biens qui existent dans le patrimoine au moment où le débiteur s'engage, et s'il peut porter également sur les biens qui viendront ultérieurement enrichir ce patrimoine, cette assiette n'est aucunement figée. Les créanciers ne pourront effectivement appréhender que les biens qui se trouvent dans le patrimoine du débiteur au moment où s'ouvrira la procédure de réalisation (ouverture de la procédure de saisie ou de la procédure collective) : le créancier chirographaire, n'ayant qu'un droit personnel contre le débiteur et non un droit réel sur le contenu de son patrimoine, ne peut pas prétendre se payer sur les biens qui étaient dans ce patrimoine au moment de la naissance de sa créance, mais qui en sont sortis depuis. C'est ce qu'on exprime en disant que le droit de gage général ne confère **pas de droit de suite**.

Il ne faut cependant pas oublier que le créancier, même chirographaire, dispose de certains moyens de protection contre un amenuisement de l'actif de son débiteur :

– **d'abord**, il peut pratiquer, préventivement, des **saisies conservatoires** dont l'effet principal est de rendre indisponibles les biens saisis ;

– **ensuite**, *a posteriori*, il peut attaquer certains actes d'appauvrissement faits par le débiteur en fraude de ses droits, par l'**action paulienne** (C. civ., art. 1341-2, *ex-art. 1167*)(2). En cas de procédure collective, la même idée inspire les **nullités de la période suspecte** (C. com., art. L. 632-1 à L. 632-4). Vis-à-vis de certains créanciers, la loi réprime en outre l'organisation frauduleuse de son insolvabilité par le débiteur (C. pén., art. 314-7) ;

– **enfin**, le créancier peut faire entrer ou rentrer dans le patrimoine de son débiteur des éléments d'actif grâce à l'**action oblique** (C. civ., art. 1341-1, *ex-art. 1166*).

Sur tous ces points, nous vous renvoyons à votre cours ou à un manuel de droit des obligations.

2° Limitation de l'assiette par l'exclusion de certains biens présents

13. – **Biens insaisissables.** Des textes divers – dont le plus général est l'article L. 112-2 du Code des procédures civiles d'exécution – déclarent insaisissables certains biens, généralement parce qu'ils présentent une importance particulière pour la vie ou l'activité du saisi. Ces biens ne peuvent donc servir au paiement des créanciers, et dans certains cas, lorsqu'on est en présence d'un débiteur en situation financière difficile, ces insaisissabilités réduisent à rien l'assiette effective du droit de gage général. Par ailleurs, la loi n° 2015-890 du 6 août 2015 est venue consacrer une insaisissabilité de principe de la résidence principale du débiteur personne physique qui exerce une activité

(2) La réforme du droit des contrats issue de l'ordonnance n° 2016-131 du 10 février 2016 et de la loi n° 2018-287 du 20 avril 2018 a profondément réformé la discipline et s'est également traduite par une renumérotation des articles du Code civil. Afin de vous permettre d'approcher plus aisément la jurisprudence antérieure, nous indiquerons le numéro des anciens articles en italique lorsque le contenu et le sens du texte n'ont pas été complètement repensés.

professionnelle (C. com., art. L. 526-1, al. 1). En recourant à une déclaration faite devant notaire, il est également possible d'étendre ce dispositif à tous les biens fonciers bâtis ou non bâtis (C. com., art. L. 526-1, al. 2). Cette insaisissabilité est un des moyens imaginés par le législateur pour permettre aux personnes physiques exerçant une activité professionnelle de mettre à l'abri des poursuites de leurs créanciers non professionnels leurs biens personnels. C'est une amorce de la division du patrimoine qui a été consacrée plus nettement dans la période récente.

14. – Division du patrimoine. Pour remédier au principe de l'unité du patrimoine en droit français, et limiter le gage des créanciers, il a toujours été possible de constituer une société : la création d'une personne morale entraîne *ipso facto* la constitution d'un nouveau patrimoine, qui, dans les principaux types de sociétés commerciales répondra seul des dettes de la société, à l'exclusion des biens des associés, ainsi mis à l'abri, en principe, des poursuites des créanciers sociaux. Ce résultat a été rendu plus facile lorsque, à partir de 1985, le législateur français a permis la constitution de sociétés unipersonnelles (EURL, EARL) : faute de pouvoir diviser le patrimoine de la personne, on lui permet, en quelque sorte, de se diviser en deux personnes… La loi du 15 juin 2010 relative à l'entrepreneur individuel à responsabilité limitée met fin à cette hypocrisie puisque, aux termes du nouvel article L. 526-6 du Code de commerce, « Tout entrepreneur individuel peut affecter à son activité professionnelle un patrimoine séparé de son patrimoine personnel, sans création d'une personne morale ». La loi permet ainsi de créer un véritable patrimoine d'affectation, dont les biens répondront seuls des dettes professionnelles, tandis qu'à l'inverse les créanciers non professionnels ne pourront en principe se payer que sur le patrimoine non affecté. Ce texte a été complété par une ordonnance du 9 décembre 2010, qui a adapté le droit des procédures collectives et le droit du surendettement à cette nouvelle forme d'organisation de l'entreprise.

B. – Pluralité des titulaires

15. – Absence de droit de préférence. Le droit de gage général appartient, par principe, à tout créancier (même à ceux qui sont par ailleurs titulaires de sûretés). Or il sera naturellement fréquent que les biens du débiteur ne soient pas suffisants pour répondre de toutes ses dettes. Dans ce cas, les créanciers chirographaires viendront en concours, et se partageront les biens « au marc le franc ou marc l'euro », c'est-à-dire en proportion du montant de leur créance (C. civ., art. 2285, *ex-art. 2093*) : le droit de gage général ne confère pas de droit de préférence.

Ce principe d'égalité des créanciers chirographaires s'applique très différemment selon que la réalisation de l'actif se fait par les procédures civiles d'exécution, ou dans le cadre d'une procédure collective :

– dans le cadre des procédures civiles d'exécution, l'égalité ne joue qu'entre ceux qui participent aux différentes saisies : ceux qui négligent de participer, ou qui ne peuvent pas (faute d'avoir une créance certaine, liquide ou exigible), ne trouveront plus rien après. On exprime cela en disant que le paiement est « le prix de la course » (principe poussé à l'extrême dans le cadre de la saisie-attribution, où le premier saisissant évince tous les autres) ;

– dans le cadre des procédures de traitement des difficultés des entreprises, tous les créanciers (même ceux dont la créance n'est pas liquide ou exigible) sont concernés, pourvu qu'ils prennent la peine de déclarer leur créance : la distribution de l'actif se fera de manière égalitaire entre tous les chirographaires.

16. – Protection limitée. On peut conclure ce bref rappel de la situation des créanciers chirographaires en disant que le droit de gage général ne constitue une protection contre le risque de non-paiement que si ce non-paiement est dû à la négligence ou à la mauvaise volonté du débiteur, qui dispose par ailleurs de biens suffisants pour répondre de son passif. En revanche, le droit de gage général est totalement inapte à protéger le créancier contre l'insolvabilité du débiteur.

C'est précisément à cela que vont servir les sûretés. Cela permet de mesurer l'importance économique de la notion de sûreté : le créancier qui accorde un crédit, et qui veut être sûr d'être remboursé, est pratiquement obligé de prendre une sûreté. Une bonne organisation du régime des sûretés est donc indispensable au développement du crédit.

SECTION 2

LES DIFFÉRENTS TYPES DE SÛRETÉS

17. – Diversité des sûretés. Les sûretés peuvent avoir différentes sources (§ 1). Elles peuvent aussi reposer sur des techniques très diverses (§ 2).

§ 1. – Diversité des sources

18. – Sûretés légales, judiciaires et conventionnelles. Les sûretés peuvent être accordées par la loi, qui, pour des raisons variées, estime nécessaire de protéger tel ou tel créancier plus que les autres : on parle alors de sûretés légales (par ex., les privilèges du Trésor, des salariés, la solidarité légale des époux…). D'autres garanties peuvent être accordées par une décision de justice, notamment à titre conservatoire : on est alors en présence de sûretés judiciaires (réglementées par la loi de 1991 sur les procédures civiles d'exécution). Mais les sûretés les plus importantes en pratique sont les sûretés conventionnelles : il s'agit de sûretés qu'un créancier se fait accorder par contrat, soit par son débiteur (par ex., un gage, un nantissement, une hypothèque conventionnelle), soit par un tiers qui se porte garant (par ex., un cautionnement).

§ 2. – Diversité des techniques

19. – Dépassement de la distinction traditionnelle. Les sûretés sont extrêmement variées par leurs techniques, par la nature des droits conférés au créancier. Les sûretés prévues par le Code civil correspondent à deux grands modèles : les sûretés réelles et les sûretés personnelles (A). Cependant, cette distinction ne suffit pas à rendre compte de la richesse de la matière : certaines formes atypiques de garanties ont connu depuis une vingtaine d'années un développement spectaculaire (B).

A. – La distinction des sûretés réelles et des sûretés personnelles

20. – Plan. Cette distinction, traditionnelle, sert de base à l'organisation du droit des sûretés dans le Code civil. Après vous avoir présenté cette distinction (1°), nous comparerons les avantages et les inconvénients des deux catégories de sûretés (2°).

1° Présentation

21. – **Sûretés réelles.** Les sûretés réelles résultent d'un droit réel accessoire conféré à un créancier (par la loi, le juge ou la convention) sur un ou plusieurs biens du débiteur (ou, éventuellement, d'un tiers, qu'on appelle caution réelle). Ce droit réel est dit « accessoire », en ce sens qu'il ne procure pas au créancier l'utilité économique immédiate du ou des bien(s) grevé(s). Mais, en cas de non-paiement de la dette par le débiteur, le créancier pourra se payer par préférence sur le prix du ou des biens : il passera donc avant les créanciers chirographaires. Ce droit de préférence – minimum de toute sûreté réelle – est parfois complété par un droit de suite, permettant au créancier de se payer sur le bien même lorsqu'il est sorti du patrimoine du débiteur.

Les sûretés réelles peuvent être spéciales (c'est-à-dire porter sur un ou plusieurs biens déterminés) ou générales (c'est-à-dire porter sur l'ensemble des biens du débiteur ou du moins de l'ensemble des biens d'une catégorie, mobilière ou immobilière).

L'exemple type des sûretés réelles est l'hypothèque, qui porte sur un ou plusieurs immeubles. Sur les meubles, les sûretés réelles les plus importantes sont les gages (sur meubles corporels) et les nantissements (sur meubles incorporels). Il faut également citer les privilèges, qui sont toujours d'origine légale. Depuis la réforme de 2006, les sûretés réelles font l'objet du titre II du livre IV du Code civil (C. civ., art. 2323 à 2488). Après quelques dispositions générales, sont successivement réglementées dans ce titre les sûretés sur les meubles puis celles sur les immeubles.

22. – **Sûretés personnelles.** Les sûretés personnelles consistent dans l'adjonction, au droit du créancier contre le débiteur, d'un droit personnel contre un tiers. Ce tiers s'engage (ou est tenu en vertu de la loi) à payer la dette si le débiteur ne le fait pas lui-même. Le créancier a donc deux débiteurs au lieu d'un.

La sûreté personnelle par excellence est le cautionnement qui est réglementé, depuis la réforme de 2006, par le titre I du livre IV du Code civil (C. civ., art. 2288 à 2285), titre qui traite en outre de deux autres sûretés personnelles : la garantie à première demande et la lettre d'intention.

2° Comparaison

23. – **Intérêts à prendre en compte.** Lorsqu'on veut mesurer les avantages et les inconvénients d'une sûreté, il faut prendre en compte, non seulement les intérêts du créancier (lui donne-t-elle une bonne chance d'être payé ?), mais aussi ceux du débiteur (ne lui cause-t-elle pas une gêne trop importante ?) et ceux des tiers (leurs droits contre le débiteur ne sont-ils pas trop réduits par l'existence de la sûreté ?). Les intérêts du débiteur et ceux des tiers sont largement liés : en effet, si un créancier bénéficie d'une sûreté qui limite trop les droits des tiers, ceux-ci hésiteront à lui faire crédit.

24. – **Sécurité des sûretés réelles, souplesse des sûretés personnelles.** Pendant longtemps, on a opposé la sécurité des sûretés réelles à la souplesse des sûretés personnelles.

Le créancier titulaire d'une sûreté réelle est en effet normalement sûr d'être payé, pourvu qu'il ait choisi un bien de valeur suffisante pour répondre de la dette. Certes, plusieurs créanciers titulaires d'une sûreté réelle peuvent entrer en concurrence sur un même bien, et il faudra alors procéder à un classement entre eux. Mais les inconvénients de cette situation sont minimisés si les sûretés réelles font l'objet d'une publicité adéquate, permettant à tout créancier de savoir quelles sont les autres sûretés avec lesquelles il peut entrer en concurrence, et si les règles de classement sont telles que le créancier puisse mesurer avec précision le risque qu'il a d'être primé par un autre sur tel ou tel bien. Jusqu'à une période récente, l'hypothèque répondait à ces impératifs, et c'est pourquoi on la qualifiait souvent de « reine des sûretés ». Cependant, cette sécurité procurée par les sûretés réelles est contrebalancée par une certaine lourdeur tant dans leur constitution (respect d'un certain formalisme, notamment aux fins de publicité) que dans leur mise en œuvre (nécessité de recourir aux procédures d'exécution). Touchant au statut des biens, ces sûretés sont enserrées dans une réglementation impérative très contraignante destinée à protéger les tiers. Elles présentent par ailleurs des inconvénients très sensibles pour le débiteur, dont elles diminuent le crédit et dont elles limitent les prérogatives sur le bien grevé (de manière très variable selon qu'il s'agit de sûretés avec ou sans dépossession).

À l'inverse, les sûretés personnelles sont, dit-on traditionnellement, très souples : leur mise en place ne nécessite en général qu'un formalisme assez réduit, et leur mise en œuvre ne passe pas nécessairement par des procédures d'exécution ; ne mettant en cause que les intérêts du créancier et du garant, ces sûretés sont marquées par une large liberté contractuelle. Elles semblent donc sans inconvénient pour le débiteur, qui ne voit ni son crédit ni sa liberté de gestion restreints. Mais, bien évidemment, les sûretés personnelles ne donnent aucune certitude au créancier d'être payé : si elles divisent entre plusieurs débiteurs le risque d'insolvabilité, elles ne le suppriment pas, et ne valent que ce que vaut le garant (dont la solvabilité est souvent difficile à apprécier *a priori*, sauf s'il s'agit d'une banque).

25. – Évolutions. Cette présentation traditionnelle est aujourd'hui un peu dépassée.

La sécurité procurée par les sûretés réelles apparaît souvent illusoire. Le développement du crédit – tant aux entreprises qu'aux particuliers – a entraîné la multiplication des sûretés réelles prises par les créanciers ou conférées par la loi, ce qui entraîne leur affaiblissement mutuel, alors surtout que les exigences de publicité ne sont pas toujours requises, ou que les règles de classement s'opposent à toute évaluation anticipée des garanties prises. Surtout, l'évolution du droit des procédures collectives, qui a mis en avant les objectifs de sauvegarde des entreprises en difficulté et de maintien de l'emploi, s'est traduite par d'importants sacrifices imposés aux créanciers, notamment aux créanciers titulaires de sûretés réelles, dont l'exercice des droits apparaît souvent de nature à compromettre la continuation de l'activité.

Cette évolution a beaucoup moins affecté les sûretés personnelles, dans la mesure où celles-ci s'exercent contre des tiers *a priori* non concernés par la procédure collective. Cela explique en partie le développement considérable de ces sûretés depuis une trentaine d'années : à côté du cautionnement, utilisé systématiquement pour garantir certains types de crédits, la liberté contractuelle laissée aux parties dans ce domaine a permis l'apparition de nouvelles formes de sûretés personnelles (garanties à première demande, lettres d'intention), désormais consacrées par la loi, ou le renouveau d'anciennes techniques (solidarité, délégation, promesse de porte-fort...). Mais la tendance est peut-être en train de s'inverser : les abus constatés dans l'utilisation de ces sûretés ont fait naître un mouvement législatif et jurisprudentiel de protection des garants, qui a retiré aux sûretés personnelles leur souplesse traditionnelle. Un auteur a pu récemment montrer qu'aujourd'hui, contrairement aux idées reçues, la liberté contractuelle était aujourd'hui largement aussi importante en matière de sûretés réelles que dans le domaine des sûretés personnelles. Parallèlement, la réforme du droit des procédures collectives intervenue en 1994 a contribué à restaurer les droits des créanciers titulaires de sûretés réelles. La réforme du droit des sûretés intervenue en 2006, qui dépoussière de manière spectaculaire le droit des sûretés réelles (notamment en instaurant un gage de droit commun sans dépossession), devrait encore contribuer au renouveau des sûretés réelles.

Ces hésitations ont amené depuis une trentaine d'années les créanciers à chercher de nouvelles formes de garanties.

B. – Formes atypiques de garanties

26. – Garanties ou sûretés ? Déjà dans le Code civil, on peut trouver des mécanismes de garantie qui n'entrent pas dans les moules classiques des sûretés réelles ou des sûretés personnelles. Ces mécanismes atypiques ont connu un développement spectaculaire depuis une vingtaine d'années. D'une part, les facteurs précédemment signalés – et notamment l'évolution du droit des procédures collectives – ont amené les créanciers à rechercher sans cesse des formes de garanties plus sûres et plus souples. Par ailleurs, le législateur, soucieux de protéger certaines catégories de créanciers de manière efficace, a créé de nouveaux mécanismes de garantie. Ces garanties « nouvelles » ne sont parfois d'ailleurs que la reprise de techniques très anciennes, ou l'adaptation, à des fins de garantie, de mécanismes traditionnels du droit civil.

Le développement de ces formes atypiques de garanties, a généré ces dernières années l'apparition de débats sur la notion même de sûreté. On s'est beaucoup demandé si ces mécanismes méritaient la qualification de sûreté, ou s'il convenait de réserver cette étiquette aux sûretés réelles et personnelles traditionnelles. Le débat, qui n'a qu'un intérêt pratique assez limité, n'est pas clairement tranché en doctrine (V. *infra*, Pistes à explorer). Le législateur de 2006 a, à sa manière, pris parti, en intégrant certaines de ces formes nouvelles de garantie dans les titres relatifs aux sûretés (la réserve de propriété), et en en excluant d'autres (le droit de rétention). Quoi qu'il en soit, d'un point de vue pédagogique, il nous semble opportun d'avoir une conception large de la matière, et de présenter dans le cadre de cet ouvrage tous les mécanismes de garantie, qu'on les qualifie ou non de sûretés sur le plan de la technique juridique.

Les formes atypiques de garantie peuvent être rangées en deux catégories, en fonction du degré de protection qu'elles offrent au créancier.

1° Moyens de pression

27. – Garanties indirectes. Dans un certain nombre de cas, un créancier a la possibilité de faire pression sur le débiteur pour obtenir l'exécution prioritaire de son obligation. Ces moyens de pression peuvent être d'origine légale ou conventionnelle. Ils peuvent consister, soit dans la menace de sanctions particulièrement graves ou gênantes assortissant l'inexécution (clause pénale, clause résolutoire expresse, clause de déchéance du terme...), soit dans le refus de restituer un bien appartenant au débiteur tant qu'il n'a pas exécuté (droit de rétention). À la différence des sûretés traditionnelles, ces moyens de pression – sauf peut-être le droit de rétention qui est un mécanisme hybride – ne donnent pas au créancier un droit (sur un bien ou contre une personne) lui permettant d'obtenir son paiement ; mais ils lui permettent, en fait, de l'obtenir plus facilement.

On peut en rapprocher ce que certains auteurs appellent les sûretés négatives – parce qu'elles consistent dans des obligations de ne pas faire imposées au débiteur : le créancier prétend, par une clause du contrat de crédit, interdire au débiteur de disposer de tel ou tel de ses biens ou de donner ce bien en garantie à un autre créancier ; de cette façon, il essaie de préserver l'assiette de son droit de gage général. Ces garanties, qui sont inopposables aux tiers, n'ont de valeur qu'en tant que la menace de sanctions pesant sur le débiteur en cas d'inexécution est suffisante pour le contraindre à s'y conformer.

2° Les situations d'exclusivité

28. – Situations légales ou conventionnelles. Certains créanciers, en vertu d'un mécanisme légal ou d'une stipulation conventionnelle, sont seuls à pouvoir se payer sur tel ou tel élément d'actif de leur débiteur, sans risque de concours avec un autre créancier. Ces situations d'exclusivité vont beaucoup plus loin que les sûretés réelles traditionnelles, qui confèrent seulement à leur titulaire un droit de préférence.

Certaines situations d'exclusivité résultent directement de la loi, y compris de textes du Code civil, sans que leur effet de garantie ait été toujours mis au premier plan. On peut ainsi observer qu'un créancier est en situation exclusive lorsqu'il peut faire jouer la compensation avec une dette dont il est débiteur, ou lorsqu'il se voit reconnaître par la loi une action directe contre un débiteur de son débiteur, ou lorsqu'il est seul à pouvoir saisir un bien frappé d'insaisissabilité pour les autres.

Mais le législateur, parfois précédé par la pratique, a également mis en place des situations d'exclusivité conventionnelles. La plupart reposent sur l'octroi au créancier d'un droit de propriété sur un bien : clause de réserve de propriété, crédit-bail, cession de créance à titre de garantie. La fiducie, introduite en droit français en 2007, répond également à ce schéma. La montée de l'utilisation du droit de propriété comme sûreté constitue sans doute le trait le plus marquant de l'évolution du droit des sûretés ces dernières années, en France mais aussi dans d'autres pays d'Europe.

SECTION 3

LES SOURCES DU DROIT DES SÛRETÉS

29. – Le droit français avant la réforme de 2006. Le droit français des sûretés a longtemps tenu dans le seul Code civil, où il était, jusqu'en 2006, dispersé entre plusieurs titres du livre III : le cautionnement était traité au sein des différents contrats spéciaux, entre le mandat et la transaction, les sûretés réelles étaient traitées plus loin, au titre XVII consacré au nantissement, et au titre XVIII qui rassemblait de manière artificielle les privilèges (mobiliers et immobiliers) et les hypothèques. Ces textes qui n'avaient été que très peu modifiés au fil du temps, avaient considérablement vieilli. En matière de sûretés personnelles, le principe de liberté contractuelle avait permis à la pratique de s'adapter aux évolutions économiques et sociales, à travers de multiples dérogations à la réglementation légale du cautionnement et à travers la création de nouvelles sûretés inconnues du Code civil. Mais cela avait aussi entraîné le développement d'une jurisprudence pléthorique, en particulier pour protéger les cautions contre les abus de certains créanciers. En matière de sûretés réelles, le caractère plus contraignant et souvent formaliste des textes avait laissé moins de place aux pratiques contractuelles et aux créations jurisprudentielles, et le vieillissement des textes apparaissait plus gênant. Parallèlement, s'étaient développées, en dehors du Code civil, dans d'autres codes ou dans des lois spéciales, de multiples réglementations dérogatoires. Le droit des sûretés du Code civil avait en outre subi, dans la période la plus récente, l'incidence des différentes réformes du droit des procédures collectives et de la mise en place de procédures analogues visant à traiter le surendettement des particuliers. Tous ces facteurs rendaient nécessaire une réforme d'ensemble du droit des sûretés. À l'occasion du bicentenaire du Code civil, le garde des Sceaux avait mis en place un groupe de travail chargé de proposer des nouveaux textes relatifs au droit des sûretés dans le Code civil. Ce groupe, présidé par M. Grimaldi, professeur à l'Université de Paris II, a remis son rapport, assorti d'un projet de réforme complet, en mars 2005. Par la suite, le gouvernement s'est fait habiliter à opérer la réforme par voie d'ordonnance (L. n° 2005-842, 26 juill. 2005), ce qui a abouti à l'ordonnance du 23 mars 2006.

30. – Apports et limites de la réforme. La réforme de 2006 est une réforme de grande ampleur, qui se traduit d'abord de manière spectaculaire par une réorganisation du code : les sûretés sont détachées du livre III du Code civil pour être rassemblées, et complètement réorganisées, au sein d'un nouveau livre qui leur est exclusivement consacré. Sur le fond, la réforme est la plus importante réforme du Code civil jamais adoptée depuis 1804 dans le domaine du droit purement patrimonial (les parties touchant aux personnes et à la famille ayant été, elles, largement modifiées). De larges pans de la matière ont été complètement renouvelés, notamment la partie sur les sûretés mobilières, qui sortent considérablement transformées de la réforme.

Ces apports n'empêchent pas de regretter certaines limites de la réforme. D'abord, il ne s'agit malheureusement que d'une réforme partielle. Contrairement à ce qu'avait souhaité la commission *Grimaldi*, il a été décidé de laisser provisoirement en dehors de la réforme le droit du cautionnement, dont on attend toujours la refonte, et qui reste donc toujours une matière largement jurisprudentielle. On a également, dans un premier temps, laissé de côté la question de la fiducie, qui n'a été introduite dans le Code civil qu'en 2007, de manière complètement séparée, avant d'être en partie réintégrée dans le droit des sûretés en 2009. Ensuite et surtout, l'ambition initiale de recentrer la matière dans le Code civil a été complètement abandonnée : les réglementations spéciales extérieures au code ont toutes été conservées, et on en a même rajouté ; les réformes récentes du droit des procédures collectives ont introduit de nouvelles dispositions dérogatoires, notamment en matière de sûretés personnelles. L'actuelle réforme en cours du droit des sûretés déjà évoquée, qui s'appuie sur un avant-projet dessiné par une commission de spécialistes, présidée une nouvelle fois par M. Grimaldi, permettra incontestablement de corriger de nombreuses faiblesses des dispositions actuelles et de parachever la réforme de 2006. De là à considérer que toutes les imperfections actuelles seront supprimées, il est possible d'en débattre (V., par ex. pour une analyse critique, l'ouvrage collectif ss. dir. M. Mignot et L. Andreu, *La réforme du droit des sûretés*, Institut Universitaire de Varenne, 2019) (V. *infra*, Points d'actualité).

31. – Sources européennes et internationales. De manière assez étonnante, le droit des sûretés est pour l'instant très peu touché par la réglementation européenne. On ne peut guère citer qu'une directive de 2002 relative aux contrats de garantie financière (Dir. 2002/47/CE) dont l'objet est d'instituer un cadre juridique communautaire minimal visant à limiter le risque de crédit dans les transactions financières grâce à la constitution de garanties en espèces et en titres (V. *infra*, n° 354). Cette directive, dont il ne faut pas sous-estimer l'importance en dépit de son domaine d'application réduit, a été transposée en France par une ordonnance de 2005. Par ailleurs, il existe depuis plusieurs années un projet d'eurohypothèque (V. *infra*, n° 395). Il faut par ailleurs observer que, au sein de l'Union européenne, les droits nationaux des sûretés ont eu tendance à se rapprocher au cours des dernières décennies, même si de grandes divergences subsistent dans la conception des sûretés réelles. Le livre IX du Cadre commun de référence élaboré par le groupe *Von Bar* traite de cette matière, mais l'adoption de ce texte par les autorités européennes n'est pas à l'ordre du jour.

Sur le plan international, la matière relève principalement des conflits de lois, et il n'existe aucune convention internationale d'unification substantielle en matière de sûretés (à l'image de ce qu'est par exemple la convention de Vienne en matière de vente internationale). Il faut cependant citer un certain nombre de règles uniformes élaborées, soit par la Chambre de commerce internationale, soit par la Commission des Nations unies pour le droit du commerce international (CNUDCI) que les opérateurs du commerce international peuvent choisir volontairement pour régir leurs relations. Par ailleurs, la CNUDCI a élaboré un guide législatif sur les opérations garanties, qui concerne les sûretés mobilières et qui vise à servir de modèle aux législateurs nationaux et aux rédacteurs de conventions internationales.

Plan de l'ouvrage

32. – **Élargissement de la distinction traditionnelle.** L'approche large que nous avons de la matière n'impose pas de reconsidérer complètement le plan traditionnel des développements, fondé sur la distinction des sûretés personnelles et des sûretés réelles, qui constitue la base de la nouvelle organisation du droit des sûretés dans le Code civil. Certes, cette distinction ne permet pas d'appréhender tous les mécanismes de garantie. Mais en même temps, il faut constater que l'intégration de mécanismes nouveaux n'a guère affecté l'unité de la catégorie des sûretés personnelles, qui peuvent toujours être définies comme des garanties consistant dans l'adjonction au droit contre le débiteur d'un droit personnel contre un tiers (Première partie). Il faut en revanche dépasser la catégorie traditionnelle (aujourd'hui revivifiée) des sûretés réelles, pour s'intéresser, plus largement, à toutes les garanties consistant dans le renforcement des droits du créancier contre le débiteur, ce renforcement pouvant aller des simples moyens de pression aux situations d'exclusivité, en passant par les sûretés réelles traditionnelles (Deuxième partie). Nous terminerons enfin cet ouvrage en présentant l'agent des sûretés qui est aujourd'hui réglementé par le titre troisième du livre quatrième consacré aux sûretés (Troisième partie).

Points d'actualité

1. – La fin du principe d'unité du patrimoine

Bien qu'elle ne touche pas directement au droit des sûretés, la loi du 15 juin 2010 relative à l'entrepreneur individuel à responsabilité limitée marque une évolution importante pour qui s'intéresse à cette matière. Sur le plan théorique, cette loi constitue une petite révolution en droit français, en raison de l'atteinte importante qu'elle porte au principe d'unité du patrimoine. Certes, dans la période récente, ce principe a fait l'objet de nombreux accrocs (possibilité de constituer une société unipersonnelle à responsabilité limitée, introduction d'une insaisissabilité légale de la résidence principale de l'entrepreneur, déclaration d'insaisissabilité de certains biens immobiliers, consécration légale de la fiducie), mais jamais le législateur n'avait jusque-là remis en cause explicitement le principe, en permettant à une personne, comme dans la loi de 2010, d'affecter une partie de ses biens, mobiliers et immobiliers, à son activité professionnelle (sachant que, en cas de pluralité d'activités professionnelles, plusieurs patrimoines d'affectation peuvent être constitués). Sur le plan pratique, un tel patrimoine d'affectation réduit considérablement les droits des créanciers, tant personnels (qui ne peuvent plus saisir les biens affectés) que professionnels (qui ne peuvent plus se payer sur le patrimoine non affecté). Ce fractionnement du droit de gage général peut, dès lors, réduire le crédit du débiteur, à qui les créanciers (du moins ceux qui sont bien informés) risquent d'hésiter à prêter. La question se pose alors de savoir si un créancier pourrait, par le jeu des garanties, étendre son gage au patrimoine auquel il n'a normalement pas accès : un créancier professionnel pourrait-il par exemple demander au débiteur de lui donner un cautionnement sur ses biens personnels ? Ou pourrait-il prendre un gage, un nantissement ou une hypothèque sur des biens ne faisant pas partie du patrimoine sur lequel il peut se payer ? En principe, l'entrée en vigueur de la loi de 2010 était subordonnée à la prise d'une ordonnance destinée entre autres, à « procéder aux harmonisations nécessaires en matière de droit des sûretés ». Mais, l'ordonnance du 9 décembre 2010 n'a prévu que les modifications du droit des procédures collectives et du droit du surendettement. Dans l'attente d'un texte plus complet, nous vous invitons à réfléchir aux questions posées, du moins lorsque vous aurez suffisamment progressé dans la connaissance des sûretés.

2. – La nouvelle réforme du droit des sûretés

Après l'importante réforme de 2006, voici que l'on s'apprête à remettre une nouvelle fois l'ouvrage sur le métier. En effet, une réforme tout aussi importante que la précédente se dessine et devrait se concrétiser, une fois encore, par le canal de la technique législative de l'ordonnance. L'article 60, I de la **loi n° 2019-486 du 22 mai 2019 relative à la croissance et la transformation des entreprises** prévoit effectivement que « dans les conditions prévues par l'article 38 de la Constitution, le gouvernement est autorisé à prendre par ordonnance dans un délai de 24 mois à compter de la publication de la présente loi les mesures, relevant du domaine de la loi, nécessaires pour simplifier le droit des sûretés et renforcer son efficacité, tout en assurant un équilibre entre les intérêts des créanciers, titulaires ou non de sûretés, et ceux des débiteurs et des garants (...) ». Le II ajoute qu'« un projet de loi de ratification est déposé devant le Parlement dans un délai de quatre mois à compter de la publication de l'ordonnance mentionnée au I ». Un groupe de travail présidé par le professeur Grimaldi sous l'égide de l'Association Capitant a livré fin 2017 un texte destiné, selon ses auteurs, à « parachever la réforme de 2006 » et à dissiper diverses difficultés d'interprétations qui embarrassent les milieux économiques. Ce texte servira incontestablement de base de travail et sera même sans doute la principale source de refonte de la discipline. Sans entrer dans le détail de l'ensemble de l'habilitation, il importe toutefois de souligner que le gouvernement a pour mission de simplifier le droit des sûretés et de renforcer son efficacité. À cette fin, il lui incombe de « réformer le droit du cautionnement, afin de rendre son régime plus lisible et d'en améliorer l'efficacité, tout en assurant la protection de la caution personne physique », « de moderniser les règles du Code civil relatives aux privilèges mobiliers et supprimer les privilèges devenus obsolètes, de préciser les règles du Code civil relatives au gage de meubles corporels qui soulèvent des difficultés d'application », « d'abroger les sûretés mobilières spéciales tombées en désuétude ou inutiles » ou encore « de préciser les règles du Code civil relatives au nantissement de créances » et « d'améliorer les règles relatives aux sûretés réelles immobilières, notamment en remplaçant les privilèges immobiliers spéciaux soumis à publicité par des hypothèques légales ». De surcroît l'articulation du droit des sûretés et des entreprises en difficulté doit elle aussi être améliorée par les nouveaux textes. On peut donc penser que la réforme à venir marquera la matière aussi profondément que celle de 2006.

Pistes à explorer

1. – Les moyens de protection du créancier chirographaire

On ne dira jamais assez aux étudiants l'importance pratique des mécanismes généraux du droit des obligations, et en particulier des actions qui permettent au créancier de protéger ou de reconstituer la substance de son droit de gage général. Un bon conseil : avant d'aller plus loin dans l'étude du droit des sûretés, relisez un ouvrage de droit des obligations sur l'action oblique, l'action paulienne, l'action en déclaration de simulation.

2. – La notion de sûreté

La prolifération des mécanismes de garantie nouveaux dans la pratique contemporaine des affaires a entraîné une importante réflexion doctrinale sur la notion de sûreté (V. not. P. Crocq, *Propriété et garantie*, LGDJ, 1995, préf. M. Gobert). La question s'est posée avec acuité pour la clause de réserve de propriété et pour le droit de rétention. Dans une conception large, on considérera comme sûreté tout mécanisme de garantie contre l'insolvabilité du débiteur ; dans une conception restrictive (qui est celle de l'auteur cité), on ne rangera dans cette catégorie que les droits spécialement accordés au créancier dans ce but et dont la réalisation permet au créancier d'obtenir son paiement.

Ce débat se situe sur deux plans qui doivent être soigneusement distingués.

Sur le plan de la technique juridique, il s'agit de se demander quel sens il faut donner au terme « sûreté » dans les textes législatifs qui se réfèrent explicitement à cette notion. Ces textes sont assez rares, car le plus souvent on rencontre des textes qui énumèrent certaines sûretés (en général des sûretés réelles) pour les soumettre à un régime spécifique, notamment dans le cadre du droit des procédures collectives (par ex., l'article L. 632-1 du Code de commerce sur les nullités de la période suspecte) : la jurisprudence refuse alors d'étendre les solutions prévues par ces textes à d'autres formes de garantie. On rencontre aussi, à l'inverse, des textes qui contiennent une formule générale paraissant pouvoir être étendue à toutes sortes de garanties (par ex., l'article 2314 du Code civil qui prévoit la décharge de la caution lorsque le créancier a laissé perdre les « droits, hypothèques, privilèges » assortissant la créance). Lorsque le problème se pose vraiment, parce que le texte vise de manière précise la notion de sûreté, la jurisprudence n'est pas clairement fixée, et adopte tantôt une conception large (par ex., pour l'article 1305-4 du Code civil [*ex-art. 1188*] qui sanctionne le fait pour le débiteur de laisser perdre les sûretés données au créancier : Cass. 1re civ., 9 mai 1994 : *Bull. civ.* 1994, I, n° 171 qui considère implicitement que la clause de déchéance du terme pourrait être une sûreté au sens de ce texte. – Cass. com., 9 mai 1995, n° 92-20.811, non publié au *Bulletin*, qui qualifie de sûreté réelle la propriété réservée), tantôt une conception restrictive (ainsi la Cour de cassation a décidé que le droit de rétention n'était pas une sûreté au sens de l'article L. 621-44 du Code de commerce imposant au créancier déclarant d'indiquer les sûretés assortissant la créance : Cass. com., 20 mai 1997 : *Bull. civ.* 1997, IV, n° 141. – V. plus récemment : Cass. com., 22 mars 2005, n° 02-12.881). Dans leur réorganisation générale du droit des sûretés, les rédacteurs de l'ordonnance de 2006, reprenant en cela les auteurs du rapport *Grimaldi*, ont suivi une conception intermédiaire, incluant parmi les sûretés la réserve de propriété, mais excluant le droit de rétention.

Toute autre est la question, d'ordre pédagogique, du contenu de la discipline universitaire intitulée « droit des sûretés ». De ce point de vue, il paraît souhaitable de retenir une conception large de la notion de sûreté. Si l'on regarde les sûretés traditionnelles, en effet, on constate qu'elles ne présentent aucun point commun sur le plan de la technique juridique : ce qui rapproche un gage et un cautionnement, par exemple, c'est seulement leur finalité économique de protection d'un créancier contre l'insolvabilité de son débiteur. À partir de là, nous considérerons comme sûreté, dans le cadre de cet ouvrage, tout mécanisme qui – quelle que soit la technique qu'il met en œuvre – a cette finalité ou du moins est utilisé dans ce but par la loi ou par les parties dans leur convention.

Nous vous conseillons de faire le tour de tous les manuels et traités de droit des sûretés actuellement sur le marché, pour voir quelle conception ils adoptent de la notion de sûreté, à travers les développements introductifs mais aussi à travers les tables des matières.

3. – Sous la technique, la politique...

Comme vous allez le découvrir tout au long de ce manuel, la matière du droit des sûretés présente une grande richesse et une grande complexité sur le plan de la technique juridique. Si vous devez apprendre à maîtriser cette technique, vous ne devez cependant jamais vous laisser griser par elle, et la prendre comme une fin en soi, en oubliant que, derrière les raisonnements les plus sophistiqués, il y a des conflits d'intérêts à régler, et d'importants enjeux économiques et sociaux, de sorte que les solutions techniques sont souvent la traduction de choix de politique juridique (même si c'est ici moins évident que dans d'autres matières, comme le droit du travail par exemple). On le voit bien, par exemple, lorsqu'on étudie la question classique du classement des privilèges : faire passer les privilèges accordés au Trésor public avant la plupart des autres privilèges manifeste clairement le choix de faire prévaloir l'intérêt général (assurer le bon recouvrement des créances fiscales) sur les intérêts des créanciers privés (les banquiers, les fournisseurs de biens et de services qui ont fait crédit au débiteur en difficulté...). Mais d'un autre côté, une telle primauté est de nature à décourager les banques de faire crédit, les fournisseurs d'accorder des délais de paiement, ce qui peut entraver le développement des entreprises et de l'emploi – d'où, pour essayer de trouver un équilibre, la reconnaissance par la jurisprudence, et parfois par le législateur, au profit de ces créanciers privés, de mécanismes de garantie particulièrement efficaces (le droit de rétention, la réserve de propriété...). Dans un autre domaine, lorsqu'on s'interroge sur la portée exacte du caractère accessoire du cautionnement (exemple : la caution peut-elle soulever elle-même les causes de nullité relative qui affectent le contrat passé par le débiteur principal ?), ce qui amène des débats extrêmement subtils sur le plan technique, il faut bien avoir présent à l'esprit qu'il s'agit de trancher entre l'impératif de protection des cautions (qui sont souvent en situation de faiblesse par rapport au créancier) et le souci d'assurer au créancier une sécurité suffisante de sa garantie. Ce ne sont là que quelques exemples, parmi les plus évidents, mais nous vous invitons, tout au long de votre découverte de la matière, à rester ouverts à ces débats fondamentaux sous-jacents aux questions techniques.

Pièges à éviter

1. – Créanciers chirographaires et créanciers munis de sûretés

Le créancier chirographaire est celui qui n'a aucune sûreté, ni légale ni conventionnelle, ni réelle ni personnelle. Il n'a donc, pour obtenir son paiement, que le seul droit de gage général qui lui permet de recourir à l'exécution forcée sur les biens de son débiteur. Mais attention ! Vous ne devez jamais oublier qu'un créancier, même muni de sûreté, est aussi et d'abord titulaire du droit de gage général : il peut toujours essayer de se payer sur des biens sur lesquels il n'a aucune garantie particulière. Un créancier qui a pris une caution peut bien sûr toujours agir contre son débiteur. Un créancier titulaire d'un gage sur un véhicule automobile n'est pas obligé pour se payer de saisir ce véhicule : il peut préférer saisir le compte bancaire ou un autre bien (sauf à risquer alors d'être primé par un créancier titulaire d'une sûreté sur cet autre bien). En ce sens, on peut dire que tout créancier, même muni d'une sûreté, est d'abord un créancier chirographaire. Notez cependant que le créancier titulaire d'une hypothèque ne peut saisir un autre immeuble de son débiteur que si l'immeuble hypothéqué est insuffisant (CPC, art. L. 311-5).

2. – Concours entre créanciers et prix de la course

Comment concilier l'affirmation selon laquelle les créanciers viennent en concours et celle qui dit que le paiement est le prix de la course ? Les étudiant(e)s ne voient pas toujours le rapport entre les deux règles. Dans le cadre des procédures civiles d'exécution, la première règle est le prix de la course : pour concourir aux distributions, il faut participer à une saisie ; si le créancier se manifeste alors que la saisie est finie et que le prix est distribué, il n'aura que « les os à ronger » comme le dit un adage de l'Ancien droit. Attention ! Ce n'est pas dire qu'il faut avoir pris l'initiative de la saisie : en général, on peut se joindre à une procédure déjà commencée, et il n'existe pas en droit français de privilège du premier saisissant ; c'est précisément lorsque plusieurs créanciers chirographaires participent à une même procédure, que le partage de la valeur du ou des biens saisis s'opérera entre eux « au marc le franc » (V. *infra*, 3). Il convient cependant, depuis 1991, de mettre à part la procédure de saisie-attribution, qui porte sur les créances de sommes d'argent et qui opère attribution immédiate au créancier saisissant de la créance appréhendée : le prix de la course, alors, exclut le concours entre les créanciers (sauf dans le cas où plusieurs créanciers pratiquent la saisie le même jour).

Dans le contexte des procédures collectives du droit commercial, le prix de la course est écarté : dès lors que les créanciers déclarent leur créance dans les délais impartis, ils participeront aux distributions.

3. – Principe de distribution entre créanciers chirographaires

Lorsqu'il y a concours entre plusieurs créanciers chirographaires, le partage s'effectue « par contribution » ou, selon l'expression traditionnelle, « au marc le franc » (C. civ., art. 2285, *ex-art.* 2093). Certains étudiants utilisent cette jolie formule (il faut dire maintenant « au marc l'euro ») sans savoir ce qu'elle signifie. Nous avons déjà entendu maintes fois dire que l'actif du débiteur était partagé en autant de parts qu'il y avait de créanciers ! C'est complètement faux : le partage au marc l'euro signifie que chaque créancier reçoit une part d'actif proportionnelle à la part que sa créance représente dans l'actif (par ex., Primus a un actif de 100 000 € ; il a deux créanciers, Secundus pour 50 000 € et Tertius pour 150 000 € ; Secundus a donc 1/4 du passif global, et Tertius 3/4 ; Secundus recevra 25 000 € et Tertius 75 000 € sur l'actif à partager). Le partage par tête ou par part égale (qu'on appelait traditionnellement partage par parts viriles) serait ici fondamentalement injuste. Ne confondez surtout pas !

4. – Sûretés légales, judiciaires, conventionnelles

La distinction est souvent mal comprise. Elle repose sur la nature du fait qui confère la sûreté au créancier (est-ce un fait auquel la loi – ou l'interprétation jurisprudentielle de la loi – attache cet effet ? Est-ce une décision du juge ? Est-ce une convention entre le créancier et le débiteur ou un tiers garant ?). Elle ne repose pas sur l'origine des règles qui organisent la sûreté : par exemple, le gage, qui est une sûreté conventionnelle (en ce qu'il naît d'un contrat entre le créancier gagiste et son débiteur) est une sûreté prévue et organisée par la loi. Mais il existe des formes de garantie conventionnelle qui ne sont nullement prévues par les textes, et qui ont été imaginées de toutes pièces par les rédacteurs de contrats sur le fondement de la liberté contractuelle : ces garanties conventionnelles non organisées par la loi sont particulièrement fréquentes dans le domaine des sûretés personnelles.

Par ailleurs, dans les sûretés dites « légales », le rôle de la loi dans la naissance du droit du créancier n'est pas toujours le même. Parfois, le créancier favorisé par la loi n'a rien à faire pour passer avant les autres : c'est le cas des privilèges mobiliers ou des privilèges généraux immobiliers. Mais, dans d'autres cas, le bénéficiaire de la sûreté légale est obligé d'accomplir certaines formalités de publicité pour la conserver ou pour en assurer l'opposabilité aux tiers : c'est le cas des hypothèques légales. La loi, ici, ne donne pas directement la sûreté au créancier ; elle ne lui donne que le droit de la prendre s'il le désire sans avoir à obtenir le consentement du débiteur.

PARTIE 1

L'ADJONCTION AU DROIT DE CRÉANCE D'UN DROIT PERSONNEL CONTRE UN TIERS : LES SÛRETÉS PERSONNELLES

33. – Principe. Le créancier est ici titulaire, en plus de son droit de créance contre son débiteur, d'un autre droit de créance (droit personnel) contre un tiers. Celui-ci est un garant : il s'engage à répondre de la dette du débiteur, à payer si le débiteur ne le fait pas.

Les sûretés personnelles ne donnent pas au créancier une certitude absolue d'être payé ; simplement, le créancier peut espérer que si son débiteur principal est insolvable, le débiteur de secours ne le sera pas. L'efficacité de la sûreté dépend de la personnalité et de la situation du garant, ainsi que du nombre de garants : plus le créancier a de débiteurs de secours, moins il court de risques.

Les sûretés personnelles connaissent aujourd'hui un grand succès dans la pratique, car, même si elles ne confèrent qu'une sécurité relative, elles sont relativement souples dans leur constitution et dans leur mise en œuvre. Surtout, le créancier échappe, dans une large mesure, aux inconvénients des procédures collectives, puisqu'il peut, malgré l'existence d'une telle procédure, continuer à poursuivre le ou les garants qui se trouvent en dehors.

34. – Distinctions. À s'en tenir à la structure du Code civil, telle qu'elle résulte de l'ordonnance de 2006, les sûretés personnelles, qui font l'objet du titre I du nouveau livre IV consacré aux sûretés, sont au nombre de trois : le cautionnement, la garantie autonome et la lettre d'intention (C. civ., art. 2287-1). Cependant, cette énumération n'est pas exhaustive, et d'autres mécanismes juridiques – prévus ou non par le Code civil – peuvent être utilisés comme garanties personnelles. Les différents mécanismes peuvent se ramener à deux grands schémas, qui sont parfois combinés mais qu'il faut ici présenter de manière dissociée. Dans les cas visés par l'article 2287-1 du Code civil, on est en présence, au départ, d'un débiteur unique – qu'on appellera débiteur principal – auquel on adjoint un garant – c'est-à-dire quelqu'un qui n'est pas initialement débiteur, qui n'est pas concerné personnellement par la dette, mais qui accepte de se rendre débiteur précisément pour assurer la garantie du créancier (en fait, il peut y avoir, dans ce schéma, plusieurs débiteurs principaux, et/ou plusieurs garants – sans que le principe de la garantie en soit affecté). Mais il arrive aussi fréquemment que, au départ, plusieurs personnes soient débitrices, donc concernées au même titre par la dette, dont elles sont chacune tenues pour partie : la garantie peut alors résulter de ce que chaque codébiteur est tenu vis-à-vis du créancier, non seulement de sa part, mais aussi de celle des autres. Ces mécanismes (solidarité et indivisibilité) ne sont pas traités par le Code civil comme des sûretés, ils sont présentés comme des modalités des obligations et généralement étudiés sous cet angle. Cependant, leur connaissance est très utile à la compréhension des sûretés des articles 2287-1 et suivants du Code civil, et notamment du cautionnement, avec lequel ils se combinent fréquemment. C'est pourquoi on rappellera d'abord les traits principaux de ces garanties résultant de l'extension de l'obligation d'un codébiteur (Titre 1), avant d'étudier, beaucoup plus longuement, les garanties résultant de l'adjonction d'un garant au débiteur principal (Titre 2).

TITRE 1

L'EXTENSION DE L'OBLIGATION D'UN CODÉBITEUR À TITRE DE GARANTIE

35. – **Principe de la division des dettes et exceptions.** En principe, lorsqu'une obligation a plusieurs débiteurs, chacun des codébiteurs n'est tenu envers le créancier que d'une partie de la dette : on dit que la dette se divise entre les codébiteurs, ou que l'obligation est « simplement conjointe ». C'est ce qui se passe, notamment, lorsqu'un débiteur décède en laissant plusieurs héritiers : chacun n'en est tenu (après le partage tout au moins) que pour « la part dont il est saisi » (C. civ., art. 1309, ex.-art. 1220). Cette situation est évidemment très désavantageuse pour le créancier : d'une part, il doit multiplier les poursuites contre les débiteurs ; d'autre part et surtout, si l'un des codébiteurs est insolvable, c'est lui qui supporte cette insolvabilité.

Dans de très nombreux cas, cependant, soit en vertu de la loi, soit en vertu d'une convention passée entre le créancier et les codébiteurs, le créancier peut demander l'intégralité de la dette à chacun des codébiteurs : chacun, tenu personnellement pour sa part, se trouve ainsi garant des autres pour ce qui excède cette part. C'est ce qui se produit en cas de solidarité passive (Chapitre 1) et d'indivisibilité de la dette (Chapitre 2).

CHAPITRE 1

LA SOLIDARITÉ

36. – Solidarité entre créanciers et entre débiteurs. Les obligations solidaires sont régies par les articles 1310 et suivants du Code civil (ex-art. 1197 et s.), qui distinguent la solidarité entre les créanciers et la solidarité entre les débiteurs.

La solidarité entre les créanciers (ou solidarité active) est une modalité d'une obligation qui comporte plusieurs créanciers : elle permet à chaque créancier de demander au débiteur l'intégralité du paiement (sauf naturellement à reverser ensuite aux autres ce qui excède sa part). C'est ce qui se passe par exemple dans l'hypothèse d'un compte joint, où chaque cotitulaire peut demander à la banque de lui verser l'intégralité du solde. C'est un mécanisme dangereux pour les créanciers, et qui ne constitue en aucune manière une garantie contre l'insolvabilité du débiteur.

Seule nous intéresse donc ici la solidarité entre débiteurs, ou solidarité passive, qui correspond au schéma précédemment indiqué : le créancier a plusieurs débiteurs, et il peut demander à chacun la totalité de la dette (C. civ., art. 1313 ; ex-art. 1200). La solidarité constitue donc, pour le créancier, une garantie contre l'insolvabilité de ses codébiteurs, et c'est, à ce titre, une institution très importante en droit du crédit.

L'intérêt de l'étude de la solidarité dépasse cependant ce seul cadre. D'une part, nous verrons que la solidarité peut se combiner avec le cautionnement, en privant la caution des bénéfices de discussion et de division (V. *infra*, n° 66). D'autre part, d'une manière plus curieuse, on peut concevoir de recourir à la solidarité comme substitut du cautionnement, alors même que la dette, au départ, ne comporte qu'un seul débiteur (V. *infra*, n° 50).

On étudiera successivement les conditions (Section 1) et les effets (Section 2) de la solidarité.

SECTION 1

LES CONDITIONS DE LA SOLIDARITÉ

37. – Dualité de sources. Aux termes de l'article 1310 du Code civil (ex-art. 1202) :

« La solidarité est légale ou conventionnelle; elle ne se présume pas ».

Il résulte de ce texte que la solidarité peut avoir deux sources : elle peut être soit légale (§ 1), soit conventionnelle (§ 2).

§ 1. – La solidarité légale

38. – Source légale ou jurisprudentielle. Il s'agit de cas où la solidarité existe de plein droit, sans qu'il soit besoin de la prévoir dans le contrat. En principe, il faut pour cela une disposition expresse de la loi (A), mais il existe certaines extensions jurisprudentielles (B).

A. – Cas expressément prévus par la loi

39. – Fondements divers. Ces cas – dont on ne peut donner ici une énumération exhaustive – apparaissent justifiés par divers fondements. Le plus souvent, les cas de solidarité légale sont justifiés par l'idée de **communauté d'intérêts entre les codébiteurs** (par ex., C. civ., art. 220 ; C. com., art. L. 511-44 ; C. civ., art. 2002 ; C. civ., art. 1887 ; C. civ., art. 515-4). Dans d'autres cas, la solidarité légale se rattache plutôt au souci de **protéger une victime contre une faute commune** de plusieurs personnes qui ont été à l'origine du dommage (par ex., CPP, art. 375-2, et 480-1).

B. – Extensions jurisprudentielles

40. – Obligation *in solidum*. Dans le prolongement direct des solutions précédentes, la jurisprudence admet traditionnellement que la victime d'un dommage quelconque, même non provoqué par un crime ou un délit pénal, peut demander l'intégralité de la réparation à chacun des coauteurs de ce dommage. Cependant, on ne parle pas ici de solidarité, mais d'**obligation *in solidum***, et le mécanisme se rattache plus à l'idée que chaque coauteur est responsable de l'intégralité du dommage qu'à celle qu'il est garant de l'insolvabilité des autres (V. *infra*, Pistes à explorer).

41. – Solidarité commerciale. C'est en revanche un véritable cas de solidarité sans texte qui est consacré, depuis le XIXe siècle, par la jurisprudence qui admet que, par exception au principe posé à l'ancien article 1202, la **solidarité se présume en matière commerciale :** cela signifie que dans tous les cas où plusieurs débiteurs sont tenus ensemble d'une obligation commerciale, ils le sont solidairement, sans qu'il soit besoin de le stipuler. Cette solution, justifiée par l'usage en matière commerciale, mais manifestement contraire à la règle posée à l'ancien article 1202, est souvent présentée comme l'exemple type d'une consécration jurisprudentielle d'une coutume *contra legem*. L'ordonnance réformant le droit des contrats n'a pas pris parti sur ce point dans le nouvel article 1310 du Code civil, mais aucun élément n'indique qu'elle ait entendu remettre en cause cette solution d'une portée pratique considérable.

§ 2. – La solidarité conventionnelle

42. – Nécessité d'une stipulation expresse. Lorsque la dette est civile, et en dehors des cas où elle est prévue par la loi, la solidarité suppose une stipulation expresse du contrat liant le créancier aux codébiteurs. Cette stipulation (qui se rencontre d'ailleurs fréquemment aussi en matière commerciale, où elle est superflue), ne suppose pas l'emploi d'une formule sacramentelle : il suffit qu'il soit clairement indiqué dans l'acte que chaque codébiteur sera tenu de la totalité de la dette vis-à-vis du créancier.

SECTION 2

LES EFFETS DE LA SOLIDARITÉ

43. – Dualité de rapports juridiques. Il faut envisager successivement les rapports entre le créancier et les codébiteurs (§ 1) et les rapports des codébiteurs entre eu (§ 2).

§ 1. – Les rapports du créancier avec les codébiteurs

44. – Effets principaux et secondaires. On distingue traditionnellement les effets principaux de la solidarité (A) de ce qu'il est convenu d'appeler ses effets secondaires (B).

A. – Les effets principaux

45. – « Unité d'objet, pluralité de liens obligatoires ». Telle est la formule doctrinale par laquelle on résume souvent les effets de la solidarité : unité d'objet en ce que chaque débiteur est tenu à la même chose envers le créancier, c'est-à-dire à la totalité de la dette ; pluralité de liens obligatoires en ce que chaque dette peut conserver un certain particularisme, chaque codébiteur peut être tenu de manière différente.

46. – Absence de division de la dette. Le créancier peut demander l'entier paiement à l'un des codébiteurs, sans que celui-ci puisse lui opposer le « bénéfice de division » (C. civ., art. 1313, ex-art. 1203), c'est-à-dire lui demander de diviser ses poursuites. Il peut agir à la fois contre tous les codébiteurs, ou, tant qu'il n'est pas payé, successivement contre l'un puis contre l'autre : les poursuites faites contre l'un n'empêchent pas de poursuivre ensuite les autres (C. civ., art. 1313, ex-art. 1204). Ces règles sont doublement intéressantes pour le créancier. D'abord, il n'a pas à diviser ses poursuites ; il peut se contenter d'agir contre un seul des codébiteurs, d'où un gain de temps et d'argent. Ensuite, si un des débiteurs est insolvable, le créancier peut tout de même espérer être payé puisqu'il peut demander la totalité aux autres.

Il faut relever que, si l'un des codébiteurs solidaires décède, son obligation au tout se divise entre ses cohéritiers : le créancier ne peut demander à chaque cohéritier qu'une fraction de ce qu'il pouvait demander à l'auteur décédé (c'est-à-dire de la dette globale).

47. – Exceptions opposables par les codébiteurs solidaires. Chaque codébiteur n'est pas pour autant tenu exactement de la même manière que les autres. On l'observe si on s'interroge sur les exceptions (les moyens de défense) que chaque codébiteur peut opposer au créancier. L'article 1315 (ex-art. 1208) du Code civil introduit à ce sujet une distinction d'application délicate entre différents types d'exceptions. Le codébiteur poursuivi peut opposer les exceptions communes à tous les débiteurs (par ex. la nullité ou la résolution du contrat) et celles qui lui sont personnelles (par ex. son incapacité). En revanche il ne peut pas opposer les exceptions qui sont personnelles à un autre codébiteur, sauf lorsqu'elle éteint la part divise de celui-ci (dans ce cas, il peut faire déduire cette part de la totalité de la dette. Un codébiteur peut donc rester tenu alors que les autres pourraient être libérés (V. *infra*, Pistes à explorer). Cela distingue fondamentalement la solidarité du cautionnement, engagement accessoire qui est en principe affecté par toutes les causes de nullité ou d'extinction de l'obligation du débiteur principal.

B. – Les effets secondaires

48. – Effets procéduraux. La solidarité produit aussi ce qu'on appelle des « effets secondaires », d'ordre procédural. L'idée générale est que les actes de procédure faits par ou contre un des codébiteurs solidaires doivent produire des effets à l'égard des autres. Il s'agit de renforcer l'efficacité de la solidarité, en dispensant le créancier de mettre en cause tous les débiteurs.

Certains de ces effets secondaires ont été prévus par le Code civil (V. C. civ., art. 1314 [ex-art. 1207], 2245). Partant de ces solutions particulières, la doctrine, au XIXe siècle, a posé en règle générale que les codébiteurs solidaires se représentent mutuellement dans leurs rapports avec le créancier et en ont déduit diverses solutions : par exemple, la transaction conclue entre un codébiteur solidaire et le créancier profite aux autres codébiteurs, la chose jugée à l'égard de l'un a effet à l'égard des autres… Si l'ordonnance réformant le droit des contrats n'a pas consacré l'idée de représentation mutuelle, les nouveaux textes ont cependant codifié les hypothèses dans lesquelles elle pouvait ou non produire des effets (V., par ex. C. civ., art. 1305-5 ; 1350-1).

§ 2. – Les rapports des codébiteurs entre eux

49. – Recours du codébiteur qui a payé. Pour reprendre une distinction bien connue en matière de régimes matrimoniaux, on peut dire que la solidarité n'affecte que l'**obligation à la dette** ; elle ne modifie pas la **part contributive** de chaque codébiteur. En théorie, chacun ne doit, en définitive, supporter qu'une partie de la dette. Cela implique que celui qui a payé le créancier a un recours contre les autres, pour ce qui excède sa part (C. civ., art. 1317, ex-art. 1213). En principe, la répartition de la charge de la dette se fait par tête, c'est-à-dire de manière égalitaire, mais d'autres bases de répartition peuvent avoir été convenues entre les intéressés.

Le codébiteur qui a payé doit, s'il y a plusieurs autres coobligés, diviser son recours entre eux : la solidarité cesse en principe avec le paiement fait au créancier, elle ne profite pas aux codébiteurs (C. civ., art. 1317, ex-art. 1214). Mais, si l'un d'eux est insolvable, la perte doit se répartir entre tous les codébiteurs.

50. – Cas particulier de l'article 1318 (ex-art. 1216). L'article 1318 (ex-art. 1216) du Code civil prévoit le cas *a priori* curieux où la dette ne concernait que l'un des coobligés solidaires ; en ce cas, si c'est un autre codébiteur (non intéressé à la dette) qui a payé, il aura un recours pour la totalité, comme dans le cas de cautionnement. Ce texte semble permettre l'utilisation de la solidarité dans le cas où, au départ, il n'y a qu'un seul débiteur, comme dans le cas du cautionnement. Ce texte a été récemment redécouvert, car il a paru offrir aux créanciers un moyen de tourner les contraintes du cautionnement : au lieu de demander au tiers de se porter caution, on lui demande de s'engager solidairement aux côtés du débiteur principal. Il semble que, dans les rapports entre le créancier et le codébiteur non intéressé, les règles applicables soient celles de la solidarité et non du cautionnement, ce qui permet notamment d'échapper au caractère accessoire du cautionnement. La Cour de cassation a même considéré, de manière critiquable, que l'article 1376 (ex-art. 1326) du Code civil n'était pas applicable dans une telle situation (V. *infra*, Pistes à explorer).

CHAPITRE 2

L'INDIVISIBILITÉ

51. – Doublon de la solidarité. Mécanisme voisin de la solidarité, l'indivisibilité de l'obligation régie par l'article 1320 (ex-art. 1217 à 1225) du Code civil, s'en distingue cependant à la fois par ses sources (Section 1) et, surtout, par ses effets (Section 2). On l'utilise souvent pour doubler la solidarité et en renforcer l'efficacité.

SECTION 1

SOURCES DE L'INDIVISIBILITÉ

52. – Indivisibilité légale ou conventionnelle. L'indivisibilité va de soi pour certaines obligations, qui ne peuvent être exécutées qu'en entier : l'obligation de livrer un corps certain, par exemple, ou d'accomplir un service qui ne peut pas être divisé. Cette indivisibilité de droit ne résulte pas seulement de la nature matérielle de l'objet de l'obligation, elle peut aussi résulter de l'esprit dans lequel l'obligation a été conçue : on parle alors d'indivisibilité intellectuelle (C. civ., art. 1320 ; ex-art. 1217 et 1218). Ainsi, la construction d'une maison, même si elle est matériellement divisible, est habituellement conçue comme ne pouvant être exécutée qu'en entier, parce qu'il ne sert à rien de n'avoir que les murs. Sous ce premier aspect, la notion d'indivisibilité a de multiples prolongements dans divers domaines du droit, mais elle n'apparaît pas vraiment comme une garantie d'exécution (V. *infra*, Piège à éviter).

En dehors de ces cas, les parties à un contrat peuvent stipuler expressément qu'une obligation, par sa nature parfaitement divisible (par ex., une obligation de somme d'argent), sera exécutée comme si elle était indivisible. Cette indivisibilité conventionnelle va servir de garantie contre le non-paiement.

SECTION 2

EFFETS DE L'INDIVISIBILITÉ

53. – Différences avec la solidarité. Pour l'essentiel, l'indivisibilité, envisagée en cas de pluralité de débiteurs, produit les mêmes effets que la solidarité : le créancier pourra demander à chaque codébiteur la totalité du paiement.

Cependant, on ne retrouve pas ici les effets secondaires de la solidarité (V. *supra*, n° 48).

À l'inverse – et c'est ce qui fait tout l'intérêt du mécanisme – l'indivisibilité présente pour le créancier l'avantage de se continuer après le décès de chaque codébiteur (C. civ., art. 1320, al. 3) : on pourra donc, ici, demander à chaque cohéritier la totalité de la dette.

Pour cumuler cet avantage avec ceux de la solidarité, on stipule souvent que les codébiteurs s'engagent de manière solidaire et indivisible.

Point d'actualité

Solidarité et indivisibilité dans la réforme du droit des obligations

La solidarité et l'indivisibilité, alors même que leur rôle principal est d'assurer la garantie du créancier, ne sont pas traitées par le Code civil comme des sûretés, mais comme des modalités des obligations ayant plusieurs débiteurs. Elles sont donc régies dans le titre IV du livre III du Code civil. Du coup, il n'a pas été question de toucher à ces mécanismes dans le cadre de la réforme du droit des sûretés. En revanche, les textes relatifs à la solidarité et à l'indivisibilité ont été réécrits et légèrement retouchés dans le cadre de la réforme du droit des contrats issue de l'ordonnance n° 2016-131 du 10 février 2016. Nous vous invitons à consulter ces différents textes et à les comparer.

Pistes à explorer

1. – La distinction de l'obligation solidaire et de l'obligation *in solidum*

La différence de terminologie traduit, dans l'opinion majoritaire, une différence de nature entre les deux mécanismes : on explique habituellement que, si chaque coauteur est tenu de réparer l'intégralité du dommage, ce n'est pas en tant que garant des autres, mais parce qu'il est censé (dans une logique d'équivalence des conditions) avoir causé en entier ce dommage – puisque, sans son intervention, ce dommage ne se serait pas produit. Cette explication (qui s'accorde assez mal avec le recours du coauteur qui a payé contre les autres) a été contestée dans les années 1960-1970 et certains auteurs ont tenté de ramener l'obligation *in solidum* à un cas de solidarité sans texte : l'idée est qu'au départ, chaque coauteur n'est responsable que d'une partie du dommage (la causalité partielle entraîne une responsabilité partielle), mais que, dans un souci de protéger la victime contre l'insolvabilité de l'un des coauteurs, il est obligé au tout envers cette victime. Il en résulte que l'obligation *in solidum* ne doit pas jouer lorsque l'un des coauteurs n'est pas juridiquement responsable envers la victime, faute de dette à garantir. Admise un temps par la jurisprudence, cette solution semble aujourd'hui abandonnée et l'on est revenu à l'explication classique. Cependant, l'article 1265 du projet de réforme de la responsabilité civile présenté par le ministère de la Justice en mars 2017 qualifie de solidaire l'obligation au tout des responsables d'un même dommage. Nous vous conseillons pour en savoir plus d'aller relire les développements d'un manuel de droit des obligations sur le lien de causalité dans la responsabilité civile.

2. – Le régime des exceptions opposables par un codébiteur solidaire

Selon l'article 1315 (ex-art. 1208) du Code civil, chaque codébiteur peut opposer les exceptions qui sont communes à tous les codébiteurs et celles qui lui sont personnelles. Il ne peut en revanche opposer les exceptions qui sont personnelles à d'autres codébiteurs. Mais lorsqu'une exception personnelle à un autre codébiteur éteint la part divise de celui-ci, il peut s'en prévaloir pour la faire déduire de la dette totale. À en croire le rapport remis au Président de la République, ce texte « précise, en adoptant une formulation clarifiée, les règles gouvernant l'opposabilité des exceptions par un codébiteur, en opérant une distinction entre les exceptions communes à tous les codébiteurs, celles qui sont personnelles au codébiteur poursuivi, qu'il ne peut opposer, et celles qui sont personnelles à d'autres codébiteurs, qu'il ne peut opposer au créancier mais dont il peut se prévaloir pour faire réduire le montant total de la dette si elles ont eu pour effet d'éteindre la part divise d'un autre codébiteur ». Il est toutefois possible de se demander, comme l'ont déjà suggéré des auteurs, si la trilogie ne semble pas pouvoir être ramenée à l'opposition des exceptions communes, que chacun des codébiteurs peut opposer, et des exceptions personnelles, que seul le débiteur concerné peut invoquer, mais dont ses coobligés pourraient se prévaloir afin de voir leur dette amputée de la part du codébiteur libéré (V. not. F. Chénedé, *Le nouveau droit des obligations et des contrats*, Dalloz, 2e éd. 2018, n° 41.185). On notera toutefois que, dans un souci de meilleure lisibilité du droit, le législateur a donné « les principaux exemples d'exceptions concernées, qui ne sont toutefois pas exhaustifs ». Certains de ces exemples, cependant, laissent perplexe. Ainsi, il est possible de se demander si la nullité, qui est visée comme une exception commune à tous les codébiteurs dans l'article 1315, pourra systématiquement être invoquée par n'importe lequel des codébiteurs. Si c'est incontestable pour la nullité absolue, il est possible d'être plus hésitant pour la nullité relative, qui peut être la conséquence d'un événement ou d'une situation propre à un des codébiteurs (son incapacité, un vice du consentement dont il a été seul victime...). Dans le cadre du cautionnement, la nullité relative a d'ailleurs été considérée comme une exception purement personnelle au débiteur principal, ce qui interdit à la caution de s'en prévaloir (V. *infra*, Pistes à explorer, n° 3, Cautionnement). Mais est-il possible de raisonner à l'identique pour dans les deux cas ? Rien n'est moins sûr... Nous vous invitons à bien lire l'article 1315 du Code civil et à envisager, en travaillant avec différents manuels de droit des contrats, les différents types d'exceptions invocables par le codébiteur.

3. – La représentation mutuelle des codébiteurs solidaires

La « théorie » de la représentation mutuelle des codébiteurs solidaires est un bon exemple des constructions doctrinales de l'école de l'exégèse, destinées à rattacher des solutions nouvelles à la volonté du législateur. Elle a été assez vite corrigée par l'idée que la représentation ne pouvait jouer que dans un sens favorable aux codébiteurs, mais qu'elle ne pouvait pas aboutir à aggraver leur situation. Ainsi, si un codébiteur transige avec le créancier, cette transaction peut profiter aux autres débiteurs (V. : Cass. com., 28 mars 2006, n° 04-12.197 : *Bull. civ.* 2006, IV, n° 85), mais non pas leur nuire. Dans le même ordre d'idées, il a été jugé que le réaménagement d'un contrat de prêt négocié entre une banque et un des coemprunteurs solidaires ne peut pas avoir pour effet de reporter à l'égard de l'autre coemprunteur le point de départ du délai biennal de forclusion, sauf si cet autre débiteur a manifesté la volonté de bénéficier du réaménagement (Cass. 1re civ., 11 févr. 2010, n° 08-20.800). Mais la chose jugée dans les rapports entre le créancier et un codébiteur solidaire vaut à l'égard des autres, que le jugement ait été défavorable ou favorable, car le jugement, déclaratif d'une situation antérieure, ne saurait être considéré comme aggravant cette situation. On retrouve ces idées dans les solutions consacrées par le Code de procédure civile à propos des notifications de jugements (CPC, art. 529) et des voies de recours (CPC, art. 552). On notera que l'ordonnance du 10 février 2016 réformant le droit des contrats n'a pas souhaité procéder à une qualification théorique de cette solidarité, « ... à dessein et dans un souci de clarté pour les praticiens », selon le rapport puisque cette question est source d'importants débats doctrinaux.

4. – L'engagement solidaire d'un codébiteur non intéressé à la dette

La solidarité est habituellement un mécanisme dans lequel au départ, il existe plusieurs codébiteurs, tous « intéressés » à la dette. Cependant, l'article 1318 (ex-art. 1216) du Code civil montre que la solidarité peut intervenir dans un contexte où un seul des codébiteurs est intéressé : par exemple, la femme d'un commerçant emprunte solidairement avec son mari des fonds destinés exclusivement à financer l'activité professionnelle de ce dernier. Très souvent, il s'agit, comme dans cet exemple, de situations où plusieurs personnes s'engagent ensemble dans une relation contractuelle avec le créancier, tout en convenant entre elles, parfois à l'insu du créancier, que le contrat est passé dans l'intérêt exclusif de l'un d'eux. Mais on peut aussi concevoir qu'une personne s'engage comme débitrice solidaire pour garantir les dettes nées d'un contrat auquel elle n'est pas partie. On rencontre aussi une application de l'article 1318 (ex-art. 1216) lorsque, à la suite d'une cession de contrat (par ex. une cession de bail), le cédant (l'ancien locataire) continue d'être tenu solidairement au paiement des dettes nées sur la tête du cessionnaire (le nouveau locataire). La situation ressemble à un cautionnement, et, du reste, dans les rapports entre codébiteurs (seuls envisagés par le texte), tout se passera comme s'il y avait cautionnement : le codébiteur non intéressé (la femme ou l'ancien locataire dans nos exemples), s'il paye, aura un recours contre l'autre pour la totalité, et, à l'inverse, le codébiteur intéressé n'aura, lui, pas de recours (de même que le débiteur qui paye n'a pas de recours contre la caution). Mais – et c'est tout l'intérêt du mécanisme – dans les rapports avec le créancier, le codébiteur non intéressé ne sera pas considéré comme une caution, mais comme un codébiteur. Il ne pourra donc pas opposer au créancier les exceptions personnelles à son codébiteur. Cette particularité a amené, ces dernières années, un regain d'intérêt pour l'article 1216 (devenu 1318), texte longtemps oublié, de la part de praticiens et d'auteurs à la recherche de sûretés de substitution au cautionnement. Il serait sans doute raisonnable de ne permettre l'utilisation de l'article 1318 (ex-art. 1216) que lorsque le créancier ignore que le garant n'est pas personnellement tenu à la dette : dans le cas contraire, on peut se demander si l'engagement solidaire n'est pas seulement un cautionnement déguisé. À tout le moins conviendrait-il, *de lege ferenda*, d'étendre à cette figure les mesures de protection que la loi applique aux cautions. La Cour de cassation a cependant estimé, de manière très contestable, qu'un tel engagement de codébiteur solidaire non intéressé à la dette n'était pas soumis aux formalités de l'ancien article 1326 du Code civil (1376) (Cass. 1re civ., 17 nov. 1999 : *Bull. civ.* 1999, I, n° 309). Nous vous conseillons de comparer les opinions des différents auteurs sur cette manière de tourner les règles du cautionnement.

Piège à éviter

La notion d'indivisibilité

Cette notion est aujourd'hui largement utilisée, pour désigner un lien indissociable entre deux mécanismes juridiques. On dira ainsi que les clauses d'un contrat forment un tout indivisible, pour justifier que la nullité de l'une d'elles s'étende au contrat tout entier, qu'il existe une indivisibilité entre deux contrats pour expliquer que les causes d'anéantissement (nullité, résolution) qui affectent l'un se répercutent sur l'autre... Dans le contexte du droit des sûretés, l'indivisibilité est prise dans son sens traditionnel, qui est celui de l'article 1320 du Code civil : c'est le caractère d'une obligation dont l'exécution n'est pas susceptible d'être divisée entre plusieurs codébiteurs.

TITRE 2

L'ADJONCTION DE L'OBLIGATION D'UN GARANT À L'OBLIGATION DU DÉBITEUR PRINCIPAL

54. – Cautionnement et autres sûretés personnelles. Jusqu'à la réforme de 2006, le cautionnement était la seule sûreté personnelle réglementée à titre principal dans le Code civil (en plus des mécanismes généraux du droit des obligations servant de garantie : solidarité et indivisibilité), et elle reste de loin la plus importante en pratique (Chapitre 1). Mais la pratique avait développé d'autres formes de garantie personnelle, dont certaines ont été consacrées par le législateur à l'occasion de la réforme de 2006 (Chapitre 2).

CHAPITRE 1

LE CAUTIONNEMENT

55. – Définition. Le terme de « cautionnement » est utilisé, dans le langage courant, dans deux sens très différents. D'une part, il sert à désigner une sûreté réelle par laquelle une personne fait un dépôt de garantie au profit d'un de ses créanciers éventuels (c'est en ce sens qu'on parle du cautionnement – ou, plus souvent, de caution – versé[e] par un locataire à son entrée dans les lieux) ; c'est alors soit une variété de gage, soit un transfert de propriété à titre de garantie. D'autre part – et c'est le sens que nous retiendrons ici – le cautionnement est une sûreté personnelle définie par l'article 2288 du Code civil (*ex-art. 2011*).

Selon ce texte :

« Celui qui se rend caution d'une obligation se soumet envers le créancier à satisfaire à cette obligation si le débiteur n'y satisfait pas lui-même ».

Le cautionnement est régi par les articles 2288 à 2320 du Code civil, ainsi que par un grand nombre de lois spéciales, dont certaines ont été intégrées dans le Code de la consommation ou dans le Code de commerce. On rappellera que ces textes n'ont pas été retouchés par la réforme de 2006 : seule la numérotation des articles du code a été modifiée.

56. – Plan. Il apparaît nécessaire, en préalable à une étude détaillée de cette sûreté, d'en présenter les aspects généraux (Section 1). On fera ensuite l'étude des différents problèmes posés par ce contrat en distinguant ceux qui tiennent à sa formation (Section 2) et ceux qui tiennent à ses effets (Section 3).

SECTION 1

GÉNÉRALITÉS SUR LE CAUTIONNEMENT

57. – Technique et politique juridique. Nous vous présenterons d'abord la structure technique de cette sûreté (§ 1), avant d'évoquer les grands problèmes de politique juridique qu'elle suscite (§ 2).

§ 1. – Structure technique

58. – Unité et diversité. Le cautionnement présente, sur le plan technique, un certain nombre de caractères essentiels (A), au-delà desquels se révèle une grande diversité (B).

A. – Caractères essentiels du cautionnement

59. – Contrat. D'abord, le cautionnement est toujours une sûreté conventionnelle, reposant sur un contrat entre le créancier et la caution. La loi ne peut pas obliger une personne à se porter caution de la dette d'autrui – alors que la solidarité est parfois imposée par la loi : la différence est logique si l'on considère que la caution, à la différence du codébiteur solidaire, n'est pas, au départ, personnellement débitrice de la dette. Il existe sans doute des cas de cautionnement « légal », ou « judiciaire » (C. civ., art. 2317 à 2320 ; *ex-art. 2040 à 2043*), mais ces expressions désignent des hypothèses où la loi ou le juge obligent le débiteur à fournir une caution (par ex., comme condition de l'octroi de délais au débiteur), par opposition aux cas où c'est le créancier qui exige cette sûreté du débiteur (cautionnement dit « volontaire »). La caution, dans toutes les hypothèses, reste toujours libre de s'engager ou non.

60. – Contrat entre créancier et caution. Le contrat de cautionnement est passé entre le créancier et la caution, et non, comme on le croit parfois, entre la caution et le débiteur. Le cautionnement peut être donné à l'insu du débiteur (C. civ., art. 2291 ; *ex-art. 2014*) ; même dans le cas normal où le débiteur est au courant, et même si c'est lui qui a demandé à la caution de s'engager à ses côtés, la relation entre le débiteur et la caution n'est pas nécessairement contractuelle (relations de famille, d'amitié ou d'affaires). Et même si cette relation s'inscrit dans un cadre contractuel (par ex. : la banque qui se fait rémunérer par son client, le service qu'elle lui rend en se portant caution pour lui), ce n'est pas ce contrat qui constitue le cautionnement. Cependant, le contrat de cautionnement *stricto sensu* s'inscrit dans le cadre d'une opération économique à trois personnes, ce qui n'est pas sans influence sur son régime juridique.

61. – Contrat unilatéral. Le contrat de cautionnement est toujours unilatéral : mais cela veut simplement dire qu'il n'est pas synallagmatique, en ce sens que la caution s'engage envers le créancier sans que celui-ci assume une obligation réciproque. Ce caractère unilatéral n'exclut pas que le créancier puisse être tenu d'obligations secondaires envers la caution (obligation d'information, obligation de conserver les sûretés – V. *infra*, n°s 145 et s., à propos de l'article 2314 du Code civil (*ex-art. 2037*), sans que l'inexécution de ces obligations soit sanctionnée par une résolution du contrat. L'évolution récente montre cependant une certaine « bilatéralisation » du cautionnement, dont le régime tend, parfois, à se rapprocher de celui d'un contrat synallagmatique.

62. – Contrat à titre gratuit. Au caractère unilatéral est lié le caractère à titre gratuit : la caution ne reçoit jamais de rémunération du créancier. C'est un des traits qui permettent de distinguer le cautionnement de l'assurance-crédit dans laquelle le créancier assuré rémunère la compagnie d'assurance qui s'engage à couvrir le risque d'insolvabilité du débiteur. Mais cela ne signifie pas que la caution s'engage toujours de manière désintéressée : elle peut avoir un intérêt personnel à l'affaire cautionnée (ainsi un dirigeant social qui se porte caution des dettes de sa société) ou même recevoir une rémunération du débiteur (c'est le cas lorsqu'une banque se porte caution d'un de ses clients).

63. – Caractère accessoire. Enfin et surtout, il faut retenir que le cautionnement est un contrat **accessoire** par rapport à l'obligation principale qu'il s'agit de garantir. Sans doute toutes les sûretés sont, par principe, accessoires en ce sens qu'elles n'ont de raison d'être que par rapport à une obligation à garantir : il en résulte que toute sûreté (et en particulier le cautionnement) tombe si l'obligation à garantir n'existe pas. Mais, pour le cautionnement, ce caractère accessoire va plus loin. Il signifie que l'obligation de la caution se modèle exactement sur celle du débiteur principal ; en conséquence, la caution peut **opposer au créancier toutes les exceptions** que le débiteur principal pourrait opposer lui-même (quant à la validité, quant à l'étendue, quant à l'exigibilité, quant à l'extinction de l'obligation du débiteur principal). Ce caractère accessoire, habituellement présenté comme étant de l'essence du cautionnement, permet de le distinguer d'autres formes de garantie personnelle où l'engagement du garant est indépendant de celui du débiteur principal (garanties autonomes et, dans une certaine mesure, assurance-crédit) et que nous étudierons plus loin. Cependant, sans être remis en cause, ce caractère accessoire du cautionnement connaît aujourd'hui de nombreuses limites, notamment lorsque le débiteur principal est soumis à une procédure de traitement des difficultés financières du débiteur. Il connaît toutefois actuellement une certaine renaissance dans ce contexte.

B. – Différents types de cautionnements

64. – Critères de distinction. Si l'on met à part la distinction déjà évoquée entre le cautionnement volontaire, légal et judiciaire, on peut distinguer plusieurs types de cautionnements, à la fois en fonction du contenu de l'engagement de la caution (1°), en fonction de la dette cautionnée (2°) et de la personne qui se porte caution (3°). Certaines de ces distinctions sont appréhendées explicitement par la loi, d'autres, apparues dans la pratique, sont prises en compte de manière plus ou moins nette par la jurisprudence.

1° Distinctions fondées sur le contenu de l'engagement de la caution

65. – Cautionnement personnel et « cautionnement réel ». On distinguait traditionnellement le cautionnement personnel et le cautionnement réel. Cependant cette seconde figure, sans avoir disparu de la pratique, n'est plus désormais considérée comme une variété de cautionnement. Dans le cautionnement personnel, qui constitue le principe, la caution s'engage personnellement, donc sur l'ensemble de son patrimoine. La « caution réelle », très différemment, affecte seulement un de ses biens à la garantie de la dette du débiteur principal ; elle n'est donc tenue que sur ce bien ; il s'agit en réalité d'une sûreté réelle (généralement une hypothèque, un gage ou un nantissement) donnée par un autre que le débiteur. Dans un arrêt de 2005, la Cour de cassation statuant en chambre mixte, a déclaré qu'il ne s'agissait pas du tout d'un cautionnement (Cass. ch. mixte, 2 déc. 2005 – V. *infra*, Points d'actualité et Pistes à explorer), et cette conception a été consacrée par l'ordonnance de 2006 qui a posé certaines règles relatives à ces sûretés données par autrui dans le titre consacré aux sûretés réelles. Les règles du cautionnement ne sont donc pas, en principe, applicables à cette garantie, envisagée par ailleurs, au titre du gage, par l'article 2334 du Code civil.

66. – Cautionnement simple et cautionnement solidaire. Les rédacteurs du Code civil ont prévu que le cautionnement pouvait être simple ou solidaire. Dans le cautionnement simple, la caution ne prend qu'un engagement subsidiaire : elle ne sera tenue de payer qu'après que le créancier ait tenté de se payer vainement sur les biens du débiteur (on dit que la caution a le **bénéfice de discussion**) ; par ailleurs, s'il existe plusieurs cautions pour une même dette, chacune des cautions pourra demander au créancier de diviser ses poursuites (**bénéfice de division**). Ces prérogatives de la caution simple sont très gênantes pour le créancier, c'est pourquoi, très souvent, les parties assortiront le cautionnement d'une stipulation de solidarité. On a vu que la solidarité (passive) est une modalité des obligations qui permet au créancier d'une obligation ayant plusieurs débiteurs de demander à chacun des codébiteurs la totalité de la dette. Ce mécanisme constitue en lui-même une garantie personnelle (V. *supra*, n°s 36 et s.), mais il peut aussi servir à renforcer l'efficacité du cautionnement. Cette solidarité jouera d'abord entre le débiteur principal et la caution, qui sera alors placée sur le même plan que le débiteur principal, et qui n'aura plus le bénéfice de discussion : le créancier pourra, à l'échéance, s'adresser aussi bien à elle qu'au débiteur, comme s'il s'agissait de deux codébiteurs solidaires. La solidarité jouera également, le cas échéant, entre les différentes cautions, qui seront toutes tenues de l'intégralité de la dette vis-à-vis du créancier, sans pouvoir opposer le bénéfice de division. Néanmoins, la caution solidaire reste une caution, en ce que, à la différence du codébiteur solidaire, elle reste un débiteur accessoire. Bien que, dans le Code civil, le cautionnement simple soit présenté comme le principe, le cautionnement solidaire est aujourd'hui pratiquement le seul utilisé parce qu'il permet, seul, de garantir efficacement le créancier contre le retard de paiement.

Une variété particulière de cautionnement solidaire est constituée par l'**aval des effets de commerce**, dans lequel le caractère accessoire inhérent au cautionnement est atténué par le principe de l'inopposabilité des exceptions applicable en matière cambiaire.

2° Distinctions fondées sur les dettes cautionnées

67. – **Cautionnement d'une obligation principale et cautionnement de l'obligation d'une caution.** La dette cautionnée peut être la dette d'une caution servant elle-même à garantir une dette principale. Cette figure appelée **certification de caution** n'est pas toujours facile à distinguer du cas où plusieurs cautions (cofidéjusseurs) s'engagent pour garantir une même dette. De même, une caution peut garantir le recours d'une caution de premier rang contre le débiteur principal (**sous-cautionnement**) : après avoir payé, la caution de premier rang se retournera contre la sous-caution qui elle-même aura un recours (assez théorique) contre le débiteur principal. Cette figure est fréquente lorsque le cautionnement est donné par un établissement de crédit (notamment un organisme de caution mutuelle).

68. – **Cautionnement d'une dette déterminée et cautionnement de dettes indéterminées.** Le cautionnement traditionnel porte sur une **dette déterminée** du débiteur (par ex. un prêt que lui consent le créancier, les loyers d'un bail ou d'un crédit-bail, le paiement d'un prix de vente), et il semble que les rédacteurs du Code civil n'aient pensé qu'à ce cas de figure. Mais, dans la pratique actuelle du cautionnement des dettes des entreprises, le cautionnement porte souvent sur un ensemble de **dettes futures et indéterminées :** ainsi, il est fréquent qu'un dirigeant social s'engage à garantir toutes les dettes que sa société a ou aura envers une banque. C'est ce qu'on appelle parfois un cautionnement « omnibus » (parce qu'il « prend » toutes les dettes sur son passage). Ce type de cautionnement, ignoré par les textes du code, présente une structure assez particulière. Lors de la conclusion du cautionnement, en effet, la personne dont les dettes sont garanties n'est pas encore nécessairement débitrice, et donc la caution ne l'est pas nécessairement non plus. On ne peut pas dire, à ce stade que la caution est « obligée » au paiement de telle ou telle somme, on peut dire simplement qu'elle accepte d'y être obligée au fur et à mesure que des dettes naîtront à la charge du débiteur. Elle n'a, selon l'expression très parlante d'un auteur (C. Mouly), qu'une « obligation de couverture », dans le cadre de laquelle naîtront éventuellement par la suite des « obligations de règlement » des dettes du débiteur. Cette distinction, aujourd'hui consacrée par la Cour de cassation, et généralement bien reçue en doctrine, a des conséquences importantes sur le régime du cautionnement : elle explique en particulier la faculté de résiliation unilatérale reconnue à la caution de dettes indéterminées, ainsi que les règles applicables en cas de décès d'une telle caution (sur cette distinction, V. *infra*, Pistes à explorer, n° 1).

3° Distinctions fondées sur la personne qui se porte caution

69. - Cautionnement civil et cautionnement commercial. Le cautionnement, acte en principe civil, peut devenir commercial dans certaines circonstances en fonction de la personne qui le donne. Le cautionnement est commercial, d'abord, lorsqu'il est donné par un commerçant dans le cadre de son activité commerciale : c'est le cas en particulier des cautionnements donnés par les établissements de crédit pour garantir les engagements de leurs clients (le cautionnement constitue alors une opération de crédit). Mais depuis une trentaine d'années, la jurisprudence considère aussi que le cautionnement est commercial chaque fois qu'il a été donné pour garantir une dette commerciale dès lors que la caution, même non-commerçante elle-même, a un intérêt personnel à cette dette : c'est le cas, en particulier, des cautionnements donnés par les dirigeants sociaux pour garantir les dettes de leur société. Cette extension de la qualification de cautionnement commercial – que condamne l'article 2290 du projet du groupe *Grimaldi* – va cependant de pair avec un affaiblissement des intérêts qui y sont attachés (qui, depuis 1980, se limitent pratiquement à la détermination du tribunal compétent ; V. *infra*, Pièges à éviter).

70. - Dépassement de la distinction. Parallèlement, en jurisprudence et en législation, d'autres distinctions qui transcendent la distinction traditionnelle civil/commercial, se développent dans deux directions différentes.

D'une part, indépendamment de leur caractère civil ou commercial, la jurisprudence tend aujourd'hui, sur plusieurs plans, à soumettre à un régime spécifique les cautionnements donnés par les dirigeants sociaux, en atténuant la portée des règles protectrices de ces cautions intéressées (vices du consentement, étendue du contrôle de proportionnalité de l'engagement...). Dans la jurisprudence la plus récente, on fait, de manière un peu différente, la distinction entre les cautions averties (qui dépassent quelque peu la seule catégorie des dirigeants cautions) et les cautions non averties, notamment pour déterminer l'étendue des obligations qui pèsent sur le banquier à leur égard (Cass. 1re civ., 10 mai 2005 : *Bull. civ.* 2005, I, n° 200. – Cass. com., 13 févr. 2007, n° 04-19.727).

D'autre part, dans plusieurs lois prises depuis une vingtaine d'années, sont apparues des règles spécifiques, d'une part aux **cautionnements des dettes des entreprises**, d'autre part aux **cautionnements des dettes des particuliers** – sans considération, cette fois, de la personne qui s'engage comme caution.

Ces distinctions sont elles-mêmes aujourd'hui quelque peu éclipsées par la mise en place, par le législateur, d'un régime spécifique, plus protecteur, pour les cautionnements **donnés par les personnes physiques** (quelle que soit leur qualité, et quelle que soit la nature de la dette garantie). L'évolution est particulièrement nette dans la loi n° 2003-721 du 1er août 2003 (C. consom., art. L. 331-1 et s., *ex.-art. L. 341-2 et s.*)[(1)].

(1) Le Code de la consommation a fait l'objet d'une réorganisation et en conséquence d'une renumérotation à l'occasion de l'ordonnance n° 2016-304 du 14 mars 2016. Toujours dans l'optique de vous permettre d'approcher plus commodément la jurisprudence antérieure, nous citerons l'ancien numéro d'article en italique..

§ 2. – Politique juridique

A. – Renouveau du cautionnement

71. – Causes et conséquences. Sûreté très ancienne, le cautionnement avait connu un certain déclin depuis l'époque du Code civil, en partie à cause de l'affinement de la technique des sûretés réelles. Mais, depuis une trentaine d'années, le cautionnement a connu un renouveau considérable dans la pratique bancaire : d'une part, les banques exigent très souvent un cautionnement pour les crédits qu'elles consentent aux entreprises ; d'autre part, les banques se portent fréquemment caution elles-mêmes pour garantir l'exécution des obligations de leurs clients, ce qui est pour elles une forme de crédit par signature. Dans le même ordre d'idées, on signalera le développement des organismes de caution mutuelle, encouragé par le législateur notamment pour assurer les garanties des crédits immobiliers à la place de l'hypothèque. Dans un autre domaine, un cautionnement est très souvent demandé par les bailleurs d'immeubles aux locataires.

Ce renouveau, surtout dans la première utilisation, est dû aux causes générales de développement des sûretés personnelles : souplesse (traditionnelle) de constitution et de mise en œuvre, sécurité relative en cas de procédure collective en contemplation des atteintes portées aux sûretés réelles dans ce contexte et sécurité quasi parfaite lorsque la caution est un établissement de crédit. Vous comprendrez également que le cautionnement apparaît comme un moyen de tourner la limitation de responsabilité résultant de la technique sociétaire : la banque demandera très souvent un cautionnement aux dirigeants ou aux principaux associés de l'entreprise, ce qui aboutira, indirectement, à les rendre indéfiniment responsables du passif de la société. On peut se demander si, aujourd'hui, le cautionnement pourrait de même être utilisé pour tourner la limitation de responsabilité résultant de l'adoption du statut d'entrepreneur individuel à responsabilité limitée (sur cette question, V. *supra*, Introduction, Pistes à explorer).

B. – Crise du cautionnement

72. – Équilibre difficile. En dépit, ou à cause de ce renouveau, le cautionnement est aujourd'hui une sûreté en crise. Beaucoup de cautions supportent difficilement, lorsqu'elles sont assignées, l'idée d'avoir à payer une dette qui n'est pas la leur, d'autant plus qu'elles ne se sont pas toujours rendu compte au moment de leur engagement de la portée exacte de celui-ci, et qu'elles savent souvent ne pas pouvoir récupérer auprès du débiteur ce qu'elles paieront. Il en résulte un contentieux abondant, contre lesquels les créanciers – surtout lorsqu'il s'agit d'établissements de crédit – essaient de se prémunir en insérant dans leurs contrats (qui sont évidemment des contrats d'adhésion) des clauses limitant au maximum les droits de la caution. Face à ce contentieux, les textes du Code civil, conçus pour une pratique très différente de l'utilisation actuelle du cautionnement, apparaissent très largement inadaptés. La jurisprudence a eu, dans ce domaine, un rôle créateur remarquable, en essayant, non sans difficultés, de trouver un juste équilibre entre la protection de la caution et le souci d'assurer une sécurité suffisante au créancier. Le législateur est également intervenu sur divers points, mais plus pour réglementer de manière spécifique certains cautionnements, par « couches successives », que pour modifier les règles du droit commun. Il en résulte une grande diversité des régimes du cautionnement, et un empilement de textes, qui rendent ce droit de moins en moins lisible. Ces raisons expliquent la réforme du cautionnement aujourd'hui entreprise (V. *supra*, Introduction, Points d'actualité). Cependant, il est difficile de savoir jusqu'où on pourrait aller dans l'objectif de protection des cautions, car, à élaborer des solutions trop protectrices, on risque de voir les établissements de crédit se tourner vers d'autres types de sûretés personnelles, beaucoup plus dangereuses en définitive que le cautionnement.

73. – **Projet de réforme.** L'avant-projet de réforme issu de la commission *Grimaldi* livré fin 2017, qui va servir de base à l'ordonnance réformant le droit des sûretés (V. *supra*, Introduction, Points d'actualité), propose une refonte complète de la réglementation du cautionnement. Le texte proposé intègre dans le Code civil, en les simplifiant et en les harmonisant, diverses mesures de protection des cautions personnes physiques aujourd'hui dispersées dans des textes spéciaux (formalisme, obligations d'information, contrôle de proportionnalité de l'engagement). Elle clarifie également le sens de nombreux textes datant de 1804 tout en intégrant les évolutions jurisprudentielles de ces dernières années. Elle tente enfin de restaurer une certaine efficacité de cette sûreté en mettant en place des règles parfois plus souples que celles s'appliquant aujourd'hui, qu'il s'agisse du contenu du formalisme, de la sanction de la disproportion de l'engagement de la caution ou encore des conditions de l'exercice du bénéfice de subrogation. Il importe cependant de préciser que la loi du 26 juillet 2005 et les textes ultérieurs relatifs aux procédures de traitement des entreprises en difficulté ont apporté de substantielles modifications à la situation des cautions dans le cadre de ces procédures, dans certains cas en complet décalage avec les règles fondamentales du droit commun du cautionnement. La réforme envisagée ne remédiera pas à ce décalage.

SECTION 2
LES CONDITIONS DE VALIDITÉ DU CAUTIONNEMENT

74. – **Fond et forme.** Comme tout contrat, le cautionnement suppose le respect de certaines conditions de fond (Sous-section 1). Il est aussi soumis à un certain formalisme (Sous-section 2).

SOUS-SECTION 1
CONDITIONS DE FOND

75. – **Article 1128 (*ex-art. 1108*).** Trois conditions sont requises par l'article 1128 du Code civil pour la validité de tout contrat : consentement, capacité, contenu licite et certain. La quatrième condition envisagée par l'ex-article 1108 du Code civil relatif à la cause a disparu, au moins formellement.

§ 1. – Le consentement de la caution

76. – **Existence et intégrité.** Si le consentement du créancier n'est jamais discuté, le consentement de la caution suscite un contentieux abondant. Certains cautionnements ont été annulés pour absence de consentement, dans des hypothèses où la caution n'avait pas compris la portée de son engagement ; aujourd'hui ce type de situations est

plutôt appréhendé à travers les exigences formelles (que nous étudierons plus loin). Sur le terrain du consentement, la caution prétend beaucoup plus souvent qu'elle a été victime d'un **vice du consentement**. On retrouve ici les trois vices du consentement admis dans le droit commun des contrats par l'article 1130 du Code civil, à travers lesquels apparaît l'exigence que le consentement ait été éclairé (A) et libre (B).

A. – Exigence d'un consentement éclairé

77. – **Erreur et dol.** La caution peut essayer de faire annuler le contrat en démontrant qu'elle s'est trompée sur certaines circonstances ayant déterminé son engagement (**erreur**, C. civ., art. 1132, *ex-art. 1110*) ou qu'elle a été trompée (**dol**, C. civ., art. 1137, *ex-art. 1116*). Le problème se pose fréquemment dans l'hypothèse où la caution s'est engagée sans savoir que le débiteur était déjà dans une mauvaise situation financière rendant probable sa défaillance.

78. – **Erreur.** L'erreur n'est, il faut le rappeler, constitutive d'une cause de nullité que si elle a porté sur les qualités essentielles de la prestation due... La Cour de cassation a affirmé, sous l'empire des textes antérieurs à la réforme, que la caution, qui avait cru que le débiteur était solvable au moment de son engagement, ne pouvait obtenir l'annulation de celui-ci que si elle avait fait de la solvabilité du débiteur une condition de son engagement. Mais un arrêt de 2002 avait admis que cette condition pouvait être simplement tacite. Il n'est pas certain que cette dernière solution survive à la réforme du droit des contrats. La croyance que le débiteur est solvable lors de la conclusion du contrat de cautionnement pourrait s'analyser comme un mobile de l'engagement. Or l'erreur sur un simple motif, étranger aux qualités essentielles de la prestation due ou du cocontractant, n'est pas cause de nullité, sauf si les parties n'en ont fait « expressément un élément déterminant de son engagement » (C. civ., art. 1135, al. 1)... Pour que la nullité soit admise, il faudrait donc que la condition de solvabilité ait été expressément insérée dans le contrat de cautionnement, ce qui est très rare en pratique. La nullité pour erreur est également admise dans des hypothèses où la caution s'est engagée en croyant à tort que la créance principale était assortie de sûretés (dont elle aurait pu profiter par subrogation lors de son recours contre le débiteur) : la protection fondée sur le vice du consentement recoupe alors largement celle qu'assure l'article 2314 (*ex-art. 2037*) du Code civil (V. *infra*, n°s 145 et s.).

79. – **Dol.** La caution peut beaucoup plus facilement obtenir l'annulation de son engagement sur le fondement du dol, en démontrant que son erreur n'est pas spontanée, mais qu'elle a été provoquée par des manœuvres. À cet égard, il ne lui sert à rien de démontrer que cette tromperie provient du débiteur, puisque, selon l'article 1137 (ex-art. 1116) du Code civil, le dol n'est une cause de nullité que si l'erreur a été provoquée par le cocontractant (qui est ici, il faut le rappeler, le créancier, et non le débiteur) ou, selon l'article 1138, par un tiers de connivence (qui pourrait toutefois être le débiteur s'il avait incité la caution à s'engager en étant complice du dol commis par le créancier). Mais lorsque le cautionnement est donné au profit d'un banquier, la jurisprudence considère que celui-ci est tenu d'une obligation d'information à l'égard de la caution, et que le fait d'avoir gardé le silence sur la situation obérée du débiteur est constitutif d'une réticence dolosive : la Cour de cassation stigmatise depuis plusieurs années cette réticence comme étant un manquement à l'obligation de contracter de bonne foi (formule apparue dans Cass. 1re civ., 10 mai 1989 : *Bull. civ.* 1989, I, n° 187). L'article 1137, alinéa 2 du Code civil issu de la réforme du droit des contrats de 2016 consacre explicitement cette solution en affirmant que constitue un dol la dissimulation intentionnelle par l'un

des contractants d'une information dont il sait le caractère déterminant pour l'autre partie. Encore faut-il cependant que la caution n'ait pas été elle-même en mesure de connaître la situation financière du débiteur, ce qui est le cas du dirigeant social de la société cautionnée : il est pratiquement impossible à ce type de caution de faire annuler son engagement pour dol.

Il importe de souligner de surcroît que l'ordonnance du 10 février 2016 a intégré dans le Code civil une disposition garantissant le consentement de la caution par le truchement d'une obligation d'information de portée générale. En effet, l'article 1112-1 du Code civil dispose que « celle des parties qui connaît une information dont l'importance est déterminante pour le consentement de l'autre doit l'en informer dès lors que, légitimement, cette dernière ignore cette information ou fait confiance à son cocontractant ». Cette disposition doit être articulée avec les précédentes que nous avons vues.

80. – Obligation de mise en garde. Au-delà de cette obligation d'information, la jurisprudence récente fait peser sur les créanciers professionnels (les établissements de crédit) une obligation de mise en garde des cautions dites « non averties ». Il ne s'agit pas seulement ici de faire connaître à la caution les conditions objectives de son engagement, mais d'attirer son attention sur les risques qu'elle prend en se portant caution, notamment par rapport à ses propres capacités financières. Cependant, cette obligation de mise en garde, qu'il faut également mettre en relation avec l'exigence de proportionnalité de l'engagement avec les capacités financières de la caution (V. *infra*, n° 84) 85-8 n'est pas sanctionnée par la nullité du cautionnement, mais par la responsabilité du créancier vis-à-vis de la caution, laquelle se traduit par des dommages-intérêts qui se compensent, en tout ou en partie, avec le montant dû par la caution.

B. – Exigence d'un consentement libre

81. – Violence. De manière très exceptionnelle, le cautionnement peut être annulé pour violence. Celle-ci n'est pas constituée cependant par le seul fait que le créancier a contraint le débiteur à fournir une caution sous la menace de ne pas lui faire crédit – sinon la plupart des cautionnements seraient nuls ! Pour limiter ce genre de contrainte dans le contexte des entreprises individuelles, l'article 47-1 de la loi n° 94-126 du 11 février 1994 (devenu C. monét. fin., art. L. 313-21) a imposé aux établissements de crédit de donner aux entrepreneurs individuels la possibilité d'offrir prioritairement des garanties sur les biens de l'entreprise ; l'établissement de crédit qui souhaite obtenir un cautionnement ou une sûreté réelle sur les biens non nécessaires à l'exploitation de l'entreprise, doit d'abord informer l'entrepreneur individuel qu'il a la possibilité d'offrir en garantie un bien professionnel. Mais il ne s'agit là que d'une obligation d'information : l'établissement de crédit n'est pas tenu de se contenter des biens professionnels proposés. Par ailleurs, la sanction du non-respect de cette obligation (l'inopposabilité de la sûreté à l'entrepreneur individuel) paraît totalement illusoire, dès lors que la sûreté personnelle obtenue sans l'information préalable reste valable dans les rapports avec le garant.

La réforme du droit des contrats, qui a consacré le vice de violence par abus de dépendance (C. civ., art. 1143), pourrait peut-être offrir une nouvelle action pour les cautions. Mais les conditions à remplir sont nombreuses puisque ce texte indique qu'il y a violence « ... lorsqu'une partie, abusant de l'état de dépendance dans lequel se trouve son cocontractant à son égard, obtient de lui un engagement qu'il n'aurait pas souscrit en l'absence d'une telle contrainte et en tire un avantage manifestement excessif ». La dernière condition posée par ce texte en limite toutefois grandement la portée pour le contrat de cautionnement.

§ 2. – La capacité et le pouvoir de cautionner

82. – **Distinction.** Les deux notions de capacité et de pouvoir doivent être soigneusement distinguées : la capacité désigne l'aptitude d'une personne à consentir à tel ou tel acte, le pouvoir désigne la possibilité qu'a une personne d'engager certains biens par ses actes.

A. – La capacité de consentir à un cautionnement

83. – **Capacité juridique.** Cette condition ne suscite pas de difficultés particulières : un mineur ni un majeur incapable ne peuvent évidemment pas se porter caution, et en raison de l'absence de contrepartie, le représentant légal de l'incapable ne devrait pas pouvoir donner un cautionnement en son nom – ce qui transforme l'incapacité d'exercice en une sorte d'incapacité de jouissance. La Cour de cassation avait cependant admis en 1997 la validité d'un « cautionnement réel » donné par un administrateur légal sur un bien d'un mineur (Cass. 1re civ., 2 déc. 1997 : *Bull. civ.* 1997, I, n° 343). Mais cette solution a été condamnée, lors de la réforme de la protection juridique des majeurs par la loi du 5 mars 2007, puisque le nouvel article 509 du Code civil interdit au tuteur d'un majeur ou d'un mineur de constituer une sûreté pour garantir la dette d'un tiers.

84. – **Capacité financière** – D'une manière générale, toute personne peut se porter caution, quelles que soient ses capacités financières. Il appartient au créancier d'apprécier si la caution qui lui est proposée présente des garanties suffisantes de solvabilité. Ce principe doit cependant être nuancé. D'une part, lorsque c'est la loi ou le juge qui impose au débiteur de fournir un cautionnement, l'article 2295 du Code civil lui impose d'en présenter une « qui ait la capacité de contracter et qui est un bien suffisant pour répondre à l'objet de l'obligation. Cette règle n'opère pas comme une exigence de capacité, car la caution ne peut pas se prévaloir de son insuffisante capacité financière pour échapper à son engagement, seul le créancier peut le faire pour refuser la caution qui lui est proposée. D'autre part et surtout, lorsque le cautionnement a été donné par une personne physique à un créancier professionnel, l'article L. 332-1 (ex. L. 341-4) du Code de la consommation prévoit que le créancier ne peut se prévaloir du cautionnement si « l'engagement était, lors de sa conclusion, manifestement disproportionné à ses biens et revenus ». C'est ici la caution qui peut se prévaloir de ses facultés financières insuffisantes pour échapper à son engagement, mais il ne s'agit pas à proprement parler d'une règle de validité du cautionnement, dans la mesure où, si la caution revient à meilleure fortune, le créancier pourra exiger de la caution qu'elle honore ses engagements. Nous retrouverons ce texte en étudiant les causes d'extinction du cautionnement (V. *infra, n° 151*).

B. – Le pouvoir d'engager des biens par un cautionnement

85. – **Personnes morales.** Les problèmes de pouvoir se posent d'abord lorsque le cautionnement est donné au nom d'une personne morale. Attention ! Ne confondez pas ce cas (où c'est la société qui se porte caution par l'intermédiaire de son dirigeant), avec celui où le dirigeant, personne physique, se porte personnellement caution des

engagements de sa société. Dans le cas qui nous intéresse ici, la question qui se pose est celle de savoir si le dirigeant a pouvoir pour engager la société par un cautionnement. Dans les sociétés anonymes, la question fait l'objet d'une réglementation spéciale. Par dérogation au principe selon lequel le président du conseil d'administration engage la société par ses actes, les « cautions, avals et garanties » doivent être autorisés par le conseil d'administration ou le conseil de surveillance (C. com., art. L. 225-35 et L. 225-68). Ces textes suscitent de nombreuses difficultés d'application, dont l'étude détaillée relève plutôt du droit des sociétés : la principale est de savoir si le cautionnement non autorisé est nul ou seulement inopposable à la société. La jurisprudence se prononce pour l'inopposabilité (V., en dernier lieu : Cass. com., 15 janv. 2013, n° 11-27.648, qui applique le texte à un engagement de substitution de cautionnement), ce qui, paradoxalement, semble avoir des conséquences plus draconiennes que la nullité (impossibilité de ratification, inopposabilité même au créancier de bonne foi). Par ailleurs, on rappellera que la société anonyme ne peut jamais se porter caution d'un de ses administrateurs personne physique (C. com., art. L. 225-43 et L. 225-91) et il en va de même pour les SARL (C. com., art. L. 223-21). Toute cette réglementation ne s'applique pas cependant aux sociétés qui exploitent un établissement de crédit, dont c'est le métier de se porter caution.

Dans les sociétés civiles, en l'absence de réglementation légale, la Cour de cassation pose que le cautionnement n'est valable que s'il entre directement dans son objet social ou s'il existe une communauté d'intérêts entre cette société et la personne cautionnée ou encore s'il résulte du consentement unanime des associés (Cass. 1re civ., 8 nov. 2007, n° 04-17.893). Cependant, même dans ces hypothèses, le cautionnement peut être annulé s'il apparaît contraire à l'intérêt social (Cass. 3e civ., 12 sept. 2012, n° 11-17.948) en grevant notamment lourdement le patrimoine de la société, ce qui est susceptible de compromettre son existence même.

86. – **Régimes matrimoniaux.** Des problèmes de pouvoir sont également liés aux règles des régimes matrimoniaux. Cependant, les restrictions apportées ici aux pouvoirs des époux ne sont pas sanctionnées par la nullité ou l'inopposabilité de l'acte, mais seulement par une limitation des biens engagés par le cautionnement. Depuis la loi du 23 décembre 1985, lorsque le cautionnement est donné par un époux marié sous le régime de la communauté, il n'engage les biens communs que s'il est consenti par l'autre ; à défaut, seuls les gains propres et les gains professionnels de l'époux caution peuvent être saisis par le créancier (C. civ., art. 1415). Là encore, cette règle (qui vaut aussi bien pour les emprunts que pour les cautionnements) suscite une abondante jurisprudence. Une question très discutée a été celle de savoir si cette règle s'appliquait au « cautionnement réel ». Elle a été tranchée par la négative en chambre mixte (V. *supra*, n° 65). Mais, dans le cadre de la réforme du droit des sûretés de 2006, on a introduit dans le code une modification de l'article 1422 qui soumet au consentement des deux époux l'affectation d'un bien de la communauté en garantie des dettes d'un tiers (V. *infra*, Pistes à explorer, n° 2).

§ 3. – Le contenu du contrat de cautionnement

87. – **Incidence de la réforme du droit des contrats.** Jusqu'à la réforme du droit des contrats de 2016, un contrat, pour être valable, devait avoir un objet et une cause licites. La réforme a remplacé ces deux conditions par des exigences relatives au « contenu du contrat » (C. civ., art. 1162 et s.). Au sein de ces exigences, cependant, on retrouve explicitement la notion d'objet (C. civ., art. 1163), et, si la notion de cause a formellement

disparu, les nouveaux textes reprennent largement les solutions qui étaient antérieurement fondées sur cette notion. Ces modifications n'ont guère affecté le cautionnement, pour lequel, de toute façon, la distinction entre l'objet et la cause apparaissait déjà passablement artificielle. Les questions de validité relatives au contenu du contrat de cautionnement, qu'on rattachait antérieurement à l'objet et à la cause se retrouvent à l'identique après la réforme, et les solutions n'ont pas été modifiées, même si la grille de lecture n'est plus la même. Ces questions tiennent, d'une part, aux obligations qui peuvent être garanties par le cautionnement (A) et, d'autre part, à l'incidence de la relation entre le débiteur et la caution sur le contrat de cautionnement (B).

A. – Les obligations pouvant être garanties par le cautionnement

88. – Le cautionnement comme engagement de payer la dette d'autrui. Le contenu du contrat de cautionnement est très spécifique : la caution s'engage à payer ce que doit le débiteur principal. Dans le droit antérieur à la réforme (toujours applicable aux contrats passés avant le 1er octobre 2016. – V., par ex. pour l'utilisation de la notion de cause, Cass. com., 25 oct. 2017, n° 16-16.839), ce contenu pouvait être décrit aussi bien au titre de l'objet que sous l'angle de la cause du cautionnement. D'un côté, on pouvait dire que l'objet de l'obligation était le même que celui de l'obligation principale. D'un autre côté, on pouvait voir dans l'obligation garantie la cause du cautionnement – au sens, objectif, de raison d'être, de fonction économique de l'opération que revêtait traditionnellement la notion de cause : s'agissant d'un contrat de garantie, la fonction du cautionnement est d'assurer le paiement d'une obligation principale. C'est en ce sens que la Cour de cassation avait affirmé en 1972 que la cause du cautionnement se trouvait dans la « considération de l'obligation de l'emprunteur ». On pouvait donc dire que le cautionnement n'avait pas de cause s'il n'y a pas d'obligation à garantir, mais aussi bien qu'il était sans objet.

La notion de cause ayant disparu du Code civil comme condition de validité du contrat, c'est le rattachement à l'objet qui s'impose désormais. Mais cela importe peu, car les deux analyses n'étaient que deux manières d'affirmer le caractère accessoire du cautionnement, qui demeure la donnée fondamentale de la matière, et qui fait la particularité du contrat de cautionnement par rapport à d'autres garanties telles que les garanties autonomes où le garant s'engage à payer une dette qui lui est propre. Il en résulte que, pour que le cautionnement soit valable, il faut qu'une obligation principale existe (1°) et qu'elle soit valable (2°).

1° Existence de l'obligation principale

89. – Obligation quelconque. Le cautionnement peut servir à garantir des dettes de toute nature. Dans l'immense majorité des cas, il s'agira d'obligations contractuelles, qui peuvent elles-mêmes être très diverses : remboursement d'un prêt, solde débiteur d'un compte courant, paiement d'un effet de commerce (le cautionnement prenant alors la forme spécifique d'un aval), loyers d'un bail d'habitation ou d'un bail commercial, dette née d'un premier cautionnement (certification de caution ou sous-cautionnement), etc. Mais il est également admis que le cautionnement pouvait également servir à garantir le paiement de dommages-intérêts d'origine délictuelle ou quasi délictuelle, même si elles proviennent d'une infraction pénale. Par exception, cependant, le législateur peut interdire l'utilisation du cautionnement pour la garantie de certaines obligations : il en va ainsi en matière de baux d'habitation, où l'article 22-1 de la loi du 6 juillet 1989 limite la possibilité de demander une caution pour garantir les obligations du locataire. Par ailleurs, la dette garantie peut être affectée de modalités diverses : il s'agit presque toujours de dettes à terme, mais il peut aussi s'agir d'une dette conditionnelle (auquel cas l'obligation de la caution sera, par application du caractère accessoire, soumise à la même condition que celle qui affecte l'obligation principale).

90. – Obligations présentes et obligations futures. S'il est nécessaire, pour que le cautionnement soit valable, qu'il existe une obligation à garantir, il n'est pas nécessaire qu'elle existe au moment même où la caution s'engage. Ainsi que le précise l'article 1163 du Code civil, l'obligation a pour objet une prestation présente ou future. L'objet de l'obligation n'est pas difficile à établir lorsque la dette du débiteur est présente au moment de la conclusion du contrat. La caution sera alors, en vertu du caractère accessoire de son engagement, tenue à ce qui a été stipulé dans le contrat principal. Mais, comme on l'a dit, il est très fréquent que la caution s'engage à garantir des obligations futures et indéterminées du débiteur principal : c'est le cas du cautionnement dit « omnibus » par lequel une personne couvre toutes les dettes que tel débiteur a ou pourra avoir envers une banque. La plupart des cautionnements donnés par les dirigeants sociaux rentrent dans ce cadre. Dans ce cas, ni les dettes garanties ni le montant de l'engagement de la caution ne sont nécessairement déterminés au départ. Ces cautionnements ne sont cependant pas contraires à l'article 1163, alinéa 2 du Code civil (*ex-art. 1129*) du Code civil parce que les dettes garanties, à défaut d'être déterminées, sont déterminables. Mais ils sont très dangereux pour la caution, qui peut assez mal mesurer la portée de son engagement. C'est pourquoi la jurisprudence et, aujourd'hui le législateur, les soumettent à des règles particulières, notamment en ce qui concerne les formes à respecter pour la validité de l'engagement (V. *infra*, n°s 98 et s.), mais aussi en ce qui concerne son montant. Depuis la loi du 1er août 2003 (applicable sur ce point aux cautionnements donnés après le 6 février 2004), tous les cautionnements donnés par une personne physique par acte sous seing privé doivent porter une indication manuscrite mentionnant entre autres le montant maximum que s'engage à payer la caution (V. *infra*, n° 119) : c'est dire que ces cautionnements doivent nécessairement être donnés pour un montant limité, même lorsqu'ils garantissent des dettes futures et indéterminées.

2° Validité de l'obligation principale

91. – Principe. « Le cautionnement ne peut exister que sur une obligation valable ». Cette règle, posée par l'article 2289 du Code civil (*ex-art. 2012*), est une des traductions les plus évidentes du caractère accessoire du cautionnement. Elle n'a cependant qu'une portée très limitée. Deux séries de limites peuvent être distinguées.

92. – Limites tenant à la cause de la nullité de l'obligation principale. L'article 2289, alinéa 2, prévoit d'abord explicitement une limite au caractère accessoire du cautionnement lorsque la cause de nullité est une exception purement personnelle au débiteur principal « par exemple dans le cas de minorité ». Traditionnellement, on estimait que ce texte n'avait pas d'application en dehors de l'exemple donné, qu'on étendait simplement à tous les cas d'incapacité. Il est possible de cautionner l'obligation d'un débiteur incapable, à condition que cette garantie soit donnée en connaissance de cause. Il semble que, dans ce cas (très rare en pratique), on soit moins en présence d'un véritable cautionnement que d'une promesse de porte-fort, qui engage le garant à indemniser le créancier si l'incapable soulève son incapacité. Mais, dans un arrêt très remarqué, la chambre mixte de la Cour de cassation a donné un nouveau sens à l'article 2289 (Cass. ch. mixte, 8 juin 2007, n° 03-15.602). Il résulte de cet arrêt que, lorsque l'obligation principale est affectée d'une cause de nullité relative (en l'espèce il s'agissait d'une nullité pour dol), la caution ne peut pas elle-même soulever cette cause de nullité si le débiteur principal ne le fait pas lui-même (V. *infra*, Pistes à explorer, n° 3). Attention ! Ne confondez pas cette situation avec celle où la caution invoque le dol dont elle a été personnellement victime, pour obtenir l'annulation directe de son propre engagement.

93. – **Limites tenant aux effets de la nullité de l'obligation principale.** La limite au caractère accessoire peut aussi tenir aux effets de la nullité de l'obligation principale. La nullité du contrat principal est en principe rétroactive, ce qui, de prime abord, devrait entraîner l'anéantissement rétroactif du cautionnement. Cependant, les choses ne sont pas si simples. D'une part, lorsque la rétroactivité se traduit par une obligation de restitution pesant sur le débiteur cautionné, la Cour de cassation a admis que la caution était tenue de couvrir cette dette de restitution. Il en va ainsi dans le cas d'annulation d'un prêt : l'emprunteur est (évidemment) tenu de restituer le capital qui lui a été prêté (sans les intérêts) ; l'obligation de la caution se reporte alors sur cette obligation de restitution. D'autre part, si le contrat annulé était un contrat à exécution successive, la caution reste tenue des obligations nées antérieurement à l'annulation (qui, dans ce cas, n'est pas rétroactive) : la solution a été affirmée dans le cadre des contrats de distribution, à l'époque où la Cour de cassation admettait leur nullité en cas d'indétermination du prix.

B. – L'incidence de la relation entre débiteur et caution sur le contrat de cautionnement

94. – **Analyse traditionnelle.** Comme on l'a précédemment expliqué, les relations entre le débiteur et la caution ne font pas partie du contrat de cautionnement, qui est passé entre la caution et le créancier. Ils n'en jouent pas moins un rôle essentiel dans la décision de la caution de s'engager, qu'il s'agisse de liens familiaux ou amicaux, de relations d'affaires, du lien entre la société et son dirigeant, du contrat de crédit entre le débiteur et la banque qui accepte de le cautionner... La question qui se pose alors est de savoir si le changement des relations entre le débiteur et la caution (divorce entre le débiteur et la caution, perte par la caution de la direction de la société cautionnée...) peut avoir une incidence sur le cautionnement. Avant la réforme du droit des obligations de 2016, la question avait parfois été posée en termes de cause : on pouvait se demander si ces relations entre le débiteur et la caution ne constituaient pas la cause du cautionnement. Conformément aux principes du droit commun des obligations, la Cour de cassation avait répondu en distinguant la cause objective (la raison d'être, la fonction économique du contrat) et la cause subjective (les mobiles de celui qui s'engage). Comme on l'a dit, la cause objective était constituée par « la considération de l'obligation de l'emprunteur », la relation caution-débiteur ne constituant que la cause subjective de l'engagement de la caution (Cass. com., 8 nov. 1972 : *Bull. civ.* 1972, IV, n° 278). Or il était constant que seule l'existence ou l'absence de la cause objective pouvait avoir une incidence sur la validité du contrat, les mobiles d'un contractant n'étaient quant à eux pris en considération que s'ils étaient illicites ou immoraux, leur discordance par rapport à la réalité étant sans incidence sur le contrat. Par ailleurs, il était traditionnellement admis que la cause s'appréciait au moment de la formation du contrat, la modification ultérieure des circonstances ayant présidé à sa formation ne pouvant pas conduire à l'anéantissement du contrat (sauf si ces circonstances ont été intégrées dans une condition résolutoire ou suspensive). On en déduisait, de manière constante, que le changement des relations entre le débiteur et la caution ne pouvait pas entraîner la disparition du cautionnement.

95. – Solutions actuelles. Même si, aujourd'hui, on ne peut plus raisonner en termes de cause (ni objective ni subjective), les solutions antérieurement admises ne devraient pas être modifiées. Le principe selon lequel la discordance entre les mobiles d'un contractant et la réalité est sans incidence sur la validité du contrat trouve aujourd'hui son assise textuelle dans l'article 1135 du Code civil qui déclare indifférente l'erreur sur un simple motif étranger aux qualités essentielles de la prestation (ce que sont à l'évidence les relations entre la caution et le débiteur). Et, pas plus qu'auparavant, on ne voit comment un changement survenu postérieurement à la conclusion du contrat pourrait entraîner la nullité de ce contrat. Tout au plus pourrait-on songer à faire jouer l'article 1186 qui prévoit la caducité du contrat « si l'un de ses éléments essentiels disparaît », mais cela supposerait sans doute que les parties aient expressément fait des relations entre le débiteur et la caution un élément essentiel de l'engagement.

Comme dans le droit antérieur, ces relations pourraient être prises en considération pour entraîner la nullité du cautionnement si elles étaient illicites. En effet, l'article 1162 du Code civil prévoit « que le contrat ne peut déroger à l'ordre public ni pas ses stipulations, ni pas son but ». Même si le terme de cause n'est plus retenu dans le nouveau droit des contrats, le « but » du contrat ici visé s'en rapproche grandement. Ce texte ne jouera cependant en matière de cautionnement que de manière tout à fait exceptionnelle (on peut par exemple imaginer que le débiteur et la caution sont unis dans une association de malfaiteurs).

SOUS-SECTION 2

LES CONDITIONS DE FORME

96. – Formalisme protecteur. On enseignait traditionnellement que le cautionnement était un contrat consensuel, qui n'était soumis pour sa validité à aucune condition de forme : la seule exigence était posée par l'article 2292 (*ex-art. 2015*) exigeant que le cautionnement soit « exprès », ce qui n'avait qu'une portée limitée. Les seules exigences de forme qui étaient requises l'étaient, sur le fondement du droit commun des actes juridiques, pour faire la preuve du contrat de cautionnement : exigence d'un acte écrit pour tout cautionnement d'un montant supérieur à 1 500 € (C. civ., art. 1359 ; *ex-art. 1341*), exigence d'une mention manuscrite indiquant le montant de la somme à payer sur le fondement de l'article 1376 du Code civil (*ex-art. 1326*). Cette affirmation est aujourd'hui quelque peu dépassée, car la jurisprudence, par une savante manipulation de ces textes, a réussi à mettre en place un formalisme protecteur de la caution. Ce formalisme jurisprudentiel, qui a connu son apogée dans les années 1987-1989, est actuellement en recul (§ 1), et il n'a plus qu'un domaine d'application très limité dans la mesure où divers textes extérieurs au Code civil édictent des exigences formelles applicables aux cautionnements les plus fréquents (§ 2). (Sur le formalisme du cautionnement, V. *infra*, Points d'actualité.)

§ 1. – Le formalisme jurisprudentiel

97. – Combinaison de textes. Les solutions sont fondées sur une combinaison des articles 2015 et 1376 du Code civil (*ex-art. 1326*). Les formes à respecter sont différentes selon que le montant de l'engagement de la caution est ou non connu lors de la conclusion du contrat. Attention ! En pratique, compte tenu des modifications législatives récentes, ces solutions ne s'appliqueront plus à l'avenir qu'aux cautionnements donnés par les personnes morales, ainsi qu'aux (rares) cautionnements donnés au profit de créanciers non professionnels (sur la notion de créancier professionnel, V. *infra*, n° 103). Et encore, dans la mesure où l'article 1376 (*ex-art. 1326*) ne s'applique pas en matière commerciale, ne sont plus concernés que les cautionnements donnés par les personnes morales non-commerçantes. Cependant, dans la mesure où les nouvelles exigences formelles ne s'appliquent qu'aux cautionnements donnés postérieurement au 6 février 2004, les solutions jurisprudentielles vont continuer à s'appliquer, pendant quelque temps encore, aux cautionnements antérieurs.

A. – Cautionnement d'un montant déterminé

98. – Mention en toutes lettres et en chiffres. L'article 1376 (*ex-art. 1326*) du Code civil exige que dans les actes faisant naître un engagement unilatéral de payer une somme d'argent figure la mention écrite par le débiteur *en toutes lettres* et *en chiffres* de la somme à payer. Le cautionnement fait partie de ces actes, et une telle mention sera donc exigée, du moins dans tous les cas où les textes n'imposent pas une mention plus précise. Jusqu'à la loi n° 2000-230 du 13 mars 2000 relative à la signature électronique, cette mention devait être manuscrite, mais cette loi a remplacé les mots « de sa main » par « par lui-même ». La Cour de cassation a décidé que cette modification ne valait pas seulement pour les actes établis par voie informatique, mais aussi pour les actes dactylographiés (Cass. 1re civ., 13 mars 2008, n° 06-17.534). Mais il faut toujours que la mention émane du signataire de l'acte – donc de la caution pour ce qui nous intéresse ici. L'exigence de la mention de l'article 1376 (*ex-art. 1326*) ne peut cependant s'appliquer que si le montant de l'engagement de la caution est connu au moment où l'acte est établi : cela vise les cautionnements de dettes déterminées (cautionnement d'un prêt, d'un crédit-bail) ainsi que les cautionnements de dettes indéterminées dont le montant est plafonné (par ex., cautionnement par un dirigeant de toutes les dettes de sa société dans la limite de x €).

99. – Règle de validité ou règle de preuve? L'exigence de la mention chiffrée dans l'acte de cautionnement a donné lieu à une évolution jurisprudentielle complexe. L'article 1376 du Code civil (ex.-art. 1326) était traditionnellement considéré comme une règle de preuve, mais, de 1987 à 1989, la Cour de cassation, en combinant l'article 1376 (ex-art. 1326) avec l'article 2015, l'avait transformé en règle de protection du consentement de la caution, posée pour la validité même du contrat de cautionnement. Depuis 1989, elle semble être revenue à la position traditionnelle. Il en résulte que le cautionnement ne comportant pas la mention manuscrite n'est pas nul, et que l'acte irrégulier peut constituer un commencement de preuve par écrit, susceptible d'être complété par d'autres éléments de preuve permettant d'établir que la caution a consenti en toute connaissance de cause. Parmi ces éléments de preuve complémentaires, figurent notamment les qualités et connaissances de la caution, ses relations avec le débiteur principal. On admettait ainsi qu'un dirigeant social qui s'était porté caution des dettes de son entreprise ne pouvait pas se soustraire à son engagement en invoquant l'irrégularité de la mention manuscrite, mais cette solution est aujourd'hui dépassée puisque les dirigeants sociaux bénéficient désormais du formalisme institué par la loi pour les cautionnements donnés par les personnes physiques au profit d'un créancier professionnel (V. *infra*, n° 103 et Points d'actualité).

B. – Cautionnement d'un montant indéterminé

100. – Mention de substitution. Lorsque le cautionnement est donné pour garantir des dettes indéterminées sans limitation de montant (ce qui est aujourd'hui assez rare), la somme pour laquelle la caution s'engage n'est pas connue au moment de la signature du contrat, et ne peut donc être indiquée dans l'acte. L'article 1376 (*ex-art.* 1326) du Code civil ne peut alors trouver directement application. La jurisprudence exige alors une sorte de mention de substitution : il faut que la caution écrive de sa main une mention montrant de manière explicite et non équivoque qu'elle a clairement conscience de la nature et de l'étendue de son engagement.

Il n'y a pas ici de formule sacramentelle, ce qui fait naître une certaine incertitude. Pour apprécier le caractère explicite et non équivoque de la mention, il faut tenir compte, non seulement des termes utilisés par la caution, mais aussi de toutes les circonstances de la cause (profession de la caution, nature des relations avec le débiteur...). La règle est ici, clairement, une règle de protection du consentement de la caution.

Ici encore, le domaine d'application de cette solution paraît aujourd'hui bien restreint, compte tenu des obstacles mis par la loi à l'octroi de tels cautionnements à montant indéterminé (V. *supra*, n° 90).

§ 2. – Le formalisme légal

A. – Règles spécifiques aux cautionnements de certaines dettes

101. – Crédits à la consommation et baux d'habitation. Un certain nombre de textes sont venus poser des exigences formelles spécifiques pour certains cautionnements de dettes non professionnelles dans le but d'attirer l'attention de la caution sur la portée de son engagement. Les exigences posées par les articles L. 314-15 à L. 314-16 (ex-art. L. 313-7 et L. 313-8) du Code de la consommation, issues d'une loi de 1989, qui concernent les cautionnements des crédits aux consommateurs, n'ont pratiquement plus d'intérêt puisqu'elles ont été complètement absorbées par celles des articles L. 331-1 et L. 331-2 (ex-art. L. 341-2 et L. 341-3), qui ont exactement le même contenu (V. *infra*, n° 103). Le cautionnement des obligations résultant d'un contrat de location d'un immeuble à usage d'habitation est lui aussi régi par un texte spécial (L. n° 89-462, 6 juill. 1989, art. 22-1, inséré par L. n° 94-624, 21 juill. 1994, et modifié à plusieurs reprises depuis). Jusqu'au 24 novembre 2018, la caution devait écrire de sa main une mention manuscrite « exprimant de façon explicite et non équivoque la connaissance qu'elle a de la nature et de l'étendue de l'obligation qu'elle contracte ». Elle devait en outre reproduire, toujours de sa main, l'alinéa 2 du texte relatif à la faculté de résiliation. Toutes ces formalités étaient requises à peine de nullité de l'engagement (sur l'application jurisprudentielle de ces textes, V. *infra*, Points d'actualité). Cependant la loi Élan (L. n° 2018-1021, 23 nov. 2018, art. 134, portant évolution du logement, de l'aménagement et du numérique) a assoupli considérablement ce formalisme en exigeant seulement de la caution qu'elle signe l'acte qui contiendra les informations relatives à son engagement. Les formalités ainsi renouvelées restent requises à peine de nullité du cautionnement. Notons enfin qu'il sera possible de recourir à la signature électronique, ce qui facilitera les actes de cautionnement consentis à distance.

102. – Aval des effets de commerce. Des exigences particulières sont posées par l'article L. 511-21 du Code de commerce. Le but du formalisme est ici de renseigner avec précision le porteur de l'effet sur ses droits contre l'avaliste : en conséquence, l'avaliste doit indiquer sur l'effet le nom de celui pour qui il se porte garant ; à défaut l'aval est présumé donné pour le compte du tireur. Pour plus de détails, vous vous reporterez au cours sur les effets de commerce.

B. – Règles générales relatives aux cautionnements donnés par les personnes physiques

103. - Loi du 1er août 2003. La loi n° 2003-721 sur l'initiative économique a profondément bouleversé la matière du cautionnement en posant des exigences – notamment formelles – qui s'appliquent à tous les cautionnements donnés par des personnes physiques au profit de créanciers professionnels. La notion de créancier professionnel a été précisée par la jurisprudence : pour la Cour de cassation, « le créancier professionnel s'entend de celui dont la créance est née dans l'exercice de sa profession ou se trouve en rapport direct avec l'une de ses activités professionnelles même si celle-ci n'est pas principale » (Cass. 1re civ., 9 juill. 2009, n° 08-15.910). Il ne s'agit donc pas seulement des établissements de crédit. Les règles de la loi de 2003 ont été insérées, de manière très contestable, aux articles L. 331-1 (ex-art. L. 341-2) et suivants du Code de la consommation, alors pourtant qu'elles s'appliquent même à des cautions qui n'ont pas la qualité de consommateur (par ex., aux dirigeants sociaux qui garantissent les dettes de leur entreprise). Recopiant des textes qui étaient édictés auparavant pour les seuls cautionnements des crédits aux consommateurs (C. consom., art. L. 314-15 et L. 314-16 ; ex-art. L. 313-7 et L. 313-8), le législateur exige que la caution écrive de sa main, à peine de nullité de son engagement, certaines mentions dont la formulation précise est donnée par les articles L. 331-1 et L. 331-2 (anciens L. 341-2 et L. 341-3) du Code de la consommation (ce dernier ne s'appliquant que si le cautionnement est solidaire). Ces exigences formelles, qui imposent notamment l'indication précise du montant global couvert par la caution, et de sa durée, interdisent indirectement qu'un cautionnement soit donné par acte sous seing privé sans limitation de montant (V. *supra*, n° 90) ou de durée. Cependant, dans ce dernier cas, la chambre commerciale de la Cour de cassation a récemment validé la licéité d'un cautionnement à durée indéterminée (Cass. com., 15 nov. 2017, n° 16-10.504), ce qui peut paraître discutable au regard de la rédaction des textes. Ces mentions ne sont pas exigées si l'acte est notarié (ceci est précisé par l'article L. 331-1 [ancien L. 341-2], mais la Cour de cassation a étendu la restriction à l'article L. 331-2 [ancien L. 341-3]). En cas d'inobservation de ces exigences formelles, le cautionnement est nul, sans pouvoir être complété par des éléments complémentaires destinés à montrer que la caution a bien compris le sens de son engagement. Il s'agit d'une nullité relative pouvant être couverte par la confirmation de son engagement par la caution (Cass. com., 5 févr. 2013, n° 12-11.720). Cependant, la Cour de cassation juge depuis 2011 que l'omission ou l'irrégularité de la seule mention de l'article L. 331-2 (ancien art. L. 341-3) n'est sanctionnée que par la perte du bénéfice de la solidarité (Cass. com., 8 mars 2011, n° 10-30.656. – Cass. com., 16 oct. 2012, n° 11-23.623). L'intérêt principal de cette réglementation, qui ne laisse en principe au juge aucun pouvoir d'appréciation, aurait pu être de réduire le contentieux relatif au formalisme, plus que d'assurer une véritable protection de la caution. Cependant, ces textes suscitent actuellement dans la jurisprudence de nombreuses difficultés d'interprétation Le projet de réforme de 2017 se propose d'intégrer dans le Code civil, en les simplifiant considérablement, ces règles relatives aux formes du cautionnement donné par une personne physique. (V. *infra*, Points d'actualité).

SECTION 3

LES EFFETS DU CAUTIONNEMENT

104. – Obligation au paiement et recours. Le cautionnement oblige la caution envers le créancier (Sous-section 1). La caution a ensuite (et même parfois avant) un recours contre le débiteur et éventuellement contre les autres cautions (Sous-section 2).

SOUS-SECTION 1

L'OBLIGATION DE LA CAUTION ENVERS LE CRÉANCIER

105. – Incidence des obligations du créancier. On peut traiter des effets du cautionnement entre la caution et le créancier sous l'angle de la seule obligation qui pèse sur la caution. Il est vrai que le créancier peut être, lui aussi, tenu de certaines obligations, qui lui sont imposées par la loi (par ex., obligations d'information) ou par la jurisprudence (par ex., obligation de mise en garde). Cependant celles-ci, comme on l'a dit, ne sont pas la contrepartie de l'engagement de la caution ; elles n'apparaissent qu'à travers les sanctions de leur inexécution, qui peuvent conduire, de manière plus ou moins directe, à décharger la caution de sa propre obligation ou à la limiter. Pour reprendre une notion connue des droits germaniques, on est plus en présence ici d'« incombances » que de véritables obligations dont le créancier serait débiteur. Ces différentes obligations pesant sur le créancier seront donc examinées au fil des développements relatifs à l'étendue ou à l'extinction de l'obligation de la caution.

Trois questions se posent à propos de l'obligation de la caution :

– de quoi est-elle tenue exactement ? Quelle est son étendue ? (§ 1) ;

– quand sera-t-elle tenue d'exécuter ? – c'est la question de l'exigibilité de l'obligation (§ 2) ;

– et jusqu'à quand la caution est-elle tenue ? – c'est la question de l'extinction de l'obligation (§ 3).

§ 1. – L'étendue de l'obligation de la caution

106. – Principes. La détermination de l'étendue de l'engagement de la caution est dominée par **deux grands principes**. D'une part, la caution ne peut pas être tenue plus qu'elle ne l'a voulu : c'est une règle du droit commun des contrats mais, compte tenu des dangers du cautionnement, l'article 2292 (*ex-art. 2015*) réitère explicitement le principe de l'**interprétation stricte** de l'engagement. D'autre part – c'est une règle spécifique au cautionnement – la caution, débiteur **accessoire**, ne peut pas être tenue plus que le débiteur principal : elle peut s'engager à moins, mais jamais à plus ; si c'était le cas, son engagement devrait être réduit à la mesure de l'obligation principale (C. civ., art. 2290, *ex-art. 2013*).

Au-delà de ces grands principes, le problème de l'étendue de l'engagement de la caution est double : d'une part, il s'agit de déterminer quelles sont les dettes qui sont couvertes par la caution (A) ; d'autre part, ces dettes étant connues, il faut savoir quel montant la caution s'engage à payer sur ces dettes (B).

A. – La détermination des dettes couvertes par la caution (étendue de l'obligation de couverture)

107. – Cautionnement de dettes déterminées et cautionnement de dettes indéterminées. Il n'y a pas de difficultés particulières lorsque le cautionnement porte sur une ou plusieurs dettes connues au départ, et désignées dans l'acte de cautionnement (cautionnement d'un ou plusieurs prêts, ou des loyers d'un bail, par exemple). Le problème de la détermination des dettes couvertes surgit en revanche avec acuité dans le cas où le cautionnement porte sur des dettes futures et indéterminées, en particulier dans le cas du cautionnement de toutes les dettes du débiteur. Dans un tel cas, on peut avoir l'impression, selon une présentation doctrinale qui a été consacrée par la Cour de cassation, que l'obligation de la caution se dédouble : dès la signature du contrat, elle est tenue d'une obligation très générale dont l'objet est de garantir les dettes du débiteur, de les couvrir – ce pourquoi on parle de l'obligation de « couverture » ; par la suite, au fur et à mesure que naîtront les dettes à la charge du débiteur garanti, la caution sera tenue d'une obligation plus précise, celle que décrit l'article 2288, dont l'objet est de payer ces dettes si le débiteur ne les paye pas lui-même (on parle ici d'une obligation de règlement) (sur cette distinction et ses limites, V. *infra*, Pistes à explorer, n° 1). Dans un premier temps, ce qu'il s'agit de délimiter, c'est l'étendue des dettes couvertes par la caution, de l'obligation de couverture. Cette délimitation est fixée au départ par le contrat de cautionnement (1°). Mais le champ des dettes couvertes peut se trouver par la suite réduit par l'effet de divers événements (2°).

1° La délimitation initiale du champ des dettes couvertes

108. – Limitations diverses. La plupart des contrats de cautionnement de dettes futures et indéterminées définissent de manière très générale le champ des dettes entrant dans « l'obligation de couverture » de la caution. On trouve ainsi fréquemment dans les contrats de cautionnement bancaire une clause obligeant la caution à couvrir :

> « toutes les sommes que le cautionné peut à ce jour ou pourra devoir à l'avenir à la banque, à raison de tous engagements, de toutes opérations et d'une façon générale de toutes obligations nées sans aucune exception directement ou indirectement, pour quelque cause que ce soit ».

On trouve cependant parfois certaines limitations. Ces limitations peuvent tenir à la **nature des dettes couvertes** : par exemple, la caution d'un entrepreneur individuel peut s'engager à ne couvrir que ses dettes professionnelles et non les dettes personnelles, le cautionnement peut être limité au solde débiteur d'un compte courant... Beaucoup plus fréquente est la **limitation dans le temps** de l'obligation de couverture : la caution s'engage à couvrir les dettes du débiteur jusqu'à telle date. Depuis la loi du 1er août 2003, une telle limitation dans le temps de l'engagement de la caution paraît obligatoire lorsque le cautionnement est donné au profit d'un créancier professionnel par une personne physique par acte sous seing privé, puisque l'article L. 331-1 (ex-art. 341-2) du Code de la consommation oblige alors la caution à indiquer la durée de son engagement dans la mention manuscrite. Notez qu'au terme indiqué la caution ne sera pas libérée, mais elle sera simplement tenue de payer les dettes nées antérieurement à la charge du débiteur. L'effet de la survenance de ce terme est exactement le même que celui des événements qui peuvent, *a posteriori*, limiter l'obligation de couverture et dont l'étude va suivre. Cependant, certaines clauses sont rédigées de manière ambiguë, et peuvent être analysées, non seulement comme limitant dans le temps l'obligation de couverture de la caution, mais aussi comme prévoyant au terme fixé l'extinction de son obligation de règlement.

2° Limitations postérieures du champ des dettes couvertes

109. – « Extinction » de l'obligation de couverture. Certains événements, volontaires ou non, vont, après la conclusion du contrat de cautionnement, avoir pour effet de limiter dans le temps le champ des dettes couvertes par la caution : celle-ci ne sera pas libérée mais elle ne sera tenue de régler que les dettes nées antérieurement à l'événement considéré. Les dettes qui naîtront postérieurement ne seront pas garanties par elle : il y a, peut-on dire, extinction de l'obligation de couverture mais non de l'obligation de règlement. Cette expression, cependant, ne doit pas vous tromper : il ne s'agit en aucune manière de causes d'extinction du cautionnement, mais de causes de limitation de l'étendue de l'engagement de la caution. C'est pourquoi nous n'étudions pas ces questions dans le paragraphe relatif à l'extinction de l'obligation de la caution (V. *infra*, n°s 137 et s.). Vous noterez d'ailleurs que, de manière très pertinente, le projet *Grimaldi* de 2005 avait réglé ces questions au titre de l'étendue du cautionnement et non de son extinction. Tel n'est toutefois pas le cas dans l'avant-projet de 2017, mais l'article 2318 de ce texte indique clairement que « lorsqu'un cautionnement de dettes futures prend fin, la caution reste tenue des dettes nées antérieurement. ».

On expliquera d'abord en détail le mécanisme à propos du plus important de ces événements, la résiliation du cautionnement (*a*). Les autres événements produisant les mêmes effets seront ensuite plus brièvement présentés (*b*).

a) La résiliation du cautionnement

110. – Domaine du droit de résiliation. La faculté de résiliation unilatérale du cautionnement (on parle souvent à tort de révocation) a été admise par la pratique et la jurisprudence sur le fondement des principes généraux du droit des obligations. Elle est implicitement consacrée par l'article L. 313-22 du Code monétaire et financier relatif à l'obligation d'information (puisque cette faculté de résiliation doit être mentionnée dans l'information délivrée à la caution) et explicitement par la loi du 21 juillet 1994 relative à l'habitat pour les cautionnements de baux d'habitation donnés sans limitation de durée (V. L. n° 89-462, 6 juill. 1989, art. 22-1).

Cette faculté apparaît comme l'application au cautionnement du principe selon lequel on peut toujours résilier unilatéralement les contrats à exécution successive et à durée indéterminée, règle expressément consacrée aujourd'hui par l'article 1210 du Code civil. Il en résulte qu'elle n'est possible que pour le cautionnement de dettes dont la naissance s'échelonne dans le temps, et qui est donné sans limitation de durée. La résiliation n'est donc pas concevable si la caution garantit une dette déterminée du débiteur : en effet, dans ce cas, permettre à la caution de résilier unilatéralement son engagement serait contraire au principe de la force obligatoire des contrats. On ne peut pas, par exemple, résilier le cautionnement d'un prêt, ou d'un prix de vente, et ceci même si, au moment où la caution s'engage, le contrat de prêt ou de vente n'est pas encore passé. La résiliation ne devrait pas davantage être permise si la caution a limité expressément son engagement dans le temps, elle est tenue jusqu'à ce terme, sans pouvoir révoquer plus tôt, sauf si le contrat lui ouvre cette faculté de résiliation anticipée. C'est très logiquement que l'article L. 313-22 du Code monétaire et financier, qui impose aux établissements de crédit de rappeler aux cautions des dettes des entreprises leur « faculté de révocation » limite cette exigence aux cas où l'engagement est donné pour une durée indéterminée. De même, l'article 22-1 de la loi du 6 juillet 1989 ne prévoit de faculté de résiliation au profit de la caution d'un bail d'habitation que si « le cautionnement d'obligations résultant d'un contrat de location ne comporte aucune indication de durée ou lorsque la durée du cautionnement est stipulée indéterminée ». Le fait pour la loi Dutreil de 2003 d'imposer, comme on l'a vu, la mention de la durée de l'engagement dans les cautionnements donnés par des personnes physiques par acte sous seing privé, peut avoir pour conséquence d'interdire de résilier des cautionnements, même s'ils portent sur des dettes indéterminées.

111. – Conditions d'exercice du droit de résiliation. Lorsqu'elle est permise, la résiliation n'a pas besoin d'être expressément prévue par le contrat, et à l'inverse elle ne pourrait sans doute pas être exclue par une stipulation contractuelle, puisque cela rendrait perpétuel l'engagement de la caution. Dans la pratique, cependant, la plupart des contrats de cautionnement bancaire contiennent une clause qui précise les formes de la résiliation, et qui, souvent, retarde sa prise d'effet à l'expiration d'une certaine durée. Il s'agit de permettre au créancier, qui perd sa garantie pour l'avenir, d'en demander une autre au débiteur garanti. À défaut, la banque pourra rompre l'ouverture de crédit faite au débiteur, en respectant le délai de préavis imposé par l'article L. 313-12 du Code monétaire et financier.

112. – Effets de la résiliation du cautionnement. Comme on l'a signalé d'emblée, la résiliation ne met fin au cautionnement que **pour l'avenir** : la caution n'est plus tenue des dettes qui naîtront ultérieurement à la charge du débiteur ; mais elle reste tenue des dettes nées dans le passé, même si elles ne deviennent exigibles qu'après la révocation. Par exemple, j'ai cautionné toutes les dettes de ma société envers la banque ; je résilie ce cautionnement le 1er avril 2019 ; le 15 mars précédent, ma société avait contracté un emprunt remboursable en trois ans : je suis tenu de garantir cet emprunt jusqu'au complet remboursement des sommes. Faites bien attention sur ce point à ne pas confondre le moment de naissance des dettes et celui de leur exigibilité ! On peut citer ici la formule d'un arrêt (Cass. com., 1er avr. 2008, n° 07-11.003), qui résume parfaitement les effets de la résiliation :

> « La caution qui s'est engagée à garantir, sans détermination d'objet ni de durée, les obligations contractées ou qui viendraient à l'être, du débiteur envers le créancier doit la garantie de toutes les obligations à durée déterminée convenues antérieurement à la résiliation unilatérale du cautionnement, quand bien même l'exécution de ces obligations se poursuivrait, en vertu des stipulations contractuelles, après la date de cette résiliation ».

113. – Cas particulier des contrats à exécution successive. La principale difficulté est de déterminer à quel moment naissent les dettes, en particulier dans les contrats à exécution successive. La Cour de cassation considère aujourd'hui que dans un contrat de ce type (par ex., un bail), les dettes naissent en une seule fois au moment de la conclusion du contrat (c'est ce qui a conduit la Cour de cassation, sur un autre terrain, à admettre qu'une saisie-attribution de créances de loyers produisait au profit du créancier saisissant un effet attributif global et immédiat de tous les loyers futurs du bail : Cass. ch. mixte, 22 nov. 2002, n° 99-13.935 : *Bull. civ.* 2002, ch. mixte, n° 7). Par conséquent, la caution qui résilie en cours d'exécution du bail est tenue de payer les loyers jusqu'à la fin du bail, et sera seulement dégagée pour les loyers résultant d'un éventuel renouvellement. La solution est du reste expressément consacrée par la loi de 1989 pour les baux d'habitation (L. n° 89-462, 6 juill. 1989, art. 22-1, al. 2). Cependant, une autre solution pourrait, selon nous, s'imposer lorsque le contrat cautionné est lui-même à durée indéterminée : dans ce cas, la caution devrait pouvoir résilier à tout moment son propre engagement, et sa résiliation devrait mettre fin à son obligation de couverture des échéances postérieures.

114. – Cas particulier de la résiliation du cautionnement d'un compte courant. Des difficultés particulières surgissent lorsque la caution garantit le solde débiteur d'un compte courant : depuis 1972, abandonnant la théorie dite « de l'indivisibilité du compte courant », la Cour de cassation considère que le solde provisoire du compte à un moment donné constitue une véritable dette à la charge du débiteur. Les remises au crédit doivent dès lors être considérées comme autant de paiements des sommes dues par le débiteur. Dès lors, la caution qui a résilié son engagement en cours de fonctionnement du compte bénéficiera de ces remises au crédit postérieures à la résiliation, sans bien sûr être tenue des augmentations du solde débiteur, qui représentent de nouvelles dettes. Le banquier peut ainsi voir sa garantie « fondre » au fur et à mesure du fonctionnement du compte. Les établissements de crédit tentent par diverses clauses de leurs contrats de cautionnement, d'échapper à cet effet pervers. La Cour de cassation consacre la validité des clauses par lesquelles la caution accepte de garantir le solde débiteur, dans la limite de la plus faible des deux sommes (solde au jour de la révocation et solde au jour de la clôture) sans tenir compte des variations intermédiaires (Cass. com., 28 juin 1994, n° 92-12.708 : *Bull. civ.* 1994, IV, n° 237).

Toutes ces solutions peuvent être transposées aux autres événements qui limitent dans le temps l'obligation de couverture de la caution.

b) Autres événements limitant dans le temps l'obligation de couverture

115. – Décès de la caution. Le décès de la caution n'a aucune incidence lorsque le cautionnement porte sur une dette déterminée au départ : les héritiers sont tenus par le cautionnement comme par les autres dettes de leur auteur décédé (sauf naturellement la possibilité qu'ils ont de refuser la succession). En revanche, lorsque le cautionnement porte sur des dettes futures et indéterminées du débiteur, la Cour de cassation, par une interprétation tendancieuse de l'article 2294 du Code civil (*ex-art. 2017*), admet depuis 1982 que les héritiers ne sont tenus que de payer les dettes nées à la charge du débiteur avant le décès, le cautionnement prenant fin pour l'avenir (Cass. com., 29 juin 1982 : *Bull. civ.* 1982, IV, n° 258). Cet arrêt a pu être considéré comme la première consécration jurisprudentielle de la distinction entre « obligation de couverture » et « obligation de règlement ». Le décès de la caution produit donc à l'égard de la caution les mêmes effets que la résiliation : il met fin à l'obligation de couverture en laissant subsister l'obligation de règlement des dettes déjà nées. Cette solution est particulièrement judicieuse dans la mesure où les héritiers ne sont pas nécessairement avertis, au moment de l'ouverture de la succession, de l'existence du cautionnement, et qu'ils ne pensent donc pas à le résilier.

Du décès de la caution personne physique, il convient de rapprocher la fusion de la caution personne morale lorsque celle-ci se traduit par la création d'une personne morale nouvelle. En principe, il faudrait raisonner de la même manière et admettre que la société issue de la fusion ne couvre que les dettes nées à la charge du débiteur avant l'opération. Cependant, un arrêt jette le trouble en faisant peser sur la société la charge de toutes les dettes nées à la charge du débiteur principal au seul motif que le cautionnement avait été donné avant la fusion, et sans tenir compte de la date de naissance des dettes couvertes (Cass. com., 7 janv. 2014, n° 12-20.204, publié au *Bulletin*).

116. – Changements affectant le débiteur ou le créancier. Le décès du débiteur principal ou du créancier n'a pas d'incidence sur le cautionnement, car les héritiers du débiteur ou du créancier sont censés continuer la personne de leur auteur, et la situation de la caution n'en est pas juridiquement affectée. Il n'en va pas de même lorsqu'il y a un **changement de personnalité morale du débiteur ou du créancier** (fusion par absorption de la société cautionnée ou de la banque créancière). La caution qui a garanti les engagements de la société absorbée (ou envers la société absorbée) reste tenue de toutes les obligations qui sont nées avant l'opération à la charge ou au profit de cette société ; elle n'a pas en revanche à supporter les dettes nées ultérieurement (V., par ex., Cass. com., 13 sept. 2011, n° 10-21.370). De même, en cas de **cession des contrats de l'entreprise cautionnée** dans le cadre d'une procédure de redressement judiciaire (C. com., art. L. 642-7), la jurisprudence limite l'obligation de la caution aux dettes nées à la charge de l'entreprise cédée avant la cession ; la caution n'est pas tenue des dettes nées postérieurement à la charge du repreneur. La même solution avait été appliquée par la chambre commerciale de la Cour de cassation au cautionnement donné pour garantir les obligations nées d'un contrat de bail, en cas de **transfert du bail** sur la tête de l'acquéreur de l'immeuble loué : la caution n'était plus tenue envers le nouveau bailleur (Cass. com., 26 oct. 1999, n° 97-15.794 : *Bull. civ.* 1999, IV, n° 184). Mais cette solution, qui présupposait que les loyers naissent au fur et à mesure du bail, a été condamnée par un important arrêt de l'assemblée plénière (Cass. ass. plén., 6 déc. 2004, n° 03-10.713 : *Bull. civ.* 2004, ass. plén., n° 14, p. 31).

117. – Changement des relations entre le débiteur et la caution. On s'était demandé s'il ne fallait pas consacrer la même solution pour le cas d'un changement des relations entre le débiteur et la caution – notamment en cas de **cessation de fonctions du dirigeant caution**. Nous avons déjà rencontré cette question à propos du contenu du cautionnement (V. *supra*, n° 94). La jurisprudence est fixée depuis 1972 : la caution reste tenue à défaut de révocation expresse de son engagement. La jurisprudence s'est toujours montrée ferme sur ce point, quelle que soit la manière dont le problème lui était posé (disparition de la cause du cautionnement, révocation implicite ou encore limitation implicite de la durée du cautionnement). La différence avec le cas de décès se justifie dans la mesure où la caution (par ex., le dirigeant qui a cessé ses fonctions) a normalement la possibilité de résilier son cautionnement, alors que, comme on l'a dit, les héritiers ne penseront pas toujours à le faire car ils ne sont pas nécessairement au courant du cautionnement qui a été donné par le défunt. Il appartient à l'ancien dirigeant caution de se montrer vigilant : la Cour de cassation a jugé, avec sévérité, que la banque créancière n'était pas tenue de l'informer de l'octroi de nouveaux crédits à la société (Cass. com., 8 janv. 2008, n° 05-13.735).

La même solution – le maintien de l'engagement de la caution même pour les dettes postérieures – vaut pour le cas de l'époux qui a cautionné les dettes de l'autre et qui ensuite vient à divorcer. Cependant, si le cautionnement portait sur les dettes de l'entreprise de l'autre, il faut tenir compte de l'article 1387-1 du Code civil qui permet au juge de faire supporter la charge exclusive des dettes ou sûretés par le conjoint qui conserve le patrimoine professionnel. Ce texte, qui pourrait aboutir à anéantir purement et simplement le cautionnement donné par l'époux n'ayant pas l'activité professionnelle, a été sévèrement critiqué en doctrine. Plusieurs juridictions du fond ont cependant jugé que l'article 1387-1 ne concernait que la contribution à la dette des époux (donc les rapports qu'ils ont entre eux), et n'affectait pas leur obligation au paiement envers le créancier. La Cour de cassation n'a pas encore eu l'occasion de se prononcer.

B. – La détermination du montant dû par la caution

118. – Principal et accessoires. La question n'est plus ici de savoir quelles sont les dettes qui entrent dans le champ de l'obligation de couverture pesant sur la caution. Il s'agit, très différemment, de savoir quel est le montant de l'engagement de la caution. Selon l'article 2293 (*ex-art. 2016*) du Code civil, la caution est tenue non seulement du **principal** de la dette (ou des dettes), mais aussi de tous ses **accessoires**. La portée de ces deux règles doit cependant être précisée.

1° Le principal de la ou des dettes couvertes

119. – Limitation en montant de la dette garantie. La caution est en principe tenue de payer l'intégralité de la ou des dettes dont elle garantit le paiement. Mais elle peut limiter le montant de son engagement à une somme inférieure à celle due par le débiteur principal. Cette limitation en montant est particulièrement fréquente dans les cautionnements de dettes futures et indéterminées : la caution n'accepte souvent de garantir l'ensemble des dettes du débiteur qu'à concurrence d'un certain montant. Comme on l'a déjà vu (V. *supra*, n° 90), ce plafonnement est d'ailleurs désormais fortement encouragé par la loi, chaque fois que le cautionnement est donné par une personne physique au profit d'un créancier professionnel : généralisant une solution imposée par l'article 47, II de la loi du 11 février 1994, l'article L. 331-3 (*ex-art. L. 341-5*) du Code de la consommation (issu de la loi du 1er août 2003) répute non écrites les renonciations aux bénéfices de division et de discussion si l'engagement de la caution n'est pas limité à un montant global, expressément et contractuellement déterminé, incluant le principal, les intérêts, les frais et accessoires. Cette règle vaut même si le cautionnement est donné par acte authentique (Cass. com., 6 juill. 2010, n° 08-21.760). Par ailleurs, si le cautionnement est donné par acte sous seing privé, le montant pour lequel la caution s'engage doit figurer dans la mention manuscrite, à peine de nullité du cautionnement tout entier et pas seulement des renonciations aux bénéfices de discussion et de division.

120. – Bénéfice de division. Le montant à payer peut également se trouver limité si le créancier a pris plusieurs cautions pour la même dette. Chaque caution est dans ce cas en principe tenue pour toute la dette (C. civ., art. 2302 ; *ex-art. 2025*), mais elle peut demander que le créancier divise ses poursuites (C. civ., art. 2303 ; *ex-art. 2026*). Comme on l'a déjà signalé cependant, ce bénéfice de division est aujourd'hui très théorique car presque toutes les cautions y renoncent en acceptant de s'engager solidairement. Il est donc inutile d'en faire ici l'étude détaillée.

2° Les accessoires de la ou des dettes couvertes

121. – Distinction. Le point de savoir si la caution est tenue, en plus du capital, des accessoires de la dette (intérêts, pénalités de retard, etc.) dépend d'abord de l'étendue de son engagement initial. Mais l'étendue de cet engagement peut être ensuite limitée si le créancier n'exécute pas les obligations d'information qui sont mises à sa charge.

a) Engagement initial de la caution

122. – Article 2293. L'article 2293 (*ex-art. 2016*) du Code civil prévoit que la caution qui a donné un « cautionnement indéfini » est tenue non seulement du principal, mais aussi de tous les accessoires de la dette. De prime abord, il faut comprendre par là le cas où la caution n'a pas expressément limité le montant de son engagement par rapport à celui de l'obligation principale. Les accessoires visés par l'article 2293 (*ex-art. 2016*) comprennent les intérêts (ceux dus à l'origine par le débiteur et ceux liés au retard), les diverses indemnités que le débiteur peut être amené à payer en cas d'inexécution, et les frais de la demande en justice contre le débiteur. Ce texte a cependant fait l'objet d'une interprétation très évolutive de la part de la Cour de cassation.

123. – Rôle de la mention manuscrite. En liaison avec le formalisme précédemment signalé, la Cour de cassation estimait jusqu'à une période récente que, lorsque la caution avait écrit elle-même le montant de la somme à laquelle elle s'oblige – ce qui est exigé par l'article 1376 (*ex-art. 1326*) du Code civil dès lors que ce montant peut être connu – elle ne pouvait pas être engagée au-delà de ce montant. Le cautionnement n'était plus alors considéré comme indéfini. Par conséquent, si elle n'avait écrit que le montant de la dette en principal, elle n'était pas tenue des intérêts ni des indemnités qui pourraient être dus en plus au créancier. Pour obtenir la totalité de ce qui était dû par le débiteur, les banques devaient donc faire écrire par la caution une mention par laquelle elle s'engageait expressément au paiement des intérêts et autres accessoires, et même selon certaines décisions en préciser le montant. Cette solution a été abandonnée par la chambre commerciale en 1999, puis par la première chambre civile en 2002 (Cass. 1re civ., 29 oct. 2002 : *Bull. civ.* 2002, I, n° 250). Le principe est donc à nouveau que la caution qui garantit le paiement d'une certaine somme s'oblige en plus au paiement des intérêts, sans avoir à le préciser expressément.

Depuis la loi du 1er août 2003, cependant, ce principe ne s'applique plus qu'aux cautionnements donnés par des personnes morales, ou par acte authentique, au profit de créanciers non professionnels. Pour les cautionnements donnés par des personnes physiques au profit de créanciers professionnels par acte sous seing privé, la mention manuscrite doit en effet indiquer le montant global auquel s'engage la caution, y compris les intérêts et autres accessoires (C. consom., art. L. 331-1 [*ex-art. L. 341-2*]). Pour être sûr d'être correctement couvert, le créancier a intérêt à calculer large !

124. – Cas où le débiteur n'est pas tenu des intérêts. Il va de soi que la caution n'est en principe tenue de payer les intérêts et autres accessoires de la dette que dans la mesure où le débiteur l'est lui-même. Par exemple, pour échapper au paiement des intérêts au taux conventionnel, la caution d'un prêt pourrait invoquer le fait que ce taux n'a pas été stipulé par écrit comme l'exige l'article 1907 du Code civil. Les solutions sont plus nuancées dans le cas où le débiteur, soumis à une procédure de traitement des difficultés des entreprises, bénéficie de l'arrêt du cours des intérêts. Depuis la loi du 10 juin 1994, et contrairement à ce que décidait la jurisprudence antérieure, la caution ne bénéficiait plus de l'arrêt du cours des intérêts qui bénéficie au débiteur en redressement judiciaire (C. com., art. L. 621-48 ancien). Mais la loi du 26 juillet 2005 a de nouveau modifié la solution : désormais les cautions personnes physiques bénéficient de l'arrêt du cours des intérêts en cas de sauvegarde de l'entreprise (C. com., art. L. 622-28), mais pas en cas de redressement judiciaire (C. com., art. L. 631-14), ni de liquidation judiciaire (C. com., art. L. 641-3). Ces dispositions, qui valent de la même manière pour toutes les sûretés personnelles, visent à inciter les dirigeants sociaux qui se sont portés caution à déclarer au plus vite les difficultés financières de l'entreprise sans attendre la cessation des paiements : l'entreprise pourra alors bénéficier d'une procédure de sauvegarde, et le dirigeant caution pourra bénéficier de l'arrêt du cours des intérêts, alors qu'il n'en bénéficierait pas si l'entreprise était mise en redressement judiciaire.

b) Limitations ultérieures : incidence des obligations d'information pesant sur le créancier

125. – Diversité des cas. La loi met, dans certains cas, à la charge du créancier une **obligation d'information de la caution**. L'inobservation de cette obligation est sanctionnée, selon des modalités diverses, par la **déchéance du droit aux intérêts** contre la caution. Les obligations d'information ont été édictées, depuis 1984, par des textes divers, et souvent redondants, dont les domaines d'application se recoupent largement sans toutefois se confondre. On peut, pour tenter de mettre un peu d'ordre dans ce magma de textes, distinguer les obligations d'information périodiques, qui visent à tenir la caution régulièrement au courant de l'état du passif cautionné, et les obligations d'information ponctuelles en cas de défaillance du débiteur (V. *infra*, Pistes à explorer, n° 4).

126. – Obligations d'information périodiques. La plus importante – et la plus ancienne – est celle qui a été édictée dans le cadre du **cautionnement du crédit aux entreprises** par l'article 48 de la loi du 1er mars 1984 (devenu C. monét. fin., art. L. 313-22). Cette obligation ne s'applique en principe qu'aux cautionnements donnés par les établissements de crédit, pour les concours financiers de toute nature consentis (ou renouvelés) sous la condition d'octroi de la garantie (la Cour de cassation a cependant exclu le crédit-bail et, récemment, la location avec option d'achat, au motif contestable qu'il s'agissait d'un bail et non d'un crédit). Cependant, une loi du 11 février 1994 fait sauter ces restrictions en cas de cautionnement donné par une personne physique pour garantir les dettes professionnelles d'un entrepreneur individuel : dans ce cas, l'obligation joue quel que soit le créancier et quelle que soit la nature de la dette cautionnée. Dans tous les cas, l'obligation s'applique sans distinction à toutes les cautions (même, selon la Cour de cassation, aux dirigeants sociaux), sauf toutefois aux « cautions réelles » (V. *infra*, Pistes à explorer, n° 2). Le texte impose à l'établissement de crédit de faire connaître chaque année à la caution le montant des sommes restant dues par le débiteur, ainsi que le terme de l'engagement de la caution ; le créancier doit aussi rappeler à la caution, le cas échéant, sa faculté de révocation. En cas de contestation sur l'accomplissement par la banque de son obligation, il appartient à cette dernière d'en apporter la preuve, mais celle-ci doit se faire par tous moyens. Le manquement à l'obligation est sanctionné par la déchéance du droit aux intérêts pendant la période où l'information aurait dû être faite. Cette déchéance ne concerne cependant que les intérêts dus par le débiteur, et dont la caution est tenue à titre accessoire. Elle ne concerne pas les intérêts dont la caution est tenue personnellement, une fois qu'elle a été mise en demeure de payer. Cette sanction, relativement limitée, n'exclut pas la responsabilité de la banque, mais, selon la jurisprudence la plus récente, cette responsabilité ne peut être engagée qu'en cas de dol ou de faute lourde de l'établissement de crédit.

Une obligation d'information périodique sur l'évolution de la dette du débiteur principal, du même type que la précédente, a été ensuite édictée, avec un domaine d'application plus général, par deux textes, qui font très largement double emploi. Il s'agit d'une part de l'article 2293, alinéa 2 (*ex-art. 2016*) du Code civil (issu L. n° 98-657, 29 juill. 1998 contre l'exclusion) et d'autre part de l'article L. 333-2 (ex-art. L. 341-6) du Code de la consommation (issu L. 1er août 2003). Ces deux textes diffèrent par leur domaine : alors que l'article 2293, alinéa 2 du Code civil vise tous les cautionnements indéfinis donnés par les personnes physiques (sans distinction tenant à la qualité du créancier), l'article L. 333-2 (ex-art. L. 341-6) du Code de la consommation ne concerne que les cautionnements donnés par les personnes physiques au profit des créanciers professionnels.

Une autre différence apparaît en ce qui concerne la sanction de l'inobservation de l'obligation : alors que l'article L. 333-2 (ancien art. L. 341-6), construit sur le modèle de l'article L. 313-22 du Code monétaire et financier, ne prévoit que la déchéance des intérêts ayant couru pendant la période où l'information n'a pas été faite, l'article 2293 du Code civil édicte une déchéance totale de tous les accessoires de la dette, frais et pénalités ! On a quelques difficultés à comprendre les raisons de ces différences.

127. – Obligations d'information ponctuelles. Il s'agit ici d'informer la caution, non sur l'évolution de la dette garantie, mais de l'avertir en cas de défaillance du débiteur principal. Trois textes doivent ici être cités.

Le premier, chronologiquement, est l'article L. 314-17 (*ex.-art. L. 313-9*) du Code de la consommation, qui a été institué par la loi du 31 décembre 1989 pour les cautionnements garantissant les crédits aux particuliers réglementés par le droit de la consommation. La personne physique qui s'est portée caution d'un tel crédit doit être informée par l'établissement prêteur de la défaillance du débiteur principal dès le premier incident de paiement caractérisé. La sanction du défaut d'information est assez limitée : la caution ne devra pas payer les pénalités et intérêts de retard, mais elle continue d'être tenue des intérêts normalement dus par le débiteur au titre du crédit garanti.

Une obligation du même type, et avec la même sanction, a été ensuite mise en place par l'article 47, II du 11 février 1994 pour les cautionnements de dettes professionnelles donnés par des personnes physiques.

Mais ces deux obligations sont aujourd'hui complètement absorbées par un troisième texte, qui vise d'une manière générale tous les cautionnements donnés par des personnes physiques au profit de créanciers professionnels, sans distinction selon la nature de la dette garantie. Il s'agit de l'article L. 333-1 (*ex-art. L. 341-1*) du Code de la consommation, créé par la loi de 1998 contre l'exclusion. La sanction est, comme dans les cas précédents, la déchéance des pénalités et des intérêts de retard échus pendant la période où l'information n'a pas été faite.

§ 2. – L'exigibilité de l'obligation de la caution

128. – Double condition. La caution – à supposer qu'elle ne puisse invoquer une des causes de libération qui seront ultérieurement examinées – ne peut être amenée à payer qu'à une double condition : il faut que l'obligation du débiteur principal soit devenue exigible (A) et que le débiteur principal soit défaillant (B).

A. – Exigibilité de l'obligation principale

1° Principe

129. – Caractère accessoire. L'obligation de la caution ne peut devenir exigible que si celle du débiteur principal l'est elle-même. C'est une conséquence du caractère accessoire du cautionnement. Ce principe s'applique en particulier dans le cas du cautionnement du solde débiteur d'un compte courant : ce solde ne devenant exigible qu'à la clôture du compte, ce n'est qu'à ce moment que la caution pourra être actionnée en paiement.

Le principe suscite une difficulté particulière en cas d'ouverture d'une procédure collective contre le débiteur. Depuis la loi du 25 janvier 1985, le jugement d'ouverture du redressement judiciaire (ou désormais de la sauvegarde) n'entraîne plus en lui-même déchéance du terme : le créancier ne peut donc pas, dès ce moment, poursuivre la caution, contrairement à ce qui était admis sous l'empire du droit antérieur. Certains créanciers ont tenté de remédier à ce grave inconvénient en insérant dans leurs cautionnements une clause prévoyant la possibilité de poursuivre immédiatement la caution en cas de redressement judiciaire, mais ces clauses ont été condamnées par la Cour de cassation comme contraires au caractère accessoire du cautionnement (Cass. 1re civ., 24 janv. 1995, n° 92-21.436 : *Bull. civ.* 1995, I, n° 51).

2° Incidences de la modification ultérieure de l'exigibilité de la dette principale

130. - Déchéance ou prorogation. Quelle est la situation de la caution lorsque le terme initialement fixé se trouve avancé ou retardé ?

a) Déchéance du terme

131. - Déchéance du terme : principe. Le terme initialement fixé peut se trouver avancé, notamment en cas d'inexécution de ses obligations par le débiteur, lorsque le contrat principal contient une clause de déchéance du terme. La Cour de cassation considère qu'en dépit du caractère accessoire du cautionnement, cette déchéance du terme ne joue pas normalement à l'encontre de la caution, qui a entendu s'engager pour un terme plus éloigné (V., par ex., Cass. com., 8 mars 1994, n° 92-11.854 : *Bull. civ.* 1994, IV, n° 96). La même solution s'applique en cas de liquidation judiciaire qui (à la différence du redressement judiciaire ou de la sauvegarde) rend de plein droit exigibles les créances non échues (C. com., art. L. 643-1).

132. - Déchéance du terme : cas d'extension à la caution. Il en allait différemment cependant si la caution avait expressément accepté, dans le contrat de cautionnement, que la déchéance du terme encourue par le débiteur principal lui soit étendue ; ce type de clause était devenu de style dans les contrats de cautionnement bancaire. Elles sont désormais prohibées depuis la loi de ratification de l'ordonnance réformant le droit des contrats et du régime général de l'obligation (L. n° 2018-287, 20 avr. 2018, art. 11). L'article 1305-5 du Code civil dispose désormais que la déchéance du terme encourue par un débiteur est inopposable… à ses cautions ». Il s'agit d'une disposition dotée d'un caractère interprétatif (L. n° 2018-287, 20 avr. 2018, art. 16-1) et donc applicable depuis l'entrée en vigueur de l'ordonnance du 10 février 2016, à savoir le 1er octobre 2016.

Par ailleurs, et dans un autre domaine, si l'on est en présence d'une sûreté réelle donnée par un tiers (ce que l'on appelait traditionnellement un cautionnement réel), le créancier qui bénéficie de la déchéance du terme (conventionnelle ou légale) à l'égard du débiteur peut immédiatement mettre en œuvre sa sûreté réelle contre le tiers, même si cela n'a pas été expressément stipulé dans le contrat de cautionnement. La solution avait été consacrée par la Cour de cassation avant même que la chambre mixte n'affirme explicitement que cette sûreté n'est pas un cautionnement (Cass. 1re civ., 4 mai 1999 : *Bull. civ.* 1999, I, n° 144. – V. *infra*, Pistes à explorer, n° 2).

b) Prorogation du terme

133. - Prorogation conventionnelle. Il peut arriver aussi que le terme initialement fixé soit retardé, prorogé. La caution bénéficie certainement de cette prorogation de terme si elle est **octroyée volontairement** par le créancier : ce dernier, s'il accorde des délais au débiteur principal, ne peut prétendre poursuivre immédiatement la caution. La question se pose cependant d'une manière particulière lorsque ces délais sont accordés par le créancier dans le cadre d'une procédure de traitement des difficultés financières du débiteur, qu'il s'agisse de procédure de traitement du surendettement ou d'une procédure touchant les entreprises en difficulté. Jusqu'à une période récente, la tendance était plutôt de ne pas en faire profiter la caution, parce que les mesures consenties par les créanciers sont plus ou moins forcées. Il en allait ainsi en matière de surendettement des particuliers, pour les délais (et les remises) consentis dans le cadre d'un plan conventionnel de redressement (Cass. 1re civ., 13 nov. 1996 : *Bull. civ.* 1996, I, n° 401), ainsi que pour les délais et remises accordés dans le cadre d'un plan de redressement judiciaire, ces mesures participant, selon la Cour de cassation, de la nature judiciaire du plan. Si cette solution est toujours vraie, la matière a en revanche beaucoup évolué dans le cadre des procédures de traitement des difficultés des entreprises. En 2004, la chambre commerciale avait estimé que les cautions devaient bénéficier des délais et remises consentis dans un plan de règlement amiable des difficultés des entreprises (Cass. com., 5 mai 2004 : *Bull. civ.* 2004, IV, n° 84, p. 87). Et la loi du 26 juillet 2005, dont les dispositions sur ce point ont été ultérieurement amendées, a suivi cette position dans le cadre de la nouvelle procédure de conciliation : l'article L. 611-10-2 du Code de commerce prévoit que les personnes ayant consenti une sûreté personnelle (parmi lesquelles les cautions) peuvent se prévaloir des dispositions de l'accord entre le débiteur et ses créanciers, que cet accord soit homologué ou même simplement constaté. Quant aux délais accordés dans le cadre d'un plan de sauvegarde ou de redressement, ils sont assimilés aux délais judiciaires dont nous allons maintenant parler.

134. – Prorogations judiciaires. En principe, la caution ne bénéficie pas des délais imposés au créancier par le juge. La solution s'applique aux délais de grâce octroyés sur le fondement de l'article 1343-5 (ancien art. 1244-1) du Code civil ou d'un texte spécial. Elle valait aussi, jusqu'à une période récente, pour les délais accordés au débiteur dans le cadre d'un plan de redressement judiciaire (la solution était expressément prévue par l'ancien article L. 621-65 du Code de commerce pour les cautions solidaires) ou d'une procédure de traitement du surendettement. Ces solutions, qui semblent contraires au caractère accessoire du cautionnement, s'expliquaient par l'idée que le risque d'insolvabilité, contre lequel le créancier voulait se protéger en prenant une caution, était précisément réalisé. Comme dans le cas des prorogations conventionnelles, cette approche est aujourd'hui fortement remise en cause dans le cadre des procédures collectives du droit commercial. La loi du 26 juillet 2005, légèrement modifiée sur ce point par l'ordonnance du 18 décembre 2008, a introduit ici des distinctions en fonction de la personnalité de la caution (personne physique ou morale) et de la nature de la procédure ouverte : les personnes physiques qui ont donné une sûreté personnelle (notamment les cautions) ou ayant affecté ou cédé un bien en garantie (traditionnellement appelées « cautions réelles ») bénéficient des délais octroyés au débiteur dans le cadre de la procédure de sauvegarde (C. com., art. L. 626-11) mais non de redressement judiciaire (C. com., art. L. 631-20). La différence faite entre la sauvegarde et le redressement, qui rejoint celle que nous avons déjà observée à propos de l'arrêt du cours des intérêts (V. *supra*, n° 124) s'explique, comme dans ce dernier cas, non par des raisons techniques, mais par des considérations de politique juridique : le législateur de 2005 a raisonné en pensant au cas où c'est le dirigeant de l'entreprise en difficulté qui s'est porté caution. En le faisant bénéficier des délais (et des remises) consentis à l'entreprise en cas de sauvegarde (et non de redressement), on pense l'encourager à solliciter, dès les premières difficultés, l'ouverture d'une procédure de sauvegarde, et à ne pas attendre que la cessation des paiements soit caractérisée pour demander un redressement judiciaire. Ces solutions avaient été en 2005 édictées pour les cautions et pour les garants autonomes, mais l'ordonnance du 18 décembre 2008 les a étendues à toutes les personnes qui ont donné une sûreté personnelle, ou même qui ont affecté ou cédé un bien en garantie, sans distinguer selon que la sûreté est accessoire (comme le cautionnement) ou non accessoire (comme dans la garantie autonome). Là encore, ce sont des considérations de politique juridique qui expliquent cette assimilation, complètement contraire aux solutions que postulerait l'application stricte des principes techniques du droit des sûretés.

Reste que, dans le cadre des procédures de traitement des difficultés des entreprises, la caution ne bénéficie pas de l'arrêt des poursuites individuelles, ne serait-ce que parce qu'il s'agit d'une mesure qui ne touche pas la dette elle-même mais seulement le droit de poursuite contre le débiteur. La loi du 11 juin 1994, dont les solutions ont été sur ce point reprises par la loi du 26 juillet 2005, a cependant édicté une solution favorable aux cautions personnes physiques : celles-ci (là encore comme toutes les personnes physiques ayant donné une sûreté personnelle ou affecté un bien en garantie) bénéficient de plein droit d'une suspension des poursuites jusqu'au jugement arrêtant le plan de redressement ou prononçant la liquidation judiciaire ; le tribunal peut ensuite leur accorder des délais ou un différé de paiement dans la limite de deux ans (C. com., art. L. 622-28). Les créanciers bénéficiaires de ces garanties peuvent cependant prendre des mesures conservatoires.

B. – La défaillance du débiteur principal

135. – Cautionnement simple : bénéfice de discussion. La caution est un débiteur de secours. Elle n'est tenue de payer que si le débiteur est défaillant, s'il ne satisfait pas lui-même à son engagement. La question est cependant de savoir ce qu'il faut entendre par là.

Dans le cautionnement simple, la caution jouit du **bénéfice de discussion** (C. civ., art. 2298 à 2301). Elle peut demander au créancier de poursuivre d'abord le débiteur principal avant d'agir contre elle. La caution ne sera donc tenue de payer que si les poursuites contre le débiteur ne permettent pas au créancier d'obtenir son paiement. Bien qu'il soit enfermé dans des conditions restrictives, ce bénéfice de discussion est très gênant pour le créancier.

136. – Cautionnement solidaire. C'est pourquoi, en pratique, les créanciers font systématiquement renoncer les cautions au bénéfice de discussion (dont il n'est pas nécessaire, dès lors, de faire ici une étude approfondie). Par ailleurs, ce bénéfice disparaît si le cautionnement est solidaire (C. civ., art. 2298), ce qui est presque toujours le cas. La caution sera alors tenue de payer dès que le débiteur refuse de le faire, sans qu'il soit nécessaire de tenter contre lui des procédures d'exécution forcée ; il n'est même pas sûr qu'une mise en demeure préalable du débiteur principal soit nécessaire.

§ 3. – L'extinction de l'obligation de la caution

137. – Extinction principale ou accessoire. Il s'agit ici d'étudier l'extinction de l'obligation de règlement de la caution, et non plus des cas d'extinction de l'obligation de couverture, qui sont comme on l'a vu des limitations dans le temps de l'obligation de payer pesant sur la caution. L'obligation de règlement de la caution peut se trouver éteinte de deux manières bien différentes. D'abord, parce que le cautionnement est un contrat accessoire, il va s'éteindre si la dette principale se trouve elle-même éteinte (A). Mais le cautionnement peut aussi s'éteindre à titre principal alors même que la dette garantie subsiste (B).

A. – L'extinction par suite de l'extinction de la dette principale

138. – **Article 2313.** Le principe est posé par l'article 2313 du Code civil (*ex-art. 2036*), qui est la traduction la plus nette du caractère accessoire du cautionnement : « La caution peut opposer au créancier toutes les exceptions qui appartiennent au débiteur principal ». Le texte étant situé dans une section consacrée à l'extinction du cautionnement, les exceptions dont il s'agit ici sont les causes d'extinction de la dette principale. Cependant, le texte fait ensuite une distinction entre les exceptions inhérentes à la dette (opposables par la caution), et les exceptions qui sont « purement personnelles au débiteur », que la caution ne pourrait pas opposer. Cette distinction, qui semble être en contradiction avec le caractère accessoire du cautionnement, n'a pas une signification technique très précise. La notion d'exception purement personnelle n'a par ailleurs pas de grand rapport avec celle qu'on rencontre dans l'article 2289 à propos de l'incidence sur le cautionnement des causes de nullité de l'obligation principale (V. *supra*, n° 92 et *infra*, Pistes à explorer, n° 3). En réalité, la jurisprudence utilise la notion d'exception purement personnelle chaque fois qu'il lui semble opportun de ne pas faire profiter la caution des causes d'extinction ou de limitation de la dette principale. De ce point de vue, on est amené à faire une distinction entre les causes d'extinction de droit commun (1°) et celles qui sont liées aux procédures de traitement de l'insolvabilité du débiteur (2°).

1° Causes d'extinction de droit commun

139. – **Paiement.** L'obligation de la caution s'éteint en premier lieu, de manière évidente, en cas de paiement de la dette (ou des dettes) par le débiteur principal. Lorsque le paiement effectué n'est que partiel, se posent de difficiles problèmes d'imputation des paiements. La jurisprudence, en se fondant sur les règles de droit commun régissant l'imputation des paiements (C. civ., art. 1342-10 ; ancien art. 1253 à 1256), distingue deux situations. Si l'on est en présence d'une dette unique que la caution ne garantissait qu'en partie, les paiements faits par le débiteur sont présumés, à défaut de convention contraire des parties, s'imputer sur la partie non cautionnée de la dette (la caution restant tenue pour le surplus), parce que le créancier est censé avoir voulu conserver sa garantie jusqu'au complet paiement. En revanche, dans le cas où il y a plusieurs dettes distinctes dont certaines seulement sont cautionnées, on décide qu'à défaut d'autre élément, les paiements partiels doivent s'imputer d'abord sur les dettes cautionnées parce que ce sont celles-ci que le débiteur a intérêt à acquitter en premier.

140. – **Autres causes d'extinction.** Toutes les autres causes d'extinction de la dette garantie vont également en principe entraîner l'extinction du cautionnement : ainsi, le cautionnement disparaîtra si la dette principale est prescrite, si elle a été éteinte par compensation, par novation (ou, par assimilation, en cas d'inscription de la dette au débit d'un compte courant), par confusion (cas où le débiteur hérite du créancier ou réciproquement), par l'effet d'une résolution du contrat entre le créancier et le débiteur... Bien plus la caution peut faire valoir elle-même ces causes d'extinction même si le débiteur ne les a pas invoquées : par exemple, la caution peut elle-même opposer la compensation de ce que le créancier doit au débiteur principal (C. civ., art. 1347-6, ancien art. 1294, al. 1er) ou demander elle-même la résolution du contrat principal (Cass.

1re civ., 20 déc. 1988 : *Bull. civ.* 1988, I, n° 368). Le cautionnement apparaît ainsi comme une sorte de « miroir » de la dette principale et c'est souvent dans le cadre d'un contentieux entre le créancier et la caution qu'on va discuter des causes d'extinction de la dette principale.

2° Causes d'extinction liées aux procédures de traitement de l'insolvabilité

141. – Limites au caractère accessoire. Bien que s'étant engagée de manière accessoire, la caution ne bénéficie pas systématiquement des causes d'extinction (totale ou partielle) de la dette qui sont liées directement à une procédure de traitement des difficultés financières ouverte contre le débiteur principal. La raison est celle qui a été exposée à propos des délais : ces mesures sont la conséquence de l'insolvabilité du débiteur, qui est précisément le risque contre lequel le créancier avait voulu se garantir en prenant une caution. Ce n'est donc pas au moment où le créancier a le plus besoin de la caution qu'il faut la libérer ou diminuer le montant de son engagement. Le droit positif ne va cependant pas systématiquement dans ce sens, et les évolutions récentes marquent plutôt un recul de cette approche, comme on l'a déjà vu à propos des délais (la problématique est exactement la même : V. *supra*, n° 134).

142. – Procédures collectives touchant les entreprises. On l'observe d'abord dans le cadre des procédures collectives touchant les entreprises : on a déjà relevé que, depuis la réforme de 2005, la caution personne physique bénéficie à nouveau de l'arrêt du cours des intérêts qui profite au débiteur, du moins dans le cadre de la procédure de sauvegarde (V. *supra*, n° 124). En cours de procédure, les solutions applicables aux remises octroyées dans le cadre d'un plan sont les mêmes que celles qui ont été exposées pour les délais : les cautions personnes physiques en bénéficient dans le cadre d'une procédure de sauvegarde, mais non dans le cadre d'un redressement judiciaire – alors que dans le droit antérieur, les cautions solidaires ne bénéficiaient jamais des remises résultant du plan. Comme on l'a dit, le but est d'inciter le dirigeant social, qui est le plus souvent caution, à solliciter le plus tôt possible l'ouverture d'une procédure de sauvegarde. En revanche, a été maintenue la solution antérieure applicable en cas de clôture de la liquidation judiciaire pour insuffisance d'actif : la jurisprudence avait admis l'extinction des actions contre le débiteur après la clôture de la procédure pour insuffisance d'actif ne libérait pas la caution, et la loi du 11 juin 1994 avait consacré implicitement la solution en permettant à la caution d'exercer un recours contre le débiteur (lequel n'est donc pas réellement libéré). Cette solution se retrouve actuellement dans l'article L. 643-11, II du Code de commerce.

Sur un point, la situation de la caution se trouve indirectement aggravée par rapport aux solutions antérieures. Une jurisprudence constante estimait en effet que le défaut de déclaration de la créance garantie dans le redressement ou la liquidation judiciaire, qui entraînait la perte de la créance (C. com., ancien art. L. 621-46), entraînait en même temps l'extinction du cautionnement. Cette solution n'a plus lieu de s'appliquer, car dans le droit actuel des procédures collectives, le défaut de déclaration n'entraîne plus l'extinction de la créance mais simplement l'impossibilité pour le créancier de participer à la répartition des dividendes dans le cadre de la procédure. En cas de sauvegarde, le nouvel article L. 622-26 du Code de commerce précise que les créances non déclarées sont inopposables, pendant la durée de l'exécution du plan, aux personnes physiques coobligées ou ayant consenti une sûreté personnelle ou affectée ou céder un bien en garantie (ce qui signifie qu'elles peuvent leur être opposées après l'exécution du plan). Mais, selon l'article L. 631-14, cette inopposabilité temporaire ne joue pas dans le cadre du redressement judiciaire. On retrouve toujours la même distinction entre la sauvegarde et le redressement. Cependant on peut penser que, si le créancier qui n'avait pas déclaré sa créance agissait contre la caution, celle-ci pourrait tenter de mettre en jeu la responsabilité du créancier pour obtenir une décharge partielle, et aussi faire jouer l'article 2314 du Code civil (V. *infra*, n°s 146 et s.).

143. – Procédures de traitement du surendettement des particuliers. Dans le cas des procédures de traitement du surendettement des particuliers, les législations successives (L. 1989 réformée en 1995, en 1998, en 2003, 2010 et, enfin, en 2016) n'ont prévu que des dispositions sporadiques touchant les cautions. La Cour de cassation a jugé que la caution ne pouvait pas se prévaloir des remises (ni des délais) accordées au débiteur surendetté, qu'il s'agisse de mesures consenties par les créanciers dans un règlement amiable (Cass. 1re civ., 13 nov. 1996 : *Bull. civ.* 1996, I, n° 401) ou imposées par la commission ou le juge (Cass. 1re civ., 3 mars 1998 : *Bull. civ.* 1998, I, n° 82). Mais, en retour, on ne pourra pas davantage lui opposer et la caution pourrait ainsi, en exerçant son recours contre le débiteur, faire échouer le plan de traitement du surendettement. C'est pourquoi la loi de 1998 contre l'exclusion, qui a profondément réformé la procédure, a prévu que la caution soit informée de l'ouverture de la procédure et qu'elle puisse faire connaître ses observations (C. consom., art. R. 723-4 ; ancien art. L. 331-3, II, al. 4). Par ailleurs, lorsque le débiteur fait l'objet d'une procédure de rétablissement personnel (avec ou sans liquidation judiciaire), l'effacement des dettes qui en résulte ne touche pas les dettes qui ont été payées par une caution à la place du débiteur surendetté : il en résulte que la caution qui a payé peut toujours exercer son recours contre le débiteur (C. consom., art. L. 742-22 ; ancien art. L. 332-9).

B. – La libération de la caution sans extinction de la dette principale

144. – Causes générales et spécifiques. Le cautionnement s'éteint par les mêmes causes que toutes les obligations : outre le cas (évident) où la caution paye, l'obligation de la caution peut s'éteindre par l'effet d'une remise de dette faite par le créancier à la caution, d'une novation (par ex., le remplacement par une autre caution), de la prescription, de la forclusion (lorsque la dette cautionnée est un crédit à la consommation)... Ces hypothèses ne suscitent pas de difficultés particulières.

On se limitera ici à examiner trois causes d'extinction qui sont liées à un comportement fautif du créancier : la première prévue par l'article 2314 du Code civil (*ex-art. 2037*) est spécifique du cautionnement (1°), la seconde résulte du jeu de la responsabilité civile de droit commun (2°), la troisième est liée à la disproportion de l'engagement de la caution par rapport à ses capacités financières (3°).

1° L'article 2314 du Code civil (ex-art. 2037)

145. – Texte. L'article 2314 du Code civil dispose :

« La caution est déchargée lorsque la subrogation aux droits, hypothèques et privilèges ne peut plus, par le fait de ce créancier, s'opérer en faveur de la caution ».

146. – Principe. Imaginez, pour comprendre le texte, que le créancier cautionné a, en plus du cautionnement, des garanties particulières assortissant la dette principale ; la caution, au moment où elle s'est engagée, connaissait ces garanties et elle pouvait espérer en bénéficier par subrogation. Si le créancier a laissé perdre ces garanties ou ne les a pas prises, l'efficacité du recours de la caution se trouve compromise. C'est pourquoi le texte prévoit sa décharge. C'est ce qu'on appelle le **bénéfice de subrogation ou de cession d'actions**. On a beaucoup discuté du fondement de ce texte, qui peut être rattaché aussi bien à l'idée de condition implicite de maintien des sûretés qu'à celle de responsabilité contractuelle du créancier qui manque à l'obligation de ne pas compromettre les intérêts de la caution. On tend plutôt aujourd'hui à voir dans le texte une cause spécifique de déchéance liée au non-respect par le créancier d'un devoir qui lui incombe (ce qu'on appelle dans les droits germaniques une « incombance »).

147. – **Caractère d'ordre public.** Ce texte, qui bénéficie aux cautions solidaires aussi bien qu'aux cautions simples (mais non au codébiteur solidaire, ni de prime abord aux autres garants personnels), a été souvent utilisé en pratique à l'encontre de créanciers négligents. C'est pourquoi les banquiers avaient pris l'habitude d'insérer systématiquement dans leurs contrats de cautionnement des clauses de renonciation au bénéfice de cession d'actions. Mais ces clauses ont été déclarées nulles par la loi du 1er mars 1984, qui a complété en ce sens l'article 2314.

148. – **Conditions d'application.** L'article 2314 (*ex-art. 2037*) suscite toujours une jurisprudence abondante relative à ses principales conditions d'application, qui sont assez restrictives.

Le texte suppose d'abord que des **garanties particulières** aient été perdues : la simple aggravation de l'insolvabilité du débiteur, qui touche seulement au « droit de gage général » du créancier, est sans incidence : cependant la jurisprudence entend ici largement la notion de garanties, en y incluant non seulement les sûretés *stricto sensu*, mais de manière générale tous les mécanismes ou prérogatives particulières qui donnent au créancier une meilleure situation que celle du créancier chirographaire (crédit-bail, clause de réserve de propriété, clause résolutoire, droit de rétention...). Selon l'excellente formule d'un arrêt de la Cour de cassation, le texte joue en cas de perte d'« un droit exclusif ou préférentiel conférant un avantage particulier au créancier pour le recouvrement de sa créance » (Cass. com., 3 mai 2006, n° 04-17.283). Il faut ensuite que ces garanties aient existé au moment de l'engagement de la caution (car à défaut la caution ne peut se plaindre que ces garanties aient été perdues), mais, au fait de perdre d'une sûreté existante, on assimile celui de ne pas prendre (ou de ne pas inscrire) une sûreté qui avait été prévue au moment de l'engagement de la caution. Il faut encore que cette perte soit due (et, selon la jurisprudence la plus récente, exclusivement due) à une **faute du créancier** : l'exemple typique est celui du créancier qui a omis de renouveler l'inscription d'une hypothèque, ou qui n'a pas inscrit le nantissement sur lequel comptait la caution. La question la plus discutée est celle de savoir si le créancier peut commettre une faute lorsqu'il omet d'exercer une faculté qui lui était accordée, soit dans la réalisation de la sûreté, soit dans l'inscription d'une sûreté qui lui est accordée par la loi. La jurisprudence récente semble considérer que l'exercice de certaines prérogatives, alors même qu'il ne serait que facultatif dans les rapports entre le créancier et le débiteur, peut devenir obligatoire dans les rapports avec la caution, dès lors que l'abstention du créancier est de nature à compromettre la situation de cette dernière (Cass. ch. mixte, 17 nov. 2006, n° 04-19.123, à propos de l'inscription par le créancier d'une sûreté définitive en remplacement d'une sûreté provisoire) (sur ce point, V. *infra*, Pistes à explorer). Il faut enfin que la perte de ces garanties ait causé un **préjudice particulier** au créancier : s'il résulte des circonstances que la garantie perdue aurait été de toute façon inefficace, la caution ne peut pas s'en plaindre et elle n'obtiendra pas sa décharge. À ce titre, il importe de noter qu'il a été jugé, dans le cadre particulier des procédures collectives, que la caution peut se prévaloir de l'article 2314 du Code civil dans le cas où il serait établi que la déclaration de créances, non effectuée (V. *supra*, n° 142), aurait permis au créancier, et donc à la caution subrogée dans ses droits, d'obtenir une part dans les dividendes du débiteur (Cass. com., 19 févr. 2013, n° 11-28.423, P+B). On retrouve bien ici les éléments constitutifs du défaut de subrogation, la perte d'un droit, une faute du créancier et un préjudice particulier.

149. - **Effets.** Lorsque les conditions précédentes sont réunies, le texte prévoit que la caution est déchargée. Cette sanction est généralement analysée comme une application de l'idée de déchéance d'un droit contractuel. Cependant, la jurisprudence pose que cette décharge n'est pas nécessairement totale. Elle ne s'opère que dans la limite du préjudice effectivement subi par la caution, ce qui ramène le jeu de l'article 2314 dans le giron de la responsabilité civile.

2° La responsabilité du créancier envers la caution

150. - **Application du droit commun de la responsabilité.** Lorsque le créancier, par sa **faute**, **cause** un **préjudice** à la caution, il peut voir sa responsabilité engagée envers elle. Les dommages et intérêts qu'il peut être amené à lui verser peuvent alors venir se compenser, en tout ou en partie, avec ce que la caution doit au créancier.

L'application la plus fréquente se rencontre dans le cas où le créancier (qui est un établissement de crédit) a, par son comportement, aggravé la situation financière du débiteur, par exemple en lui accordant des crédits inconsidérés ou des délais excessifs. Ce comportement amène la caution à payer une somme plus importante et compromet son recours subrogatoire. Or dans ce cas, l'article 2314 (*ex-art. 2037*) n'est pas applicable dès lors qu'aucune garantie particulière n'est perdue. Le jeu de la responsabilité civile permet d'aboutir à un résultat analogue : abandonnant une solution traditionnelle, la Cour de cassation décide aujourd'hui que la caution peut invoquer la responsabilité du créancier, non seulement par voie de demande reconventionnelle, mais aussi simplement par voie d'exception, comme une défense au fond (Cass. ch. mixte, 21 févr. 2003, n° 99-18.759 : *Bull. civ.* 2003, ch. mixte, n° 3).

3° La libération de la caution en cas d'engagement disproportionné

151. - **Evolution jurisprudentielle et législative.** Une application particulière de la décharge de la caution grâce au jeu de la responsabilité était apparue en jurisprudence, pour sanctionner le comportement du créancier qui faisait souscrire à la caution un engagement disproportionné à ses capacités financières. Affirmée d'abord d'une manière générale par un célèbre arrêt *Macron* de 1997 (Cass. com., 17 juin 1997, n° 95-14.105 : *Bull. civ.* 1997, I, n° 188), la solution avait vu à partir de la fin de 2002 (*Nahoum* : Cass. com., 8 oct. 2002, n° 99-18.169 : *Bull. civ.* 2002, IV, n° 136) sa portée réduite aux seules cautions n'occupant pas de fonctions de direction dans l'entreprise cautionnée. Reprenant une terminologie qu'elle utilise depuis plusieurs années à propos de l'emprunteur, la jurisprudence récente fait nettement la distinction entre la caution profane, qui peut mettre en jeu la responsabilité du banquier pour cette cause, et la caution avertie, qui ne peut s'en prévaloir. Mais cet édifice jurisprudentiel encore fragile a été rendu très largement inutile, pour l'avenir, par la loi du 1er août 2003 qui, généralisant aux cautions personnes physiques une solution propre aux crédits aux particuliers, ferme désormais au créancier professionnel le droit de se prévaloir d'un cautionnement disproportionné aux biens et aux revenus de la caution (V. *supra*, n° 84). L'article L. 332-1 du Code de la consommation dispose en effet que :

« Un créancier professionnel ne peut se prévaloir d'un contrat de cautionnement conclu par une personne physique dont l'engagement était, lors de sa conclusion, manifestement disproportionné à ses biens et revenus, à moins que le patrimoine de cette caution, au moment où celle-ci est appelée, ne lui permette de faire face à son obligation ».

Ce texte ne distingue pas selon que la caution est profane ou avertie et il est susceptible de s'appliquer tout aussi bien à un dirigeant social qui s'est porté caution des dettes de son entreprise qu'à un père de famille qui a cautionné ses enfants pour des crédits à la consommation, dès lors que la caution est une personne physique et le créancier un professionnel. Par ailleurs, contrairement à la jurisprudence, l'article L. 332-1 (*ex. art. 341-4*) ne repose pas sur l'idée de responsabilité du créancier ; il en résulte que la caution obtiendra nécessairement une décharge totale, indépendamment du préjudice qu'elle subit (V. *infra*, Points d'actualité). Ce n'est pas pour autant une règle de validité, dans la mesure où le cautionnement pourra retrouver son plein effet si la caution, au moment où elle est actionnée, est revenue à meilleure fortune. Cependant, la Cour de cassation statuant en chambre mixte a décidé en 2006 (Cass. ch. mixte, 22 sept. 2006, n° 05-13.517 : *Bull. civ.* 2006, ch. mixte, n° 7) que ce texte ne s'appliquait qu'aux cautionnements donnés après l'entrée en vigueur de la loi de 2003, ce qui conserve encore pour quelque temps tout son intérêt à la solution jurisprudentielle.

L'interdiction pour le créancier de demander un cautionnement disproportionné est aujourd'hui doublée, en jurisprudence, par l'obligation imposée au créancier professionnel de mettre en garde la caution contre les risques financiers que le cautionnement fait peser sur elle, même si le cautionnement n'est pas objectivement excessif par rapport à son patrimoine (V. *supra*, n° 80). Cette obligation, qui ne vaut qu'à l'égard des cautions non averties, est sanctionnée par la responsabilité civile de droit commun (V. *infra*, Points d'actualité).

SOUS-SECTION 2

LES RECOURS DE LA CAUTION

152. – Plan. La caution n'est pas personnellement débitrice de la dette ; en théorie, elle ne doit pas en supporter définitivement la charge, et c'est pourquoi elle peut recourir contre le débiteur principal. La caution a normalement un recours après avoir payé (§ 1), mais, exceptionnellement, la loi lui ouvre aussi, à titre préventif, un recours avant paiement (§ 2).

§ 1. – Les recours après paiement

153. – Recours contre le débiteur et les cautions. Pour récupérer ce qu'elle a payé, la caution peut exercer un certain nombre de recours, contre le débiteur (A), et, éventuellement, contre les autres cautions (B).

A. – Les recours contre le débiteur

1° Fondements des recours

154. – Dualité de fondements. La caution peut d'abord exercer contre le débiteur un recours fondé sur la **subrogation légale** dans les droits du créancier, dans la mesure où elle a payé, par obligation, une dette qui n'était pas la sienne (C. civ., art. 2306, *ex-art.* 2029). C'est une application particulière de l'article 1346 (*ex-art. 1251*) du Code civil. La caution, parce qu'elle a désintéressé le créancier, devient titulaire à sa place de la créance qu'il avait contre le débiteur. En outre, la caution a un recours fondé sur ses **relations personnelles** avec le débiteur principal, soit qu'elle ait accepté contractuellement de se porter caution pour lui, soit qu'on puisse considérer que la caution a géré l'affaire du débiteur (C. civ., art. 2305, *ex-art. 2028* qui parle de « son recours »).

Ces deux recours – le recours subrogatoire et le recours personnel – n'ont pas exactement le même régime juridique, mais cette différence n'apparaît guère en pratique, dans la mesure où la caution peut exercer les deux recours à la fois, en cumulant les avantages de l'un et de l'autre (sans pouvoir bien sûr obtenir deux fois son paiement !). Le recours personnel apparaît surtout intéressant lorsque la caution ne peut plus se prévaloir du recours subrogatoire parce que la dette cautionnée est éteinte (notamment dans le cadre des procédures de traitement des difficultés financières). C'est par un tel recours qu'on peut expliquer que la caution puisse encore agir contre le débiteur alors même que celui-ci a vu ses dettes effacées envers le créancier dans le cadre d'une procédure de liquidation judiciaire ou de rétablissement personnel (V. *supra*, n° 142).

2° Régime des recours

155. – Dualité de régimes. Par son **recours subrogatoire**, la caution peut récupérer tout ce qu'elle a payé au créancier, en principal, intérêts et autres accessoires. Pour exercer son recours, elle bénéficie, par l'effet de la subrogation, de toutes les garanties qui assortissaient la dette principale au profit du créancier. Cela s'entend non seulement des sûretés traditionnelles (gage, hypothèque...), mais plus généralement de toutes formes de garanties : ainsi, il a été admis que la caution qui a garanti le paiement d'un prix de vente bénéficie de la clause de réserve de propriété insérée par le vendeur dans le contrat de vente.

Ces garanties ne s'appliquent pas au **recours personnel**, mais celui-ci a, en contrepartie, une étendue plus grande : la caution peut, sur le fondement de l'article 2305, exiger le paiement par le débiteur, non seulement de ce que celui-ci devait au créancier, mais aussi des intérêts qui ont couru depuis le paiement, et cela sans qu'il soit nécessaire de mettre le débiteur en demeure.

156. – Perte du recours. Le recours de la caution contre le débiteur est parfois fermé, définitivement ou temporairement. Il peut l'être, définitivement, par l'effet de dispositions légales (C. civ., art. 2308, *ex-art. 2031*, qui sanctionne certains comportements imprudents de la caution), ou si la caution, qui est intervenue dans une intention libérale, a renoncé à réclamer son remboursement au débiteur. Il l'est le plus souvent, de manière temporaire, par le jeu d'une clause du contrat : la plupart des contrats de cautionnement contiennent une clause dite de « non-concours » par laquelle la caution qui n'a garanti qu'une partie de la ou des dettes du débiteur renonce à exercer son recours contre celui-ci tant que le créancier n'est pas intégralement désintéressé. Ces clauses, qui excluent pratiquement toute possibilité de recours, apparaissent comme des extensions conventionnelles de la règle *Nemo censetur subrogare contra se* consacrée par l'article 1346-3 (*ex-art.* 1252) du Code civil. Elles permettent au créancier de se payer prioritairement sur les biens du débiteur sans entrer en concurrence avec la caution.

B. – Le recours contre les autres cautions

157. – **Recours contre les cofidéjusseurs.** S'il y a plusieurs cautions (des cofidéjusseurs), celle qui a payé peut exercer un recours contre les autres. Elle ne peut alors réclamer à chacune d'elles que sa part (C. civ., art. 2310, *ex-art. 2033*), ce qui suscite de délicats problèmes de calcul, notamment en cas de coexistence de cautionnements partiels pour des montants différents. L'article 2310 n'est pas d'ordre public : la caution peut y renoncer ou se ménager un recours plus étendu. Ces clauses relatives aux recours entre cautions sont particulièrement fréquentes, en particulier dans le cas où l'une des cautions est un professionnel du crédit, qui entend bien faire supporter intégralement par l'autre caution (par ex., un dirigeant de l'entreprise cautionnée) le risque d'insolvabilité du débiteur. On est alors proche de la situation suivante.

158. – **Recours contre la sous-caution.** On rappellera que la caution peut demander au débiteur de lui fournir une caution : cette sous-caution garantit précisément la créance de recours que la caution de premier rang, devenue créancière après avoir payé, a contre le débiteur. En conséquence, la sous-caution ne peut pas opposer à la caution de premier rang exerçant son recours les exceptions que celle-ci aurait pu faire valoir à l'encontre du créancier.

§ 2. – Les recours préventifs

159. – **Article 2309 (*ex-art. 2032*).** Dans certains cas, prévus par l'article 2309 du Code civil, la caution peut agir contre le débiteur principal, avant même d'avoir payé le créancier. Ce recours est ouvert dans des cas où il est d'ores et déjà certain que la caution aura à payer (par ex., si le débiteur est soumis à une procédure collective), ou, à l'inverse, dans des hypothèses où l'incertitude est trop grande (par ex., si le créancier accorde des délais de paiement supplémentaires au débiteur).

Ce recours préventif permet d'abord à la caution de prendre des mesures conservatoires contre le débiteur (saisie conservatoire, inscription provisoire de nantissement ou d'hypothèque), ou, en cas de redressement judiciaire du débiteur, de déclarer la créance à la procédure (ce qui, du reste, ne dispense pas le créancier de déclarer lui-même mais permettra à la caution d'exercer après paiement un recours personnel qui peut être plus avantageux que le recours subrogatoire). Mais la jurisprudence admet également que la caution peut, par ce recours préventif, agir en paiement contre le débiteur : cela lui permet d'obtenir un titre exécutoire avant même d'avoir payé, et ainsi de pouvoir ensuite se retourner plus vite contre le débiteur.

Points d'actualité

1 – Le formalisme du cautionnement

Pendant près de quinze ans, c'est la question qui a soulevé le plus de contentieux en matière de cautionnement, au moins devant la Cour de cassation (sur la seule période 1986-1995 une étude avait recensé 351 arrêts sur un total de 1 011 décisions rendues en matière de cautionnement par la Cour suprême !). Incontestablement, cette floraison d'arrêts, très regrettable en elle-même pour la sécurité du cautionnement, avait été provoquée par la position adoptée, entre 1987 et 1989, par la première chambre civile de la Cour de cassation, qui avait transformé l'exigence probatoire de l'article 1376 (*ex-art. 1326*) du Code civil en une condition de validité du cautionnement, rattachée à l'idée de protection de la caution. Depuis 1989, la Cour de cassation est, dans la formulation de ses arrêts, revenue à une conception probatoire de la mention manuscrite exigée par le texte. Mais ce formalisme probatoire est très particulier : ce qu'il s'agit de prouver, ce n'est pas que la caution s'est vraiment engagée (ce qui est rarement contesté) mais le fait qu'elle a donné son consentement en pleine connaissance de cause. On reste donc en réalité sur le terrain de la protection du consentement de la caution. C'est pourquoi la Cour de cassation estime que le complément de preuve pouvant compléter le cautionnement irrégulier peut résulter des relations particulières entre la caution et le débiteur (éléments qui ne permettent en rien de vérifier que c'est bien la caution qui a signé l'acte qu'on lui oppose, mais qui sont à prendre en considération quand on se demande si elle a bien compris ce qu'elle faisait).

Jusqu'en 1999, la question était encore compliquée par la jurisprudence qui faisait jouer à la mention manuscrite un rôle dans la détermination de l'étendue de l'engagement de la caution, en refusant d'étendre cet engagement aux intérêts si la caution ne l'avait pas précisé de sa main. Cependant, après hésitations et divergences multiples, la chambre commerciale puis la première chambre civile avaient fini par abandonner cette solution. Ces questions ont mobilisé beaucoup d'énergie, de la part des tribunaux, des plaideurs, et de la doctrine qui s'est épuisée pendant quinze ans à suivre les méandres de cette jurisprudence.

Tout ce contentieux aurait presque dû être complètement rayé d'un trait de plume du législateur, puisque la loi du 1er août 2003, impose, à peine de nullité, une mention manuscrite précise à toute caution personne physique qui s'engage sous seing privé au profit d'un créancier professionnel, et une autre mention, tout aussi précise, lorsque le cautionnement est donné solidairement (C. consom., art. L. 331-1 et L. 331-2 [ex-art. L. 341-2 et L. 341-3]). Si l'on peut discuter de l'intérêt que ce formalisme pointilleux et rigide peut avoir pour la protection des cautions, au moins pouvait-on penser que ces textes contribueraient à limiter un contentieux très irritant, donc, d'une certaine manière, à redonner un peu de sécurité au cautionnement. En cela, contrairement à une idée reçue, ces nouvelles exigences formelles auraient pu se révéler plus protectrices des créanciers que des cautions dans la mesure où ils pouvaient savoir exactement à quoi s'en tenir pour jouir d'un cautionnement parfaitement efficace sur le plan formel. Cependant, il faut observer que ces nouveaux textes suscitent diverses difficultés d'interprétation, qui sont elles-mêmes génératrices d'un nouveau contentieux, d'où une prolifération étonnante d'arrêts de la Cour de cassation dans la période la plus récente.

D'une part, la Cour de cassation a eu à préciser le domaine d'application de ces textes : ainsi quant à la notion de créancier professionnel (V. Cass. 1re civ., 9 juill. 2009, n° 08-15.910 et Cass. com., 10 janv. 2012, n° 10-26.630, qui adoptent de cette notion une conception résolument extensive, allant bien au-delà des établissements de crédit) ou quant aux cautionnements visés (V. Cass. com., 10 janv. 2012, n° 10-26.630 et Cass. com., 5 juin 2012, n° 11-19.627).

D'autre part et surtout, se pose de manière récurrente devant les tribunaux la question de l'étendue du pouvoir d'appréciation du juge lorsque l'irrégularité constatée est mineure et ne semble pas avoir eu d'incidence sur la compréhension de son engagement par la caution. À l'examen des solutions jurisprudentielles, on constate que les juges hésitent entre deux attitudes : soit appliquer les textes à la lettre, de manière aveugle, et annuler le cautionnement chaque fois que la moindre irrégularité formelle est constatée ; soit faire preuve d'une certaine souplesse, et n'annuler le cautionnement que lorsque l'irrégularité a affecté le consentement de la caution. C'est assez clairement dans ce second mouvement que s'inscrivent désormais la première chambre civile et la chambre commerciale, statuant sur l'application des articles L. 331-1 et L. 331-2 (ex-art. L. 341-2 et L. 341-3) du Code de la consommation. Certes, il est posé clairement que la sanction du défaut ou de l'irrégularité de la mention exigée par l'article L. 341-2 est la nullité du cautionnement et ne se situe pas seulement sur le terrain probatoire, comme dans le cas de l'article 1376 (*ex-art. 1326*) du Code civil, de telle sorte que l'acte de cautionnement irrégulier ne peut pas valoir comme commencement de preuve par écrit (Cass. com., 23 avr. 2009, n° 08-11.616). Cette nullité s'impose, selon les deux chambres, sauf si le défaut d'identité des mentions résulte d'une erreur matérielle (Cass., avis,

15 nov. 2010, n° 09-14.358. – Cass. com., 5 avr. 2011, n° 09-14.358). Mais ces chambres n'hésitent pas à prendre quelques libertés avec la lettre des textes. Il apparaît ainsi qu'une petite divergence entre la mention écrite par la caution et la mention exigée par le texte n'entraîne pas nécessairement la nullité si elle ne change pas le sens de la phrase (Cass. 1re civ., 9 nov. 2004, n° 02-17.028 : *Bull. civ.* 2004, I, n° 254, dans un cas où la caution n'avait pas écrit la conjonction de coordination « et » entre l'indication du montant et celle de la durée de l'engagement ; comp. Cass. com., 5 avr. 2011, n° 10-16.426, à propos de l'omission d'une virgule entre les deux mentions de l'article L. 341-2 et de l'article L. 341-3). Par ailleurs, un important arrêt rendu par la chambre commerciale le 8 mars 2011 (n° 10-10.699) a admis, contre la lettre du texte, mais très raisonnablement, que l'omission de la mention spécifique requise par l'article L. 331-2 du Code de la consommation (ex-art. L. 341-3) en cas d'engagement solidaire de la caution devait être sanctionnée, non par la nullité du cautionnement tout entier, mais simplement par la perte du bénéfice de la solidarité, dès lors que la mention de l'article L. 341-2 était, elle, régulièrement insérée (dans le même sens : Cass. com., 16 oct. 2012, n° 11-23.623). Cette tendance se confirme avec l'affirmation récente par la Cour de cassation que la nullité encourue en cas de violation de l'article L. 331-1 (*ex-art. L. 341-2*) est une nullité relative pouvant être couverte par l'exécution volontaire du contrat par la caution en connaissance de cause (Cass. com., 5 févr. 2013, n° 12-11.720). Tous ces assouplissements peuvent sembler bienvenus à ceux qui pensent que le formalisme n'a de sens que dans la mesure où il permet de protéger le consentement de la caution. Mais, d'un autre côté, les brèches ouvertes par la Cour de cassation dans la rigueur du formalisme sont de nature à faire prospérer un contentieux parfois un peu ridicule, et dont les solutions sont parfois difficilement prévisibles : comment comprendre par exemple que, par deux arrêts rendus à quelques jours d'intervalle, la Cour de cassation juge que l'omission dans le recopiage des mentions manuscrites de toute ponctuation et de tout alinéa (pourtant de nature à rendre le texte écrit peu compréhensible) n'est pas de nature à entraîner la nullité de l'engagement (Cass. 1re civ., 11 sept. 2013, n° 12-19.094), alors que le fait de faire figurer les mentions après la signature et non avant est considéré comme une cause de nullité (Cass. com., 17 sept. 2013, n° 12-13.577), alors pourtant que cette inversion ne paraît pas de nature à affecter la compréhension par la caution de la portée de son engagement ? Il existe ainsi aujourd'hui un contentieux sur la ponctuation, les mots choisis, l'ordre des mots, la place exacte de la signature, les conséquences de l'omission d'un terme ou encore de l'adjonction d'un terme ou plusieurs termes : par exemple il a été jugé que l'oubli du terme « sur mes biens », n'a pour conséquence que de limiter le gage de la banque aux revenus de la caution et n'affecte pas la validité du cautionnement (Cass. com., 27 mai 2014, n° 13-16.989). Tout cela n'est pas de nature à donner à la matière la stabilité dont elle a besoin. En définitive, il est possible de regretter que la Cour de cassation n'ait pas fermé tout espace de discussion en faisant une application plus rigoureuse des textes, ce qui aurait au moins eu le mérite de stabiliser la question.

Il est naturellement inutile que vous reteniez dans le détail toutes ces solutions, mais celles-ci peuvent servir de point de départ à une réflexion intéressante, à la fois sur le terrain des sources du droit (en ce qu'elles montrent que tout texte, même parfaitement clair *a priori*, est susceptible d'interprétation) et, sur le fond, sur la question du formalisme en droit des contrats.

Il importe cependant de souligner que dans un avenir proche les solutions vont évoluer. En effet, dans l'actuel avant projet de réforme du droit des sûretés du groupe *Grimaldi*, qui servira probablement de fondement à l'ordonnance réformant cette matière ainsi qu'on l'a déjà dit (V. *supra*, Points d'actualité, n° 2, sous n° 32), les textes relatifs au formalisme en matière de cautionnement sont rapatriés dans le Code civil. Or dans l'article 2298, alinéa 1 de l'avant-projet, il est précisé que « la caution personne physique appose elle-même, à peine de nullité de son engagement, la mention qu'elle s'engage en qualité de caution à payer au créancier ce que lui doit le débiteur en cas de défaillance de celui-ci, dans la limite d'un montant en principal et accessoire exprimé en toutes lettres et en chiffres ». Le cautionnement est ainsi soumis dans ce texte à une exigence formelle plus souple que ce qui est aujourd'hui prescrit dans le Code de la consommation. La protection de la caution n'est pas pour autant négligée puisqu'elle devra indiquer elle-même le montant maximum de son engagement. On rappellera également que la récente loi Élan (L. n° 2018-1021, 23 nov. 2018, art. 134, portant évolution du logement, de l'aménagement et du numérique) consacre en matière de baux d'habitation un net recul de l'exigence de formalisme (V. *supra*, n° 101).

2 – Protection de la caution contre les engagements disproportionnés et obligation de mise en garde

La question de la protection de la caution contre les engagements disproportionnés a connu une évolution remarquable, qu'il est intéressant d'étudier en détail, non seulement du point de vue du droit du cautionnement, mais aussi sur le terrain de la théorie générale du contrat. C'est une des questions les plus présentes dans la jurisprudence actuelle relative au cautionnement. Au départ, le législateur avait instauré dans la loi du 31 décembre 1989 relative au surendettement une disposition spécifique au cautionnement des crédits aux particuliers (insérée depuis dans l'article L. 313-10 du Code de la consommation) : cette disposition (toujours en vigueur) interdit au créancier de se prévaloir d'un cautionnement dont le montant était, lors de sa conclusion, disproportionné aux biens et revenus de la caution, à moins que celle-ci, au moment de la demande en paiement, ne soit en mesure de remplir son engagement. Par la suite, en 1997, la chambre commerciale de la Cour de cassation rendit un arrêt très remarqué, dans lequel, en se fondant sur le droit commun de la responsabilité contractuelle, elle parvenait à un résultat analogue pour d'autres cautions que celles protégées par l'article L. 314-18 (ex-art. L. 313-10) du Code de la consommation (et en particulier pour un dirigeant social) : en demandant à une caution un engagement disproportionné par rapport à ses capacités financières, le créancier manque à son obligation de contracter de bonne foi, il commet une faute et doit à la caution réparation du dommage qu'il lui cause, cette réparation pouvant prendre la forme d'une décharge totale ou partielle de la caution (Cass. com., 17 juin 1997, n° 85-14.105, *Macron : Bull. civ.* 1997, IV, n° 188). Mais en 2002, sensible à certaines critiques doctrinales, la Cour de cassation devait, sinon abandonner complètement la solution comme on avait pu le croire d'abord, du moins en limiter la portée en interdisant à un dirigeant social de s'en prévaloir (Cass. com., 8 oct. 2002, n° 99-18.619, *Nahoum : Bull. civ.* 2002, IV, n° 136, suivi de nombreuses autres décisions). Cependant, de manière assez inattendue, la loi du 1er août 2003 a condamné cette évolution en généralisant à toutes les cautions personnes physiques s'engageant envers un créancier professionnel la disposition de l'article L. 314-18 (ex-art. L. 313-10) (C. consom., art. L. 332-1, ex.-art. L. 341-4). Dans la période récente, les développements jurisprudentiels se situent sur trois terrains :

1°/ En premier lieu, la Cour de cassation a eu l'occasion de préciser les conditions d'application et les effets de l'article L. 332-1 (ex-art. 341-4) du Code de la consommation. D'une part, elle a précisé que ce texte ne s'appliquait qu'aux cautionnements souscrits après son entrée en vigueur, soit le 7 août 2003 (Cass. ch. mixte, 22 sept. 2006, n° 05-13.517). Cet arrêt est important, dans la mesure où il ouvre encore un large champ d'application aux solutions jurisprudentielles relatives à la proportionnalité. D'autre part, la Cour de cassation a jugé que la sanction du défaut de proportionnalité selon l'article L. 332-1 (ex-art. L. 341-4), à savoir la possibilité pour le créancier de se prévaloir du cautionnement disproportionné, n'avait pas pour objet la réparation du préjudice subi par la caution ; en conséquence cette sanction ne s'apprécie pas à la mesure de la disproportion (Cass. com., 22 juin 2010, n° 09-67.814). C'est là une différence essentielle avec la sanction jurisprudentielle du défaut de proportionnalité, qui repose sur l'idée de responsabilité du créancier, et qui s'apprécie à la mesure du préjudice subi par la caution (V. *infra*, 2). Ces solutions doivent se lire dans la continuité de celles qui avaient été élaborées antérieurement à propos de l'article L. 314-18 (ex-art. L. 313-10) du Code de la consommation, texte spécial au cautionnement des crédits à la consommation, dont l'article L. 332-1 (ex-art. L. 341-4) n'est qu'une extension à tous les cautionnements donnés par une personne physique au profit d'un créancier professionnel. On peut notamment transposer à l'article L. 332-1 (ex-art. L. 341-4) les solutions relatives à la notion de créancier professionnel, aux critères d'appréciation du défaut de proportionnalité, et à la nature de la sanction. Nous vous invitons à chercher des solutions.

2°/ En deuxième lieu, la Cour de cassation a continué la construction du mécanisme jurisprudentiel de contrôle de la proportionnalité de l'engagement de la caution, trouvant ses sources dans les arrêts *Macron* et *Nahoum*. Nous vous rappelons que ces solutions jurisprudentielles restent applicables chaque fois que la caution est une personne morale ou que le créancier n'est pas un professionnel ; elles restent également applicables aux cautionnements souscrits avant le 7 août 2003 (qui continuent encore de nourrir la jurisprudence actuelle). L'évolution essentielle consiste dans la transposition au cautionnement d'une distinction que la Cour de cassation avait élaborée antérieurement pour déterminer le champ d'application de l'obligation de mise en garde pesant sur le banquier à l'égard des emprunteurs : comme en matière de contrat de prêt, la Cour de cassation distingue aujourd'hui entre les cautions averties et les cautions profanes. Seules les secondes peuvent mettre en jeu la responsabilité du créancier ayant exigé un cautionnement disproportionné. De nombreux arrêts précisent ce qu'il faut entendre par cautions averties et par cautions profanes (V., par ex., pour le gérant de la société cautionnée, considéré comme une caution avertie : Cass. com., 13 févr. 2007, n° 04-19.727 ; pour l'associé d'une société civile immobilière, considérée comme une caution profane : Cass. 1re civ., 10 mai 2005, n° 03-14.446 ; pour le dirigeant d'une entreprise qui donne un cautionnement au moment de la création de l'entreprise, alors qu'il n'a aucune expérience de la vie des affaires, et qui est considéré en conséquence comme une caution non avertie : Cass. com., 11 avr. 2012, n° 10-25.904).

3°/ Dans la période la plus récente, l'exigence jurisprudentielle de proportionnalité se trouve quelque peu parasitée par l'introduction dans le droit du cautionnement de la notion d'obligation de mise en garde. Il s'agit encore d'un concept qui a été d'abord développé en matière de prêt : depuis plusieurs années, la Cour de cassation fait peser sur le banquier un devoir (devenu récemment obligation) de mettre en garde l'emprunteur non averti contre les risques d'endettement générés par le prêt. La caution peut, indirectement, profiter d'une telle obligation, dans la mesure où elle peut, en tant que débiteur accessoire, se prévaloir de la compensation entre la dette de l'emprunteur et les dommages et intérêts qui lui sont dus par le banquier ayant manqué à son obligation de mise en garde. Mais, dans la jurisprudence récente, la caution non avertie apparaît elle-même directement bénéficiaire d'une obligation de mise en garde de la part du banquier. Le rôle exact de cette obligation apparaît encore assez difficile à déterminer. Dans certains cas, la mise en garde attendue du banquier porte sur le risque d'endettement encouru par la caution, lorsque celle-ci ne dispose pas de biens suffisants pour répondre de l'obligation du débiteur ; l'obligation de mise en garde semble alors largement faire double emploi avec l'exigence de proportionnalité. Mais dans d'autres cas, l'obligation de mise en garde a plutôt pour objet les difficultés de remboursement de la part du débiteur, lorsque le crédit qui lui est accordé est particulièrement risqué ou lorsque sa situation financière est fragile ; l'obligation de mise en garde recoupe alors, dans une certaine mesure, l'obligation d'information qui pèse sur le banquier quant à la situation financière du débiteur. Par ailleurs, un autre élément est également visé par la Cour de cassation quant à l'obligation de mise en garde. Il importe de s'assurer que l'opération garantie ne soit pas vouée à l'échec. Le créancier peut ainsi se voir reprocher de ne pas avoir attiré l'attention sur l'absence de viabilité du projet financé par le prêt garanti par le cautionnement (V., pour un arrêt rappelant le visage multiple de l'obligation de mise en garde : Cass. com., 15 nov. 2017, n° 16-16.790, P+B+I). Quoi qu'il en soit, la Cour de cassation a nettement précisé que le préjudice résultant pour la caution du manquement à l'obligation de mise en garde s'analysait seulement en la perte d'une chance de ne pas contracter, et ne pouvait en conséquence donner lieu à des dommages-intérêts d'un montant égal à celui de la dette cautionnée, ce qui conduirait à la décharge totale de la caution (Cass. com., 20 oct. 2009, n° 08-20.274).

Pistes à explorer

Le droit du cautionnement, à la fois en raison de son caractère très évolutif, et de ses liens avec la théorie générale des contrats, est une mine inépuisable de sujets de recherche et de réflexion. Nous ne vous en proposons ici que quelques-uns...

1. – La distinction de l'obligation de couverture et de l'obligation de règlement

Imaginée par un auteur (C. Mouly, *Les causes d'extinction du cautionnement*, Librairies techniques, 1979) pour rendre compte de la situation particulière de la caution dans le cautionnement de dettes indéterminées, cette distinction apparaît aujourd'hui comme un élément incontournable du droit du cautionnement. Elle a d'ailleurs été explicitement consacrée par la Cour de cassation (Cass. 1re civ., 2 juin 2004 : *Bull. civ.* 2004, I, n° 157). L'idée est que la caution qui garantit le paiement de dettes futures et indéterminées n'est pas, dans un premier temps, tenue de payer ces dettes qui n'existent pas encore. Elle n'en est pas moins, dès la signature du contrat, obligée à couvrir ces dettes. Par la suite, au fur et à mesure qu'elles naîtront, la caution deviendra débitrice de leur règlement (comme l'est, dès le départ, la caution d'une dette déterminée). Cette distinction – dont on peut retrouver l'équivalent en matière d'assurance – permet de rendre compte de diverses solutions du droit positif où la caution cesse d'être tenue pour l'avenir des dettes naissant à la charge du débiteur (elle est libérée de son « obligation de couverture ») tout en restant obligée au paiement des dettes déjà nées (elle reste tenue de son obligation de règlement) : nous vous laissons le soin de retrouver dans les développements principaux les différentes applications de cette idée. Si l'idée qui sert de base à la distinction est profondément juste, si elle rend bien compte des solutions du droit positif, et si la terminologie utilisée est très parlante, elle n'en est pas moins, à notre avis, contestable sur le plan technique. Nous ne parvenons pas, pour notre part, à voir une véritable obligation (au sens de rapport entre créancier et débiteur) dans l'obligation de couverture – la caution n'a rien à faire ou à ne pas faire, on ne peut la contraindre à quoi que ce soit, et on ne peut imaginer une inexécution, tant que n'est pas née une obligation de règlement (qui est, elle, une véritable obligation). Il est vrai que la caution est liée par le contrat qu'elle a signé, mais c'est là, à notre avis, tout simplement un effet de la force obligatoire du contrat (sur la distinction de la force obligatoire et des obligations nées du contrat, vous pourrez lire P. Ancel, *Force obligatoire et contenu obligationnel du contrat* : *RTD civ.* 1999, p. 771 et s.). La terminologie de C. Mouly peut du reste être trompeuse : ainsi on parle habituellement d'« extinction de l'obligation de couverture », pour rendre compte de cas où le contrat de cautionnement n'est en aucune manière « éteint », et la caution n'est nullement libérée. On est en réalité en présence d'une simple limitation dans le temps des effets du cautionnement (le plan suivi dans ce manuel vise à vous éviter toute confusion sur ce point : la résiliation, le décès du débiteur, etc., ne sont pas étudiés au titre de l'extinction du cautionnement, mais à propos de l'étendue de l'obligation de la caution). Cependant, vous devez savoir que cette position est minoritaire et que la notion d'obligation de couverture est aujourd'hui admise par la majorité de la doctrine française. À vous de vous faire votre propre opinion !

2. – Le « cautionnement réel »

On appelait traditionnellement « cautionnement réel » la sûreté réelle (hypothèque ou nantissement) donnée par une personne pour garantir la dette d'autrui. L'analyse dominante y voyait un mécanisme hybride, à la fois sûreté réelle et cautionnement en ce que cette sûreté n'est pas donnée par le débiteur lui-même mais par un tiers. Cependant, depuis quelques années, un mouvement jurisprudentiel tendait à faire prévaloir le caractère de sûreté réelle de l'opération (Cass. 1re civ., 4 mai 1999 : *Bull. civ.* 1999, I, n° 144, qui en avait déduit que la déchéance du terme applicable au débiteur s'impose de plein droit au tiers garant, contre qui le créancier peut immédiatement mettre en œuvre son droit réel). Le débat s'est ensuite cristallisé autour de l'application au cautionnement réel de l'article 1415 du Code civil, qui subordonne l'engagement des biens communs au consentement du conjoint pour tout cautionnement donné par un époux (V. *supra*, n° 85). Dans une série d'arrêts très remarqués de 2002, la première chambre civile de la Cour de cassation avait décidé que ce consentement était exigé pour un nantissement donné par un époux sur un bien commun en garantie des dettes d'un tiers, mais faute de pouvoir appliquer directement la sanction du défaut de consentement prévue par le texte (l'engagement des seuls biens propres et des revenus de l'époux caution), elle avait imaginé de découvrir, sous le nantissement, un engagement personnel du garant, qui, en cas d'inopposabilité du cautionnement réel à la communauté, pouvait être exécuté sur les propres et les revenus, dans la limite de la valeur du bien nanti (Cass. 1re civ., 15 mai 2002, 3 arrêts : *Bull. civ.* 2002, I, nos 127, 128, 129, avec de nombreux commentaires). Cette position a été condamnée par un arrêt de chambre mixte du 2 décembre 2005 (n° 03-18.210) qui, au lieu de se contenter d'affirmer que le cautionnement réel ne faisait naître aucun engagement personnel et que l'article 1415 ne lui était pas applicable, en a déduit (de manière peut-être contestable) que cette figure n'était pas un cautionnement. Il ne faut donc plus parler de « cautionnement réel ». Cette analyse a été confirmée par le législateur lors de la réforme de 2006, en précisant dans l'article 2334 du Code civil que le gage constitué par un tiers non débiteur ne donne au créancier qu'une action sur le bien affecté en garantie. Cependant, sur le point précis de l'application de l'article 1415, la solution de l'arrêt de 2005 a été neutralisée par l'ordonnance du 23 mars 2006, qui a ajouté à l'article 1422 du Code civil un alinéa aux termes duquel les époux ne peuvent l'un sans l'autre affecter un bien commun à la garantie de la dette d'un tiers. Mais la solution de l'arrêt de chambre mixte a bien d'autres conséquences, puisqu'il en résulte qu'on ne doit appliquer à la sûreté réelle donnée pour garantir à la tête d'autrui aucune des règles du cautionnement. Depuis l'arrêt de la chambre mixte, les arrêts des différentes chambres de la Cour de cassation se sont multipliés sur différents aspects du régime de cette garantie. Vous pourrez rechercher ces différents arrêts, et vous demander, parmi ces solutions, lesquelles étaient déjà acquises avant l'arrêt de 2005, et lesquelles sont une conséquence de la nouvelle analyse de l'opération. D'une manière plus générale, nous vous invitons à réfléchir à l'opportunité de la solution nouvelle : est-il souhaitable de soustraire sur tous les points la sûreté réelle donnée pour garantir la dette d'autrui aux règles du droit du cautionnement ? Ne faudrait-il pas au moins appliquer par analogie certaines règles qui visent à protéger la caution, et qui se justifient tout autant lorsque le garant ne s'est pas engagé personnellement, mais a simplement affecté un de ses biens à la garantie de la dette d'autrui ? La matière a suscité une littérature abondante, que nous vous incitons vivement à découvrir et à consulter. Le débat ne semble pas clos pour autant puisque la réforme du droit des sûretés pourrait être l'occasion de réintroduire le cautionnement réel dans le droit positif. En effet, l'avant-projet *Grimaldi* envisage dans l'article 2291 de briser l'actuelle jurisprudence et de faire renaître de ses cendres cette figure juridique : tout en posant que la garantie considérée est « une sûreté réelle constituée pour garantir la dette d'autrui », cet article la désigne en effet sous les termes de « cautionnement réel », ce qui ouvre la porte à l'application de certaines des règles du cautionnement (V. sur cette question, O. Gout, *Le cautionnement réel in* L. Andreu et M. Mignot [ss dir.], *La réforme du droit des sûretés*, Institut Universitaire Varenne, coll. « Colloques et Essais », 2019, p. 93).

3. – Les exceptions purement personnelles en matière de cautionnement

Parce que le cautionnement fait naître une obligation accessoire, la caution devrait pouvoir en principe invoquer toutes les exceptions – c'est-à-dire tous les moyens de défense – que le débiteur pourrait invoquer lui-même pour se dégager de son obligation. De prime abord, on ne devrait pas distinguer, comme on le fait en matière de solidarité

(C. civ., art. 1315 ; ex-art. 1208), les exceptions inhérentes à la dette et les exceptions purement personnelles au débiteur. Cependant, deux textes du droit du cautionnement font référence à cette notion d'exception purement personnelle, ce qui montre que le caractère accessoire du cautionnement n'est pas absolu. Il s'agit d'une part de l'article 2289 du Code civil (*ex-art. 2012*) relatif à l'incidence de la nullité de l'obligation principale, et d'autre part de l'article 2313 (*ex-art. 2036*) qui concerne l'extinction de l'obligation principale. Mais il n'est pas évident que la notion a le même sens dans les deux cas.

1°/ La question de l'incidence de la nullité de l'obligation principale a fait l'objet d'une remarquable évolution jurisprudentielle. Le principe posé par l'article 2289 est que le cautionnement doit être annulé lorsque le contrat principal est nul : « le cautionnement ne peut exister que sur une obligation valable ». Cependant, le texte pose immédiatement une limite en disposant qu'« on peut néanmoins cautionner une obligation, encore qu'elle pût être annulée par une exception purement personnelle à l'obligé, par exemple dans le cas de minorité ». Traditionnellement, on estimait que cette disposition n'avait vocation à s'appliquer que dans le seul exemple visé – celui de la minorité du débiteur principal – qu'on étendait simplement aux autres causes d'incapacité. On lisait donc le texte ainsi : il est possible de cautionner les dettes d'un incapable. Mais un arrêt de 2007, très remarqué et généralement critiqué, a semblé vouloir donner un sens beaucoup plus étendu à la notion « d'exception purement personnelle », en refusant à la caution de se prévaloir de la nullité pour dol du contrat principal, dès lors que le débiteur ne s'en était pas lui-même prévalu (Cass. ch. mixte, 8 juin 2007, n° 03-15.662). Certains auteurs ont cru voir dans cet arrêt une remise en cause du caractère accessoire du cautionnement (Simler, note ss l'arrêt au *JCP* G 2007, II, 10138). Cette opinion peut sembler excessive, car, à notre sens, il faut bien distinguer deux questions très différentes.

La première question touche au fond du droit. Il s'agit de savoir dans quelle mesure la nullité du contrat principal, lorsqu'elle est prononcée par le juge (que ce soit à la demande du débiteur ou de la caution), se répercute sur l'obligation de la caution. Le principe – qui n'est nullement remis en cause par l'arrêt du 8 juin 2007 – est que cette nullité entraîne celle du cautionnement. La seule exception véritable est celle admise par le texte dans l'interprétation traditionnelle qu'on en donne – le cautionnement de la dette d'un incapable. Il s'agit d'une exception très limitée, qui ne joue que si, au moment de son engagement, la caution savait que le débiteur était incapable. On peut du reste soutenir qu'alors il s'agit moins d'un cautionnement véritable que d'une promesse de porte-fort : le garant se porte fort à la fois de ce que l'incapable ne soulèvera pas la nullité et qu'il exécutera son engagement (sur la promesse de porte-fort utilisée comme garantie d'exécution, V. *infra*, n° 194). Ainsi comprise, la disposition de l'article 2289 n'a aucune raison d'être étendue aux autres exceptions purement personnelles, comme les vices du consentement, qui ne sont par hypothèse pas connus au moment où la caution s'engage. En conséquence, hors le cas d'incapacité, toute nullité, quelle qu'en soit la cause (personnelle ou non au débiteur principal) se répercutera par principe sur le cautionnement. Il faut seulement mettre à part les cas où la nullité du contrat n'entraîne pas la disparition de l'obligation du débiteur (maintien de l'obligation de restitution dans le prêt, maintien pour le passé des obligations nées d'un contrat à exécution successive) : l'obligation de la caution subsiste en conséquence, mais cela n'a rien à voir avec la notion d'exception purement personnelle visée à l'article 2289. D'une manière générale, cette notion, pour les causes de nullité du contrat, a donc une signification très restreinte, beaucoup plus que pour les causes d'extinction du cautionnement (C. civ., art. 2313, *ex-art. 2036*), où on l'utilise pour interdire à la caution de profiter de certaines remises ou délais consentis au débiteur en raison de sa situation personnelle, notamment dans le cadre des procédures de traitement des difficultés financières des particuliers ou des entreprises, V. *infra*, 2°).

Mais ce n'était nullement ce type de question de fond que la chambre mixte avait à résoudre dans l'arrêt du 8 juin 2007. Il ne s'agissait pas de savoir si la caution pouvait profiter de la nullité pour dol du contrat principal, nullité déjà prononcée ; il s'agissait, très différemment, de savoir si elle pouvait soulever elle-même cette nullité alors que le débiteur ne s'en était pas lui-même prévalu. C'est là une question de procédure, qui dépend au premier chef, non du droit du cautionnement, mais des règles qui régissent l'action en annulation des contrats. Vous savez qu'on distingue en droit français deux types de nullités : les nullités absolues, protectrices de l'intérêt général, qui peuvent être invoquées par tout intéressé (donc en particulier par une caution), et les nullités relatives (dont fait partie la nullité pour dol), qui ne peuvent être invoquées que par la personne que la règle violée vise à protéger (solution consacrée par le nouvel article 1181 du Code civil issu de la réforme de 2016). Or la nullité pour dol vise seulement à protéger la victime du dol – ici le débiteur principal – et il n'y a peut-être pas de raison de permettre à la caution, au nom du caractère accessoire du cautionnement, de s'immiscer dans les affaires du débiteur si finalement il est satisfait du contrat qu'il a passé.

2°/ Ceci étant expliqué, nous vous invitons maintenant à vous pencher sur le sens de la notion d'exception purement personnelle dans l'article 2313. Ce texte prévoit que la caution peut opposer au créancier toutes les exceptions qui appartiennent au débiteur principal et qui sont inhérentes à la dette, mais qu'elle ne peut pas, en revanche, opposer les exceptions qui sont purement personnelles au débiteur. Bien que le texte, rédigé de manière tout à fait générale, ne le dise pas expressément, il ne concerne que les exceptions tenant à une cause d'extinction de l'obligation principale : en effet, il est situé dans une section consacrée à l'extinction du cautionnement. Là encore, la jurisprudence a été amenée à donner son interprétation de la notion d'exception purement personnelle, mais l'utilisation qu'elle en a faite apparaît bien différente de celle précédemment étudiée à propos de l'article 2289, et s'inscrit dans des considérations de politique juridique tout à fait différentes. Vous découvrirez vous-même les solutions jurisprudentielles, en pensant à les rapprocher de celles qui résultent de certains textes relatifs à certaines causes d'extinction particulières de l'obligation principale (compensation, confusion...).

Il reste à préciser, à propos de cette distinction entre les exceptions purement personnelles et celles inhérentes à la dette, qu'elle disparaîtra peut-être avec la réforme à venir du droit des sûretés. En effet, l'article 2299 de l'avant-projet de réforme dispose que la caution peut opposer au créancier toutes les exceptions, personnelles ou inhérentes à la dette, qui appartiennent au débiteur. Il s'agit d'une entreprise de simplification de la matière. Mais le groupe *Grimaldi* revendique aussi la volonté de briser la jurisprudence issue de l'arrêt du 8 juin 2007.

4. – L'article 2314 du Code civil et l'exercice des facultés du créancier

L'article 2314 du Code civil (*ex-art. 2037*) est, depuis une trentaine d'années, un des textes du droit du cautionnement qui est le plus souvent invoqué par les cautions pour tenter d'obtenir leur décharge, et ce texte continue de susciter une jurisprudence abondante. Parmi les multiples questions qui pourraient donner lieu à une étude approfondie, celle de l'application de l'article 2314 lorsque la perte de la garantie est due à l'exercice d'une faculté du créancier paraît l'une des plus intéressantes. Pour que la caution puisse obtenir sa décharge sur le fondement de l'article 2314 du code, il faut que le créancier ait commis une faute ayant compromis l'exercice du recours subrogatoire de la caution par la perte de « droits, hypothèques et privilèges » sur lesquels cette caution pouvait compter. À première vue, cette faute ne devrait être caractérisée que si le créancier a manqué à une obligation, ou du moins à un devoir qui lui incombait, mais non pas si son comportement apparaît comme l'exercice (ou le non-exercice) d'une simple faculté. Par exemple, un créancier gagiste a le choix, pour réaliser son gage, entre plusieurs modes (retenir le bien jusqu'à complet paiement, faire vendre le bien pour se payer par préférence sur son prix, se faire attribuer le bien en paiement. – V. *infra*, n°s 314 et s.). Tel mode de réalisation peut s'avérer plus avantageux que d'autres : ainsi on peut imaginer que le créancier ait fait vendre le bien, et qu'il ait été primé sur le prix par des créanciers de rang préférable, alors que s'il s'était fait attribuer le bien en paiement, il aurait échappé à tout concours (sur les avantages de ce mode de réalisation du gage, V. *infra*, n° 317). La caution, vers qui le créancier se retournera, peut-elle reprocher au créancier d'avoir, en quelque sorte, mal géré sa sûreté ? Ou celui-ci peut-il s'abriter derrière le fait qu'il était libre de réaliser son gage comme il l'entendait ? Un problème similaire se pose lorsque le créancier qui a pris un cautionnement est par ailleurs titulaire d'une sûreté réelle légale qu'il doit publier pour la rendre efficace (V. *infra*, n°s 404 et s., à propos du privilège du vendeur d'immeuble ou du prêteur de deniers). Normalement, le créancier est parfaitement libre de procéder ou non à la publication. Mais, s'il a une caution, la décision de ne pas procéder à la publicité va nuire à celle-ci, qui ne profitera pas de la sûreté lors de son recours contre le débiteur : ne peut-elle alors se plaindre du comportement du créancier ? Derrière ces problèmes techniques, c'est la conception même du cautionnement, et des rapports entre le créancier et la caution, qui est en jeu : dans une conception libérale, on reconnaîtra au créancier toute liberté pour gérer le crédit qu'il a accordé, de choisir ses garanties, et leur mode de réalisation (sous la seule limite, impliquée par l'article 2314, de ne pas laisser perdre les sûretés existantes) ; dans une autre conception qu'on peut qualifier de « solidariste », on imposera au créancier de prendre en compte dans ses décisions les intérêts de la caution, ce qui limitera davantage sa liberté de gestion.

Ce type de questions est venu très souvent ces dernières années devant la Cour de cassation, et a suscité en particulier deux arrêts de chambre mixte. Cependant, les solutions ne paraissent pas encore complètement fixées. Nous vous invitons à faire une recherche de jurisprudence sur cette question.

5. – Les obligations d'information

Fruits de textes législatifs spécifiques élaborés au fil du temps sans aucun souci de coordination, les obligations d'information pesant sur les établissements de crédit bénéficiaires de cautionnement constituent aujourd'hui une véritable jungle. On a ici un exemple de ce que la législation moderne peut produire de pire ! Dans l'attente d'une harmonisation (qui interviendra à l'occasion de la prochaine réforme du droit des sûretés : V., par ex. les articles 2303 et 2304 de l'avant-projet), le seul avantage est que cela donne l'occasion d'excellents exercices pour les apprentis juristes ! Nous vous proposons un petit cas pratique pour mettre à l'épreuve votre sagacité : M. Dupont s'est engagé comme caution le 1er février 2016 envers la Banque du Forez pour garantir, dans la limite de 80 000 € les dettes de son épouse qui exploite à titre individuel un fonds de commerce de blanchisserie. Nous sommes le 15 mai 2019 et M. Dupont n'a reçu aucune information de la part de la banque. Quelle(s) sanction(s) pourrait-il mettre en œuvre et sur quel(s) fondement(s) ? Et qu'en serait-il si le projet du groupe *Grimaldi* était adopté tel quel ?

6. – Le sort du cautionnement dans les procédures de traitement des difficultés du débiteur

Lorsque le débiteur cautionné est soumis à une procédure de traitement des difficultés financières (qu'il s'agisse d'une procédure de traitement du surendettement ou d'une procédure touchant les entreprises en difficulté), la question du sort de la caution suscite des difficultés particulières, qui ne sont que partiellement résolues par les textes. Il s'agit en particulier de savoir si la caution peut bénéficier de toutes les mesures d'allégement de son passif (pouvant aller, dans certains cas, jusqu'à l'extinction des dettes) qui sont accordées au débiteur, par les créanciers ou par le juge. Le caractère accessoire du cautionnement, qui postulerait l'extension de ces mesures, entre ici en conflit avec la finalité même de la sûreté : dans la mesure où il s'agit de protéger le créancier contre le risque d'insolvabilité du débiteur, il paraît paradoxal que la dette de la caution soit allégée, voire éteinte, précisément où le créancier a besoin de mettre en œuvre le cautionnement ! Les solutions légales et jurisprudentielles essaient de réaliser un équilibre entre ces deux considérations. Par ailleurs, dans le cadre des procédures collectives touchant les entreprises, il faut tenir compte de ce que la caution est souvent, en fait, le dirigeant de l'entreprise en difficulté : le sort qui lui sera réservé risque de jouer un rôle dans la manière dont le dirigeant caution gérera les difficultés de son entreprise. C'est une considération à laquelle le législateur de 2005 ne semble pas avoir été insensible.

Dans le texte principal, les différentes solutions sont exposées de manière éclatée au fil des développements. Nous vous invitons à en faire la synthèse, pour mesurer la complexité de la question.

Pièges à éviter

1. – Quelques pièges terminologiques

Retenez bien que le mot « cautionnement » désigne le contrat, et que le mot « caution » désigne la personne qui s'engage envers le créancier. Évitez donc de parler d'un « contrat de caution ». Le comble de l'horreur consiste à désigner la caution sous le nom de « cautionneur » ou de « cautionnaire ». Par ailleurs, ne confondez surtout pas le cautionnement de l'article 2288 du Code civil, avec la « caution » que verse un locataire au bailleur à son entrée dans les lieux, qui est en réalité une variété de sûreté réelle (gage-espèces ou dépôt de garantie).

Ne confondez pas la subrogation qui fonde le recours de la caution contre le débiteur (ayant payé la dette de celui-ci, elle est subrogée dans les droits du créancier) et le « bénéfice de subrogation » qui est le nom par lequel on désigne la possibilité de décharge ouverte à la caution lorsque le créancier a, en laissant perdre les garanties assortissant la dette cautionnée, compromis l'efficacité de son recours subrogatoire. Pour éviter toute confusion, il vaut mieux utiliser la terminologie ancienne de « bénéfice de cession d'actions » ou parler tout simplement du « bénéfice de l'article 2314 ».

2. – Cautionnement civil et cautionnement commercial

Beaucoup d'étudiants attachent une importance excessive à cette distinction. Vous devez vous souvenir que, depuis la réforme du droit de la preuve en 1980, l'article L. 110-3 du Code de commerce n'édicte plus la liberté de la preuve des actes de commerce qu'à l'égard des commerçants. Cela signifie qu'un contrat commercial se prouve selon les règles du droit civil (C. civ., art. 1353 et s., ex.-art. 1315 et s.) s'il s'agit d'en apporter la preuve contre un contractant non commerçant. Or, c'est précisément ce qui se passe lorsque le cautionnement est donné par un dirigeant social pour garantir les dettes de sa société : même si l'on considère, comme le fait généralement la jurisprudence, que ce cautionnement est commercial en raison de l'intérêt personnel que la caution a dans l'opération commerciale garantie, cela n'aura aucune incidence directe sur les règles de preuve. Le dirigeant d'une SA ou d'une SARL, en effet, n'est pas personnellement commerçant ; par conséquent, lorsqu'il s'agit de prouver le cautionnement contre lui, il y a lieu d'appliquer les articles 1359 et 1376 (ex-art. 1341 et 1326) du Code civil. Il est vrai que la manière dont la Cour de cassation applique ici les règles probatoires amène à réintroduire, dans l'appréciation du caractère suffisant ou non de la mention, ou des éléments qui peuvent compléter le cautionnement irrégulier, une distinction entre la caution dirigeant et la caution extérieure à l'entreprise, mais cette distinction n'est pas liée au caractère civil ou commercial du cautionnement. Elle est de toute façon aujourd'hui largement éclipsée par les nouvelles règles relatives aux cautionnements donnés par les personnes physiques. La distinction n'avait pas davantage d'importance sur le terrain de la prescription, car il suffisait que le cautionnement ait été donné au profit d'un commerçant (ce qui est le plus souvent le cas) pour qu'il soit soumis à la prescription décennale de l'article L. 110-4 du Code de commerce, même s'il n'était pas commercial pour la caution. La réforme du droit de la prescription par la loi du 17 juin 2008, en ramenant à cinq ans le délai de prescription aussi bien en matière civile qu'en matière commerciale, a supprimé tout intérêt à la distinction sur ce terrain.

La distinction entre le cautionnement civil et commercial reste donc surtout importante sur le terrain des règles de compétence. Encore faut-il distinguer entre la compétence légale et la compétence conventionnelle. Nous vous laissons le soin d'en découvrir davantage…

3. – Cautionnements déterminés et indéterminés

La distinction peut concerner divers aspects de l'engagement, qu'il convient surtout de ne pas confondre.

D'abord, le cautionnement peut porter sur une dette déterminée (un prêt, un crédit-bail, les loyers d'un bail) ou sur des dettes indéterminées (cautionnement dit « omnibus » de toutes les dettes d'un débiteur envers une banque). C'est surtout dans ce second cas que l'on peut faire la distinction entre « l'obligation de couverture » et « l'obligation de règlement ». Lorsque le cautionnement porte sur une dette déterminée, la caution est tenue de payer cette dette à défaut du débiteur, et cette obligation dure tant que la dette n'est pas éteinte. Au contraire, le cautionnement de dettes indéterminées est susceptible de résiliation, il prend fin par le décès de la caution, la fusion de la société débitrice, etc.

Ensuite, le cautionnement peut avoir une durée déterminée ou indéterminée. Cette distinction n'a de sens que pour les cautionnements de dettes indéterminées, car les cautionnements d'une dette déterminée ont habituellement la même durée de vie que cette dette : tant qu'elle n'est pas éteinte, la caution reste tenue, sauf clause contraire. Les cautionnements de dettes indéterminées, en revanche, peuvent être ou non limités dans le temps (par ex., je garantis toutes les dettes de ma société envers la banque jusqu'au 1er avril 2022) : avec l'introduction de l'indication d'une durée dans la mention manuscrite que doivent comporter tous les cautionnements donnés par des personnes physiques envers un créancier professionnel par acte sous seing privé, les cautionnements donnés pour une durée illimitée devraient devenir plus rares, même si la Cour de cassation, et de manière surprenante, pour ne pas dire discutable, a validé la possibilité de recourir à des cautionnements d'une durée indéterminée lorsqu'ils sont consentis par une personne physique au profit d'un créancier professionnel (V. *supra*, n° 103).

Enfin, sur un autre plan encore, le cautionnement peut avoir un montant déterminé ou indéterminé. Le cautionnement d'une dette déterminée a nécessairement un montant déterminé (qui est soit le montant de la dette principale, soit un montant inférieur). Le cautionnement de dettes indéterminées peut être indéterminé en montant ou déterminé en montant (par ex., je garantis toutes les dettes de ma société envers la banque à concurrence de la somme de 50 000 €). Ici encore, la loi de 2003 a une incidence car elle rend pratiquement très difficile le cautionnement sans limitation de montant. En résumé, il peut y avoir cinq types de cautionnement :

– le cautionnement d'une dette déterminée (nécessairement limité en montant et de la même durée que la dette garantie) ;

– le cautionnement de dettes indéterminées sans limitation de durée ni de montant (rare aujourd'hui) ;

– le cautionnement de dettes indéterminées limité en durée mais pas en montant ;

– le cautionnement de dettes indéterminées limité en montant mais pas en durée ;

– le cautionnement de dettes indéterminées limité en montant et en durée.

CHAPITRE 2
LES AUTRES SÛRETÉS PERSONNELLES

160. – Diversité. Depuis une trentaine d'années, la pratique a développé un certain nombre de sûretés personnelles nouvelles, parfois pour atteindre des buts spécifiques que le cautionnement n'aurait pas permis de satisfaire, parfois, de manière plus contestable, pour atteindre les mêmes objectifs que le cautionnement, en essayant d'en éviter les contraintes. Deux de ces mécanismes de garantie, qui avaient été développés sur le seul fondement de la liberté contractuelle, sans référence explicite à des techniques déjà connues, ont été consacrés par la réforme de 2006, et ont été intégrés dans le Code civil au titre des sûretés personnelles à côté du cautionnement (Section 1). Cette reconnaissance n'exclut cependant pas qu'on puisse utiliser à titre de garanties personnelles d'autres techniques juridiques (Section 2).

SECTION 1
LES SÛRETÉS PERSONNELLES NOMMÉES DANS LE CODE CIVIL

161. – Consécration législative. Bien qu'il s'agisse de mécanismes très liés à la vie des affaires, les rédacteurs de l'ordonnance de 2006, suivant en cela la commission *Grimaldi*, ont choisi de consacrer dans le Code civil les deux sûretés personnelles les plus utilisées dans la pratique à côté du cautionnement : les garanties autonomes (Sous-section 1) et les lettres d'intention (Sous-section 2). Ils n'en ont cependant donné qu'une réglementation très sommaire, pour ne pas remettre en cause la construction jurisprudentielle, encore évolutive, qui avait été élaborée à propos de ces mécanismes.

SOUS-SECTION 1
LES GARANTIES AUTONOMES

162. – Présentation. La garantie autonome est une sûreté personnelle dans laquelle le garant s'engage de manière indépendante, non accessoire par rapport au débiteur principal, de sorte **qu'il ne peut pas opposer au créancier les exceptions** que le débiteur pourrait faire valoir. Le nouvel article 2321 du Code civil la définit comme « l'engagement par lequel le garant s'oblige, en considération d'une obligation souscrite par un tiers, à verser une somme soit à première demande, soit suivant des modalités convenues ». Cette définition laisse entrevoir qu'il existe plusieurs variantes de garanties autonomes, ce qui justifie que l'intitulé de cette section soit au pluriel plutôt qu'au singulier.

163. - Origine et développement. Les garanties autonomes se sont développées à partir de la fin des années 1970 dans le contexte des relations commerciales internationales, où elles sont essentiellement utilisées pour assurer la bonne exécution des obligations d'un vendeur de marchandises ou d'un entrepreneur. Pour comprendre le mécanisme, il apparaît souhaitable de partir d'un exemple. Supposez qu'une personne privée ou publique étrangère désire faire construire une usine « clés en main » ; une entreprise ou un groupe d'entreprises françaises se propose de passer le marché. Le contractant étranger veut être sûr, avant de s'engager, que l'entreprise française est une entreprise sérieuse et qu'elle exécutera correctement le contrat. Elle demande alors à cette entreprise de lui fournir des garanties (garantie de soumission qui garantit que l'entrepreneur donnera suite à son offre, garantie de bonne exécution qui couvre la bonne exécution des opérations contractuelles, garantie de restitution d'acompte qui jouera si le marché est interrompu pour garantir la restitution des acomptes versés à l'entrepreneur). On pourrait songer à fournir ces diverses garanties sous la forme de dépôts de fonds auprès du maître de l'ouvrage ou d'une banque agissant pour son compte, dépôts que le bénéficiaire pourrait appréhender sans difficulté en cas d'inexécution ou de mauvaise exécution du contrat. Cette forme de garantie a pu être utilisée à une certaine époque, et elle procurait une sécurité très forte au bénéficiaire, mais elle entraînait aussi une immobilisation de liquidités fâcheuse pour l'entrepreneur. C'est pourquoi, dans la pratique, on s'est efforcé de remplacer les dépôts de garantie par des garanties personnelles données par des établissements bancaires, tout en essayant d'assurer au bénéficiaire une sécurité aussi grande. C'est dans cet esprit que les praticiens du commerce international ont développé les garanties autonomes, dans lesquelles la banque garante s'oblige à payer le bénéficiaire sans pouvoir discuter au fond du bien-fondé de la demande. En cas de difficultés, le bénéficiaire trouvera dans le paiement immédiat de la banque la même garantie qu'il aurait eue s'il s'était fait remettre un dépôt de garantie qu'il aurait conservé. Le mécanisme, déjà connu à l'étranger, a été reconnu par la jurisprudence française en 1982 (Cass. com., 20 déc. 1982 : *Bull. civ.* 1982, IV, n° 417).

Plus récemment, les garanties à première demande ont commencé à être utilisées en droit interne, notamment pour garantir, comme dans le contexte international, l'exécution d'obligations de faire résultant d'un marché de fournitures ou de travaux, ou, en matière de bail, pour remplacer le dépôt de garantie versé par le locataire. Ce type d'utilisation a été même prévu assez tôt en droit français par le Code des marchés publics pour remplacer la retenue de garantie imposée par la collectivité publique à l'entrepreneur ou au fournisseur titulaire du marché (CMP, ex-art. 102). Là encore, ce sont des établissements de crédit qui prennent ce genre d'engagement, en se faisant rémunérer par le donneur d'ordre. Mais il arrive aussi que la garantie autonome soit donnée par une personne physique (un dirigeant d'entreprise par exemple) pour assurer le remboursement d'un crédit à la place d'un cautionnement. Cette utilisation paraît plus contestable, car on ne voit pas ce qui peut justifier ici un paiement sans contestation.

164. - Licéité du mécanisme. Aux premiers temps de leur développement, on a beaucoup discuté du principe même de la validité des garanties autonomes. Ces discussions ont été menées principalement sur deux terrains. On pouvait d'abord se demander si ces garanties ne constituaient pas une dérogation illicite au caractère accessoire du cautionnement, lequel est de l'essence de cette sûreté. Mais cette objection a été facilement tournée, car la plupart des auteurs ont admis très vite que la garantie autonome était une sûreté *sui generis*, distincte du cautionnement, créée de toutes pièces par la pratique, et qu'elle n'avait donc aucune raison d'obéir aux règles édictées par le Code civil en matière de cautionnement.

Mais on pouvait aussi se demander si les garanties n'étaient pas incompatibles avec l'ancien article 1131 du Code civil, qui exigeait avant la réforme du droit des contrats (V. *supra*, n° 94) que tout contrat ait une cause : dans la mesure où le garant peut être tenu de payer même si le donneur d'ordre ne doit rien, ne pouvait-on dire que son engagement était sans cause ? Il n'en est rien : pour la majorité de la doctrine, cette cause, cette raison d'être, était bien dans le contrat commercial de base qui lie le bénéficiaire de la garantie et le donneur d'ordre. Le nouvel article 2321 du Code civil va clairement dans ce sens en posant que la garantie est donnée « en considération d'une obligation souscrite par un tiers ». On trouve là un écho de la formule de la Cour de cassation qui avait affirmé, à propos du cautionnement, que la cause de l'obligation de la caution se trouvait dans la considération du crédit fait au débiteur principal. Simplement, l'engagement du garant est temporairement détaché de sa cause pour assurer la rigueur de son exécution, la cause réapparaissant au niveau du recours contre le bénéficiaire. De ce point de vue, la garantie autonome se rapproche des actes abstraits reconnus par certains droits étrangers (lesquels, contrairement aux idées reçues, ne sont pas des actes sans cause, mais des actes détachés de leur cause). La suppression formelle, par l'ordonnance de 2016, de la notion de cause comme condition de validité du contrat a retiré beaucoup de leur intérêt à ces discussions.

Quoi qu'il en soit, la Cour de cassation a admis très tôt, dans deux importants arrêts du 20 décembre 1982 (*Bull. civ.* 1982, IV, n° 417), la validité des garanties autonomes, en les considérant comme des sûretés distinctes du cautionnement. Désormais, aucune discussion n'est plus permise puisque les garanties autonomes ont fait leur entrée dans le Code civil.

165. – Structure de l'opération et distinction avec le cautionnement. L'opération est ainsi structurée : le débiteur actuel ou potentiel (**donneur d'ordre**) demande au **garant** (qui sera le plus souvent une banque) de s'engager envers son cocontractant (**bénéficiaire**) à lui payer une certaine somme d'argent au cas où le contrat ne serait pas correctement exécuté. La différence avec le cautionnement réside dans le fait que le garant s'engage à titre autonome, non accessoire (d'où l'intitulé de la garantie). Dans sa forme traditionnelle (et qui semble être encore la plus répandue), cette autonomie apparaît à travers la clause « à première demande » : le garant s'engage à payer à première demande de la part du bénéficiaire, sans pouvoir opposer aucune exception ni soulever aucune contestation de quelque nature que ce soit. Les deux termes « garantie autonome » et « garantie à première demande » ont d'ailleurs longtemps été regardés comme synonymes. Cependant, comme le souligne le nouvel article 2321 du Code civil, il peut y avoir garantie autonome sans qu'une telle clause soit stipulée : le garant peut s'engager à payer suivant d'autres modalités, par exemple, contre production de documents établissant la défaillance du donneur d'ordre (V. *infra*, Points d'actualité). L'essentiel est que le garant ne puisse pas discuter au fond du bien-fondé de la demande, en se fondant sur la relation entre le donneur d'ordre et le bénéficiaire. Ce qui crée l'autonomie de la garantie, ce ne sont pas ses **modalités d'exécution**, mais son **objet** : alors que, dans le cautionnement, la caution s'oblige à payer la dette du débiteur principal, le garant autonome s'engage, lui, non pas à exécuter cette obligation, mais à payer une somme en garantie de cette obligation.

Cette conception, qui ressort nettement de la définition de l'article 2321, s'inscrit dans le prolongement de la jurisprudence antérieure qui en avait fait le critère de distinction de la garantie autonome et du cautionnement. Depuis un important arrêt de la chambre commerciale du 13 décembre 1994 (*Bull. civ.* 1994, IV, n° 375), dont la solution a été confirmée à plusieurs reprises, la Cour de cassation estime qu'on est en présence d'un cautionnement, et non d'une garantie autonome, si le « garant » s'engage à payer les sommes dues par le débiteur principal, serait-ce à première demande. Ce critère rend sans doute très difficile l'utilisation des garanties autonomes pour garantir des crédits, notamment des crédits déterminés. Cependant, dans plusieurs arrêts postérieurs, la Cour de cassation a précisé que la seule référence au contrat de base dans l'engagement de garantie n'excluait pas la qualification de garantie autonome (Cass. com., 18 mai 1999 : *Bull. civ.* 1999, IV, n° 102). Elle a de même considéré que l'exigence d'une demande justifiée par la production de documents ne suffit pas à exclure la qualification autonome, dès lors que le garant n'a pas la possibilité de discuter du bien-fondé de la demande (Cass. com., 12 juill. 2005, 2 arrêts : *Bull. civ.* 2005, IV, n°s 171 et 172). La distinction s'avère particulièrement difficile en fait et est une source inépuisable de contentieux (V., par ex., Cass. com., 30 janv. 2001 : *Bull. civ.* 2001, IV, n° 25. – Cass. com., 28 mai 2002, n° 00-22.463. – Cass. com., 8 oct. 2003, n° 01-10.144. – Cass. com., 30 janv. 2019, n° 17-21.279).

166. – Régime juridique des garanties. Depuis leur apparition en pratique, les garanties autonomes suscitent d'importantes difficultés. Si les difficultés sont aujourd'hui limitées en ce qui concerne les conditions de validité des garanties (§ 1), elles sont toujours importantes en ce qui concerne leurs effets (§ 2). Une question générale, qui traverse toute la matière, est celle de savoir si, au-delà du particularisme qu'impose leur caractère non accessoire, les garanties autonomes ne devraient pas être soumises à certaines règles du droit du cautionnement.

§ 1. – Conditions de validité des garanties autonomes

167. – Problématique. Une chose est d'admettre que le mécanisme de la garantie autonome est en lui-même admissible en droit français – ce qui aujourd'hui ne peut plus être discuté –, autre chose est de se demander à quelles conditions tel ou tel contrat revêtu de cette qualification doit satisfaire pour être valable. La garantie autonome révèle bien ici son particularisme par rapport au cautionnement, tant sur le fond que sur la forme.

A. – Conditions de fond

168. – Obligations pouvant être garanties. Même si elle n'est pas dotée du caractère accessoire spécifique du cautionnement, la garantie autonome est destinée à garantir une obligation, et elle suppose qu'une telle obligation existe, au moins dans son principe : dans sa définition même de l'opération, l'article 2321 du Code civil prévoit que le garant s'oblige « en considération d'une obligation souscrite par un tiers ». Cependant, il n'est pas nécessaire, pour la validité de la garantie, que cette obligation soit valable, car, en raison de l'inopposabilité des exceptions qui caractérise la garantie autonome, le défaut de validité ne pourrait pas de toute façon être opposé par le garant pour échapper à son engagement.

Suivant en cela la jurisprudence antérieure, le nouveau texte ne limite pas l'utilisation des garanties autonomes aux obligations issues d'opérations internationales. Les garanties peuvent également en principe couvrir toutes sortes d'obligations : en pratique, elles seront surtout utilisées pour garantir la bonne exécution d'obligations de faire ou de ne pas faire. Leur utilisation pour garantir le remboursement d'un crédit semble plus malaisée, à raison de l'exigence de ne pas définir l'obligation du garant comme celle de payer la dette du débiteur principal.

L'ordonnance du 23 mars 2006 pose cependant deux limites à l'utilisation des garanties autonomes. D'une part, en matière de bail d'habitation, il est désormais prévu par l'article 22-1-1 de la loi du 6 juillet 1989, que la garantie autonome prévue à l'article 2321 du Code civil ne peut être souscrite qu'en lieu et place du dépôt de garantie et dans la limite du montant prévu pour celui-ci (un mois de loyer depuis une loi du 8 février 2008). Un bailleur ne peut donc pas exiger à la fois un dépôt de garantie et une garantie autonome (alors qu'il peut, sous certaines réserves, exiger un cautionnement traditionnel). Cette interdiction correspond bien à l'analyse qui voit dans la garantie autonome un substitut d'un dépôt de garantie. D'autre part, l'article L. 314-19 (*ex-art. L. 313-10-1*) du Code de la consommation interdit l'utilisation des garanties autonomes à l'occasion des crédits aux particuliers réglementés dans ce code : il s'agit ici d'éviter que la garantie ne soit utilisée pour tourner les règles spécifiques du cautionnement de ce type de crédits. Ce texte paraît cependant en décalage avec l'évolution dans le Code de la consommation des textes régissant le cautionnement, qui valent désormais pour tous les cautionnements donnés par des personnes physiques au profit d'un créancier professionnel, quelle que soit la nature du crédit garanti : or, ces textes peuvent être aisément contournés dès lors qu'une garantie autonome peut être donnée par une caution pour garantir un crédit professionnel, même si cette caution n'a elle-même aucune expérience de la vie des affaires.

169. – Personnes pouvant donner une garantie autonome. On s'était demandé si, compte tenu des dangers de l'opération, les garanties autonomes ne devaient pas être réservées aux personnes morales. Cependant, le texte de 2006 n'a posé aucune restriction : il faut en déduire que les garanties autonomes peuvent être données aussi bien par des personnes physiques que par des personnes morales.

Lorsqu'elle est donnée par une personne morale, la garantie doit en principe respecter les règles relatives aux garanties données par les sociétés, notamment l'exigence d'une autorisation donnée par le conseil d'administration dans les sociétés anonymes. Les textes du droit des sociétés, en effet, visent de manière générale les « cautionnements, avals et garanties ». Cependant, ces règles ne s'appliquent pas dans le cas – le plus fréquent en pratique – où la garantie est donnée par un établissement de crédit.

Lorsqu'elle est donnée par une personne physique, la garantie obéit aux mêmes règles de capacité que le cautionnement. La Cour de cassation a jugé que l'article 1415 du Code civil, qui subordonne l'engagement de la communauté par le cautionnement donné par un époux au consentement de l'autre, est applicable à la garantie autonome. Pour la Cour de cassation, en effet, la garantie est une sûreté personnelle qui est, comme le cautionnement, de nature à appauvrir le patrimoine de la communauté (Cass. 1re civ., 20 juin 2006, n° 04-11.037). Cette solution semble marquer la volonté de la Cour de cassation d'établir une sorte de « régime primaire » des sûretés personnelles au-delà de la diversité de leurs espèces (V. *infra*, Pistes à explorer). Cependant, un arrêt récent s'éloigne de cette idée en jugeant que le créancier bénéficiaire d'une garantie à première demande n'est débiteur d'aucune obligation de mise en garde à l'égard du garant autonome (Cass. com., 30 janv. 2019, n° 17-21.279).

B. – Conditions de forme

170. – Absence de formalisme. La naissance de l'engagement du garant n'est subordonnée à aucune condition de forme particulière. En particulier, les règles de forme nombreuses édictées par la loi en matière de cautionnement, notamment dans le Code de la consommation, ne sont pas applicables aux garanties autonomes. De toute façon, la plupart de ces règles sont conçues pour des personnes physiques, alors que les donneurs de garanties autonomes sont le plus souvent des personnes morales. En revanche, la mention de l'article 1376 (*ex-art. 1326*) du Code civil est en principe requise, dès lors que le garant s'oblige à payer une somme déterminée. Mais, en pratique, les garanties sont souvent données par des établissements de crédit, qui sont des commerçants, ce qui exclut le jeu de l'article 1376 (*ex-art. 1326*), règle de preuve du droit civil.

§ 2. – Effets des garanties autonomes

A. – Obligation du garant

171. – Autonomie de l'obligation. À la différence d'une caution, le garant s'engage à titre autonome, et ne peut en principe opposer aucune exception appartenant au débiteur garanti. Cependant, ce principe (1°) connaît un certain nombre de limites (2°).

1° Principe de l'autonomie de l'obligation du garant

172. – Inopposabilité des exceptions. La grande originalité de la garantie est que le garant est tenu de payer dès que sont remplies les conditions formelles de mise en œuvre prévues dans l'engagement. Ce peut être, comme on l'a dit, la production d'un document établissant l'inexécution du contrat commercial ; mais dans l'immense majorité des cas, ce sera une simple demande du bénéficiaire, sans aucun élément de justification.

Si ces conditions formelles sont remplies, le garant doit payer **sans pouvoir opposer aucune exception** tenant aux rapports entre le bénéficiaire et le donneur d'ordre. Cet élément essentiel du mécanisme est rappelé par l'article 2321 du Code civil. En particulier, selon la jurisprudence, le garant doit payer même si le donneur d'ordre prétend qu'il a bien exécuté le contrat, ou que l'inexécution est imputable à un cas de force majeure, ou même à une faute du bénéficiaire, ou encore que le contrat commercial est nul ou résolu… De même, la chambre commerciale avait admis, avant la réforme de 2005 qui a fait disparaître cette cause d'extinction, que la garantie à première demande subsistait alors même que la créance garantie était éteinte par suite du défaut de déclaration au passif de la procédure collective (Cass. com., 30 janv. 2001 : *Bull. civ.* 2001, IV, n° 25). La solution, contraire à celle qui était admise en matière de cautionnement, manifestait clairement le caractère autonome de l'engagement du garant. Par ailleurs, il est bien admis que le donneur d'ordre ne peut paralyser la mise en œuvre de la garantie par une procédure de référé ou par une saisie pratiquée entre les mains du garant.

Cette autonomie est, fondamentalement, une autonomie procédurale : elle vise à empêcher que le garant ne puisse retarder le paiement qui lui est demandé par le bénéficiaire. Elle ne préjuge pas de ce qui est effectivement dû à celui-ci, et cela se retrouvera au moment des recours éventuels, qui détermineront la contribution définitive à la dette. Mais, sur le terrain de l'obligation à la dette, l'autonomie de la garantie a inévitablement des conséquences en ce qui concerne l'étendue de l'obligation du garant, ses causes d'extinction, et sa transmission.

173. – Conséquences de l'autonomie : étendue de l'obligation du garant. Contrairement à ce qui a été vu dans le cadre du cautionnement, l'obligation du garant n'est pas liée à celle du débiteur garanti. Il en va ainsi pour la détermination de son étendue. S'il s'engage en considération de l'obligation du débiteur, le garant s'oblige à payer une somme déterminée qui n'est pas nécessairement calquée sur le montant dû par le débiteur principal. Le plus souvent, d'ailleurs, l'obligation garantie sera une obligation de faire (exécuter des travaux par exemple), alors que le garant, lui, s'oblige à payer une somme d'argent (qui, en fait, équivaut aux dommages-intérêts que le débiteur devrait payer en cas d'inexécution). Lorsque l'obligation pesant sur le débiteur principal est une obligation de somme d'argent, rien n'empêche que son montant soit équivalent à celui que doit le débiteur principal, mais il ne faut pas que cela soit exprimé dans l'acte : n'oubliez pas que le garant ne s'engage pas à payer la dette du débiteur principal, mais à payer une certaine somme en considération de cette dette. En particulier, il n'est pas question de distinguer, dans ce que doit le garant, le capital et les intérêts dus par le débiteur principal. L'autonomie a ici une conséquence fâcheuse : l'étendue de l'obligation du garant ne devrait pas varier dans le temps, alors même que l'obligation principale diminue, et le garant ne pourrait pas opposer cette diminution de la dette pour payer moins. On peut cependant mettre en place une garantie « glissante », au montant variable dans le temps, à condition de ne pas lier cette variation à celle de la dette principale.

La garantie peut couvrir une dette déterminée ou un ensemble de dettes du donneur d'ordre. Mais, dans ce dernier cas, on ne devrait pas pouvoir, comme en matière de cautionnement (V. *supra*, n°s 107 et s.), distinguer entre l'obligation de règlement et l'obligation de couverture (puisque celle-ci ne se définit que par rapport aux dettes que la caution garantit). De ce fait, le garant autonome ne devrait pas pouvoir, comme une caution, limiter, par une résiliation, son engagement aux dettes nées antérieurement à la charge du débiteur. Il en résulte que, logiquement, une telle garantie, déconnectée des obligations du débiteur principal, ne devrait pouvoir être donnée que pour une durée déterminée.

174. – Conséquences de l'autonomie : extinction de l'obligation du garant. En raison de son autonomie, l'obligation du garant ne s'éteint pas automatiquement en cas d'extinction de la dette principale. Certes, dans ce cas, le bénéficiaire, n'étant plus créancier, ne devrait plus faire appel à la garantie, mais, s'il le fait néanmoins, le garant ne pourra pas lui opposer l'extinction de sa créance, sauf si cette extinction est indiscutable – auquel cas le comportement du bénéficiaire serait manifestement abusif (V. *infra*, n° 176). Il en va de même, on l'a dit, en cas de diminution du montant de la dette garantie.

Pour éviter d'être tenu indéfiniment alors même que le débiteur ne l'est plus, le garant a intérêt à limiter son engagement dans le temps. Ce terme extinctif, qui est habituel en pratique, n'a pas du tout le même sens qu'en matière de cautionnement (V. *supra*, n° 108). Il ne s'agit pas en effet d'une limitation de « l'obligation de couverture » : comme nous l'avons déjà expliqué (V. *supra*, n° 173), cette notion n'a aucun sens dans le cas de la garantie autonome, où le garant ne s'oblige pas à payer les dettes du débiteur principal, mais à payer sa propre dette. Dès lors, le garant qui donne sa garantie jusqu'à telle date est libéré à cette date, y compris pour la garantie des dettes nées antérieurement à la charge du débiteur principal.

Pour le reste, l'obligation du garant s'éteint par les causes générales d'extinction des obligations : paiement, remise de dette, novation, prescription, etc. Il ne semble pas en revanche qu'on puisse appliquer à la garantie autonome l'article 2314 (*ex-art. 2037*), texte spécifique au cautionnement.

175. – Conséquences de l'autonomie : sort de la garantie en cas de transmission de la créance garantie. Les rédacteurs du texte de l'article 2321 du Code civil ont prévu qu'en principe la garantie autonome ne suit pas l'obligation garantie. Cette solution n'était peut-être pas une conséquence nécessaire de l'autonomie : que l'obligation du garant soit autonome, en ce sens qu'elle ne se modèle pas, à la différence de celle d'une caution, sur l'obligation du débiteur (d'où l'inopposabilité des exceptions) n'empêche pas que la garantie soit, comme toute sûreté, liée à la dette qu'elle garantit et qu'elle n'ait de sens que par rapport à elle. Plus que par des raisons techniques, la solution de l'article 2321, alinéa 4 du Code civil peut cependant se justifier si l'on considère l'importance que peut avoir, pour le garant et le donneur d'ordre, la personnalité du créancier bénéficiaire, en qui ils doivent avoir confiance. C'est ainsi que la Cour de cassation a jugé que la garantie autonome n'était pas transmise en cas de scission de la société bénéficiaire de la garantie (Cass. com., 31 janv. 2017, n° 15-19.158, P+B+R+I). Mais le texte prévoit expressément qu'il est possible de prévoir la transmission de la garantie en même temps que la créance.

2° Limites à l'autonomie de l'obligation du garant

176. – Fraude ou abus manifestes. La Cour de cassation admet depuis longtemps, une **limite importante à l'autonomie** de l'engagement du garant. Le donneur d'ordre peut s'opposer au paiement dans le cas où l'appel à la garantie procède d'une **fraude ou d'un abus manifestes**. L'hypothèse est qu'il est évident, sans qu'il soit besoin de se livrer à aucune recherche, que le bénéficiaire n'a pas droit à la garantie : par exemple, si le donneur d'ordre peut produire un jugement établissant la résolution du contrat aux torts du bénéficiaire, ou encore un écrit signé par celui-ci reconnaissant que le contrat a été bien exécuté. Dans ce cas, en effet, il n'y a aucune raison de payer puisqu'on sait que la contestation du donneur d'ordre est fondée. Bien que les notions de fraude ou d'abus évoquent un comportement particulièrement répréhensible du bénéficiaire, ce n'est pas ce comportement qui est essentiel : ce qui justifie le blocage de la garantie, c'est que l'absence de droit au paiement est manifeste, non pas seulement à ses yeux, mais aux yeux du garant. Il s'agira cependant de situations tout à fait exceptionnelles. L'article 2321 reprend cette limite traditionnelle, en y ajoutant, de manière un peu mystérieuse, celle de la collusion du bénéficiaire avec le donneur d'ordre : *a priori*, il s'agit d'un cas particulier de fraude, mais le texte ne semble pas alors exiger qu'elle soit manifeste. Cet ajout (que l'actuel projet de réforme se propose de faire disparaître) est particulièrement contestable, car, en l'absence d'évidence du mal fondé de l'appel à la garantie, le bénéficiaire ne devrait pas pouvoir soulever la moindre exception. L'efficacité de la garantie, comme substitut du dépôt de garantie, est à ce prix.

177. – Procédures de traitement des difficultés des entreprises. Une autre limite à l'autonomie apparaît dans le cadre des **procédures collectives** de traitement des difficultés des entreprises, tel qu'elles ont été réformées en 2005 : dans les nouveaux textes, que nous avons déjà rencontrés à propos du cautionnement (V. *supra*, n°s 134 et s. et n°s 142 et s.), les garants autonomes sont traités comme les cautions accessoires. La loi de 2005 avait déjà procédé à cette assimilation, mais depuis l'ordonnance du 18 décembre 2008, les textes traitent de toute façon de la même manière tous ceux qui ont donné une sûreté personnelle. Les garants autonomes peuvent donc ou non, comme les cautions, se prévaloir des délais ou remises accordés au débiteur par le créancier ou par le juge, en fonction de la nature de la procédure ouverte, et selon qu'il s'agit ou non de personnes physiques. Nous vous renvoyons là-dessus aux distinctions que nous avons exposées lorsque nous avons traité du sort du cautionnement dans le cadre des procédures de traitement des difficultés des entreprises (V. *supra*, n°s 134 et s.). Le caractère autonome est ici complètement mis de côté pour des raisons d'efficacité économique : on rappellera qu'il s'agit d'inciter le dirigeant, lorsqu'il est garant, à provoquer au plus tôt l'ouverture d'une procédure de traitement des difficultés financières de son entreprise, en le faisant profiter des délais et remises accordés dans le cadre d'une procédure de conciliation ou de sauvegarde, mais non de ceux résultant d'une procédure de redressement judiciaire.

B. – Recours après paiement

178. – Recours du garant. Le garant qui a payé peut se retourner contre le donneur d'ordre (c'est-à-dire le débiteur garanti). Ce recours, qui n'est pas envisagé par l'article 2321 du Code civil, peut être fondé sur la subrogation légale de l'article 1346 (*ex-art. 1251, 3°*) du Code civil (Cass. com., 1er déc. 2009, n° 08-20.380). Certes, à la différence d'une caution, le garant ne paye pas la dette d'autrui, mais sa propre dette ; mais la jurisprudence admettait parfois la subrogation dans de telles hypothèses, lorsque le paiement a eu pour effet de libérer celui sur qui doit peser la charge définitive de la dette (c'est-à-dire, en l'espèce, le donneur d'ordre), et cette solution est consacrée depuis 2016 par le nouvel article 1346 du Code civil. Lorsque la garantie est donnée par un établissement de crédit – ce qui est le cas le plus fréquent –, son recours contre le donneur d'ordre est désormais prévu par l'article L. 313-22-1 du Code monétaire et financier (inséré par une loi du 26 juillet 2010), selon lequel :

« Les établissements de crédit et les sociétés de financement ayant fourni un cautionnement, un aval ou une garantie, que ces derniers soient d'origine légale, réglementaire ou conventionnelle, disposent de plein droit et dans tous les cas d'un recours contre le client donneur d'ordre de l'engagement, ses coobligés et les personnes qui se sont portées caution et, pour les paiements effectués au titre de leur engagement, de la subrogation dans les droits du créancier prévue à l'article 1346 du Code civil ».

Cependant, ce recours subrogatoire ne sera efficace que si le donneur d'ordre était effectivement débiteur : le garant subrogé ne saurait en effet avoir contre le donneur d'ordre plus de droits que celui-ci n'en avait contre le bénéficiaire. C'est pourquoi, dans la plupart des cas, le garant aura intérêt à exercer contre le donneur d'ordre un recours personnel, fondé sur les relations qu'il avait avec ce dernier : en pratique, le garant s'engage toujours à la demande du donneur d'ordre, et, dans le cas le plus fréquent où le garant est un établissement de crédit, il existe entre celui-ci et le donneur d'ordre une véritable convention de crédit par laquelle le donneur d'ordre s'engage à rembourser les sommes que la banque aura avancées pour lui. À la différence du recours subrogatoire, ce recours personnel permettra au garant de récupérer ce qu'il a payé même dans l'hypothèse où l'appel à la garantie aurait été infondé – parce que le donneur d'ordre avait correctement exécuté ses obligations ou n'était plus débiteur pour toute autre cause. Un tel recours ne sera cependant ouvert que si le garant a payé conformément aux règles de la garantie et sans fraude ou abus manifestes.

Dans la logique de la garantie autonome, on aurait pu penser que le garant, obligé de payer sans pouvoir se défendre, pouvait avoir un recours contre le bénéficiaire de la garantie s'il apparaissait *a posteriori* que celui-ci n'était pas créancier des sommes demandées. Cependant, la Cour de cassation en a jugé autrement : le garant qui a payé n'a pas de recours contre le bénéficiaire (Cass. com., 4 juill. 2006, n° 04-19.577 : *Bull. civ.* 2006, IV, n° 164. – V. *infra*, Points d'actualité).

179. – Contre-garanties. Dans les relations internationales, le bénéficiaire se contentera rarement de l'engagement comme garante d'une banque du pays de son partenaire. La plupart des opérations font alors intervenir deux banques. La garantie de premier rang sera donnée par une banque du pays du bénéficiaire, et c'est à cette banque que ce dernier fera appel en cas de difficulté. La banque du pays du donneur d'ordre (l'exportateur) jouera le rôle de contre-garante : elle devra désintéresser la banque garante de premier rang si celle-ci est amenée à payer, et elle se retournera ensuite contre le donneur d'ordre. La situation est analogue à celle qui, dans le cautionnement, résulte d'un sous cautionnement. Cette situation rend la situation du donneur d'ordre encore plus inconfortable, car celui-ci aura beaucoup de mal à paralyser le paiement de la banque garante par la banque contre-garante même si l'appel à la garantie a été, au départ, manifestement frauduleux ou abusif. Pas plus que le garant, le contre-garant qui a payé n'a en revanche de recours en restitution contre le bénéficiaire ou contre le garant (Cass. com., 4 juill. 2006, préc.).

180. – Recours du donneur d'ordre. Le donneur d'ordre, amené à rembourser le garant (ou le contre-garant), n'a bien entendu aucun recours s'il était réellement débiteur des sommes qui ont été payées pour lui : il est normal que, dans ce cas, il supporte la charge définitive de la dette. Il en va autrement lorsque le garant autonome a payé une somme qui n'était pas effectivement due par le donneur d'ordre, et s'est fait ensuite rembourser. Il faut distinguer deux situations.

La première est celle où le garant était effectivement tenu de payer le bénéficiaire, bien que celui-ci ne soit pas vraiment créancier, en raison de l'autonomie de la garantie, et du jeu de l'inopposabilité des exceptions. Cette autonomie, si elle a permis dans un premier temps au bénéficiaire de se faire payer, ne doit pas aller jusqu'à lui permettre de conserver une somme qui ne lui était, au fond, pas due. Pour reprendre une distinction qui a déjà été évoquée, l'autonomie de la garantie ne joue que sur le terrain de l'obligation à la dette, elle ne doit pas affecter la contribution à la dette. C'est pourquoi, dans ce cas, le donneur d'ordre, après avoir remboursé le garant (ou le contre-garant), a un recours contre le bénéficiaire, sans avoir à prouver que le paiement a été obtenu par suite d'une fraude ou d'un abus manifestes (Cass. com., 7 juin 1994 : *Bull. civ.* 1994, IV, n° 202). Ce recours peut être fondé sur la répétition de l'indu (C. civ., art. 1302-1, ex-art. 1376), ou, de manière peut-être plus convaincante, sur l'enrichissement injustifié (C. civ., art. 1303).

Le second cas est celui où, dès la demande en paiement formée par le bénéficiaire, il apparaissait de manière manifeste que le bénéficiaire était sans droit : c'est l'hypothèse de la fraude ou de l'abus manifestes. Dans un tel cas, le garant n'aurait pas dû payer, et, s'il le fait néanmoins, il n'a normalement pas de recours contre le donneur d'ordre. Mais, en pratique, dans les relations entre la banque garante et son client donneur d'ordre, le recours s'effectuera souvent de manière automatique par débit du compte. Dans un tel cas, le donneur d'ordre aurait un recours contre la banque qui s'est fait rembourser indûment. La situation est un peu différente dans le cas fréquent où le garant, ayant payé à tort, s'est fait ensuite rembourser par un contre-garant qui s'est retourné ensuite contre son donneur d'ordre : dans un tel cas, la Cour de cassation a admis que le donneur d'ordre pouvait agir en responsabilité contre le garant de premier rang (Cass. com., 30 mars 2010 : *Bull. civ.* 2010, IV n° 45).

SOUS-SECTION 2

LES LETTRES D'INTENTION

181. – Définition. Le terme de « lettres d'intention » est utilisé dans le langage juridique dans des contextes très divers. Il peut servir à désigner des engagements de principe qui sont pris par une partie au cours de la négociation d'un contrat. En droit du crédit, l'expression désigne, très différemment, une garantie, donnée sous la forme d'une lettre, par laquelle une personne fait connaître à un créancier son intention de soutenir le débiteur dans l'exécution de son engagement. Il serait sans doute préférable de parler ici de **lettres de confort ou de parrainage**, mais c'est l'expression « lettres d'intention » qui a été retenue par la jurisprudence française, ainsi que par les rédacteurs du texte réformant le droit des sûretés. Aux termes de l'article 2322 du Code civil, « La lettre d'intention est l'engagement de faire ou de ne pas faire ayant pour objet le soutien apporté à un débiteur dans l'exécution de son obligation envers son créancier ». Le texte ne contient rien d'autre que cette définition assez vague, et ne devrait rien changer par rapport aux solutions qui avaient été développées antérieurement par la jurisprudence.

182. – Origine et développement. Les lettres d'intention se sont surtout développées dans le contexte des groupes de sociétés. Lorsqu'une société membre du groupe demande un crédit à une banque, celle-ci va lui demander de fournir une garantie émanant d'un autre membre, spécialement de la société mère. Cette garantie peut naturellement être fournie sous la forme d'un cautionnement classique, mais, le plus souvent, la société garante préférera adresser à la banque une lettre d'intention. Elle espère ainsi être tenue de manière moins rigoureuse que dans le cadre d'un cautionnement tout en rassurant suffisamment le créancier. Par ailleurs, les dirigeants de la société garante peuvent voir (pas toujours à juste titre) dans l'utilisation de la lettre d'intention un moyen d'échapper aux contraintes de l'article 225-35 du Code de commerce qui exige, on l'a vu, l'autorisation du conseil d'administration pour les cautionnements, avals et garanties donnés par une société anonyme (V. *supra*, n° 85).

Les lettres d'intention n'ont pas toujours la même portée. Selon la manière dont elles sont rédigées, elles ont une nature juridique différente (§ 1) et, partant, un régime juridique diversifié (§ 2).

§ 1. – Nature juridique

183. – Diversité. Comme l'a clairement affirmé la Cour de cassation dans un arrêt fondateur (Cass. com., 21 déc. 1987 : *Bull. civ.* 1987, IV, n° 281), on ne peut pas donner des lettres d'intention une analyse juridique unique. La nature et le régime de ces lettres dépendent des circonstances et des termes employés.

Dans certains cas (très rares), la lettre d'intention contiendra une simple promesse morale, un engagement d'honneur ne liant pas juridiquement son auteur.

Dans d'autres cas, les plus nombreux, la lettre d'intention fera naître un véritable engagement juridique, mais cet engagement peut lui-même avoir une portée variable qui dépendra des termes employés. Si l'auteur de la lettre s'est engagé à payer à la place du débiteur, il ne s'agit de rien d'autre qu'un cautionnement qui ne dit pas son nom et que le juge pourra naturellement requalifier, pour lui faire produire tous les effets du cautionnement. Mais, le plus souvent, l'auteur de la lettre ne s'engagera pas directement à payer, il s'engage à faire ou à ne pas faire quelque chose pour que le débiteur puisse payer : il s'obligera par exemple à « faire en sorte que la société débitrice puisse satisfaire à ses obligations », ou encore à lui apporter des capitaux si elle est en difficulté, ou encore à ne pas retirer ses participations… Dans ces hypothèses, la lettre d'intention est une sûreté originale faisant naître à la charge du garant une **obligation de faire ou de ne pas faire**, dont l'inexécution entraînerait sa condamnation à des dommages et intérêts. On peut parler ici d'une **garantie indemnitaire**. C'est bien à ce type de garantie qu'ont pensé les rédacteurs du nouvel article 2322 du Code civil, qui ne sont pas allés plus loin dans la définition. Selon la manière dont la lettre est rédigée, l'obligation du garant peut apparaître comme une **obligation de moyens** ou comme une **obligation de résultat**. Dans ce dernier cas, elle n'est pas si loin d'un mécanisme traditionnel du droit civil, la promesse de porte-fort (C. civ., art. 1204 ; ex-art. 1120) : l'auteur de la lettre promet l'exécution de l'obligation par le débiteur principal ; à défaut de cette exécution, le garant est responsable. Mais alors, il devient très artificiel de la distinguer du cautionnement, du moins lorsque l'obligation garantie est une obligation de somme d'argent. Même si, en théorie, l'objet de l'obligation du garant est indemnitaire, en fait il s'engage à payer ce que doit le débiteur en cas de défaillance (V. *infra*, Pistes à explorer).

§ 2. – Régime juridique

184. – Plan. L'article 2322 du Code civil est muet sur ce régime juridique, et il faut continuer de se référer à la jurisprudence antérieure. Cependant, la Cour de cassation n'a eu l'occasion jusque-là que de régler des questions spécifiques, et n'a pas encore construit un régime juridique complet des lettres d'intention. Comme pour toutes les garanties personnelles alternatives au cautionnement, une question centrale est de savoir dans quelle mesure on peut appliquer aux lettres d'intention les règles relatives au cautionnement, tant en ce qui concerne la formation (A) que les effets (B) de ces garanties.

A. – Conclusion de la garantie

185. – Règles de fond. Rédigée sous la forme d'une lettre adressée au créancier, la lettre d'intention apparaît de prime abord comme un acte unilatéral. Cependant, dans la mesure où le droit français éprouve toujours quelques difficultés pour reconnaître les engagements nés d'actes unilatéraux, on peut tout aussi bien y voir une convention passée entre le garant et le bénéficiaire : stipulée dans le seul intérêt de ce dernier, qui l'a de toute façon le plus souvent sollicitée, la lettre n'a pas besoin d'être acceptée expressément par ce dernier pour faire naître un engagement conventionnel.

Cet engagement est soumis aux règles générales de validité des contrats (consentement exempt de vices, capacité, conformité à l'ordre public du contenu du contrat), qui ne présentent ici aucune particularité. Seule la question du pouvoir d'émettre la lettre suscite des difficultés. On pourrait d'abord se demander s'il convient d'appliquer à la lettre d'intention la règle de **l'article 1415 du Code civil** (lorsque la lettre est émise par un époux commun en biens) : certes ce texte ne vise que le cautionnement, mais il faut rappeler que la Cour de cassation en a étendu l'application à la garantie autonome au motif qu'il s'agissait d'une sûreté personnelle de nature à appauvrir le patrimoine de la communauté, et l'argument vaut tout autant pour la lettre d'intention. Le problème se posera très rarement, dans la mesure où les lettres d'intention sont rarement émises par des personnes physiques. En revanche s'est très souvent posée en jurisprudence la question de savoir si, lorsque la lettre d'intention est donnée par une société anonyme, il fallait appliquer les dispositions de **l'article L. 225-35 du Code de commerce** qui soumet les « cautions, avals et garanties » donnés par la société à l'autorisation du conseil d'administration. La Cour de cassation a beaucoup hésité sur le point de savoir si le texte devait s'appliquer à toutes les lettres d'intention, ou seulement à celles faisant naître une obligation de résultat : dans le dernier état de la jurisprudence, c'est cette interprétation restrictive (contestable) qui a prévalu, même si, du coup, la Cour de cassation a été amenée à donner une interprétation plus large de la notion d'obligation de résultat (V. *infra*, n° 187 et Points d'actualité). Le fait que les lettres d'intention soient aujourd'hui rangées par la loi parmi les sûretés personnelles (C. civ., art. 2287-1) incite dorénavant à les soumettre toutes sans distinction aux exigences de l'article L. 225-35.

186. – Règles de forme. De prime abord, il n'y a pas lieu d'appliquer aux lettres d'intention les exigences formelles spécifiques prévues par le Code de la consommation en matière de cautionnement. Là encore, la question ne se posera guère en pratique, car l'immense majorité des lettres d'intention sont émises par des personnes morales. Mais il semble même que les lettres d'intention ne soient pas soumises à l'article 1376 (ex-art. 1326) du Code civil, alors même qu'il s'agit d'une règle générale du droit des obligations et non d'une règle spécifique au cautionnement. En effet, les lettres d'intention font naître au premier chef une obligation de faire ou de ne pas faire, et non pas directement une obligation de somme d'argent (seule visée par l'article 1376 (ex-art. 1326). On peut ici raisonner comme à propos de la promesse de porte-fort (V. *infra*, n° 194 et Points d'actualité). S'agissant des lettres d'intention, le problème ne s'est jamais posé en jurisprudence parce que ces garanties sont habituellement données par des sociétés commerciales, et qu'elles relèvent en conséquence du principe de la liberté de la preuve posé par l'article L. 110-3 du Code de commerce.

B. – Effets de la garantie

187. – Obligation de moyens ou de résultat. Le garant peut être condamné à payer des dommages et intérêts si le débiteur principal n'honore pas ses engagements. Ces dommages et intérêts seront normalement égaux au montant de la dette restée impayée puisque c'est ce montant qui représente le préjudice subi par le créancier. Si l'auteur de la lettre avait assumé une simple obligation de moyens, le créancier devra, pour obtenir ces dommages et intérêts, prouver que cet auteur a commis une faute (par ex., en n'apportant pas son soutien financier au débiteur en difficulté, en le privant abusivement d'un marché, etc.) : la lettre d'intention procure ici au créancier une garantie moins forte que le cautionnement. Il en va différemment s'il est admis que l'auteur de la lettre avait assumé une obligation de résultat : dans ce cas, le seul fait du non-paiement par le débiteur principal générera l'obligation de réparer. La garantie est alors d'autant plus forte qu'elle échappera en principe aux règles contraignantes du droit du cautionnement. Cependant, dans ce domaine comme ailleurs, la distinction entre les obligations de moyens et les obligations de résultat est particulièrement fluctuante. Après avoir un temps jugé le contraire, la Cour de cassation considère aujourd'hui que le seul fait d'avoir promis « de faire le nécessaire » pour que le débiteur remplisse ses engagements ou « de faire en sorte » que sa situation financière lui permette de les remplir (Cass. com., 17 mai 2011, n° 09-16.186) vaut engagement de procurer le résultat (V. *infra*, Points d'actualité).

188. – Caractère accessoire ? On pourrait penser que l'engagement du « parrain » n'a pas un caractère accessoire. En effet, à la différence d'une caution, l'auteur de la lettre ne s'engage pas à payer la dette d'autrui. Il s'oblige à faire en sorte que le débiteur exécute son propre engagement, et, à défaut, ce garant sera tenu d'une dette personnelle de dommages et intérêts. Cependant, on ne peut pas non plus considérer que cette obligation soit complètement autonome, à la manière de celle d'un garant à première demande. En effet, si le débiteur n'est pas ou n'est plus tenu envers le créancier, parce que son obligation n'était pas valable ou s'est éteinte, on peut dire que le non-paiement du créancier n'est pas dû à l'inexécution de l'obligation du garant, de telle sorte qu'il n'y a aucune raison que celui-ci soit tenu d'indemniser. Il faut cependant mettre à part les causes d'extinction, d'allégement ou de modification de la dette qui sont liées à une procédure de traitement de l'insolvabilité du débiteur : l'ouverture d'une telle procédure révèle précisément que l'auteur de la lettre n'a pas exécuté son obligation de soutenir le débiteur (au moins lorsque l'obligation est de résultat), de telle sorte que le garant ne devrait pas pouvoir opposer les remises, délais, ou effacements de dettes résultant de telles procédures. Certes, dans le dernier état des textes relatifs aux procédures de traitement des difficultés des entreprises, toutes les personnes physiques qui ont donné une sûreté personnelle sont mises sur le même plan et bénéficient ou non des délais et remises accordés au débiteur selon la nature de la procédure (V. *supra*, n° 177). Mais, lorsque la lettre d'intention est émise par une personne morale – ce qui est le cas de loin le plus fréquent –, la personne morale ne devrait jamais pouvoir bénéficier des délais et des remises liés à la procédure collective.

189. – Exclusion des règles relatives au cautionnement. Sauf lorsqu'elle peut être requalifiée en cautionnement, la lettre d'intention n'est pas soumise aux règles des articles 2288 et suivants du Code civil. Par exemple, le garant ne pourra invoquer pour se dégager l'article 2314 (*ex-art. 2037*) du Code civil, l'établissement de crédit créancier ne sera pas tenu des diverses obligations d'information qui pèsent sur lui. Et, évidemment, il n'est pas question ici de bénéfice de discussion ou de division.

Il semble qu'en revanche, on puisse transposer ici les règles relatives au recours, dans la mesure où elles reposent sur le droit commun des obligations. L'auteur de la lettre d'intention aura contre le débiteur un recours fondé sur ses relations personnelles avec lui. Il pourra également être subrogé, même s'il a payé sa dette et non celle d'autrui, dans la mesure où son paiement aura eu pour effet de libérer le débiteur de sa dette envers le créancier (C. civ., art. 1346). Si la lettre a été émise par un établissement de crédit ou une société de financement, le recours peut être fondé sur l'article L. 313-22-1 du Code monétaire et financier (V. *supra*, n° 178, à propos du garant autonome).

SECTION 2

LES AUTRES TECHNIQUES DE GARANTIE PERSONNELLE

190. – Liberté contractuelle. Les sûretés personnelles relèvent du domaine de la liberté contractuelle, et les parties peuvent imaginer toutes sortes de montages pour faire garantir par un tiers la dette du débiteur. Les garanties autonomes et les lettres d'intention sont ainsi nées de la pratique des affaires, sans aucun support textuel, avant d'être consacrées par le législateur en 2006. Mais d'autres figures de garantie personnelle peuvent aussi être cherchées dans des mécanismes juridiques préexistants qui, alors même que le législateur ne les présente pas explicitement comme tels, peuvent servir à doubler l'engagement du débiteur de celui d'un tiers. Il faut cependant éviter que ces techniques ne soient utilisées dans le seul but d'éviter l'application des règles impératives du cautionnement : le juge pourrait être amené à requalifier des mécanismes dont la structure apparaîtrait trop proche de celle du cautionnement, ou à leur appliquer par analogie certaines règles édictées pour cette sûreté.

Les mécanismes actuellement utilisés comme garanties personnelles sont, soit des mécanismes généraux du droit des obligations (Sous-section 1), soit un contrat spécial destiné à couvrir les risques les plus divers : l'assurance (Sous-section 2).

SOUS-SECTION 1

TECHNIQUES GÉNÉRALES DU DROIT DES OBLIGATIONS

191. – Solidarité et indivisibilité (renvoi). On rappellera d'abord que, parmi les techniques générales du droit des obligations, figurent la solidarité et l'indivisibilité dont la finalité première est précisément de donner une garantie au créancier ayant plusieurs débiteurs en lui évitant d'avoir à diviser ses poursuites (V. *supra*, n°s 36 et s.). Ces garanties, en principe, interviennent dans un contexte très différent de celui du cautionnement ou des autres garanties, et ont une structure très différente, en ce qu'elles supposent au départ une pluralité de débiteurs dont chacun va servir de garant aux autres par extension de son obligation envers le créancier. Cependant, on a vu que l'article 1318 (ex-art. 1216) du Code civil permettait de mettre en place un engagement solidaire d'une personne qui, n'étant pas intéressée à la dette, n'en est au départ tenu pour aucune part (V. *supra*, n° 50). Bien que le texte impose d'admettre ce cas de figure, on peut estimer qu'il s'agit d'une forme de garantie beaucoup trop proche du cautionnement pour qu'elle puisse permettre d'échapper aux règles relatives à ce dernier.

On peut se poser le même type de question pour la délégation et pour la promesse de porte-fort.

§ 1. – La délégation

192. – Utilisations multiples. Vous avez normalement étudié la délégation dans votre cours de droit des obligations. Nous vous rappellerons que c'est une opération, prévue par l'article 1336 (ex-art. 1275) du Code civil, « par laquelle une personne [le **délégant**] obtient d'une autre [le **délégué**] qu'elle s'oblige envers une troisième [le **délégataire**], qui l'accepte comme débiteur ». La délégation a de multiples utilisations. Elle peut notamment être utilisée comme mode de transfert d'une créance (dans le cas habituel, le délégant est, au départ, créancier du délégué, il demande à celui-ci de payer sa dette non pas à lui, mais à un tiers ; tout se passe comme si le délégant avait cédé au délégataire sa créance contre le délégué ; c'est à ce titre que la délégation a été parfois proposée pour expliquer le mécanisme de la lettre de change). Elle peut aussi (et c'est sans doute son utilisation la plus traditionnelle) être utilisée comme moyen de « transmettre » une dette (le délégant est ici un débiteur qui donne à son créancier – le délégataire – un nouveau débiteur qui s'oblige à sa place – par ex., le vendeur d'un immeuble acheté à crédit s'entend avec le banquier prêteur et l'acquéreur pour que ce soit ce dernier qui assure désormais les charges du remboursement). Souvent, les deux fonctions précédemment décrites sont combinées : le délégant est à la fois créancier du délégué et débiteur du délégataire, et la délégation va servir à réaliser un double paiement. Mais, dans l'hypothèse où le délégant est débiteur du délégataire, la délégation peut aussi être utilisée comme sûreté personnelle – et c'est à ce titre qu'elle nous intéresse ici.

193. – Délégation-sûreté. À défaut de stipulation contraire, la délégation n'opère pas novation de la dette préexistante entre le délégant et le délégataire : le délégant, qui donne à son créancier un nouveau créancier, reste obligé envers lui (C. civ., art. 1338 ; *ex-art. 1275*). Cette délégation est dite **simple ou imparfaite**, par opposition à la délégation **novatoire ou parfaite**. La délégation imparfaite présente toujours, pour le créancier qui en bénéficie, l'avantage d'une garantie, en ce qu'elle lui permet d'avoir deux débiteurs au lieu d'un. Du côté du délégué, en revanche, elle n'apparaît comme une sûreté personnelle que s'il n'est pas, au départ, débiteur du délégant, car dans ce cas, de loin le plus fréquent en pratique, la délégation est d'abord pour lui un moyen de se libérer de sa propre dette (ce pourquoi la Cour de cassation a considéré que, dans un tel cas, la délégation ne constituait pas une garantie au sens de l'article L. 225-35 du Code de commerce : Cass. com., 15 janv. 2013, n° 11-28.173).

Lorsque le délégué s'engage seulement à titre de garant, l'opération semble présenter une première différence avec le cautionnement : c'est que le délégué devient normalement le débiteur premier de la dette, le délégant, pourtant au départ débiteur principal, n'étant tenu de payer que si le délégué ne paye pas. Cela n'est pas très conforme à l'esprit des garanties personnelles. Cependant le nouvel article 1338 du Code civil semble mettre les deux débiteurs – le délégant et le délégué – sur le même plan, ce qui rapproche l'opération d'un cautionnement solidaire.

L'avantage principal de la délégation par rapport au cautionnement est dans son **caractère non accessoire**. Il est en effet admis que le délégué ne peut, sauf stipulation contraire, opposer au délégataire aucune exception tirée de ses rapports avec le délégant ou des rapports entre ce dernier et le délégataire (C. civ., art. 1336, al. 2) : en clair cela signifie que le garant délégué ne pourrait pas opposer au créancier l'absence ou l'extinction de la dette garantie, ce qui rapprocherait la délégation-sûreté d'une garantie autonome.

§ 2. – La promesse de porte-fort

194. – Article 1204 (*ex-art. 1120*) du Code civil. Mécanisme prévu par l'article 1204 (ex.-art. 1120) du Code civil, la promesse de porte-fort consiste à promettre le fait d'un tiers. Si le tiers ne fait pas ce qui a été promis, celui qui s'est porté fort engage sa responsabilité personnelle et peut donc être condamné à des dommages et intérêts (C. civ., art. 1204, al. 2). La promesse vise traditionnellement la conclusion d'un contrat (porte-fort dit « de ratification », explicitement visé par l'article 1204, al. 3), mais le texte est assez large pour englober également le cas où une personne promet l'exécution d'une dette par un tiers (porte-fort d'exécution). La situation se distingue théoriquement d'un cautionnement, car le promettant est ici tenu d'une dette personnelle (indemniser le bénéficiaire), et non de la dette même du tiers. Dans le prolongement de cette analyse, on pourrait voir dans le mécanisme des lettres d'intention une application de la technique de la promesse de porte-fort d'exécution. Cependant, on peut faire observer qu'à la différence de l'auteur d'une lettre d'intention, le porte-fort ne s'engage pas à un comportement particulier visant à amener le débiteur principal à payer. Il s'engage simplement à ce que le débiteur principal exécute son engagement, à défaut de quoi il sera tenu d'indemniser le bénéficiaire, ce qui dès lors ramène assez près de la figure du cautionnement. Cette ambiguïté du porte-fort d'exécution se retrouve dans le régime juridique de ce mécanisme. Dans un arrêt de 2005, la Cour de cassation a consacré l'utilisation de la promesse de porte-fort comme sûreté (Cass. com., 13 déc. 2005, n° 03-19-217 : *Bull. civ.* 2005, IV, n° 256), mais en lui conférant alors un caractère accessoire, ce qui le rapproche d'un cautionnement. Cependant, la jurisprudence plus récente semble s'orienter vers une reconnaissance plus nette du caractère indemnitaire du porte-fort d'exécution et de son caractère autonome (V. *infra*, Points d'actualité).

SOUS-SECTION 2

UTILISATION DE L'ASSURANCE COMME SÛRETÉ

195. – Distinction. L'assurance peut servir à garantir toutes sortes de risques, et en particulier les risques liés au crédit. Cela apparaît à travers deux types bien différents d'assurances : d'une part l'assurance-crédit (§ 1), d'autre part l'assurance décès-invalidité assortissant certains contrats de crédit (§ 2).

§ 1. – L'assurance-crédit

196. – Plan. On décrira d'abord le mécanisme général de l'assurance-crédit (A) avant de voir quelles formes elle prend dans le domaine du commerce extérieur, où elle est le plus utilisée (B).

A. – Le mécanisme général

197. – Distinction avec le cautionnement. L'assurance-crédit est un contrat passé entre un créancier et un assureur, aux termes duquel l'assureur s'engage, moyennant le paiement de primes, à indemniser le créancier des pertes qu'il peut subir en cas de non-recouvrement de sa (ou de) ses créances ou d'insolvabilité de son (ou de) ses débiteurs.

L'assurance-crédit se distingue du cautionnement en ce que l'engagement de l'assureur est un **engagement principal**, qui trouve sa contrepartie dans le versement des primes et dont l'objet est de couvrir le risque de non-paiement de la dette, tandis que le cautionnement est un contrat accessoire dont l'objet est le paiement de la dette du débiteur. Cependant, il n'est pas toujours facile, en pratique, de savoir si l'on est en présence d'une assurance ou d'un cautionnement. Il faut, à cet égard, distinguer entre plusieurs formes d'assurance-crédit.

1° Assurance-cautionnement

198. – Rôle des assureurs. L'assureur s'engage ici, à la demande du débiteur, à payer le créancier à l'échéance si le débiteur principal ne le fait pas. L'engagement de l'assureur s'exprime parfois par une signature sur un effet de commerce : on parle alors d'assurance-aval.

On est en réalité ici en présence d'une opération de cautionnement rémunérée. Ce type d'opérations avait suscité naguère un conflit entre les banques et les compagnies d'assurance, et ce conflit avait abouti à un accord par lequel les banques se réservaient l'exclusivité du crédit par caution. Cependant, depuis 1973, à la suite de la mise en vigueur d'une réglementation communautaire, les compagnies d'assurance peuvent pratiquer ce genre d'opérations.

2° Assurance-insolvabilité

199. – Garantie limitée. Il s'agit d'une opération qui se distingue plus nettement du cautionnement, parce que le contrat est passé entre l'assureur et le créancier. L'assureur ne s'engage ici qu'à couvrir l'insolvabilité avérée du débiteur (et non pas le non-paiement à l'échéance). En outre, le contrat est généralement conclu pour garantir la totalité des créances de l'assuré contre l'ensemble de ses débiteurs (l'assureur se réservant le droit de refuser l'agrément des débiteurs à haut risque). Logiquement, l'assureur qui a été amené à indemniser le créancier ne devrait pas avoir de recours contre le débiteur puisqu'il a payé sa propre dette, trouvant sa contrepartie dans les primes qu'il a reçues. Cependant, une loi de 1972 a reconnu à l'assureur un recours subrogatoire contre le débiteur (aujourd'hui C. assur., art. L. 443-1).

Ce type d'assurance est aujourd'hui pratiqué par certaines sociétés de recouvrement, qui garantissent des établissements de crédit contre l'insolvabilité de leurs débiteurs.

B. – L'assurance-crédit au commerce extérieur

200. – COFACE. L'assurance des crédits que les exportateurs français consentent à leurs clients étrangers – ou que les banques françaises consentent directement à ces clients – est principalement assurée par un organisme spécialisé, la Compagnie française d'assurance pour le commerce extérieur (COFACE for trade). La COFACE couvre divers risques liés à la préparation des opérations d'exportation (assurance-prospection, assurance-foire) ainsi que les risques qui sont liés à la réalisation de ces opérations : garanties du risque économique modifiant les conditions d'exécution du marché, garantie du risque de change, et, bien sûr, garantie du risque de non-remboursement des crédits octroyés aux clients étrangers. C'est seulement ce dernier type d'assurance qui nous intéresse dans le cadre de ce manuel.

Les polices délivrées par la COFACE pour couvrir les risques des crédits à l'exportation obéissent au schéma général de l'assurance-crédit. Mais elles présentent aussi des caractéristiques spécifiques notamment quant aux risques garantis qui sont singulièrement plus larges que dans l'assurance-crédit interne. En effet, dans certaines polices, la COFACE couvre non seulement, avec la garantie de l'État (V. C. assur., art. L. 432-1 et s.), les risques d'inexécution liés à la défaillance du débiteur, mais aussi les risques politiques et catastrophiques c'est-à-dire les risques d'inexécution liés à certains événements extérieurs au débiteur, et qui peuvent libérer celui-ci. On voit ici clairement que l'assurance-crédit est une **sûreté non accessoire**.

§ 2. – L'assurance décès-invalidité du débiteur

201. – Assurance du prêteur. Il est très fréquent que le prêteur fasse souscrire à l'emprunteur, dans le cadre d'une assurance de groupe, une assurance destinée à couvrir le remboursement du prêt en cas de décès ou d'incapacité de travail de l'emprunteur. Parfois, moyennant une surprime, la garantie est étendue au risque de chômage. L'analyse de ce mécanisme suscite de nombreuses difficultés, que le cadre limité de cet ouvrage ne permet pas d'examiner ici. On peut se demander, en particulier, qui est le véritable bénéficiaire de l'assurance. Contrairement aux apparences, le bénéficiaire direct de l'assurance n'est pas ici l'emprunteur, mais le prêteur, qui, par l'effet d'une stipulation pour autrui, percevra l'indemnité correspondant aux sommes restant dues par l'emprunteur décédé, handicapés, ou chômeurs, et qui est ainsi sûr d'obtenir son remboursement. Cependant, il est clair que l'emprunteur ou les héritiers tirent eux aussi un bénéfice de l'opération puisqu'ils se trouvent libérés en cas de survenance des événements garantis.

Points d'actualité

1. – Garantie autonome : recours après paiement

Après une période où la jurisprudence avait surtout à préciser les critères de distinction entre les garanties autonomes et le cautionnement, l'actualité jurisprudentielle relative aux garanties autonomes s'est surtout centrée, ces dernières années, sur la question des recours ouverts aux différents protagonistes. Dans un arrêt de 2006 (Cass. com., 4 juill. 2006, n° 04-19.577 : *Bull. civ.* 2006, IV, n° 164), la chambre commerciale a estimé que, hors le cas de fraude ou d'abus manifestes, le contre-garant ou le garant n'ont pas d'action en restitution des sommes payées s'ils s'aperçoivent que le bénéficiaire n'était en réalité pas créancier. La solution a été posée à propos d'un contre-garant qui prétendait recourir contre le garant de premier rang, et elle est, sur ce point, parfaitement justifiée : le contre-garant, comme une sous-caution, garantit le recours du garant de premier rang contre le débiteur (le donneur d'ordre) et, en principe, il ne saurait avoir de recours contre celui qu'il s'est engagé à garantir. Il n'en irait autrement, comme le dit très justement la Cour de cassation, que si l'appel à la garantie avait été manifestement abusif ou frauduleux, car alors le garant de premier rang aurait dû refuser de payer et son recours contre le garant serait lui-même infondé (celui-ci, ayant payé une somme indue, devrait pouvoir se faire restituer cette somme). Mais l'arrêt exclut du même coup, hors le cas d'appel manifestement abusif, l'action en restitution du garant contre le bénéficiaire, et, sur ce plan, il apparaît beaucoup moins justifié. Si l'on admet que la garantie autonome est destinée à procurer au bénéficiaire la même situation de force que lui procurerait un dépôt de garantie, son autonomie n'a de sens qu'en tant qu'elle permet au bénéficiaire d'obtenir immédiatement, sans discussion, le paiement de la somme promise. Elle n'a pas pour but de permettre au bénéficiaire de conserver définitivement une somme auquel il n'aurait pas droit : pas plus que le cautionnement, la garantie autonome ne doit servir à protéger le bénéficiaire contre la nullité ou l'extinction de sa créance. « Payez d'abord, on verra ensuite », ainsi pourrait-on résumer l'esprit de la garantie. C'est ce qui justifie que le donneur d'ordre qui a dû rembourser le garant ou le contre-garant alors que l'appel à la garantie se révèle *a posteriori* infondé, ait, lui, un recours en remboursement contre le bénéficiaire enrichi sans cause (V. *infra*). Dans cette analyse, le paiement reçu par le bénéficiaire apparaît comme un paiement indu alors même qu'il n'était pas, sur le moment, manifestement abusif, de telle sorte que le garant ne pouvait pas se soustraire au paiement. Dès lors, on ne voit pas pourquoi le garant qui a payé cette somme ne pourrait pas en obtenir restitution s'il apparaît ensuite que la demande était infondée. Certes il a, dans ce cas, un recours contre le donneur d'ordre, qui pourra lui-même, on l'a dit, agir en répétition contre le bénéficiaire. Mais dans le cas où le donneur d'ordre est insolvable (c'était le cas de l'espèce), il n'y a aucune raison que le garant supporte la charge définitive d'une somme qui n'était pas due.

Plus récemment, la Cour de cassation a jugé que le donneur d'ordre avait, lui, un recours contre le garant de premier rang dans le cas où celui-ci a payé le bénéficiaire sans respecter les conditions définies dans la lettre de garantie (Cass. com., 30 mars 2010, n° 09-12.701). La question ne se pose que dans le cas (très fréquent en pratique) où la garantie est doublée d'une contre-garantie. En effet, en l'absence d'une telle contre-garantie, le garant ayant payé sans respecter les conditions posées par le contrat de garantie ou en présence d'une fraude ou d'un abus manifestes, pourrait se voir opposer cette irrégularité par le donneur d'ordre contre qui il exercerait son recours. Mais, lorsqu'il existe une contre-garantie, le garant de premier rang se retourne d'abord contre le contre-garant, et c'est celui-ci, à qui on ne peut rien reprocher, qui se retourne ensuite contre le donneur d'ordre. Il paraît alors juste que ce dernier puisse agir contre le garant qui n'aurait pas dû payer. La chambre commerciale fonde cette action sur la responsabilité délictuelle. L'arrêt est une application de la célèbre jurisprudence posée par l'assemblée plénière en 2006, selon laquelle le manquement contractuel (ici commis par le garant) est en lui-même une faute délictuelle à l'égard des tiers (ici le donneur d'ordre).

Le dernier arrêt en date, en matière de recours, porte sur le recours du donneur d'ordre contre le bénéficiaire. La Cour de cassation avait admis dès 1994 le principe d'un tel recours lorsqu'il est établi que le bénéficiaire a obtenu un paiement auquel il n'avait pas droit (Cass. com., 7 juin 1994, n° 93-11.340). Dans un tel cas, il n'est pas nécessaire que la fraude ou l'abus du bénéficiaire ait été manifeste lors de l'appel à garantie. La question se pose alors de savoir sur qui repose la charge de la preuve : est-ce au donneur d'ordre d'établir que le bénéficiaire n'était pas créancier, ou au bénéficiaire contre qui le recours est formé d'établir qu'il était bien créancier du donneur d'ordre ? L'arrêt de 1994 avait jugé que c'était au donneur d'ordre de prouver qu'il avait bien exécuté ses obligations ou que son inexécution était imputable à la faute du bénéficiaire. Mais, dans un arrêt récent, la Cour de cassation a posé que « si, après la mise en œuvre d'une garantie à première demande, le donneur d'ordre réclame au bénéficiaire de celle-ci le montant versé par le garant qu'il estime ne pas être dû, ce litige, eu égard à l'autonomie de la garantie à première demande, ne porte que sur l'exécution ou l'inexécution des obligations nées du contrat de base, de sorte qu'il incombe à chaque partie à ce contrat de prouver cette exécution ou inexécution conformément aux règles de preuve du droit commun ». Elle en a déduit que le recours était fondé dès lors que le bénéficiaire n'avait pas fourni d'éléments suffisants pour établir l'inexécution des obligations du donneur d'ordre (Cass. com., 31 mai 2016, n° 13-25.509).

2. – La consécration jurisprudentielle de la promesse de porte-fort comme sûreté

Dans un important arrêt du 13 décembre 2005 (*Bull. civ.* 2005, IV, n° 256), la Cour de cassation avait consacré la possibilité de l'utilisation de la promesse de porte-fort comme sûreté, en distinguant clairement le cas – traditionnel – où celui qui se porte fort pour un tiers promet la ratification par ce dernier d'un engagement de celui « qui se porte fort de l'exécution d'un engagement par un tiers ». Mais, en même temps, l'arrêt semblait retirer tout intérêt à cette utilisation détournée de la promesse de porte-fort, puisque, alors que, dans le premier cas, le promettant « est tenu d'une obligation autonome dont il se trouve déchargé dès la ratification par le tiers », ce caractère autonome disparaît dans le second, où le porte-fort, « s'engage accessoirement à l'engagement principal souscrit par le tiers à y satisfaire si le tiers ne l'exécute pas lui-même ». L'arrêt précisait par ailleurs que cet engagement est soumis à l'exigence de la mention manuscrite de l'article 1376 (ex-art. 1326) du Code civil. De prime abord, on pouvait avoir quelque difficulté à comprendre cette décision, dont la solution avait été reprise ultérieurement (Cass. com., 18 déc. 2007, n° 05-14.328). Cet arrêt semblait même assimiler complètement le porte-fort d'exécution à un cautionnement, en posant que le porte-fort « s'engage accessoirement à satisfaire à l'obligation principale si le débiteur n'y satisfait pas lui-même », ce qui est la définition même du cautionnement dans l'article 2288 (Cass. com., 18 déc. 2007, n° 05-14.328). Depuis ces premiers arrêts, cependant, les choses ont évolué. D'une part, dans un arrêt de 2013 (Cass. com., 18 juin 2013, n° 12-18.890), la Cour de cassation a jugé que la promesse, faisant naître une obligation de faire, n'était pas soumise à l'article 1376 (ex-art. 1326) du Code civil, ce qui marque bien que le porte-fort ne s'engage pas directement à payer la dette du débiteur. D'autre part, dans un arrêt plus récent (Cass. com., 1er avr. 2014, n° 13-10.629), elle a qualifié l'obligation du porte-fort d'« obligation de résultat autonome ». Un autre arrêt a tiré les conséquences de cette autonomie en posant que le porte-fort est tenu par sa promesse d'exécution même dans le cas où le tiers dont l'engagement était garanti était hors d'état d'exprimer sa volonté et donc de passer un contrat (Cass. 1re civ., 16 avr. 2015, n° 14-13.694).

Ces hésitations sont révélatrices de l'ambiguïté de la promesse de porte-fort d'exécution. Techniquement, même lorsqu'il garantit l'exécution d'une obligation, le porte-fort ne s'engage pas à « satisfaire à l'engagement » du débiteur, comme le fait une caution. Tout comme dans la lettre d'intention (qui ne semble être, au demeurant, qu'une application non explicite de la promesse de porte-fort), le porte-fort s'oblige à obtenir l'exécution du débiteur, et, à défaut, à payer des dommages-intérêts (V. la formule de l'article 1204 du Code civil). On est en présence d'une garantie indemnitaire. D'un autre côté cependant, la différence avec le cautionnement peut paraître assez artificielle, dans la mesure où le porte-fort, à la différence de l'auteur d'une lettre d'intention (avec lequel on pourrait être tenté de le comparer) ne s'oblige pas à un comportement particulier pour amener le débiteur à payer. Il s'engage simplement à ce que le débiteur paye. Comme pour toutes les autres sûretés personnelles de substitution au cautionnement, la question est de savoir jusqu'où on peut aller dans l'utilisation de mécanismes techniquement différents du cautionnement, mais économiquement analogues, pour échapper aux contraintes du droit du cautionnement et mettre à mal la protection que le législateur et la jurisprudence accordent aux cautions (V. *infra*, Pistes à explorer). Il ne convient plus, de toute façon, de faire une différence entre le cautionnement et le porte-fort d'exécution dans le cas où le débiteur est soumis à une procédure de traitement des difficultés des entreprises, puisque, dans le dernier état des textes, tous ceux qui ont donné une sûreté personnelle sont mis sur le même plan.

On soulignera enfin qu'on pourrait s'étonner que le législateur ait gardé le silence à l'occasion de la récente réforme du droit des contrats sur la figure particulière du « porte-fort d'exécution ». Mais cette abstention est sans conséquence eu égard à la rédaction du nouvel article 1204 qui retient la formule très large selon laquelle on promet « le fait d'un tiers ». De surcroît le rapport remis au Président de la République qui évoque les différentes utilisations possibles « du porte-fort » envisage expressément « le porte-fort d'exécution ».

Pistes à explorer

1. – La distinction des garanties autonomes et du cautionnement

Dans l'opinion dominante, la garantie autonome est une sûreté substantiellement différente du cautionnement. L'idée est que l'objet même de l'engagement du garant est différent de celui d'une caution : alors que la caution s'engage à payer la dette même du débiteur, le garant s'engage, lui, à payer sa propre dette (qui est une dette de somme d'argent), distincte de celle du débiteur (qui est en général une obligation de faire). La Cour de cassation a, incontestablement, suivi ces analyses : d'abord en 1982 lorsqu'elle a admis que la garantie à première demande était une sûreté distincte du cautionnement, ensuite en 1994 lorsqu'elle a clairement posé que l'engagement pris n'était pas une garantie à première demande, mais un cautionnement dès lors que le garant ne s'engageait à rien d'autre qu'à payer la dette même du débiteur.

Il est cependant permis de prôner d'autres analyses, qui permettent mieux de rendre compte de divers points difficiles à expliquer dans l'analyse majoritaire : quelle est la raison de l'engagement autonome du garant ? Comment expliquer que le garant puisse (et doive) refuser de payer, non seulement en cas de fraude (ce qui pourrait être fondé sur l'adage *fraus omnia corrumpit*), mais encore en cas d'abus manifeste ? Quel est le fondement des différents recours qui peuvent être exercés après paiement (recours du garant contre le donneur d'ordre et, surtout, recours du donneur d'ordre contre le bénéficiaire s'il apparaît que celui-ci a obtenu un paiement sans raison valable ?).

Pour expliquer tous ces points, on peut d'abord, comme certains auteurs, voir dans la garantie à première demande une garantie non de l'obligation principale du débiteur, mais d'une obligation tacitement assumée par lui de fournir en cas de litige un dépôt de garantie, ou, selon un auteur, une « promesse de gage-espèces » : la banque, en payant, ne ferait que fournir ce dépôt de garantie. Dans une autre analyse, on admettra que le garant s'engage bien à payer la dette du débiteur principal et rien d'autre, mais en renonçant temporairement à soulever les exceptions appartenant à ce débiteur. La clause à première demande apparaît alors comme une clause exclusivement relative au droit d'action en justice, qui, en elle-même, ne touche pas au fond du droit, ne donne aucun droit supplémentaire au bénéficiaire. Dans ces deux analyses, la garantie n'apparaît-elle pas comme une variété particulière de cautionnement ? Ces analyses, cependant, postuleraient que le garant, après avoir payé, ait une action en restitution contre le bénéficiaire s'il apparaît que celui-ci a été payé à tort : or on a vu que la Cour de cassation refusait cette action (V. *supra*, Points d'actualité).

Vous êtes invité(e) à lire les développements doctrinaux sur la nature juridique de la garantie à première demande dans différents manuels et à comparer la position des différents auteurs.

2. – La liberté contractuelle et les garanties de substitution au cautionnement

C'est un beau thème de réflexion, qui pourrait faire un sujet de dissertation. Les contractants peuvent-ils toujours, dans le but d'échapper aux règles du cautionnement, mettre en place une sûreté de substitution (selon l'expression de P. Simler, *Les solutions de substitution au cautionnement* : *JCP* G 1990, I, 3427) soumise à des règles plus favorables au créancier (délégation, engagement solidaire du codébiteur non intéressé à la dette, promesse de porte-fort…) ? La réflexion (qui est au cœur de la thèse déjà citée de P. Dupichot, ou plus récemment de celle de N. Borga, *L'ordre public et les sûretés conventionnelles : contribution à l'étude de la diversité des sûretés*, Dalloz, 2009, mais à laquelle vous pouvez, à votre échelle, vous essayer) s'impose d'autant plus que, dans de nombreux cas, ces sûretés ne sont que des décalques légèrement décalés du modèle du cautionnement, et que l'on peut se demander si elles possèdent toujours une originalité suffisante pour échapper au statut de ce modèle. À partir de là, plusieurs questions se posent. D'abord, il faut se demander si la liberté contractuelle ne peut pas être limitée dans ce domaine : peut-on utiliser ici l'idée de fraude à la loi ? Dans quels cas peut-il y avoir requalification judiciaire de l'opération ? Ensuite, on peut s'interroger sur l'efficacité juridique du recours aux garanties de substitution : ces garanties permettent-elles toujours d'échapper aux règles du cautionnement ? Ne faut-il pas leur appliquer une sorte de « régime de base » commun à toutes les sûretés personnelles ? À cet égard, nous vous invitons à reprendre chacune des garanties étudiées dans ce chapitre et à vous demander à quelles règles elles permettent d'échapper, et à quelles règles elles continuent d'être soumises. Les hésitations de la Cour de cassation sur le porte-fort d'exécution (V. *supra*, Points d'actualité), l'arrêt de la Cour de cassation du 20 juin 2006, qui applique l'article 1415 aux garanties autonomes, et celui de 2019 qui, à l'inverse, refuse de faire bénéficier le garant de l'obligation de mise en garde développée en matière de cautionnement (V. *supra*, n° 169) sont des éléments importants à verser au dossier. Il faut aussi tenir compte des textes récents en matière de procédures de traitement des difficultés des entreprises, qui posent des règles communes à toutes les sûretés personnelles. Se pose alors un problème de définition de cette notion, qui constitue un nouveau terrain de réflexion (faut-il entendre par là seulement les sûretés personnelles nommées comme tel par le Code civil, ou y inclure aussi les mécanismes généraux du droit des obligations qui sont utilisés pour offrir au créancier un débiteur de secours ?).

3. – Lettres d'intention : critère et conséquences de la distinction entre les lettres faisant naître une obligation de moyens et une obligation de résultat

La matière a connu une évolution chaotique, sur deux points qui sont d'ailleurs étroitement liés. Le premier est de savoir dans quels cas les lettres d'intention sont soumises à l'article L. 225-35 du Code de commerce (L. 1966, *ex-art.* 98) exigeant l'autorisation du conseil d'administration pour les garanties données par la société ; après avoir décidé le contraire, la Cour de cassation a fini par juger que ce texte ne s'appliquait qu'aux lettres faisant naître une obligation de résultat (Cass. com., 26 janv. 1999 : *Bull. civ.* 1999, IV, n° 31). Cette interprétation devrait logiquement être remise en cause par l'intégration des lettres d'intention sans distinction au sein de la catégorie des sûretés personnelles du Code civil. Mais l'autre question – qui a une portée plus large, car elle commande aussi les conditions de la responsabilité du garant – est de savoir quand on considérera qu'une lettre fait naître une obligation de résultat : sur ce point, la position de la Cour de cassation semble avoir évolué depuis 1999, puisqu'elle estime désormais, après avoir jugé le contraire, qu'une lettre comportant l'engagement de « faire le nécessaire » pour que le débiteur remplisse ses obligations fait naître une obligation de résultat (Cass. com., 26 févr. 2002 : *Bull. civ.* 2002, IV, n° 43. – Cass. com., 9 juill. 2002 : *Bull. civ.* 2002, IV, n° 117). Un arrêt plus récent admet également la qualification d'obligation de résultat dans une hypothèse où l'auteur de la lettre, une société mère, s'était engagé à « faire en sorte que la situation financière de sa filiale lui permette de remplir ses engagements à tout moment vis-à-vis de la banque » (Cass. com., 17 mai 2011, n° 09-16.186).

Ces errements viennent peut-être de ce que la question est mal posée. Dans une thèse, un auteur (J. Dupichot, *Le pouvoir des volontés individuelles en droit des sûretés*, éd. Panthéon-Assas, 2005) a montré que la distinction des obligations de moyens et des obligations de résultat n'est peut-être pas le meilleur moyen de rendre compte de la diversité des lettres d'intention. Développant une idée évoquée dans un article de D. Mazeaud (*Mél. Jeantin*, Dalloz, 1999), cet auteur propose de distinguer entre les lettres comportant une obligation comportementale (le garant promet un certain comportement – combler le déficit de trésorerie du débiteur, ne pas retirer ses participations... –, cette promesse pouvant elle-même être de moyens ou de résultat) et les lettres contenant une obligation satisfactoire (faire en sorte que le créancier soit payé) : cette obligation satisfactoire peut être elle-même de moyens ou de résultat, mais dans le second cas, l'auteur propose de requalifier en cautionnement, car la soi-disant responsabilité contractuelle du garant n'est rien d'autre que l'exécution de l'obligation du débiteur. Cette présentation semble très éclairante, et vous pourriez relire à sa lumière les diverses décisions rendues sur la portée de l'obligation du garant.

PARTIE 2

L'AFFECTATION D'UN BIEN OU DE PLUSIEURS BIENS À LA GARANTIE DE LA CRÉANCE : SÛRETÉS ET GARANTIES RÉELLES

202. – Palette de garanties. Tous les mécanismes que nous allons étudier dans cette seconde partie résultent de l'affectation d'un bien ou d'un ensemble de biens à la garantie du créancier.

Les sûretés réelles traditionnelles s'inscrivent évidemment dans ce cadre : le créancier se voit accorder (par son débiteur, par la loi ou par le juge) un droit réel sur tel ou tel bien de son débiteur, qui vient s'ajouter au droit de gage général lié à son droit personnel, et qui lui permet de se payer par préférence sur le bien grevé. Mais ces sûretés réelles traditionnelles sont aujourd'hui au centre d'une palette de garanties diversifiées. Parfois, l'affectation du bien au profit du créancier est très indirecte : elle résulte, non de ce que le créancier a sur ce bien un véritable droit réel, mais de ce que le débiteur et/ou les autres créanciers voient leurs droits restreints sur ce bien, ce qui peut limiter, voire exclure le concours sur ce bien. À l'autre bout de la palette, le créancier se trouve parfois investi d'un droit exclusif sur tel ou tel bien qui, normalement, devrait faire partie du patrimoine du débiteur, mais qui s'en trouve soustrait pour assurer la garantie de la créance.

Entre ces différents types de garanties, on est tenté d'établir une hiérarchie, allant des simples restrictions de droits aux droits exclusifs en passant par les sûretés réelles traditionnelles, reposant sur des droits préférentiels. Le plan ici proposé suit cette présentation, mais il faut apporter certaines précisions.

D'abord, vous devez avoir conscience que cette hiérarchie « technique » ne correspond pas nécessairement à celle que l'on pourrait établir sur le plan de l'efficacité des différentes garanties : ainsi, le droit de rétention, qui entre dans la première catégorie, et qui s'analyse plus comme une restriction des droits du débiteur et de ses autres créanciers que comme un véritable droit sur la chose au profit du rétenteur, est bien plus redoutable pour le débiteur et pour les autres créanciers que bien des sûretés réelles traditionnelles, et même qu'une situation d'exclusivité apparemment imparable comme la réserve de propriété.

Ensuite, et en liaison avec ce qui vient d'être dit, la distinction entre ces trois catégories n'est pas aussi nette qu'on pourrait le croire. Le droit de rétention, dans certains contextes, se transforme parfois en droit exclusif sur un élément d'actif du débiteur. Par ailleurs, le gage et l'hypothèque, qui sont les sûretés réelles les plus traditionnelles, peuvent parfois placer leur titulaire dans une situation d'exclusivité, notamment par le jeu de l'attribution en paiement du bien gagé ou hypothéqué. La frontière entre les sûretés conférant un droit préférentiel et les sûretés conférant un droit exclusif apparaît particulièrement poreuse dans le cas des sûretés sur créances, où la différence entre le nantissement de créance et la cession de créance à titre de garantie est aujourd'hui peu marquée.

Enfin, la classification ici présentée ne correspond pas nécessairement à la classification que le législateur a lui-même opérée à l'occasion de la dernière réforme du droit des sûretés. Si le nouveau texte s'est refusé à faire entrer le droit de rétention dans la catégorie des sûretés réelles, il y a en revanche fait entrer la clause de réserve de propriété. Cependant, ces choix, qui correspondent à une certaine conception de la notion de sûreté (V. *supra*, n° 26) ne remettent pas en cause la classification ici proposée, qui inclut davantage de garanties que celles qui sont réglementées dans le Code civil, et qui repose sur la technique utilisée : restriction des droits d'autrui (Titre 1), droits préférentiels (Titre 2), droits exclusifs (Titre 3).

TITRE 1

L'AFFECTATION PAR RESTRICTION DES DROITS DU DÉBITEUR OU DES TIERS

203. – Principe. La situation de faveur faite à un créancier par rapport aux autres peut résulter, indirectement, de ce que le débiteur, ou, parfois, les autres créanciers, voient leurs droits restreints sur un bien ou un ensemble de biens, par l'effet de la loi ou de stipulations conventionnelles. Le créancier peut profiter d'une manière variable de cette restriction de droits. C'est à cela que tendent ce qu'il est convenu d'appeler les « sûretés négatives », de très inégale efficacité (Chapitre 1). C'est aussi, et surtout, le principe du droit de rétention, qui est, en revanche, d'une efficacité redoutable (Chapitre 2).

CHAPITRE 1

LES « SÛRETÉS NÉGATIVES »

204. – Notion doctrinale. C'est la doctrine qui a dégagé la notion de « sûreté négative », mais cette notion n'a reçu aucune consécration jurisprudentielle ou législative. Les rédacteurs de la réforme de 2006 n'y ont fait aucune allusion, et c'est pourquoi les guillemets s'imposent. On range généralement sous cette expression un certain nombre de clauses limitant les pouvoirs du débiteur sur tout ou partie de ses biens (§ 1), mais on peut en rapprocher diverses situations, d'origine légale ou conventionnelle, où les autres créanciers se trouvent privés du droit de saisir un élément d'actif qui se trouve ainsi, indirectement, réservé au paiement d'un seul (§ 2).

§ 1. – Restriction des pouvoirs du débiteur

205. – Idée générale. La notion de sûreté négative, assez mal définie, désigne habituellement un ensemble de stipulations conventionnelles visant à limiter les prérogatives du débiteur sur certains de ses biens, voire sur l'ensemble de son patrimoine, ce qui est censé protéger le créancier contre les aliénations de ces biens, l'octroi de nouvelles garanties, et plus généralement contre les modifications de la substance du patrimoine. Dans l'immense majorité des cas, ces stipulations ne font naître que des obligations personnelles à la charge du débiteur, et ne sont dès lors que d'une efficacité très limitée. Mais on peut se demander s'il est possible d'aller plus loin, et de limiter conventionnellement le droit réel du débiteur – ce qui serait sans doute plus efficace.

206. – Obligations personnelles à la charge du débiteur. Le débiteur peut souscrire, pour garantir le remboursement du crédit qui lui est accordé, divers engagements complémentaires visant à la préservation de son droit de gage général : par exemple, le débiteur s'engage à laisser le créancier surveiller l'évolution de son patrimoine, ou, de manière plus précise, il s'engage à ne pas aliéner tel ou tel de ses biens (de telle sorte qu'en cas de difficultés le créancier puisse se payer sur ce bien), à ne pas accorder d'hypothèque à un autre créancier sur son immeuble, à ne pas emprunter auprès d'un autre établissement de crédit, à ne pas donner son immeuble à bail… On comprend bien l'intérêt de ces stipulations : le créancier qui n'a pas pris une véritable sûreté « positive » (un gage ou une hypothèque notamment), et qui n'a aucun droit de préférence ni droit de suite, espère se protéger « négativement » contre les risques de concurrence avec d'autres créanciers, d'aliénation du bien ou de diminution de sa valeur : si le bien n'est pas vendu, il n'aura pas besoin de droit de suite, si le débiteur ne contracte pas de nouvel emprunt, le créancier n'aura pas de concurrents, s'il n'accorde pas d'hypothèque à autrui, il ne sera pas primé sur l'immeuble, etc. Même s'il ne s'agit évidemment pas de sûretés réelles, l'objectif est de réserver tel ou tel bien au créancier qui stipule ce type d'engagement. Du reste, de telles restrictions du pouvoir d'agir du débiteur peuvent être imposées dans le cadre des procédures de traitement des difficultés financières : l'article L. 732-2, alinéa 2 (ancien art. L. 331-6) du Code de la consommation prévoit ainsi que le plan conventionnel de traitement du surendettement peut subordonner les délais ou les remises accordés « à l'abstention par le débiteur d'actes qui aggraveraient son insolvabilité ».

Ces stipulations, analysées comme de simples limitations de la liberté de gestion de son patrimoine par le débiteur, sont traditionnellement regardées comme licites, mais elles ne sont que d'une efficacité limitée. Si le débiteur manque à son engagement, il encourra diverses sanctions personnelles : il devra payer une indemnité au créancier (mais en cas d'insolvabilité cela sera de peu d'intérêt) et surtout il perdra le bénéfice du terme, ce qui permettra au créancier de poursuivre immédiatement son remboursement. Mais les actes passés en contravention de l'engagement ne seront pas annulés, sauf peut-être, à titre de réparation en nature, dans le cas (exceptionnel) où le tiers contractant était de mauvaise foi.

207. – Limitations au droit réel du débiteur ? Est-il possible d'aller plus loin, et de restreindre conventionnellement les droits réels du débiteur ? Cela pourrait permettre de rendre ces limitations opposables aux tiers, et d'aboutir à des sanctions plus efficaces en cas de violation de la clause. L'article 900-1 du Code civil permet de limiter conventionnellement les prérogatives d'un propriétaire en lui interdisant d'aliéner son bien, mais il n'est pas sûr que ce texte, qui ne vise que les clauses d'inaliénabilité insérées dans une disposition à titre gratuit, puisse être étendu aux hypothèses qui nous intéressent. Un arrêt (Cass. 1re civ., 13 déc. 2005, n° 04-13.772, non publié) semble bien exclure toute limitation de ce type dans les contrats de crédit, en annulant la clause interdisant à un débiteur de donner à bail son immeuble, analysée comme une atteinte injustifiée au droit de propriété (alors qu'il ne s'agissait peut-être que d'une obligation de ne pas faire à caractère personnel).

En toute hypothèse, même vues sous l'angle de limitations au droit réel du débiteur, ces clauses ne constitueraient que des garanties assez illusoires. Si elles portent sur un immeuble, elles devraient naturellement être publiées pour être opposables aux tiers (V *infra*, nos 348 et s., les règles de base de la publicité foncière). Mais alors, si le contrat contraire à la clause était annulé, le bien réintégrerait le patrimoine du débiteur au profit de tous les créanciers, et pas seulement de celui qui aurait stipulé la clause. Et, en matière mobilière, le créancier qui prétendrait récupérer le bien entre les mains d'un acquéreur qui aurait acquis le bien en méconnaissance de la clause d'inaliénabilité se heurterait à l'article 2276 du Code civil.

§ 2. – Insaisissabilité par les autres créanciers

208. – Exclusion de la concurrence. Dans un certain nombre de cas, un créancier n'a pas de droit particulier sur tel ou tel bien, il n'a que son droit de gage général, mais sa situation de faveur vient de ce que le bien considéré est soustrait aux poursuites des autres créanciers ; donc aucun concours n'est possible. C'est ce qui se passe lorsqu'un bien est frappé d'insaisissabilité mais que cette insaisissabilité est levée au profit d'un créancier. Ainsi, les biens nécessaires à la vie et au travail du débiteur sont insaisissables si ce n'est pour paiement de leur prix (CPC ex., art. L. 112-2, 5°) : le vendeur se trouve de ce fait en situation d'exclusivité sur lesdits meubles, alors même qu'il n'a pas de droit réel sur eux. De même, le créancier d'une pension alimentaire peut, dans certaines conditions, saisir la fraction insaisissable des salaires du débiteur… Le même résultat est atteint lorsque le législateur déclare insaisissable la résidence principale de l'entrepreneur individuel (C. com., art. L. 526-1), ou lorsque ce dernier a fait une déclaration d'insaisissabilité d'un de ses biens immobiliers sur le fondement de l'article L. 526-2 du Code de commerce, et qu'il y renonce ensuite au profit d'un de ses créanciers comme le permet l'article L. 526-3, alinéa 2 du même code. On peut également parler de situation d'exclusivité négative lorsqu'un créancier exerce l'action paulienne : cette action aura pour résultat de faire déclarer l'aliénation frauduleuse inopposable au créancier, qui pourra donc saisir les biens aliénés ; mais, pour les autres créanciers, l'aliénation demeurera valable et eux ne pourront donc pas se payer sur le bien considéré. Dans toutes ces situations, le créancier est placé dans une véritable situation d'exclusivité, alors pourtant qu'il n'a pas de droit particulier sur le bien soustrait aux autres. Techniquement, on ne peut donc pas ici parler de sûreté réelle, mais on en est proche par l'esprit : en raison de l'exclusion qui frappe les autres créanciers, un bien est réservé, affecté au paiement du seul créancier qui peut exercer son droit de gage général sur ce bien.

De même, c'est à une véritable exclusivité qu'aboutit le droit de rétention, dont nous allons maintenant faire l'étude, alors même qu'on peut discuter pour savoir s'il fait naître un véritable droit sur la chose.

CHAPITRE 2

LE DROIT DE RÉTENTION

209. – Principe. Supposez un créancier qui détient une chose appartenant à son débiteur : par exemple, le garagiste qui a effectué des réparations sur un véhicule, et qui ne l'a pas encore rendu ; l'expert-comptable à qui des honoraires sont dus et qui détient des pièces du dossier… Ce créancier détenteur peut, dans certains cas, retenir (refuser de restituer) la chose jusqu'à ce qu'il soit payé. Ce droit de rétention constitue, au premier chef, un **moyen de pression** sur le débiteur : celui-ci, s'il a besoin de la chose retenue, aura intérêt à désintéresser au plus vite son créancier pour la récupérer. Mais, dans la mesure où il est opposable aux tiers, et notamment aux autres créanciers, le droit de rétention peut constituer aussi une **garantie plus directe** : les autres créanciers, pour pouvoir faire vendre le bien et se payer sur son prix, auront souvent intérêt, en effet, à désintéresser le rétenteur, qui, ainsi, passera souvent avant tous ses concurrents. Cette situation de force du rétenteur apparaît particulièrement intéressante, nous le verrons, en cas de procédure collective ouverte contre le débiteur ; dans ce cas, du reste, elle est institutionnalisée.

210. – Nature juridique. La nature juridique du droit de rétention a été et reste discutée. Consacrant une analyse classique, la Cour de cassation, pour justifier l'opposabilité aux tiers du droit de rétention, analyse le droit de rétention comme un droit réel sur la chose retenue (Cass. 1re civ., 7 janv. 1992 : *Bull. civ.* 1992, I, n° 4). Cette analyse, qui est réaffirmée dans la jurisprudence récente (Cass. com., 3 mai 2006, n° 04-15.262. – Cass. 1re civ., 24 sept. 2009, n° 08-10.152), est à notre sens à la fois inutile et inexacte : inutile parce que l'opposabilité aux tiers n'est pas une caractéristique des seuls droits réels ; inexacte parce que le rétenteur n'a aucune des prérogatives caractéristiques des droits réels (droit de préférence et droit de suite), il n'a pas davantage le droit de se servir de la chose retenue ou d'en tirer profit. Le droit de rétention apparaît davantage comme une simple modalité de l'obligation de restituer qui pèse sur le rétenteur : la créance de restitution du débiteur voit son exigibilité reportée, et l'efficacité du droit de rétention vient moins de ce que le rétenteur aurait un véritable « droit » sur la chose, que de la situation négative où cette restriction de droit place le débiteur (qui ne peut plus se servir de la chose) et les autres créanciers (qui ne peuvent plus la saisir). En tout cas, la Cour de cassation a considéré que le droit de rétention n'était pas une véritable sûreté, au sens technique (Cass. com., 20 mai 1997 : *Bull. civ.* 1997, IV, n° 141), et on peut estimer que cette analyse a été consacrée par le législateur.

211. – Sources. Jusqu'à la réforme de 2006, le droit de rétention n'était pas réglementé de manière générale par la loi, et n'apparaissait dans le Code civil qu'à travers quelques textes particuliers, qui existent d'ailleurs toujours. Laissons pour l'instant les cas où ce droit apparaît comme une des prérogatives de certaines sûretés conventionnelles (le gage en matière mobilière, l'antichrèse en matière immobilière) : nous retrouverons ces cas en étudiant les sûretés considérées (V. *infra*, Piège à éviter). On ne s'intéressera ici qu'aux cas où il apparaît à titre autonome, comme une prérogative distincte au profit du créancier. Par exemple, l'article 1612 du Code civil accorde au vendeur impayé le droit de ne pas livrer la chose, l'article 1948 reconnaît le droit pour le dépositaire de retenir la chose déposée jusqu'au paiement de ce qui lui est dû, l'article 545 pose la nécessité du versement préalable de l'indemnité en cas d'expropriation (ce qui revient à reconnaître un droit de rétention au propriétaire exproprié)... On s'était demandé au XIXe siècle si ces cas ne devaient pas être considérés comme limitatifs : en effet, le droit de rétention peut être considéré comme un moyen de justice privée, devant rester exceptionnel ; par ailleurs il aboutit indirectement à conférer à un créancier une situation de préférence, donc à rompre l'égalité entre les créanciers, ce qui ne devrait pouvoir se faire qu'en vertu d'un texte spécial (ce que l'on exprime par l'adage traditionnel : pas de privilège sans texte). Cependant, ces raisons n'avaient pas empêché la jurisprudence de reconnaître, depuis le début du XXe siècle, un droit de rétention en dehors des cas prévus par la loi. Consacrant cette jurisprudence, l'ordonnance du 23 mars 2006 a fait entrer dans le Code civil le mécanisme général du droit de rétention. Il apparaît désormais à l'article 2286, au sein des textes préliminaires du livre IV, immédiatement après l'énoncé du droit de gage général : en lui assignant cette place, les rédacteurs du texte ont voulu marquer qu'ils ne considéraient pas le droit de rétention comme une sûreté au sens technique. Le texte est par ailleurs très sommaire : en énumérant les cas où un créancier peut se voir reconnaître un droit de rétention, il précise certaines des **conditions** de ce droit (Section 1), mais il ne dit rien sur ses **effets** (Section 2).

SECTION 1

LES CONDITIONS DU DROIT DE RÉTENTION

212. – Plan. Soucieuse de ne pas donner une extension trop grande à ce moyen de justice privée, la jurisprudence avait enfermé le droit de rétention dans des conditions relativement restrictives, qui se retrouvent de manière plus ou moins explicite dans les différents cas où le nouvel article 2286 reconnaît ce droit à un créancier. Le droit de rétention n'est reconnu qu'au créancier titulaire d'une créance présentant certains caractères (§ 1), détenant une chose (§ 2), lorsqu'il existe entre la créance et la chose (ou la détention de la chose) un lien de connexité (§ 3).

§ 1. – La créance

213. – Créance certaine, liquide et exigible. Peu importe son origine (créance contractuelle ou extracontractuelle) et sa nature (obligation de somme d'argent, ou, plus exceptionnellement, obligation de faire ou de ne pas faire). Si l'on considère les quatre cas de droit de rétention prévus par l'article 2286 du Code civil, on s'apercevra que les deux premiers (cas où une chose a été remise au créancier pour le paiement de sa créance, cas dont la créance impayée résulte du contrat qui oblige le créancier à livrer) et le dernier (droit de rétention du gagiste sans dépossession) correspondent à une créance contractuelle. Le troisième cas (créance impayée née à l'occasion de la détention de la chose) correspond plutôt à une créance extracontractuelle.

Dans l'opinion commune, il faut que cette créance soit **certaine**, **liquide** et **exigible**. Le nouveau texte ne dit rien de ces exigences, qui sont assez relatives. L'exigence de certitude est bien posée par la jurisprudence (Cass. com., 14 juin 1988, n° 86-15.640 : *Bull.*

civ. 1988, IV, n° 199), mais elle est très ambiguë. En effet, s'il y a une contestation sur l'existence de la créance, on ne peut pas dire *a priori* si le créancier a ou non un droit de rétention. Dans un tel cas, le créancier peut retenir la chose à ses risques et périls : si le juge, chargé de trancher le litige, admet l'existence de la créance, la rétention apparaîtra justifiée, sinon le rétenteur sera condamné pour avoir retenu à tort. L'exigence de liquidité doit également être nuancée : il est admis en effet que le titulaire d'une créance née à l'occasion de la détention d'une chose peut retenir celle-ci jusqu'à ce que le juge fixe le montant de sa créance (Cass. 3e civ., 23 avr. 1974, n° 72-10.971. – Cass. 3e civ., 12 mars 1985, n° 83-16.548 P : *Bull. civ.* 1985, III, n° 50). L'exigibilité, enfin, est incontestable en principe : si le débiteur bénéficie d'un terme, le créancier ne peut pas prétendre faire pression sur lui pour qu'il s'exécute avant. Mais le nouvel article 1220 du Code civil, qui permet à un créancier de « suspendre l'exécution de son obligation lorsqu'il est manifeste que son cocontractant ne s'exécutera pas à l'échéance » peut désormais, dans certains cas où le droit de rétention est une traduction de l'exception d'inexécution (V. *infra*, n° 221), permettre à un contractant qui doit livrer une chose de la retenir alors même que l'obligation de son débiteur n'est pas encore exigible.

§ 2. – La détention d'une chose

214. – Plan. Il faut s'interroger successivement sur les choses qui peuvent être retenues (A) et sur les caractéristiques de la détention (B). Ce sont là encore des points sur lesquels le nouveau texte ne dit rien.

A. – Les choses pouvant être retenues

215. – Caractéristiques physiques. Dans l'opinion commune, le droit de rétention ne peut porter que sur une chose corporelle (encore que l'on ait parfois essayé d'étendre le droit de rétention aux créances) : l'article 2286 du Code civil parle d'une « chose » sans autre précision, ce qui pourrait ouvrir la porte à interprétation. En réalité, on peut concevoir une sorte d'équivalent du droit de rétention sur un bien incorporel, dès lors que le créancier dispose d'un moyen efficace pour empêcher son débiteur de retirer les utilités du bien : ainsi un établissement de crédit a le pouvoir de fait de bloquer le solde du compte d'un de ses clients, et cela peut être traité comme une rétention (Cass. com., 7 avr. 1998 : *Bull. civ.* 1998, IV, n° 123). L'article L. 211-20 (IV) du Code monétaire et financier attribue par ailleurs au créancier nanti sur un compte-titres un droit de rétention sur les titres financiers, qui sont des biens incorporels. Ces situations sont cependant exceptionnelles.

La chose retenue peut être aussi bien un meuble qu'un immeuble – même si, dans la jurisprudence antérieure à la réforme, le droit de rétention sur des immeubles avait vu son efficacité limitée (V. *infra*, Pistes à explorer). Peu importe aussi sa valeur : le droit de rétention peut porter sur une chose sans valeur marchande, mais dont la privation est gênante pour le débiteur : des documents comptables, les papiers d'une voiture... Dans un tel cas cependant, le droit de rétention ne sera généralement efficace que vis-à-vis du débiteur, car les autres créanciers n'auront pas toujours intérêt à désintéresser le rétenteur. On notera encore que, théoriquement, le droit de rétention peut porter sur une somme d'argent ; mais il n'y aura lieu à rétention que si la créance du rétenteur n'est pas également une créance de somme d'argent, car sinon il y aurait compensation (mécanisme qui, beaucoup plus sûrement que le droit de rétention, procurera le paiement au créancier).

216. – Caractéristiques juridiques. Le droit de rétention ne peut porter sur des choses hors du commerce, comme le corps humain ou ce qui s'y rattache (par ex., un chirurgien-dentiste ne peut retenir la prothèse qu'il a posée à son client jusqu'au paiement de ses honoraires), ou encore, selon un autre arrêt, sur des marchandises contrefaites (Cass. com., 26 oct. 1999, n° 96-20.488).

Mais, selon la jurisprudence, il importe peu que la chose retenue appartienne ou non au débiteur. Cette solution s'applique bien sûr lorsque le débiteur était à l'origine propriétaire de la chose mais qu'il l'a ensuite vendue : c'est un des aspects de l'opposabilité du droit de rétention aux tiers (V. *infra*, n° 228) ; mais elle vaut aussi, de manière peut-être plus contestable, lorsque le débiteur et le propriétaire étaient deux personnes distinctes dès avant le début de la rétention (par ex., emprunteur ou locataire qui confie la chose à un réparateur, Cass. com., 3 mai 2006, n° 04-15.262 ; bien confié à un séquestre en attendant qu'il soit statué sur sa propriété). C'est alors le non-propriétaire, qui perd le procès, qui doit supporter les frais de réparation ou de la garde, mais le créancier peut refuser, pour garantie, de la restituer au véritable propriétaire).

B. – Les caractéristiques de la détention

217. – Détention effective. Le rétenteur doit avoir la maîtrise de la chose, ce qui signifie qu'elle ne doit pas être entre les mains du débiteur. Cependant, lorsque le droit de rétention est reconnu comme une des prérogatives d'une sûreté, on admet parfois qu'il puisse exister alors même que le débiteur a conservé l'usage de la chose : admise depuis longtemps pour le gage sans dépossession sur véhicule automobile, cette « dématérialisation » du droit de rétention, qui procède d'une fiction légale, a été étendue au gage sans dépossession de droit commun par la loi n° 2008-776 du 4 août 2008, qui a ajouté en ce sens un 4° aux cas de l'article 2286. Nous retrouverons la question en étudiant le gage (V. *infra*, n° 310).

L'exigence de la détention comme condition du droit de rétention appelle deux précisions importantes :

– d'une part, la détention n'est pas la possession : le rétenteur ne se comporte pas comme un propriétaire, il n'a pas d'*animus domini* ; il reconnaît le droit de propriété de son débiteur ;

– d'autre part, la détention n'implique pas que la chose soit entre les mains du rétenteur : le rétenteur peut avoir la maîtrise de la chose par l'intermédiaire d'autrui (un préposé par exemple).

218. – Détention régulière. Le droit de rétention n'est pas reconnu au créancier qui se procure la chose par force ou par fraude : si, pour m'assurer une garantie de ma créance, je vais dérober une chose de mon débiteur, je serai condamné à la restituer. On exprime parfois cela en disant que le rétenteur doit être de bonne foi, mais cela amène une confusion fâcheuse avec la bonne foi du possesseur au sens de l'article 550 du Code civil (le possesseur de mauvaise foi, qui doit restituer la chose au véritable propriétaire, et qui a une créance d'indemnité contre celui-ci sur le fondement de l'article 555 – parce qu'il a fait des constructions ou des plantations – n'en a pas moins un droit de rétention). De même, il est inutile de recourir à la notion de mauvaise foi pour refuser le droit de rétention à celui qui n'a pas de créance contre le propriétaire de la chose qu'il détient : il suffit de dire qu'il n'est pas créancier.

§ 3. – Le lien de connexité

219. – Connexité juridique, matérielle ou conventionnelle. Il n'a jamais été question de reconnaître un droit de rétention à tout créancier qui détient une chose appartenant à son débiteur. En jurisprudence, le droit de rétention n'était admis que s'il existait un rapport particulier, appelé lien de connexité, entre la créance et la détention de la chose, ou entre la créance et la chose. Ce n'est que s'il existe un tel lien qu'on peut justifier que le bien retenu soit affecté à la garantie de la créance du rétenteur. On distinguait traditionnellement deux types de connexité, juridique (A) et matérielle (B), qui se retrouvent dans le nouvel article 2286. Mais celui-ci a ajouté un troisième cas, discuté auparavant, celui de la connexité conventionnelle (C). Depuis 2008, le texte prévoit un quatrième cas, mais celui-ci, qui concerne le droit de rétention du gagiste, sera étudié avec le gage.

A. – Connexité juridique

220. – Lien entre la détention et la créance. La connexité peut d'abord être **juridique** (on dit aussi subjective ou intellectuelle) : c'est le cas lorsque le rétenteur se trouve créancier et détenteur de la chose en vertu d'un même contrat (par ex., le garagiste détient la chose en vertu du contrat passé avec le client ; c'est en vertu de ce même contrat que le client lui doit paiement des réparations) ou quasi-contrat (par ex., le gérant d'affaires peut retenir la chose dont il s'est occupé jusqu'à ce que le géré lui rembourse les frais de gestion). Ce premier type de connexité apparaît, de manière quelque peu restrictive, dans l'article 2286, 2°, qui reconnaît le droit de rétention à « celui dont la créance impayée résulte du contrat qui l'oblige à la livrer » (on serait tenté d'ajouter : ou à la restituer).

221. – Distinction entre le droit de rétention et l'exception d'inexécution. Il faut observer que si la créance est une créance contractuelle, cette connexité peut se ramener à un lien de réciprocité entre la créance et l'obligation de restitution qui pèse normalement sur le rétenteur (et dont il va pouvoir suspendre l'exécution : le droit de rétention n'est alors que la manifestation de l'exception d'inexécution (C. civ., art. 1219 et plus spécialement C. civ., art. 1612, vendeur refusant la livraison jusqu'au paiement). Mais la notion de connexité est plus large que celle de réciprocité, et, partant, le droit de rétention a un domaine plus large que l'exception d'inexécution : ainsi, dans le cas du garagiste qui est autorisé à retenir la voiture de son client (ce qui est l'illustration type du droit de rétention), l'obligation pour le client de payer le prix des réparations est la contrepartie de l'obligation pour le garagiste d'effectuer les réparations, non de l'obligation de rendre le véhicule ; il n'y a donc pas réciprocité, et ce n'est donc pas l'exception d'inexécution qui justifie ici le droit de rétention. À l'inverse, on notera que, dans de nombreux cas, l'exception d'inexécution ne se traduira pas par un droit de rétention : il en ira ainsi chaque fois que l'obligation qu'un contractant se refuse à exécuter en réponse à l'inexécution de l'autre n'est pas une obligation de livrer une chose (par ex., payer une somme d'argent, exécuter un travail) et dans ce cas, l'exception sera admise à des conditions plus restrictives que le droit de rétention (il faudra non seulement qu'il y ait connexité entre les deux obligations, mais réciprocité et proportionnalité entre l'inexécution initiale et le refus d'exécuter en réponse). Mais, lorsque leurs domaines se confondent, les deux mécanismes n'apparaissent pas substantiellement différents l'un de l'autre.

B. – Connexité matérielle

222. – Lien entre la chose et la créance. La connexité peut aussi être **matérielle** (objective), lorsque la créance du rétenteur se rattache à la chose, est née de la chose. On dit qu'il y a *debitum cum re junctum*. C'est le cas par exemple lorsque le rétenteur a effectué sur la chose des travaux de conservation, ou des réparations, ou qu'il lui a apporté des améliorations. C'est le cas aussi lorsque la chose a causé un dommage au rétenteur : il a le droit de la retenir jusqu'au paiement des dommages-intérêts qui lui sont dus. Ce second type de connexité est visé par l'article 2286, 3° du Code civil : « celui dont la créance impayée est née à l'occasion de la détention de la chose ».

Dans la plupart des cas, le rétenteur peut se prévaloir à la fois de la connexité juridique et de la connexité matérielle, lorsque sa créance est née de travaux effectués sur la chose à l'occasion d'un contrat portant sur cette chose. Le cas du garagiste est à cet égard caractéristique. Mais ce cumul n'est pas nécessaire pour justifier l'octroi du droit de rétention : il suffit qu'il existe l'un ou l'autre type de connexité. À défaut de lien contractuel ou quasi contractuel, la connexité matérielle suffit à fonder le droit de rétention : songez aux dépenses remboursables faites par le possesseur d'une chose.

C. – Connexité conventionnelle

223. – Droit de rétention volontairement constitué. Selon l'article 2286, 1° du Code civil, peut se prévaloir d'un droit de rétention sur la chose « celui à qui la chose a été remise jusqu'au paiement de sa créance ».

Ce texte vise certainement les cas où les parties ont constitué une sûreté mobilière comportant la remise de la chose au créancier (gage avec dépossession de l'article 2237, alinéa 2, gage immobilier de l'article 2387). Ces sûretés confèrent au créancier, entre autres prérogatives, un droit de rétention (C. civ., art. 2344 pour le gage, art. 2391 pour l'antichrèse). Mais, si l'article 2286, 1° se contentait de renvoyer à ces hypothèses, il n'aurait aucune utilité.

C'est pourquoi il faut lire dans ce nouveau texte la consécration de la possibilité de constituer à titre principal un droit de rétention conventionnel en garantie d'une dette : un débiteur, sans constituer un gage ou une antichrèse, remet une chose à son créancier afin que celui-ci, en cas de non-paiement, puisse exercer un droit de rétention sur cette chose. Avant la réforme, la validité de ce droit de rétention conventionnel avait été discutée, mais elle avait été admise, sous certaines réserves, par la jurisprudence (V. *infra*, Pistes à explorer). La constitution d'un tel droit de rétention permet d'échapper aux conditions de forme posées par la loi pour les sûretés conventionnelles classiques, mais elle ne produit que des effets plus limités : contrairement au créancier gagiste, le rétenteur n'aura ni droit de préférence, ni droit de se faire attribuer la chose en paiement (Cass. com., 9 juin 1998, n° 96-12.719. – Cass. com., 23 avr. 2013, n° 12-13.690). Le droit de rétention conventionnel apparaît particulièrement utile lorsque le bien remis en « rétention » est un bien sans valeur marchande, pour lequel la constitution d'un gage emportant droit de préférence sur la valeur et droit de se faire attribuer le bien en paiement n'aurait aucun sens, mais dont la privation est gênante pour le débiteur (par ex., la carte grise d'un véhicule, des documents comptables, une pièce d'identité).

SECTION 2

LES EFFETS DU DROIT DE RÉTENTION

224. – Plan. L'article 2286 du Code civil ne dit rien des effets du droit de rétention. On doit donc, sur ce point, continuer de se référer à la jurisprudence antérieure, ainsi qu'aux textes en matière de procédures collectives. Le droit de rétention produit ses effets directs dans les rapports entre le créancier et le débiteur (§ 1). Mais il est parfois plus intéressant par les effets qu'il produit vis-à-vis des tiers (§ 2).

§ 1. – Effets dans les rapports entre le créancier et le débiteur : un moyen de pression

225. – Droit indivisible et discrétionnaire. Le créancier peut refuser de restituer la chose au débiteur jusqu'à complet paiement. C'est un droit **indivisible** et **discrétionnaire**.

Indivisible en ce que la chose garantit la totalité de la dette : le créancier peut refuser de se dessaisir même en cas de paiement partiel. Si le débiteur décède, et que sa dette se divise entre ses héritiers, le créancier pourra opposer son droit à chaque codébiteur.

Discrétionnaire en ce que, si les conditions précédemment exposées sont réunies, on ne peut jamais reprocher au créancier d'exercer son droit de rétention, même si le refus de restituer apparaît extrêmement gênant pour le débiteur, et même si la valeur du bien est de beaucoup supérieure à celle de la créance : c'est précisément ce qui fait l'efficacité du droit de rétention. Il a été ainsi jugé que n'était pas abusif le fait pour un expert-comptable de retenir les documents comptables d'une entreprise en garantie de ses honoraires, alors même que cette rétention, empêchant la déclaration fiscale par le débiteur, lui fait encourir d'importantes pénalités (Cass. 1re civ., 17 juin 1969 : *Bull. civ.* 1969, I, n° 233). On ne saurait faire jouer à l'encontre du rétenteur les dispositions de l'article L. 111-7 du Code des procédures civiles d'exécution, selon lequel « l'exécution ne peut excéder ce qui se révèle nécessaire pour obtenir le paiement de l'obligation », à la fois parce que la rétention est précisément ce moyen nécessaire, et parce qu'il ne s'agit pas d'une mesure d'exécution.

226. – Issue de la rétention. À partir de là, de deux choses l'une :

– ou la pression est efficace, le débiteur paye : le créancier devra restituer la chose ;

– ou le débiteur ne paye pas, soit parce qu'il n'a pas un besoin urgent de la chose (la pression est alors inefficace), soit parce qu'il n'a pas les moyens de payer ou que cela lui est interdit (toute pression est alors inutile). Que peut faire alors le créancier ?

Il peut d'abord, comme tout créancier, diligenter une procédure de saisie (ce sera soit une saisie-vente, soit une saisie immobilière) en vue de faire vendre la chose et de se payer sur son prix. Mais attention ! Dans ce cas, il perdra le droit de rétention, et ne sera plus traité que comme un créancier ordinaire (sauf bien entendu s'il a, en plus, d'autres garanties, ce qui est fréquent : par exemple le garagiste, titulaire du droit de rétention, a en plus, dans de nombreux cas, le privilège du conservateur). Le fait d'avoir été rétenteur ne donne, en soi, au créancier aucun droit de préférence.

Mais il peut aussi attendre, en espérant que d'autres créanciers prendront l'initiative d'une procédure de saisie, ou que s'ouvrira une procédure collective : car, alors, le droit de rétention, opposable aux autres créanciers, peut devenir une garantie très forte.

227. – Perte de la rétention. Consacrant une solution qui allait de soi dans la jurisprudence antérieure, l'article 2286 du Code civil dispose que « le droit de rétention se perd par le dessaisissement volontaire ». Le créancier qui a volontairement remis la chose ne peut plus ensuite exercer son droit de rétention sur cette chose même s'il la récupère à une autre occasion. Une application particulière de cette solution doit être signalée dans le cas de contrats successifs portant sur une même chose. Lorsqu'un rétenteur a rendu la chose qu'il détenait en vertu d'un contrat puis l'a retrouvée en vertu d'un contrat ultérieur (par ex., garagiste à qui une voiture est confiée plusieurs fois pour réparation), il ne peut pas prétendre retenir la chose pour le paiement de la totalité des sommes qui lui sont dues, mais seulement pour celles qui correspondent à la dernière remise. En effet, en rendant la chose lors des contrats antérieurs, le créancier a renoncé à son droit. Il n'en irait autrement que si les différentes remises pouvaient être considérées comme des actes d'exécution d'un contrat global d'entretien de la chose (V. *infra*, Pistes à explorer).

Le droit de rétention peut en revanche être retrouvé en cas de dessaisissement involontaire (perte ou vol, reprise de force par le débiteur). Dans ce cas, le créancier peut sans doute agir en restitution.

§ 2. – Effets vis-à-vis des tiers

A. – Effets vis-à-vis des ayants cause du débiteur

228. – Opposabilité. Si le débiteur vend la chose retenue, le rétenteur peut refuser de se dessaisir entre les mains de l'acquéreur. Ce n'est pas, comme on le dit parfois, que le droit de rétention comporte un droit de suite, mais simplement qu'il est opposable aux ayants cause, qui ne peuvent avoir plus de droit que leur auteur.

Il en va de même, selon la jurisprudence, si la vente du bien avait eu lieu avant la mise en détention (par ex., je vends ma voiture, et, avant de la livrer à mon acquéreur, je la confie une dernière fois à mon garagiste pour qu'il répare les freins, et je ne paye pas la réparation ; le garagiste peut refuser de rendre la voiture à mon acquéreur).

Dans les deux cas, le droit de rétention sera surtout efficace si l'acquéreur n'a pas encore payé le bien au débiteur. Il se libérera alors entre les mains du rétenteur dans la limite de la créance garantie. Mais, si l'acquéreur a déjà payé, le droit de rétention perdra de son efficacité : l'acquéreur n'aura intérêt à payer le rétenteur que si sa créance est modique.

Cette opposabilité du droit de rétention à l'acquéreur du bien retenu joue même si ce dernier est de bonne foi (Cass. 1re civ., 24 sept. 2009, n° 08-10.152).

B. – Effets vis-à-vis des autres créanciers

229. – Absence de formalités. Le droit de rétention est opposable aux autres créanciers, qu'il s'agisse de créanciers chirographaires, ou de titulaires de sûretés. Cette opposabilité n'est subordonnée à l'accomplissement d'aucune formalité, même lorsque la chose retenue est un immeuble (V. *infra*, Points d'actualité). C'est sans doute l'intérêt principal du droit de rétention, tant en dehors (1°) que dans le cadre des procédures collectives (2°).

1° En dehors des procédures collectives

230. – Obstacle à la saisie. Il faut supposer qu'un autre créancier du débiteur prend l'initiative de pratiquer une saisie sur la chose. Le rétenteur peut alors faire obstacle à la saisie, ou du moins à la distribution du prix, qu'en invoquant son droit. Le créancier saisissant peut bien sûr contester le droit de rétention, mais s'il ne le fait pas ou si sa contestation échoue, la procédure sera bloquée. Elle ne pourra continuer que si le créancier saisissant désintéresse le rétenteur, qui sera alors obligé de restituer la chose. Dans ce cas, le rétenteur sera payé, alors même que son débiteur est insolvable, avant tous les autres créanciers, même titulaires de sûretés réelles !

Évidemment ce « chantage » ne réussira que si la chose a une valeur supérieure à la créance du rétenteur, sinon les autres créanciers n'auront aucun intérêt à le désintéresser. Le vendeur à qui est encore due l'intégralité du prix de la vente, l'expert-comptable qui détient un dossier sans valeur marchande n'ont aucune chance de se faire désintéresser par les autres créanciers. Il n'en va pas de même en cas de procédure collective.

2° En cas de procédures collectives

231. – Sauvegarde ou redressement. Ces procédures s'ouvrent par une période d'observation, qui, on l'espère, doit aboutir à la continuation de l'entreprise. Pendant cette période d'observation, l'article L. 622-7 du Code de commerce (auquel renvoie pour le redressement l'article L. 631-14) prévoit que le juge-commissaire peut autoriser le débiteur (ou l'administrateur en cas de redressement) « à payer des créances antérieures au jugement, pour retirer le gage ou une chose légitimement retenue, lorsque ce retrait est justifié par la poursuite de l'activité ». C'est une exception remarquable à la règle de l'interdiction des paiements après l'ouverture de la procédure : le rétenteur sera le seul créancier antérieur à pouvoir se faire payer. Et la Cour de cassation a précisé qu'il ne pouvait pas se voir opposer une substitution de garantie sur le fondement de l'article L. 621-25 (devenu art. L. 622-8) du Code de commerce. Cependant il faut noter dès à présent que ces règles ne s'appliquent pas au droit de rétention fictif de l'article 2286, 4° du Code civil (c'est-à-dire celui conféré au gagiste sans dépossession. – V. *infra*, n° 321).

232. – Liquidation judiciaire. Cette procédure vise à vendre les biens du débiteur pour permettre dans les meilleures conditions l'apurement du passif. Mais, dans ce cas, les textes institutionnalisent complètement le « chantage » du rétenteur. D'une part, l'article L. 641-3 du Code de commerce prévoit que « le juge-commissaire peut autoriser le liquidateur ou l'administrateur lorsqu'il en a été désigné un à payer des créances antérieures au jugement, pour retirer le gage ou la chose légitimement retenue ». D'autre part, à défaut de retrait, le liquidateur peut faire procéder à la vente, même contre le gré du rétenteur : mais celui-ci ne perd pas vraiment son droit ; il est, selon l'article 642-20-1, alinéa 3, du même code « de plein droit reporté sur le prix », ce qui veut dire que le liquidateur devra verser le prix obtenu en priorité au rétenteur dépossédé. Le droit de rétention se transforme en un super-droit de préférence. Cette disposition curieuse est la consécration et la généralisation d'une jurisprudence qui s'était développée dès les années 1960 à propos du droit de rétention du gagiste. Nous retrouverons le problème ultérieurement. L'important est de comprendre ici que, grâce au droit de rétention, le créancier peut, même en cas de procédure collective, passer avant tous les autres créanciers. Selon la jurisprudence récente, il n'est même pas nécessaire, pour que cet avantage lui soit reconnu, que le créancier s'oppose à la vente, ce qui révèle une transformation complète du droit de rétention. De simple moyen de pression qu'il était à l'origine, le droit de rétention s'est transformé en une véritable sûreté réelle comportant un droit de préférence. On peut même dire qu'il place son titulaire dans une **situation d'exclusivité**, car ce droit éclipse nécessairement tous les autres.

Pistes à explorer

1. – Le droit de rétention dans les procédures collectives

Les récentes réformes du droit des procédures collectives n'ont pas modifié substantiellement les solutions antérieures, et le rétenteur a toujours un sort enviable dans le cadre d'une procédure collective ouverte contre le débiteur. La Cour de cassation a ainsi précisé que, le droit de rétention n'étant pas une sûreté, il n'a pas à être mentionné dans la déclaration de créance faite par le rétenteur (Cass. com., 20 mai 1997 : *Bull. civ.* 1997, IV, n° 141), et que le rétenteur ne peut se voir imposer une substitution de garantie sur le fondement de l'article L. 621-25 (désormais art. L. 622-28) du Code de commerce (Cass. com., 4 juill. 2000 : *Bull. civ.* 2000, IV, n° 142). En revanche, elle a jugé que le simple rétenteur, à la différence du gagiste, n'a pas la faculté de se faire attribuer le bien retenu en paiement (Cass. com., 9 juin 1998 : *Bull. civ.* 1998, IV, n° 181), il peut seulement attendre que le liquidateur provoque la vente forcée, son droit se reportant sur le prix.

Vous êtes invités à comparer dans tous les cas de figure, la situation du rétenteur à celle d'un créancier titulaire d'une sûreté réelle « classique ». Vous distinguerez bien sûr les sûretés qui confèrent un droit de rétention (le gage mobilier ou immobilier), dans lesquelles on doit normalement retrouver les mêmes avantages que si le droit de rétention était autonome, avec d'autres prérogatives en plus, et les sûretés réelles qui ne sont pas assorties d'un droit de rétention (l'hypothèque). La comparaison a été rendue un peu plus complexe en raison de la reconnaissance, par la loi n° 2008-776 du 4 août 2008, d'un droit de rétention au gagiste sans dépossession, dans la mesure où ce droit n'est pas soumis sur tous les points au même régime que le droit de rétention effectif.

2. – Le droit de rétention en cas de remises successives d'une chose

C'est une question classique, mais qui est toujours intéressante du point de vue du raisonnement. Il faut supposer que le rétenteur, qui détenait la chose en vertu d'un contrat, l'a rendue au débiteur sans exiger son paiement (par ex., le garagiste a rendu la voiture sans se faire payer la facture) ; ultérieurement, alors qu'il n'est toujours pas payé, la chose lui est à nouveau remise (par ex., pour une nouvelle réparation). Il est certain qu'il peut exercer son droit de rétention pour le paiement de la seconde réparation, mais peut-il refuser de restituer la chose tant qu'il n'est pas, également, payé de la première ? La réponse est en principe négative : le rétenteur, dit-on, a perdu son droit de rétention pour la première créance en restituant la chose, et ce droit ne peut pas renaître ultérieurement (Cass. com., 4 déc. 1984 : *Bull. civ.* 1984, IV, n° 328). Il n'en va autrement, selon la jurisprudence, que si les différentes remises de la chose se rattachaient à un contrat unique (contrat d'entretien par exemple) : dans ce cas, il y aurait connexité juridique entre la détention actuelle, et l'ensemble des créances nées du contrat (Cass. 1re civ., 25 avr. 1967 : *Bull. civ.* 1967, I, n° 145). On peut contester cette manière de raisonner, qui se place exclusivement sur le terrain de la connexité juridique : ne peut-on soutenir que, même en l'absence de convention unique, les différentes créances se rattachent de toute façon à la même chose de sorte qu'il y a de toute façon connexité matérielle ? Un arrêt au moins a paru s'orienter en ce sens (Cass. com., 29 janv. 1974 : *D.* 1974, p. 245) en refusant de reconnaître le droit de rétention sur des pièces pour la garantie de créances antérieures au motif qu'il n'y avait pas de contrat unique, et que les pièces précédemment remises n'étaient pas les mêmes que celles actuellement détenues : c'est dire qu'*a contrario* le droit aurait été reconnu si la remise avait porté à chaque fois sur les mêmes pièces. Mais le nouvel article 2286 du Code civil, qui dispose explicitement que « Le droit de rétention se perd par le dessaisissement volontaire » semble désormais exclure cette solution.

3. – Le droit de rétention conventionnel

C'est une question plus actuelle que la précédente. Habituellement, le droit de rétention est une sûreté accordée de plein droit (par la loi ou par la jurisprudence) à certains créanciers qui détiennent un bien appartenant à leur débiteur ; dans toutes les hypothèses traditionnelles, la détention du bien est justifiée par une raison économique variable indépendante de la garantie qu'elle procure au rétenteur (le garagiste détient la voiture pour la réparer, l'expert-comptable s'est vu remettre les pièces pour faire son travail de vérification, le propriétaire exproprié détient le bien parce qu'il en était jusque-là propriétaire...) Mais certaines décisions ont laissé apparaître des hypothèses où la situation de détention était artificiellement créée par les parties à un contrat de crédit dans le seul but de procurer au créancier un droit de rétention sur la chose détenue : on est alors en présence d'un droit de rétention conventionnel. On pouvait s'interroger sur la licéité du procédé : la loi prévoit bien la possibilité pour un créancier de se faire remettre un bien par son débiteur en garantie de sa dette – cela s'appelle un gage tant en matière mobilière qu'en matière immobilière – mais ces garanties (dont il existe de multiples variantes, du moins pour les meubles) sont soumises à des règles spécifiques. Peut-on y échapper en se faisant remettre une chose pour y exercer un droit de rétention ? Derrière la question technique, c'est l'étendue de la liberté de choix des formules de sûretés qui est en cause (question qui traverse tout le droit des sûretés et que nous avons déjà rencontrée à propos des sûretés personnelles).

La constitution d'un droit de rétention conventionnel paraissait cependant possible lorsque ce n'est pas la chose elle-même qui est remise, mais des documents qui en permettent l'utilisation. Le cas le plus caractéristique est le suivant : un vendeur à crédit d'un véhicule automobile ou un prêteur qui finance l'acquisition d'un tel véhicule automobile se fait remettre par l'acheteur ou l'emprunteur les documents administratifs relatifs au véhicule. Tant que le crédit ne sera pas remboursé, il ne remettra pas les documents, ce qui empêche l'utilisation normale du véhicule ainsi que sa revente. La Cour de cassation avait admis la validité de cette combinaison (Cass. com., 31 mai 1994 : *Bull. civ.* 1994, IV, n° 196, dont la solution a été reprise par un arrêt non publié du 22 mars 2005), mais, elle en a par ailleurs beaucoup réduit l'intérêt pratique, en posant que le droit de rétention ne portait que sur les documents eux-mêmes et non sur les véhicules ; en conséquence, le rétenteur ne peut refuser la remise des véhicules au liquidateur dans le cadre d'une procédure collective (Cass. com., 11 juill. 2000 : *Bull. civ.* 2000, IV, n° 126) ni bénéficier du report de son droit sur le prix de vente des véhicules (Cass. com., 23 avr. 2013, n° 12-13.690).

Le nouvel article 2286 du Code civil semble consacrer plus largement la licéité du droit de rétention conventionnel, en reconnaissant un tel droit à « celui à qui la chose a été remise jusqu'au paiement de sa créance ». Encore que sa portée puisse être discutée, ce texte semble permettre de constituer un droit de rétention sans passer par les formules du gage ou du gage immobilier. Mais il faut bien voir que, dans un tel cas, le créancier n'aura, pour se faire payer, que la possibilité de retenir la chose. Il n'aura, à la différence du créancier gagiste, ni droit de préférence sur la valeur du bien (s'il voulait le faire vendre), ni faculté de se le faire attribuer en paiement.

4. – La dématérialisation du droit de rétention

L'expression est due à F. Derrida (article aux *Mélanges Voirin*, 1967). Elle recouvre deux traits marquants de l'évolution de ce mécanisme.

D'une part, dans le cadre de certaines sûretés réelles conventionnelles apparentées au gage, le législateur a reconnu au créancier un droit de rétention alors qu'il n'a pas la détention de la chose (cas du gagiste sans dépossession sur véhicules automobiles) ou alors que la chose gagée est une chose incorporelle pour laquelle on ne peut pas concevoir de détention (cas du gage sur comptes de titres). Cette fiction légale d'un droit de rétention sans détention a été étendue par la loi du 4 août 2008 au gage sans dépossession de droit commun. Pour l'instant cependant, ce type de fiction reste cantonné au droit de rétention inclus dans une garantie plus complète. En dehors de ces cas, la jurisprudence admet parfois la rétention de supports matériels de biens incorporels (bande magnétique contenant un fichier informatique : Cass. com., 8 févr. 1994 : *Bull. civ.* 1994, IV, n° 56), mais il n'y a pas vraiment dématérialisation dans ce cas. Plus récemment, un auteur (A. Aynès, *Le droit de rétention*, Economica, 2005), a proposé de reconstruire la théorie du droit de rétention en fondant ce droit, non plus sur la détention, mais sur le lien de connexité. Cette approche aboutirait à reconnaître de manière générale le droit de rétention sur des biens incorporels, dès lors que le créancier dispose d'un moyen d'empêcher le débiteur de se servir de son bien incorporel. Le législateur de 2006 ne semble pas avoir pris parti.

D'autre part, et c'est sans doute plus important car de portée plus générale, l'exercice du droit de rétention sur les choses (même corporelles) s'est profondément transformé. La jurisprudence d'abord, le législateur ensuite (de manière tout à fait nette dans l'article 159 de la loi du 25 janvier 1985 devenu l'article L. 642-20-1 du Code de commerce) a admis qu'en cas de liquidation judiciaire, lorsque la vente du bien retenu est provoquée par le liquidateur, le droit de rétention se reporte sur le prix de la chose. Il se transforme alors en un droit sur la valeur bien difficile à distinguer d'un droit de préférence. Il serait bon que vous cherchiez à reconstituer les différentes étapes de cette évolution.

Il est en tout cas tout à fait remarquable que le droit de rétention, qui repose au départ sur une situation de fait tout à fait concrète (songez à l'exemple du garagiste impayé qui refuse de rendre la voiture !) soit aujourd'hui le siège de toute une série de fictions légales, qui semblent plus artificielles les unes que les autres, et qui sont destinées à conférer à certains créanciers que l'on veut favoriser la possibilité de passer avant les autres. D'une manière plus générale, cette évolution du droit de rétention peut vous montrer que le droit n'est jamais un décalque servile des situations de fait. Il est, toujours, une construction normative visant à atteindre certains objectifs de politique juridique.

5. – Le droit de rétention sur les immeubles

La matière du droit de rétention est généralement pensée en fonction des biens mobiliers. Pourtant, le droit de rétention peut aussi porter sur un immeuble, le rétenteur refusant de quitter les lieux qu'il occupe. L'article 545 du Code civil, qui exige une indemnisation préalable de l'exproprié, en fournit une illustration classique. La Cour de cassation a précisé que, lorsque la chose retenue est un immeuble, l'opposabilité du droit de rétention n'est pas subordonnée à l'accomplissement des formalités de la publicité foncière (Cass. 3e civ., 16 déc. 1998 : *Bull. civ.* 1998, III, n° 253), ce qui contredit l'affirmation selon laquelle le droit de rétention est un droit réel, comme l'a récemment pourtant réaffirmé la première chambre civile de la Cour de cassation (Cass. 1re civ., 20 déc. 2017, n° 16-24.029). Mais, par ailleurs, on observe que la notion de détention n'a pas exactement le même sens pour les immeubles et pour les meubles, ce qui peut nuire à la pleine reconnaissance du droit de rétention en matière immobilière. D'une part, la Cour de cassation a refusé le droit de rétention à l'entrepreneur impayé sur l'immeuble construit (Cass. 3e civ., 23 juin 1999 : *Bull. civ.* 1999, III, n° 150) ; la solution paraît s'expliquer par l'idée que l'entrepreneur n'a pas une détention complète de l'immeuble. D'autre part, un arrêt a jugé que l'article L. 622-21 (devenu art. L. 622-20-1) du Code de commerce, accordant au rétenteur le report de son droit de rétention sur le prix en cas de vente forcée par le liquidateur n'était pas applicable en matière immobilière (Cass. 3e civ., 23 oct. 2002 : *Bull. civ.* 2002, III, n° 209). Mais un arrêt récent de la chambre commerciale se prononce en sens contraire (Cass. com., 30 janv. 2019, n° 17-22.223). C'est heureux, car le refus du report compromettrait l'efficacité du gage immobilier (ex-antichrèse), sûreté immobilière dont l'intérêt principal est de conférer un droit de rétention au créancier (V. *infra*, n°s 457 et s.). On terminera en précisant que la Cour de cassation a jugé que le droit de rétention exercé par un huissier sur les clés d'un immeuble, que cet officier détient pour avoir instrumenté l'expulsion de son occupant, n'emporte pas la détention de l'immeuble lui-même (Cass. 1re civ., 11 mai 2017, n° 15-26.646).

Piège à éviter

Combinaison du droit de rétention et d'une autre sûreté

Les étudiant(e)s ne comprennent pas toujours que, parmi les garanties offertes à un créancier, le droit de rétention peut se combiner avec une autre sûreté réelle.

D'une part, le droit de rétention peut être une des prérogatives (parmi d'autres) d'une sûreté réelle plus complète : le créancier gagiste avec dépossession a ainsi, outre son droit de préférence sur la chose gagée et son droit de se la faire attribuer en paiement, le droit de la retenir jusqu'à complet paiement. Par l'effet d'une extraordinaire fiction légale, ce droit de rétention est même reconnu à des gagistes qui ne sont pas en possession de la chose gagée (gage sur véhicule automobile, nantissement du compte de titres, et même, depuis 2008, gage sans dépossession de droit commun). Tout ce qui a été dit au texte des effets du droit de rétention s'applique aussi au droit de rétention du gagiste (avec ou sans dépossession). En revanche, les développements relatifs aux conditions du droit de rétention ne valent que pour le droit de rétention « autonome », qui n'est pas une prérogative liée à une autre sûreté. Les conditions du droit de rétention du gagiste ou du gagiste immobilier ne sont autres que les conditions de constitution de ces sûretés. Par ailleurs, ce droit de rétention lié à une autre sûreté disparaît si cette sûreté disparaît elle-même : il en allait ainsi par exemple en cas de défaut de déclaration de la sûreté à la procédure collective (Cass. com., 8 juin 1999 : *Bull. civ.* 1999, IV, n° 125) – alors que, dans un cas similaire, le droit de rétention « autonome », n'étant pas considéré comme une sûreté, subsistait (Cass. com., 20 mai 1997 : *Bull. civ.* 1997, IV, n° 141).

D'autre part, un créancier peut avoir, pour la garantie de la même créance et en raison des mêmes circonstances, un droit de rétention et une autre sûreté sur la même chose. Le cas le plus caractéristique est celui de la personne qui intervient pour la conservation d'une chose. Pour le paiement de ces frais, cette personne a un privilège (c'est-à-dire un droit de préférence) ; elle a sur cette chose un droit de rétention, pour la double raison que sa créance est en rapport avec la chose (il y a connexité matérielle) et que (en général) cette créance est née d'un contrat dans le cadre duquel la chose lui a été confiée (il y a connexité juridique). Vous devez bien comprendre que ces deux garanties ne jouent pas du tout de la même manière. Le conservateur n'a le droit de rétention que tant qu'il n'a pas rendu la chose conservée ; il peut alors espérer se faire payer par le débiteur, par un autre créancier qui accepterait de le désintéresser pour pouvoir saisir la chose : dans ce cas, il échappera à tout concours avec les autres créanciers. Si en revanche, il rend la chose au débiteur, ou s'il prend lui-même l'initiative de diligenter une procédure de saisie pour se payer sur le prix de la chose, il perd son droit de rétention, il n'a plus que son privilège. Celui-ci lui permet certes de se faire payer par préférence à d'autres créanciers, mais il risque d'être primé par des créanciers privilégiés de rang préférable au sien. La distinction entre le privilège et le droit de rétention est cependant quelque peu brouillée dans le contexte des procédures collectives, puisque ce n'est pas le créancier qui a l'initiative de vendre ou de ne pas vendre. Si le bien est vendu à l'initiative du liquidateur, le droit de rétention va se reporter sur le prix et se transformer en un droit de préférence supérieur à tous les autres (V. *supra*, Pistes à explorer).

TITRE 2

L'AFFECTATION PAR OCTROI D'UN DROIT PRÉFÉRENTIEL

233. – Évolution historique. En droit français, les droits préférentiels de garantie constituent les sûretés réelles les plus classiques.

Une sûreté réelle consiste traditionnellement en un droit réel conféré au créancier sur un ou plusieurs biens du débiteur ou d'un tiers et servant à la garantie de sa créance.

Historiquement, c'est d'abord le droit de propriété qui a servi de sûreté : le créancier se voyait remettre la propriété d'un bien de son débiteur, cette propriété ne devant être retransférée qu'en cas de complet paiement de la dette (fiducie).

Par la suite, le perfectionnement des techniques juridiques a conduit à concevoir des sûretés réelles consistant en de simples démembrements du droit de propriété conservé par le débiteur : dans ces mécanismes, le créancier n'a, jusqu'à l'échéance de sa créance, aucune prérogative particulière sur le bien grevé de la sûreté (même si, dans certains cas – gage par exemple – il peut en avoir la possession) mais, s'il n'est pas payé à l'échéance, son droit réel lui permet de se faire payer sur le bien en question par préférence aux autres créanciers. Il lui confère en outre dans certains cas (hypothèque, gage sans dépossession), un droit de suite, lui permettant d'être protégé contre l'aliénation du bien grevé. Jusqu'à la réforme du droit des sûretés, le Code civil ne connaissait que ce modèle de sûretés réelles conférant à leur titulaire un droit **préférentiel.** Et même si, aujourd'hui, on redécouvre les sûretés fondées sur la propriété, que le code réformé intègre explicitement parmi les sûretés réelles (V. *infra*, n°s 473 et s.), les sûretés classiques reposant sur un droit préférentiel, d'ailleurs profondément transformées, constituent encore les modes de garantie les plus importants.

234. – Distinction des sûretés mobilières et des sûretés immobilières. Ces sûretés, qui sont toutes prévues et réglementées par la loi, sont organisées de manière différente en matière mobilière et en matière immobilière. Cela tient à ce que leur efficacité – au moins lorsqu'il s'agit de sûretés conventionnelles – est généralement subordonnée à une certaine publicité destinée à renseigner les tiers ; or la publicité ne peut pas se faire de la même manière pour les meubles et pour les immeubles. Le plan actuel du titre sur les sûretés réelles dans le Code civil, tel qu'il résulte de la réforme de 2006, cristallise cette opposition traditionnelle entre les sûretés mobilières et les sûretés immobilières, qui sert également de base au plan des développements de ce manuel. Cependant, cette distinction n'est peut-être pas inscrite à tout jamais dans le marbre de la loi. L'évolution des techniques (et notamment l'apparition de l'informatique) a permet un certain rapprochement des deux catégories de sûretés, à tel point que, dans certains systèmes juridiques étrangers, on a pu concevoir un modèle de sûreté unique en matière mobilière et immobilière (V. *infra*, Pistes à explorer à propos de l'hypothèque).

235. – Incidence des procédures collectives. Au-delà des importantes différences de régime qui existent entre elles, il faut relever d'emblée que les sûretés réelles traditionnelles sont toutes affectées par l'ouverture d'une procédure collective contre le débiteur. Le créancier titulaire d'une telle sûreté doit, d'abord, déclarer sa créance et la sûreté qui l'assortit, à peine de ne pas pouvoir participer à la distribution des dividendes dans le cours de la procédure collective. Il est ensuite soumis à l'arrêt des poursuites individuelles, il ne peut pas faire valoir individuellement sa sûreté. En cas de plan de continuation, le créancier peut se voir imposer des délais ; il peut également se voir imposer une substitution de garantie (C. com., art. L. 622-8). Par ailleurs, certains créanciers se voient reconnaître par la loi, au cours de la procédure, des privilèges qui passent avant certaines sûretés conventionnelles (superprivilège des salaires, priorités de paiement des articles L. 622-17 et L. 641-13 du Code de commerce – L. 1985, *ex-art.* 40). Le détail de ces solutions est étudié dans les cours relatifs aux entreprises aux difficultés, mais vous devez les avoir présentes à l'esprit lorsque vous travaillez sur les sûretés.

CHAPITRE 1

LES SÛRETÉS MOBILIÈRES

236. – Distinction selon la source. Elles peuvent être d'origine légale – ce sont les privilèges – (Section 1) ou conventionnelle – il s'agit du gage et des nantissements – (Section 2).

Certaines sûretés mobilières conventionnelles, limitativement énumérées, peuvent en outre être accordées au créancier par le juge, à titre conservatoire : il s'agit du nantissement d'actions et de parts sociales, et du nantissement de fonds de commerce. Ces sûretés mobilières judiciaires fonctionnent selon le même schéma que les hypothèques judiciaires conservatoires, et il suffit donc ici de renvoyer à ce qui sera dit de ces dernières (V. *infra*, n° 414).

SECTION 1

LES SÛRETÉS MOBILIÈRES LÉGALES : LES PRIVILÈGES

237. – Notion. La loi donne à certains créanciers le droit d'être préférés aux autres dans la distribution du prix de tel ou tel bien, voire de la totalité des biens du débiteur : ce droit s'appelle un privilège. Les privilèges sont justifiés, selon l'article 2324 du Code civil (*ex-art. 2095*), par « la qualité de la créance », notion vague qui recouvre des considérations diverses tenant soit à l'intérêt général (par ex., privilèges du Trésor public), soit au souci de protéger tel ou tel créancier (par ex., privilèges des salariés), soit au souci de protéger le débiteur en lui permettant d'obtenir plus facilement du crédit (par ex., privilège des fournitures de subsistance). En principe, ces sûretés d'origine légale n'ont pas à être publiées, et ce caractère occulte les rend dangereuses pour le crédit du débiteur.

238. – Différentes catégories. Les privilèges peuvent porter sur les biens meubles ou sur les immeubles du débiteur (C. civ., art. 2328). Les privilèges immobiliers seront étudiés plus loin (V. *infra*, n°s 404 et s. et n° 454). On se limitera ici aux **privilèges mobiliers**, lesquels peuvent être, selon l'article 2330 du Code civil, soit généraux (Sous-section 1), soit spéciaux à certains meubles (Sous-section 2). Après avoir étudié ces deux types de privilèges mobiliers, il faudra envisager la question de leur classement (Sous-section 3). Sur tous ces points, la réforme de 2006 n'a pas apporté de modifications substantielles.

SOUS-SECTION 1

LES PRIVILÈGES MOBILIERS GÉNÉRAUX

239. – Nature et variétés. Ces privilèges, qui portent sur l'ensemble des meubles du débiteur, ne peuvent guère s'analyser comme de véritables droits réels : le créancier se voit seulement reconnaître un droit de préférence sur les biens qui (éventuellement) figureront dans l'actif de son débiteur au moment de sa réalisation ; il n'a aucun droit de suite. Certains de ces privilèges généraux portent à la fois sur les meubles et sur les immeubles du débiteur ; ils seront signalés au passage mais ne seront étudiés ici qu'en tant qu'ils portent sur les meubles ; le jeu de ces privilèges en matière immobilière, qui présente une certaine spécificité, sera étudié plus loin, avec les autres sûretés immobilières.

Les privilèges généraux mobiliers sont très nombreux, et il est très difficile d'en faire un recensement exhaustif. À côté des privilèges édictés par le Code civil, qui peuvent être aisément repérés (§ 1), on citera les plus importants de ceux qui sont édictés par des lois spéciales (§ 2).

§ 1. – Les privilèges édictés par le Code civil

240. – **Article 2331 du Code civil.** Ils sont énumérés par l'article 2331, qui est la reprise textuelle de l'ancien article 2101. Il convient de suivre ici l'ordre du texte, car c'est cet ordre qui sert de base au classement de ces privilèges entre eux (V. *infra*, n°s 275 et s.). Certains de ces privilèges, d'une importance pratique très limitée, ne seront mentionnés que pour mémoire.

A. – Le privilège des frais de justice

241. – **Caractéristiques.** Il garantit le paiement des frais qui ont été exposés par une personne pour la conservation, la réalisation et la liquidation des biens du débiteur : frais de saisie ou de séquestre exposés par un créancier, rémunération de l'huissier, de l'administrateur et du liquidateur judiciaire… Ce privilège se justifie par l'idée que les sommes avancées ou le travail effectué par ces personnes ont profité aux autres créanciers, qui ont pu ainsi participer aux répartitions : il est juste que ces personnes soient payées ou remboursées avant la distribution des deniers. On peut du reste considérer que celui qui a exposé ou payé ces frais a une créance moins contre le débiteur lui-même que contre les autres créanciers. Ce fondement explique que le privilège ne soit opposable qu'aux créanciers à qui les frais ou le travail fait ont effectivement profité, et ceci devrait logiquement aboutir à cantonner l'exercice du privilège, général par principe, au(x) bien(s) particulier(s) que les frais exposés ont abouti à conserver : des frais de séquestre, par exemple, ne devraient être payés par priorité que sur le bien ayant fait l'objet de la mesure, à l'encontre des seuls créanciers qui prétendent se payer sur ce bien. Notez que ce privilège s'exerce aussi sur les immeubles du débiteur (V. *infra*, n° 452).

B. – Le privilège des frais funéraires

242. – **Fondement et assiette.** Destiné à permettre à toute personne d'avoir des funérailles décentes, il garantit le paiement de toutes les sommes dues à raison des obsèques ; il s'exerce sur les seuls biens de la succession et non sur ceux des héritiers.

C. – Le privilège des frais de la dernière maladie

243. – **Désuétude.** Il garantit le paiement des sommes dues aux médecins et auxiliaires médicaux à raison de la dernière maladie (comprenez la dernière en date, que le malade ait été guéri ou qu'il soit mort !). Ce privilège a perdu beaucoup de son intérêt en raison

de la généralisation de la sécurité sociale, du développement des mutuelles et du mécanisme du tiers payant.

D. – Les privilèges des salariés et assimilés

244. - Complexité. Justifiés par un souci de protection des salariés (en raison du caractère alimentaire des salaires), mais aussi par l'idée que le salarié a, par son activité, contribué à l'enrichissement du patrimoine de l'employeur, ces privilèges font partie des privilèges pleinement généraux qui portent à la fois sur les meubles et sur les immeubles. Leur régime n'apparaît qu'imparfaitement à la lecture de l'article 2331 du Code civil, qui renvoie, sur divers points, aux textes spéciaux du Code du travail.

Outre leur privilège ordinaire, qui s'exerce dans tous les cas (1°), les salariés ont, en cas de procédure collective ouverte contre l'employeur, un superprivilège (2°). Dans ce même cas, le paiement de leurs salaires est en outre garanti par un système d'assurance (3°).

1° Le privilège ordinaire

245. - Privilège médiocre. Ce privilège, qui bénéficie aux titulaires d'un contrat de travail, garantit le paiement des salaires pour les six derniers mois de travail ou, pour les « gens de service », pour l'année échue et l'année courante. Est garanti en outre le paiement de diverses indemnités (indemnité de licenciement, indemnité de congés payés, de précarité d'emploi...). Pour plus de détails, vous vous reporterez à l'article 2331, 4° du Code civil et aux articles du Code du travail auxquels il renvoie. Notez que des privilèges analogues à celui des salariés bénéficient pour des montants et des durées variables, à certaines catégories de personnes non liées par un contrat de travail (auteurs-compositeurs et artistes, conjoint survivant d'un artisan ou d'un commerçant ayant travaillé dans l'exploitation...). Tous ces privilèges ont un rang médiocre (en particulier parce qu'ils passent après les privilèges fiscaux), mais ils sont parfois renforcés par le superprivilège.

2° Le superprivilège

246. - Privilège renforcé. Créé en 1935 et actuellement prévu par les articles L. 3253-2 et L. 3253-3 du Code du travail, ce privilège, dont le fondement est nettement alimentaire, garantit, dans la limite d'un plafond mensuel, le paiement des salaires dus pour les soixante derniers jours de travail (ainsi que de certains accessoires) **dans le seul cas de procédure collective** ouverte contre l'employeur (sauvegarde, redressement ou liquidation judiciaire). Il est appelé « superprivilège » car il passe avant tous les autres ; l'article L. 625-8 du Code de commerce prévoit que les sommes qu'il garantit doivent être payées par l'administrateur des biens du débiteur dans les dix jours du prononcé du jugement de redressement ou de liquidation judiciaire s'il y a des fonds disponibles, et, à défaut, sur les premières rentrées de fonds. C'est donc plus un droit de prélèvement qu'un véritable privilège.

3° L'assurance des salaires (AGS)

247. - Garantie supplémentaire. Depuis une loi de 1973, le paiement des salaires est en outre couvert par une assurance obligatoire (AGS) mise à la charge des employeurs et gérée par la délégation Unédic AGS. L'organisme d'assurance est amené, à la demande du représentant des créanciers, à payer les salaires à la place de l'employeur défaillant et bénéficie alors par subrogation de certains des privilèges reconnus aux salariés (V. C. trav., art. L. 3243-6 et s., repris dans C. com., art. L. 625-9).

E. – Le privilège des fournitures de subsistances

248. – Fourre-tout. Dans son acception originelle, ce privilège couvre le paiement de fournitures diverses (aliments, chauffage, éclairage) nécessaires à la vie du débiteur et de sa famille et faites pendant la dernière année. Mais des lois récentes modifiant l'article 2331, 5° du Code civil y ont assimilé de manière très artificielle certaines sommes dues à un exploitant agricole, qui n'ont rien à voir avec la fourniture de subsistances.

F. – Les autres privilèges de l'article 2331 du Code civil

249. – Intérêt limité. Le privilège de la victime d'un accident et de ses ayants droit n'a qu'un intérêt théorique depuis que la victime s'est vu reconnaître une action directe sur l'indemnité d'assurance due au responsable (V. *infra*, n° 471 à propos de l'action directe). Les privilèges de l'article 2331, 7° et 8° du Code civil n'ont plus également que très rarement l'occasion de jouer. On n'en traitera pas ici.

§ 2. – Les privilèges prévus par des lois spéciales

A. – Les privilèges fiscaux

250. – Importance et dangers. Tous les impôts sont garantis par un privilège général sur les biens mobiliers du contribuable. L'article 2329 du Code civil (*ex-art. 2098*) prévoit l'existence de ces privilèges fiscaux, mais renvoie aux lois spéciales qui les édictent, et qui ont été, pour la plupart, codifiées dans le Code général des impôts. On rencontre ainsi le privilège des contributions directes et taxes assimilées (CGI, art. 1920), le privilège des taxes sur le chiffre d'affaires (CGI, art. 1926), le privilège des droits d'enregistrement et de timbre (qui garantit également le paiement des taxes de publicité foncière et l'impôt sur les grandes fortunes), le privilège des droits de douane... Ces différents privilèges, qui peuvent couvrir des sommes considérables, sont accordés au Trésor dans l'intérêt de la collectivité, ce qui semble justifier qu'ils passent en principe avant tous les autres. Ils sont donc particulièrement dangereux pour les autres créanciers, car les arriérés d'impôts suffisent souvent à absorber l'actif du débiteur.

251. – Publicité. C'est pourquoi les autres créanciers doivent être informés du montant des sommes dues au Trésor : une loi de 1966 (maintes fois modifiée : actuellement CGI, art. 1929 quater) a imposé au Trésor, pour les principaux impôts, de déterminer périodiquement le montant de l'arriéré fiscal dû par le contribuable et, si cet arriéré est supérieur à un certain montant, d'inscrire son privilège au greffe du tribunal de commerce. Cette exigence de publicité (dérogatoire au régime général des privilèges mobiliers) ne concerne cependant que les contribuables susceptibles d'être soumis à une procédure collective (commerçants, artisans et personnes morales de droit privé même non-commerçantes) ; l'absence de publicité n'est en effet sanctionnée que par l'inopposabilité du privilège aux autres créanciers dans le cadre d'une telle procédure. Par ailleurs, à la différence de la publicité des sûretés immobilières (V. *infra*, n°s 434 et s.), cette publicité des privilèges fiscaux ne conditionne que l'opposabilité aux tiers du privilège, non son rang : ce rang dépend exclusivement de la nature des privilèges en concours, non du moment exact de l'inscription.

252. – Recouvrement. Il faut signaler qu'outre ces privilèges, le Trésor dispose pour le recouvrement des principaux impôts, d'une procédure spécifique, l'**avis à tiers détenteur**, qui lui permet de demander directement le paiement des impôts aux tiers qui doivent de l'argent au contribuable ou qui détiennent de l'argent pour son compte (banquier ou employeur du contribuable, par exemple). Ces sommes échappent ainsi aux autres créanciers et le Trésor se trouve de ce fait en situation d'exclusivité. L'avis à tiers détenteur, pour être efficace, doit cependant être exercé avant l'ouverture de la procédure collective. Cette voie d'exécution a cependant perdu sa spécificité, et, en conséquence, une grande partie de son efficacité depuis que la loi de 1991 réformant les procédures civiles d'exécution a ouvert à tous les créanciers la possibilité de faire une saisie-attribution sur les sommes d'argent dues à leur débiteur, ce qui produit exactement le même effet (V. *infra*, n° 466, à propos des actions directes).

À côté des privilèges fiscaux, le Trésor dispose également d'un certain nombre de privilèges généraux pour le paiement de sommes non fiscales (par ex., les amendes pénales, le remboursement des déficits des comptables publics...).

B. – Le privilège de la sécurité sociale

253. – Régime spécifique. Les caisses de sécurité sociale bénéficient, depuis 1945, d'un privilège (V. CSS, art. L. 243-4 et s.) qui garantit le paiement de toutes les cotisations qui peuvent leur être dues pendant un an à compter de leur échéance. Ce privilège, assimilé à l'origine au privilège des salariés, a le même rang que lui. Lorsque le débiteur des cotisations est un commerçant, un artisan ou une personne morale de droit privé, et que les arriérés atteignent un certain montant, ce privilège doit être publié par une inscription au greffe du tribunal de commerce, à défaut de quoi il ne peut plus être exercé dans le cadre de la procédure de traitement des difficultés du redevable (CSS, art. L. 243-5). Le système est analogue à celui mis en place pour les privilèges du Trésor.

C. – Les privilèges des créances nées en cours de procédure collective

254. – Historique. Pour inciter les cocontractants d'une entreprise en difficulté (banquiers, fournisseurs...) à continuer à traiter avec elle et à lui faire crédit, on accorde traditionnellement, en droit français, une priorité aux créanciers dont la créance est née postérieurement à l'ouverture de la procédure collective. Cette priorité d'abord reconnue par la jurisprudence à travers la notion de « créance de la masse », avait été reprise, et singulièrement renforcée, par l'article 40 de la loi de 1985, qui faisait passer les créanciers postérieurs avant tous les créanciers antérieurs, y compris ceux qui étaient titulaires de sûretés spéciales sur un bien du débiteur tant en matière mobilière qu'immobilière (créanciers gagistes ou hypothécaires par exemple). Vivement critiqué car accusé de compromettre le crédit de l'entreprise en difficulté avant l'ouverture de la procédure et de ruiner le crédit hypothécaire, ce « privilège » a vu sa portée limitée par la loi du 10 juin 1994, qui en a quelque peu rabaissé le rang (V. *infra*, n° 286, à propos du classement des privilèges). Cette priorité des créances postérieures se retrouve aujourd'hui, avec d'importantes modifications (dont la dernière en date par l'ordonnance du 12 mars 2014), dans les articles L. 622-17 (en cas de sauvegarde et de redressement) et L. 641-13 (en cas de liquidation) du Code de commerce. La loi de 2005 lui a ajouté, sur le même modèle, une priorité de paiement liée à la nouvelle procédure de conciliation (C. com., art. L. 611-11). Avant la réforme, la Cour de cassation avait refusé d'analyser la priorité de paiement de l'article 40 de la loi de 1985 comme un privilège au motif que cette priorité n'était pas liée à la qualité de la créance (V. *infra*, n° 453, à propos des privilèges immobiliers). Mais cet argument ne vaut plus depuis la loi de 2005 en raison des conditions nouvelles mises à l'octroi de ces priorités, et les textes eux-mêmes utilisent le vocable « privilège ». On peut donc parler du privilège de la conciliation et du privilège de la procédure.

255. – **Privilège de la conciliation.** Prévu par l'article L. 611-11 du Code de commerce, ce privilège bénéficie aux personnes qui, dans un accord homologué, ont consenti au débiteur en difficulté un nouvel apport en trésorerie ou qui lui ont fourni un bien ou un service en vue d'assurer la poursuite d'activité de l'entreprise et sa pérennité. Le privilège joue en cas d'ouverture postérieure d'une procédure de sauvegarde, de redressement judiciaire ou de liquidation judiciaire. Il s'agit d'encourager les partenaires de l'entreprise à lui accorder de nouveaux crédits ou à passer avec elle de nouveaux contrats dans le cadre de la procédure de conciliation. Le texte précise que le privilège ne profite pas à ceux qui auraient accordé ces crédits ou fourni ces biens ou services avant l'ouverture de la procédure.

256. – **Privilège de la procédure.** Les articles L. 622-17 (pour le cas de sauvegarde ou de redressement) et L. 641-13 (pour le cas de liquidation judiciaire) du Code de commerce reprennent, dans leur principe, le traditionnel privilège des créanciers postérieurs. Pour donner lieu au privilège, la créance doit être née régulièrement (c'est-à-dire dans le respect des règles de la procédure), soit pendant la période d'observation, soit après le jugement de liquidation judiciaire. Avant la réforme, le paiement prioritaire couvrait toutes les créances postérieures. La loi de 2005 a introduit une limitation importante : désormais, seules donnent lieu au paiement préférentiel les créances nées pour les besoins du déroulement de la procédure (par ex., la rémunération ou le paiement des frais des mandataires de justice), ou de la période d'observation (par ex., les dettes fiscales ou sociales afférentes à l'activité pendant cette période), ou en contrepartie d'une prestation fournie au débiteur pendant la période d'observation (cela vise aussi bien les salaires dus aux salariés de l'entreprise, que le paiement des fournitures ou services qui lui sont accordés, ou encore le remboursement des prêts qui lui sont faits). S'y ajoutent, en cas de liquidation judiciaire les créances « nées des besoins de la vie courante du débiteur, personne physique ». Ces conditions, dont l'application risque de se révéler difficile en pratique, permettent désormais de dire que la priorité de paiement est liée à la « qualité de la créance », donc d'y voir un véritable privilège.

SOUS-SECTION 2

LES PRIVILÈGES MOBILIERS SPÉCIAUX

257. – **Classification.** Ces privilèges sont extrêmement nombreux et sont édictés par des lois éparpillées dans l'ensemble des domaines du droit. Les plus importants sont prévus par l'article 2332 du Code civil (reprenant sans changement l'ancien article 2102). En général, les privilèges spéciaux mobiliers ne confèrent à leur titulaire qu'un droit de préférence, mais certains donnent au créancier l'équivalent d'un droit de suite.

On classe habituellement les privilèges spéciaux mobiliers en trois catégories, selon leur fondement. Cette distinction, souvent très artificielle, servait traditionnellement de base au classement des privilèges spéciaux entre eux. Elle est devenue moins utile depuis que la loi règle explicitement le classement des privilèges, mais elle commande encore certains aspects de leur régime. On distinguera donc, selon une présentation traditionnelle, les privilèges fondés sur l'idée de gage tacite (§ 1), ceux qui sont justifiés par l'idée de mise d'une valeur dans le patrimoine du débiteur (§ 2) et le privilège de l'article 2332, 3° fondé sur l'idée de conservation d'un élément de patrimoine (§ 3).

§ 1. – Les privilèges fondés sur l'idée de gage tacite

258. – Principe. Ils sont accordés à des personnes qui sont, de manière plus ou moins directe, entrées en possession d'une chose appartenant à leur débiteur : on peut alors justifier le privilège par l'idée que le débiteur a tacitement conféré à son créancier un gage sur la chose en question. Très artificielle pour le privilège du bailleur d'immeuble (A), cette idée s'accorde mieux avec d'autres privilèges moins importants (B).

A. – Le privilège du bailleur d'immeuble (C. civ., art. 2332, 1°)

259. – Fondements. D'un point de vue de politique juridique, ce privilège est justifié à la fois par une volonté de protéger le bailleur-propriétaire et par le souci de permettre au locataire de trouver plus facilement un logement ou un lieu de travail (pour les baux professionnels, commerciaux ou ruraux), en rassurant le bailleur sur la possibilité d'obtenir le paiement de ses loyers. Techniquement, on présente le privilège du bailleur d'immeuble comme fondé sur l'idée qu'en introduisant ses meubles dans les lieux loués, le locataire les aurait tacitement offerts en gage au bailleur, en lui en conférant une sorte de possession indirecte. Bien que reposant sur une fiction totale, cette explication permet de comprendre le régime très particulier de ce privilège.

1° Créances garanties

260. – Loyers et créances assimilées. Le privilège du bailleur garantit le paiement des loyers et fermages ainsi que de différentes créances qui peuvent naître de l'exécution du bail (réparations locatives, remboursement des dégradations…), ou de l'occupation des lieux à quelque titre que ce soit (indemnité d'occupation). Les loyers échus sont toujours garantis, dans la limite de la prescription quinquennale ; mais, en outre, le privilège garantit les loyers à échoir pour une durée variable selon la forme du bail. Si le bail est authentique ou a date certaine, le privilège porte sur tous les loyers à échoir, ce qui peut être considérable si le bail doit encore durer plusieurs années ; si le bail a été passé par acte sous seing privé non enregistré, la garantie ne couvre ces loyers à échoir que pour un an. Dans les deux cas, les autres créanciers peuvent alors relouer l'immeuble pour leur compte et encaisser les loyers, sauf à reverser au propriétaire ce qui lui est encore dû. Des règles particulières existent pour les baux ruraux.

261. – Incidence des procédures collectives. Les créances garanties par le privilège sont singulièrement réduites en cas de procédure collective frappant le locataire d'un immeuble à usage professionnel (C. com., art. L. 622-16.). Dans ce cas, le privilège ne garantit plus que les sommes dues pour les deux années précédant le jugement d'ouverture. En ce qui concerne les loyers à échoir, il faut distinguer selon que le bail est ou non résilié. Si le bail est résilié, le privilège ne garantit que les sommes dues pour l'année courante. S'il est continué, le privilège ne peut plus s'exercer sur les loyers à échoir que si les sûretés constituées lors du contrat ou données au bailleur depuis le jugement d'ouverture ne sont pas suffisantes ; mais en compensation le bailleur bénéficie de la priorité de paiement de l'article L. 622-17 du Code de commerce.

2° Assiette

262. – **Délimitation : meubles appartenant ou non au preneur.** Le privilège du bailleur porte sur les meubles qui garnissent les lieux loués, ce qui doit s'entendre, non seulement des meubles meublants, mais aussi de tous les éléments de l'actif mobilier qui se trouvent dans les locaux, à l'exception de l'argent et des valeurs. Par exemple, le bailleur d'un immeuble à usage commercial peut exercer son privilège sur le matériel d'équipement de l'entreprise. Et, de manière tout à fait remarquable, on estime que ce privilège porte **même sur les meubles qui n'appartiennent pas au locataire** (meubles empruntés, loués, achetés par le locataire avec réserve de propriété au profit du vendeur…). Cette solution, traditionnelle, a retrouvé une grande actualité avec le développement de la pratique de la réserve de propriété, notamment en cas de faillite du locataire. La Cour de cassation a affirmé à plusieurs reprises dans la période récente que le bailleur pouvait, grâce à son privilège, l'emporter sur le vendeur réservataire (Cass. 3e civ., 24 juin 2009, n° 08-14.357. – Cass. com., 16 nov. 2010, n° 09-70.765). On justifie cette solution par l'idée de gage tacite : de même qu'un gagiste, le bailleur peut acquérir un droit de préférence sur un bien n'appartenant pas à son débiteur, par l'effet de l'article 2276 du Code civil. Ce fondement, bien que très artificiel, dicte la limite de la solution : le bailleur ne peut prétendre faire valoir son privilège s'il est de « mauvaise foi », c'est-à-dire s'il savait que les meubles n'appartenaient pas à son locataire. La bonne ou la mauvaise foi s'appréciant au moment de la mise en possession, le bailleur ne sera écarté que s'il a été averti au moment de l'entrée des meubles dans les lieux. Cette distinction entre le bailleur de bonne foi et le bailleur de mauvaise foi se retrouve en ce qui concerne le rang du privilège du bailleur (V. *infra*, n° 280). On notera enfin que l'avant-projet de réforme du droit des sûretés prévoit de limiter l'assiette de ce privilège aux meubles appartenant au débiteur.

Dans les baux ruraux, l'assiette du privilège est plus large : sont soumis à la garantie non seulement les meubles garnissant la ferme (maison et terres), mais aussi les fruits de la récolte de l'année et les biens servant à l'exploitation de la ferme même s'ils se trouvent en dehors de celle-ci (par ex., sur des terres dont le fermier est par ailleurs propriétaire). L'idée de gage tacite est complètement impuissante pour expliquer ces solutions.

263. – **Protection de l'assiette du privilège.** Le privilège du bailleur ne peut normalement s'exercer que si les biens se trouvent encore dans les lieux loués au moment de la saisie (ou de l'ouverture de la procédure collective). Mais le bailleur dispose de prérogatives efficaces pour empêcher la sortie des meubles, ou même pour les récupérer s'ils en sont sortis.

Traditionnellement, le bailleur, pour conserver son privilège, disposait d'une procédure particulière (la saisie-gagerie) lui permettant d'empêcher le locataire de déplacer les meubles sans son consentement. Cette procédure a été supprimée par la loi du 9 juillet 1991 sur les procédures civiles d'exécution, mais, désormais, le bailleur, s'il a un contrat écrit, a le droit de procéder à une saisie conservatoire sans autorisation de justice dès le premier arriéré de loyer.

Si les meubles ont été enlevés sans le consentement du bailleur, celui-ci peut en obtenir la restitution pour exercer son privilège dans le délai de quinze jours (pour les baux urbains) ou quarante jours (pour les baux ruraux). Cette « revendication » (l'article 2332 utilise ce terme qui est impropre puisque le bailleur n'est pas propriétaire des meubles) se fait aujourd'hui par la voie de la saisie-appréhension de l'article L. 222-1 du Code des procédures civiles d'exécution. De manière tout à fait remarquable, cette action est ouverte même si les meubles ont été vendus à un tiers, et, selon la jurisprudence, même si ce tiers est de bonne foi. Il s'agit donc d'une sorte de droit de suite reconnu au bailleur d'immeuble.

264. – **Efficacité et garanties complémentaires.** Le privilège du bailleur apparaît donc comme une sûreté assez efficace. Les bailleurs s'en contentent rarement cependant, ne serait-ce que parce qu'ils ne peuvent guère connaître la consistance ni la valeur des meubles introduits par le locataire dans les lieux, et renforcent habituellement leurs droits par des sûretés conventionnelles, réelles (dépôt de garantie effectué par le locataire lors de son entrée dans les lieux, lequel ne peut, depuis une loi de 2009, être supérieur à un mois de loyer) ou, de plus en plus souvent, personnelles (cautionnement, voire garantie à première demande). Cependant, il faut rappeler qu'en matière de baux d'habitation, le l'article 22-1-1 de la loi du 6 juillet 1989, prévoit que la garantie autonome prévue à l'article 2321 du Code civil ne peut être souscrite qu'en lieu et place du dépôt de garantie et dans la limite du montant prévu pour celui-ci. Le bailleur peut aussi souscrire une assurance locative pour garantir le paiement des loyers, mais alors cela lui interdit en principe de demander en plus un cautionnement.

B. – Autres privilèges fondés sur l'idée de gage tacite

265. – **Hôtelier, transporteur, syndicat de copropriété.** On citera sans s'y arrêter le privilège de l'hôtelier sur les biens introduits dans son établissement par le voyageur pour le paiement du logement et de la nourriture (C. civ., art. 2332, 5°), le privilège du transporteur sur les biens transportés (C. com., art. L. 133-7) celui du commissionnaire sur les marchandises déposées chez lui (C. com., art. L. 132-2), le privilège du syndicat de copropriétaires sur les meubles garnissant l'appartement du copropriétaire débiteur des charges (L. n° 65-557, 10 juill. 1965, art. 19, al. 5 et 6 qui renvoie à l'article 2321, 1°).

§ 2. – Privilèges fondés sur la mise d'une valeur dans le patrimoine du débiteur

266. – **Principe.** Ces privilèges sont accordés à des créanciers dont la créance est la contrepartie d'un enrichissement procuré au débiteur : cet enrichissement profite à tous les autres créanciers, puisqu'ils peuvent ainsi exercer leur droit de gage général sur un bien qui n'y était pas auparavant. Il semble juste que celui qui a été à son origine passe avant les autres. Cette idée explique très bien le privilège du vendeur de meubles (A), mais aussi d'autres privilèges (B).

A. – Le privilège du vendeur de meubles (C. civ., art. 2332, 4°)

267. – **Présentation.** Ce privilège permet au vendeur de se payer par préférence sur la valeur de la chose qu'il a vendue. Pour comprendre la situation du vendeur de meubles, il faut rappeler qu'en principe, en droit français, la vente transfère immédiatement la propriété de la chose à l'acheteur. Si le transfert de la propriété coïncide parfois avec la livraison de la chose (pour les choses de genre, qui ne sont individualisées qu'à ce moment-là), il n'est jamais lié, de plein droit, au paiement du prix par l'acheteur. Le vendeur impayé n'a donc pas la possibilité de revendiquer la chose. Cependant, comme il a contribué à accroître la consistance du patrimoine de l'acheteur, il est compréhensible qu'il dispose d'un certain nombre de garanties à l'encontre des autres créanciers. Le privilège n'est que l'un des moyens de protection parmi tous ceux dont dispose le vendeur

impayé (1°). C'est loin d'être le plus important car son régime n'est pas très favorable au vendeur (2°).

1° Place du privilège parmi les moyens de protection du vendeur impayé

268. – Rétention et résolution. Pour que le vendeur puisse exercer son privilège, il faut qu'il fasse saisir et vendre la chose pour se payer sur le prix de cette réalisation. Or, ce n'est pas là la solution la plus naturelle pour le vendeur qui peut recourir à beaucoup d'autres moyens pour se faire payer. Si la vente est au comptant, il peut refuser de livrer la chose tant qu'il n'est pas payé (C. civ., art. 1612, ce qui est un cas de droit de rétention) et, même s'il a livré, il peut encore, selon l'article 2332, 4°, alinéa 2, « revendiquer » la chose dans les huit jours si elle est encore en état et qu'elle n'a pas été revendue – ce qui lui permet de retrouver, non la propriété, mais la détention de la chose vendue et d'exercer à nouveau son droit de rétention. Par ailleurs, que la vente soit au comptant ou à crédit, il peut demander ou déclarer la résolution de la vente (ou faire jouer une clause résolutoire), ce qui lui permettra de retrouver la propriété de la chose vendue et ainsi d'échapper au concours avec les autres créanciers.

Cependant, l'action résolutoire est perdue dans le cas où elle serait le plus utile au vendeur, c'est-à-dire si l'acheteur est soumis à une procédure collective du Code de commerce : la résolution ne peut plus être obtenue que si elle a joué avant l'ouverture de la procédure (par l'effet d'une décision de justice, d'une clause résolutoire acquise, ou, depuis la réforme de 2016, d'une déclaration extrajudiciaire de résolution) ou du moins que si la demande en résolution a été formée avant (C. com., art. L. 624-12). Le droit de rétention peut, lui, encore être exercé (si le bien n'a pas encore été livré), mais le droit de « revendication » ne peut plus être exercé que si les marchandises vendues n'ont pas encore été mises en la possession de l'acheteur (V. C. com., art. L. 624-13 et s.). C'est ce qui a amené les vendeurs à chercher des moyens de protection plus efficaces, notamment en stipulant dans le contrat une clause de réserve de propriété (V. *infra*, n°s 471 et s.).

2° Régime du privilège

269. – Créances garanties. Le privilège du vendeur est reconnu dans toute vente de meubles, corporels ou incorporels et, par assimilation, dans l'échange pour le paiement de la soulte. Cependant, comme l'action résolutoire, il est perdu en cas d'ouverture d'une procédure collective contre l'acheteur (C. com., art. L. 624-11).

Il garantit la créance de prix et tous ses accessoires (frais de livraison…), mais, curieusement, pas les dommages et intérêts dus en cas de non-paiement.

270. – Assiette : droit de suite ? Quant à son assiette, elle est constituée par la chose vendue (là encore avec ses accessoires), à condition qu'elle n'ait pas été transformée et qu'elle soit encore identifiable chez l'acquéreur. On se demande si le privilège subsiste lorsque la chose a été revendue, c'est-à-dire si le vendeur a un droit de suite : il est certain que le vendeur impayé ne peut plus exercer son droit de préférence à l'encontre du sous-acquéreur entré en possession de bonne foi, et qui peut se prévaloir de l'article 2276 du Code civil ; mais la solution est moins évidente lorsque le meuble revendu n'a pas encore été livré ou que le sous-acquéreur est de mauvaise foi. La Cour de cassation avait admis en 1894 que le vendeur n'avait pas de droit de suite même dans ce dernier cas. Mais le même arrêt avait admis que le privilège du vendeur se reportait sur le prix de vente tant que le sous-acquéreur ne l'avait pas encore payé au vendeur intermédiaire. On peut penser que la solution n'a plus d'intérêt pratique, car le vendeur devra aujourd'hui, pour exercer son droit, pratiquer une saisie-attribution, et, en cas de concours avec d'autres créanciers, c'est de toute façon le premier saisissant qui l'emportera, indépendamment des privilèges dont certains peuvent être titulaires. On peut cependant se demander si l'article 2332-3 du Code civil relatif au classement des privilèges, qui prévoit la possibilité d'un concours entre plusieurs vendeurs successifs, ne postule pas la reconnaissance d'un droit de suite au profit du vendeur (V. *infra*, n° 279).

271. – Vente de fonds de commerce. Le privilège du vendeur de fonds de commerce, spécialement réglementé par les articles L. 141-5 à L. 141-22 du Code de commerce (issus d'une loi de 1909), est soumis à un régime très particulier. Il est soumis à une inscription au greffe du tribunal de commerce, mais ses effets sont beaucoup plus favorables au vendeur que le privilège de droit commun : il peut s'exercer même si l'acheteur est soumis à une procédure collective et même s'il a été inscrit après le jugement d'ouverture (C. com., art. L. 622-30, al. 3), et, surtout, il confère à son titulaire un droit de suite qui lui permet de saisir le fonds entre les mains du sous-acquéreur (C. com., art. L. 143-12). Celui-ci est protégé par la possibilité de mettre en œuvre une procédure de purge analogue à celle que nous étudierons plus loin en matière immobilière.

B. – Autres privilèges fondés sur l'idée de mise d'une valeur dans le patrimoine du débiteur

272. – Privilèges divers. On peut rattacher à la même idée que le privilège du vendeur le privilège dit « de pluviôse » (en raison de la date du texte qui l'a institué pour la première fois), qui est actuellement reconnu par l'article L. 3253-22 du Code du travail aux ouvriers, fournisseurs et (par assimilation jurisprudentielle) aux sous-traitants d'entrepreneurs de marchés publics, sur les sommes dues par l'administration à l'entrepreneur.

Le privilège reconnu par l'article 2332, 8° du Code civil aux victimes d'accidents sur l'indemnité due à l'auteur par son assureur de responsabilité était fondé sur la même idée. Mais ce privilège, qui subsiste dans le texte, n'a plus aucun sens depuis la reconnaissance à la victime d'une action directe contre l'assureur de responsabilité : c'est la victime qui devient elle-même créancière de l'indemnité d'assurance, qui n'entre jamais dans l'actif du responsable (sur les actions directes, V. *infra*, n°s 465 et s.).

On notera enfin que depuis le 18 novembre 2016, les producteurs agricoles disposent d'un privilège pour les produits qu'ils ont livrés dans les trois derniers mois précédant l'ouverture d'une procédure collective à l'égard de l'acheteur (C. civ., art. 2332-4).

§ 3. – Le privilège du conservateur

273. – Principe. Ce privilège, prévu par l'article 2332, 3° du Code civil (*ex-art. 2102*, 3°) est fondé sur l'idée (voisine de la précédente) que les frais engagés pour la conservation d'un élément d'actif du débiteur profitent à tous ses créanciers, puisque, sans cela, le bien aurait péri ou aurait perdu de sa valeur. Il est juste que le conservateur soit payé avant les autres.

A. – Créances garanties

274. – Frais de conservation. Il garantit le paiement des frais engagés par une personne pour la conservation de la chose d'autrui (par ex., réparations faites par un garagiste, restaurateur de meubles anciens, vétérinaire qui soigne un animal). Cette notion a suscité d'importants débats jurisprudentiels et doctrinaux. Il faut distinguer les frais de conservation (garantis) de ceux qui ont pour objet l'amélioration ou de modernisation (qui ne le sont pas) : il s'agit de savoir si, en l'absence des frais exposés, la chose aurait ou non pu continuer à être utilisée normalement, et si elle aurait ou non perdu de sa valeur. Ainsi l'installation d'un appareil de radio sur un navire ne peut pas bénéficier en principe du privilège car son intervention a seulement permis de rendre l'utilisation du bateau plus rentable ou plus sûre (Cass. com., 18 mai 1963 : *Bull. civ.* 1963, III, n° 160) ; il n'en irait autrement que si l'installation était exigée réglementairement, le bateau ne pouvant plus aller en mer sans être équipé (Cass. com., 31 janv. 1962 : *Bull. civ.* 1962, III, n° 16). Cependant, la jurisprudence n'est pas clairement fixée sur ce point (Cass. com., 9 oct. 1984 : *Bull. civ.* 1984, IV, n° 259).

B. – Assiette

275. – **Chose conservée.** Le privilège porte sur la chose conservée. S'agissant d'un privilège spécial, il ne saurait porter sur le patrimoine tout entier. Il ne peut donc, paradoxalement, être invoqué par des créanciers qui ont, par leur intervention, conservé la valeur globale du patrimoine et non d'un bien déterminé (par ex., un avocat qui, par son intervention, a évité à son client de payer une certaine somme, un expert-comptable ou commissaire aux comptes qui a vérifié la comptabilité de l'entreprise ne bénéficient pas du privilège du conservateur).

Selon la jurisprudence, le privilège du conservateur ne comporte pas de droit de suite : il ne peut donc plus s'exercer sur le bien conservé s'il a été vendu à un tiers. On peut cependant se demander si cette solution n'est pas remise en cause par l'article 2332-3 du Code civil qui fait primer le vendeur impayé par le conservateur (V. *infra*, n° 284) La jurisprudence avait parfois admis que son droit de préférence se reportait sur la créance de prix, mais, comme pour le privilège du vendeur, la réglementation de la saisie-attribution, qui assure l'exclusivité au premier saisissant, semble retirer toute portée à cette solution.

Il faut noter que le conservateur, s'il n'a pas encore restitué la chose conservée, peut exercer son droit de rétention, plutôt que de faire ou de laisser saisir la chose pour exercer son privilège sur le prix de vente. Le droit de rétention est généralement plus avantageux que le privilège en cas de concours avec d'autres créanciers privilégiés (V. *supra*, Droit de rétention ; Piège à éviter).

SOUS-SECTION 3

LE CLASSEMENT DES PRIVILÈGES MOBILIERS

276. – **Exemple.** Plusieurs créanciers titulaires de privilèges mobiliers peuvent entrer en concours sur le même bien. Supposez par exemple une entreprise qui a acheté des marchandises à crédit (elles sont donc grevées du privilège du vendeur) et qui les a entreposées dans un local dont elle n'est pas propriétaire, et dont elle n'a pas payé le loyer depuis trois mois (de ce fait, les marchandises sont atteintes par le privilège du bailleur). Ajoutons que l'entreprise a des arriérés fiscaux et des cotisations en retard à l'URSSAF : tous ses biens – et donc en particulier les marchandises – sont donc frappés de privilèges au profit du Trésor et de la sécurité sociale... Si les marchandises sont saisies, ou si le prix en est distribué dans le cadre d'une procédure collective, comment se fera la distribution ? Bien entendu, les créanciers privilégiés passeront avant les créanciers

chirographaires – par exemple une banque qui aurait prêté sans garanties –, mais il n'est même pas certain que le prix des marchandises suffise à désintéresser les seuls privilégiés. On voit apparaître ici la nécessité d'un classement des privilèges. Précisons que ce classement doit englober non seulement les privilèges légaux dont nous avons fait l'étude, mais aussi, éventuellement, les droits de préférence qui sont accordés aux titulaires de sûretés conventionnelles (gage, nantissements divers, warrants...) qui seront étudiées par la suite : pour l'instant, nous en ferons abstraction, mais nous les réintroduirons au fur et à mesure qu'ils apparaîtront dans les développements.

Les règles de classement des privilèges, essentiellement fixées jusque-là par la jurisprudence, ont été systématisées dans les articles 2332-1 à 2332-3 du Code civil, issus de la réforme de 2006. Cependant, ces règles normales de classement (§ 1) peuvent se trouver perturbées par divers facteurs (§ 2).

§ 1. – Règles normales de classement

277. – Date de naissance indifférente. On doit d'abord retenir que, contrairement à ce qui vaut en matière immobilière, le classement des sûretés mobilières est normalement indépendant de leur date de naissance, ou même, s'il s'agit de sûretés soumises à publicité (privilèges du Trésor ou de la Sécurité sociale), de la date à laquelle ils ont été publiés. Il n'en va différemment, depuis la réforme, que pour les gages sans dépossession, qui, entre eux, se classent d'après leur date de publication (V. *infra*, n° 315). Pour les créanciers privilégiés, le classement s'opère, selon l'article 2325 du Code civil, selon « les différentes qualités des privilèges » – ce qui amène à poser des principes différenciés selon la nature des privilèges en concurrence.

A. – Classement des privilèges généraux entre eux

278. – Ordre prévu par les textes. Ce classement s'exerce traditionnellement selon l'ordre prévu par les textes qui instituent les divers privilèges (C. civ., art. 2332-2). Ainsi, l'article 2331 du Code civil énumère les différents privilèges dans l'ordre où ils s'exercent. La difficulté vient ici de la multitude de textes extérieurs au Code civil alors surtout que beaucoup ne disent rien de l'ordre, ou prévoient que le privilège qu'ils instituent « s'exerce avant tout autre ».

279. – Cas particulier des privilèges fiscaux. Une difficulté particulière a surgi naguère à propos des privilèges fiscaux : l'article 2327 du Code civil (*ex-art. 2098*) prévoit que ces privilèges s'exercent dans l'ordre prévu par les lois qui les instituent, mais ajoute que « le Trésor ne peut cependant obtenir de privilège au préjudice de droits antérieurement acquis à des tiers ». Pris à la lettre, ce texte semble vouloir dire que, pour ces privilèges, il faut exceptionnellement tenir compte de la date de naissance du privilège : les privilèges fiscaux devraient donc être primés par toutes les autres sûretés nées antérieurement. Mais la Cour de cassation a décidé en 1925 que le texte n'avait nullement cette signification, et qu'il rappelait simplement le principe de non-rétroactivité des lois nouvelles instituant des privilèges fiscaux.

280. – Classement. Sous le bénéfice de ces observations liminaires, on peut indiquer le classement suivant (**en dehors des procédures de traitement des entreprises en difficulté**) :

1° le privilège des frais de justice ;

2° les privilèges fiscaux, dans l'ordre indiqué par le Code général des impôts (contributions directes, puis taxes sur le chiffre d'affaires, puis enregistrement, puis contributions indirectes...) ;

3° les autres privilèges de l'article 2331, dans l'ordre indiqué par ce texte. Notez que le privilège des caisses de sécurité sociale vient au même rang que le privilège ordinaire des salariés (C. civ., art. 2332-2).

B. – Classement des privilèges spéciaux entre eux

281. - **Classement lié au fondement.** Le Code civil ne donnant pas jusque-là d'ordre de classement, jurisprudence et doctrine avaient posé des règles tenant compte des différents fondements attribués aux privilèges spéciaux. Ces principes se retrouvent dans l'article 2332-3, qui édicte le rang des divers privilèges spéciaux par rapport aux autres. Ce classement, cependant, n'intègre pas le droit de préférence du gagiste.

282. - **Rang du privilège du conservateur.** Selon ce dernier texte, qui reprend les solutions admises antérieurement, le conservateur l'emporte sur tout autre créancier privilégié spécial dès lors que les frais de conservation sont postérieurs à la naissance des autres privilèges. Exemples : le locataire d'un garage donne sa voiture à réparer à un garagiste, celui-ci primera le bailleur ; l'acquéreur d'un meuble ancien infesté par les vers le donne à traiter, l'antiquaire primera le vendeur impayé. Ces solutions s'expliquent par l'idée que, si le conservateur n'était pas intervenu, le bailleur ou le vendeur n'auraient pu se payer que sur un bien ayant perdu de sa valeur. Le conservateur, qui a permis de sauvegarder leur garantie, doit donc passer avant eux.

La même raison explique qu'entre plusieurs conservateurs qui sont successivement intervenus sur la même chose, la préférence soit donnée au plus récent (C. civ., art. 2232-3, al. 2) : sans ce dernier, le plus ancien n'aurait pu se payer que sur un bien dégradé.

Reste à régler le cas du conservateur qui est intervenu avant que le bien conservé ne soit introduit dans des lieux loués (conflit entre un bailleur et un conservateur dont les frais de conservation sont antérieurs à la naissance du privilège du bailleur), ou avant que le bien conservé ne soit vendu (conflit entre le conservateur et le vendeur dont le privilège est postérieur aux frais de conservation). L'article 2332-3, 3° fait alors passer le conservateur après le bailleur, mais avant le vendeur – ce qui s'explique par des considérations propres à chacun de ces deux privilèges, que nous allons maintenant envisager.

283. - **Rang du privilège du bailleur.** Si, comme nous venons de le voir, le bailleur est primé par le conservateur qui a engagé des frais de conservation postérieurement à l'entrée du meuble dans les lieux, il primera en principe ce dernier si les frais de conservation sont antérieurs à l'entrée du bien dans les lieux loués (le locataire fait réparer un meuble ancien qu'il vient juste d'acheter, puis l'installe dans la maison louée). Le bailleur primera également le vendeur impayé du bien. Ces solutions traditionnelles s'expliquent par le fondement du privilège du bailleur, rattaché à l'idée de gage tacite. Le bailleur est traité ici comme un gagiste qui entrerait en possession du bien (même si cette possession est parfaitement fictive). On sait qu'il l'emporterait même sur le véritable propriétaire grâce à l'article 2276 du Code civil (cas du bailleur exerçant son privilège sur des meubles appartenant à des tiers. – V. *supra*, n° 262) ; *a fortiori* doit-il l'emporter contre un créancier titulaire d'un privilège antérieur sur le bien. Fondée sur une transposition de l'article 2276, la solution ne vaut cependant, conformément au principe de ce texte, que si le bailleur était « de bonne foi », c'est-à-dire s'il ignorait que le bien était grevé de privilèges au moment de son introduction dans les lieux. S'il savait que le locataire n'avait

pas payé le vendeur ou le conservateur, il sera primé par ceux-ci. Cette distinction traditionnelle – assez théorique – se retrouve dans les 2° et 5° de l'article 2332-3.

Le texte étend ces solutions à l'hôtelier – dont le privilège est fondé sur la même idée de gage tacite. Traditionnellement, on estimait qu'elles valaient aussi pour le transporteur et le commissionnaire.

284. – Rang du privilège du vendeur. Conformément à la tradition, ce privilège a le plus mauvais rang. Il ne prime que le bailleur connaissant l'existence de son privilège, c'est-à-dire sachant, au moment où un bien est introduit dans les lieux loués, que ce bien n'a pas été payé (ce qui sera très difficile à prouver). En revanche, il est primé par le bailleur qui n'a pas su que le bien entré dans les lieux n'avait pas été payé, et par le conservateur, sans distinguer selon que les frais de conservation sont postérieurs à la vente ou antérieurs (C. civ., art. 2332-3, 3°). Cette dernière hypothèse suscite une difficulté : il faut supposer qu'une personne fait réparer un meuble, puis, avant d'avoir payé le réparateur, le vend à un acquéreur qui ne le paye pas. Dans le conflit entre conservateur et vendeur impayé, c'est le premier qui l'emportera. La solution paraît juste : si le bien n'avait pas été réparé avant la vente, il se serait sans doute vendu moins cher ! Mais pour que le problème se pose, il faut supposer que le conservateur ait gardé son privilège malgré la vente du bien, donc qu'il ait un droit de suite – ce qui n'était pas admis traditionnellement.

La même remarque vaut pour le conflit entre plusieurs vendeurs successifs. L'article 2332-3, alinéa 2 du Code civil donne la préférence au plus ancien – ce qui semblerait indiquer que celui-ci a gardé son privilège malgré la revente, donc qu'il a un droit de suite. Cela suppose que le sous-acquéreur ne se soit pas encore fait livrer le bien ou qu'il ait été de mauvaise foi, c'est-à-dire qu'il ait su que son vendeur n'avait pas payé à son propre vendeur le bien revendu ; sinon, le sous-acquéreur pourra se prévaloir de l'article 2276 du même code, et le premier vendeur ne pourra pas saisir le bien entre ses mains. Généralement, cependant, le conflit entre les deux vendeurs impayés se réglera autrement : tant que le bien n'est pas encore payé par le sous-acquéreur, le premier vendeur pourrait, par une saisie-attribution, se faire attribuer le prix. Cela revient à le faire passer avant le revendeur impayé – ce qui n'est que justice.

C. – Classement des privilèges spéciaux en concours avec des privilèges généraux

285. – Principe et exceptions. Doctrine et jurisprudence ont posé un principe, aujourd'hui consacré par la loi (1°), mais ce principe est éclipsé par d'importantes exceptions (2°).

1° Principe

286. – Priorité des privilèges spéciaux. Normalement, les privilèges spéciaux doivent l'emporter sur les privilèges généraux (Cass. com., 25 oct. 1976 : *Bull. civ.* 1976, IV, n° 267). La raison en est simple : les privilèges spéciaux ont une assiette limitée et, si le titulaire d'un tel privilège est primé sur cette assiette, il perd toute garantie, et ne peut se rabattre sur un autre bien qu'en qualité de chirographaire. En revanche, le titulaire d'un privilège général, primé sur un bien, pourra exercer son privilège sur un autre bien. La primauté des privilèges spéciaux permet donc de laisser un maximum de chances de paiement à tous les privilégiés. La solution est désormais explicitement posée par l'article 2232-1 du Code civil, qui réserve cependant des dispositions contraires.

2° Les exceptions

287. – Trésor, frais de justice et superprivilège. Ces exceptions ont tendance à faire oublier le principe. En effet, les privilèges généraux les plus importants quant à l'importance des créances garanties passent avant les privilèges spéciaux, en vertu des textes qui les régissent. C'est ainsi que les privilèges spéciaux sont généralement primés par le privilège des frais de justice, le superprivilège des salaires, et la plupart des privilèges fiscaux – qui suffisent souvent à absorber l'actif. Une ancienne jurisprudence non démentie a cependant admis que le privilège du conservateur l'emportait sur les privilèges fiscaux.

§ 2. – Facteurs de perturbation du classement

288. – Droit de rétention et procédures collectives. Les règles de classement peuvent se trouver modifiées soit par l'incidence des procédures collectives (A), soit par l'effet de l'exercice d'un droit de rétention (B).

A. – Incidence des procédures collectives

289. – Super privilège et priorité de paiement des créances nées en cours de procédure. Lorsque le débiteur est soumis à une procédure collective, il y a disparition de certains privilèges (privilège du vendeur) et surtout apparition de certains autres : superprivilège des salaires, privilèges résultant des articles L. 611-11, L. 622-17 et L. 643-13 du Code de commerce.

Le superprivilège des salaires passe alors, on le sait, avant tous les autres (V. *supra*, n° 246). Les sommes qu'il garantit doivent être payées sur les premiers fonds disponibles.

Quant au privilège des articles L. 622-17 et 641-13, envisagé ici sur les seuls biens meubles, il n'était primé, à l'origine, que par le seul superprivilège des salariés. Aujourd'hui, les créanciers postérieurs ne sont payés qu'après les salariés super privilégiés (ce n'est pas nouveau), mais aussi après les personnes ayant exposé des frais de justice après l'ouverture de la procédure, ainsi qu'après les créanciers titulaires du privilège de la conciliation de l'article L. 611-11. En cas de liquidation judiciaire (C. com., art. L. 641-13), il faut y ajouter les créanciers titulaires de sûretés immobilières. Jusqu'à une période récente, le texte faisait également passer avant les créanciers titulaires du privilège de la procédure les titulaires de certaines sûretés mobilières spéciales (sûretés comportant un droit de rétention et nantissement de l'outillage et du matériel d'équipement), mais cette disposition a été supprimée par l'ordonnance du 20 mars 2014, sous réserve de la priorité qu'assure le droit de rétention (V. *infra*, n° 290). Par ailleurs, depuis la réforme des procédures collectives de 2005, on a vu que la même priorité est reconnue à ceux qui ont fait des apports en trésorerie ou fourni des biens ou services pour assurer la poursuite de l'activité dans le cadre d'un accord de conciliation homologué (C. com., art. L. 611-11) : vis-à-vis des autres créanciers, le privilège de conciliation a le même rang que le privilège de la procédure. En cas de concours entre les deux privilèges, c'est celui de l'article L. 611-11 qui l'emporte.

Entre eux, les créanciers des articles L. 622-17 et L. 643-21 sont classés selon un ordre spécifique prévu par ces textes, qui ne s'applique pas aux créanciers de l'article L. 611-11. Mais ce classement ne joue que si ces créanciers viennent en concours ; or il faut bien voir qu'avant même d'avoir un privilège, les créanciers concernés jouissent du droit d'être payés à l'échéance de leur créance ; à défaut, ils peuvent, selon la Cour de cassation, saisir immédiatement les biens du débiteur, nonobstant l'existence d'autres créanciers postérieurs d'un rang préférable au leur (Cass. com., 10 juill. 1990 : *Bull. civ.* 1990, IV, n° 202. – V. encore récemment : Cass. com., 7 sept. 2010, n° 09-66.595).

Ils peuvent cependant, comme tous les autres créanciers titulaires ou non d'un privilège, rencontrer sur leur chemin les titulaires d'un droit de rétention.

B. – Exercice d'un droit de rétention

290. – Priorité du rétenteur. Certains créanciers privilégiés peuvent voir leur rang considérablement amélioré s'ils détiennent le bien grevé du privilège, en refusant de laisser vendre ce bien. Par exemple, le conservateur est souvent en même temps détenteur de la chose conservée (garagiste qui a réparé une voiture et qui ne l'a pas restituée à son client) ; dans ce cas, plutôt que de se prévaloir de son privilège, il préférera invoquer son droit de rétention ; on sait en effet que ce droit, qui se reporte sur le prix en cas de liquidation judiciaire, permet au rétenteur de primer tous les autres créanciers (V. *supra*, n° 232). Il en va de même pour le créancier gagiste avec dépossession, auquel nous allons maintenant nous intéresser.

Point d'actualité

Les privilèges et la réforme du droit des sûretés

Ainsi que le montrent les développements qui précèdent, la matière est complexe et cette complexité tient aussi en partie à la multitude de privilèges coexistant dans le droit français. Pour cette raison, la réforme à venir des sûretés va « tailler dans le maquis ». L'article 60, 2° de la loi PACTE dispose que le gouvernement devra, dans le cadre des ordonnances qu'il devra prendre, « clarifier et adapter, dans le Code civil, la liste et le régime des privilèges mobiliers et supprimer les privilèges devenus obsolètes ». Ainsi, outre la modification du contenu de certains privilèges spéciaux, comme celui par exemple du bailleur d'immeuble (V. *supra*, n° 272), la réforme devrait conduire à faire disparaître plusieurs privilèges devenus inutiles ou qui sont dépassés. Nous vous invitons à consulter l'avant-projet de réforme de novembre 2017 précité et rédigé par le groupe *Grimaldi* pour mesurer les possibles évolutions de la discipline.

Piège à éviter

Le classement des privilèges

Bien que l'on parle de classement des privilèges, il faut bien comprendre que le problème se pose pour toutes les sûretés conférant au créancier un droit de préférence. Vous penserez bien à réintégrer dans le classement, que nous avons présenté à propos des privilèges *stricto sensu*, les sûretés conventionnelles comme le gage et les divers nantissements. Il est dommage que le législateur de 2006 n'y ait pas pensé !

Classer des créanciers titulaires de sûretés mobilières diverses constitue un sujet traditionnel de cas pratique. Le piège classique dans lequel tombent beaucoup d'étudiant(e)s consiste à mettre dans la même hiérarchie des sûretés qui ne portent pas sur le même bien. Même s'il vous est présenté de manière abstraite dans le cours (ou dans ce manuel), vous devez comprendre que le classement, en pratique, s'opère bien par bien : dans un cas pratique, vous devrez donc procéder à autant de classements, que de biens différents du débiteur qui font (ou peuvent faire) l'objet de procédures d'exécution. Vous pouvez évidemment considérer que tous les biens mobiliers sont grevés des privilèges généraux ; mais il n'en va pas de même pour les privilèges spéciaux et les sûretés conventionnelles. Si par exemple le débiteur a des meubles qui garnissent son appartement (dont il est locataire) et une voiture (achetée à crédit) rangée dans un garage dont il est propriétaire, évitez de mettre en concurrence sur la voiture le bailleur de l'appartement (dont le privilège ne porte que sur les meubles garnissant les lieux loués) et l'établissement de crédit (titulaire d'un gage sans dépossession sur le véhicule) ! Si le bailleur peut, sans aucun doute, envisager de se payer sur la voiture, c'est seulement en tant que chirographaire, grâce à son droit de gage général.

Par principe aussi, vous éviterez de classer ensemble les créanciers titulaires de sûretés sur les meubles et ceux qui ont un droit sur tel ou tel immeuble. Les sûretés mobilières ou immobilières ne peuvent entrer en concurrence que dans des hypothèses exceptionnelles (par ex., une hypothèque portant sur l'immeuble, qui s'étend au matériel d'exploitation, immobilisé par destination, peut entrer en concours avec un nantissement portant sur ce matériel d'exploitation). Hors de ces cas, mettre dans la même hiérarchie des sûretés mobilières et immobilières relève de l'aberration.

Un dernier point important : n'oubliez jamais qu'il ne peut y avoir classement qu'entre les créanciers qui participent à la distribution du prix d'un bien. Dans le cadre des procédures collectives, cela suppose qu'il y ait liquidation judiciaire, ou cession de l'entreprise : le prix des différents éléments d'actif est alors réparti entre tous les créanciers ayant déclaré leur créance. Hors des procédures collectives, la répartition ne s'opère qu'entre les créanciers ayant participé à la procédure d'exécution (soit qu'ils en aient eu l'initiative, soit qu'ils s'y soient joints en cours de route). Ceux qui restent en dehors (soit parce qu'ils sont négligents, soit parce qu'ils ne remplissent pas les conditions pour saisir – leur créance n'est pas exigible ou ils n'ont pas de titre exécutoire) ne toucheront rien, quel que soit le rang de leur privilège. On peut en déduire qu'aujourd'hui il n'y a plus à opérer de classement entre les créanciers titulaires de privilèges sur les créances de somme d'argent de leur débiteur (privilèges généraux, privilège dit de « pluviôse ») puisque l'appréhension de ces privilèges se fait par la saisie-attribution, procédure expéditive qui opère immédiatement transfert de propriété de la créance à celui qui l'exerce, sans que les autres créanciers aient le temps de s'y joindre. Le concours n'est possible que si plusieurs saisies-attribution sont pratiquées le même jour, mais dans ce cas la jurisprudence considère que les créanciers viennent au marc l'euro, sans bénéficier de leurs privilèges.

SECTION 2

LES SÛRETÉS MOBILIÈRES CONVENTIONNELLES : LE GAGE ET LES NANTISSEMENTS

291. – Simplification terminologique inaboutie. Il existe, en droit français, de multiples sûretés mobilières conventionnelles. Dans le Code civil de 1804, la forme de droit commun était le **gage**, qui pouvait porter tant sur des choses corporelles que sur des biens incorporels (et notamment sur des créances). Dans le code, le gage était présenté comme une des deux formes possibles de **nantissement**, c'est-à-dire du contrat par lequel un débiteur remettait une chose à son créancier pour sûreté de sa dette. Le gage, nantissement mobilier, trouvait son pendant en matière immobilière avec l'antichrèse.

À partir du début du xxe siècle se sont développées en droit français toutes sortes de sûretés mobilières conventionnelles dérogatoires au gage de droit commun, qui étaient le plus souvent des sûretés sans dépossession (V. *infra*, n°s 322 et s.). Ces sûretés spéciales portaient tantôt le nom de gage (par ex., le gage sans dépossession sur véhicule automobile), tantôt le nom de nantissement (par ex., nantissement de l'outillage et du matériel d'équipement, nantissement de marchés publics), sans que ces différences se justifient toujours par des différences de régime juridique. Par ailleurs, dans la pratique, on parlait plus volontiers de nantissement de créances que de gage des créances. Le terme de nantissement était donc utilisé de manière très différente, tantôt – dans le code – pour désigner de manière générique toute sûreté (mobilière ou immobilière) avec dépossession, tantôt – dans les lois postérieures et dans la pratique – pour désigner des variétés particulières de gages, avec ou sans dépossession du débiteur.

Les auteurs de la réforme de 2006 ont voulu opérer une clarification et une simplification de la terminologie. Désormais, le terme de nantissement n'a plus de sens qu'en matière mobilière. En cette matière, le nouvel article 2329 du Code civil invite à distinguer le **gage** des meubles corporels – lequel peut être, nous le verrons, avec ou sans dépossession – et le **nantissement** des meubles incorporels. Le seul critère de distinction entre gage et nantissement est donc dans la nature – corporelle ou incorporelle – du bien sur lequel porte la sûreté. Et ce critère doit théoriquement s'appliquer aux sûretés relevant de réglementations particulières dérogatoires au droit commun. Ainsi, on parlera de gage sur véhicule automobile, ou sur les stocks d'une entreprise, mais de nantissement de créances professionnelles…

Malheureusement, cette entreprise de rationalisation terminologique n'a pas été menée jusqu'au bout, car la réforme a laissé (d'une manière encore plus malheureuse sur le fond) subsister certaines réglementations spéciales qui ne sont pas conformes à la nouvelle terminologie. Ainsi on continue de parler du « nantissement de l'outillage et du matériel d'équipement » (C. com., art. L. 525-1 et s.) bien que cette sûreté porte sur des meubles corporels. Par ailleurs, notre droit connaît des sûretés mobilières portant d'autres noms (warrants ou hypothèques mobilières), mais ici la terminologie peut s'expliquer par une différence de régime juridique. Enfin, postérieurement à la réforme de 2006, une loi de 2009 a rebaptisé l'antichrèse, sûreté immobilière avec dépossession, en « gage immobilier ». Le terme de gage peut donc désigner aujourd'hui, soit la sûreté mobilière de droit commun sur un meuble corporel, avec ou sans dépossession, soit une sûreté immobilière avec dépossession du débiteur.

292. – Modifications substantielles. Cette simplification terminologique (inaboutie) n'est cependant pas l'essentiel de la réforme, qui, sur le fond, modifie considérablement les règles de droit commun applicables tant au gage de meubles corporels (Sous-section 1) qu'au nantissement de créances (Sous-section 2). Ce sont même là, sans doute, les apports principaux de la réforme du droit des sûretés, plus que les innovations pourtant plus remarquées en matière d'hypothèques.

SOUS-SECTION 1

LE GAGE SUR MEUBLES CORPORELS

293. – Rôle traditionnel de la dépossession. Traditionnellement, un créancier ne pouvait se faire consentir une sûreté sur un bien meuble corporel de son débiteur qu'en se faisant remettre, matériellement, ce bien. La dépossession du débiteur, outre qu'elle assurait au créancier une mainmise sur l'objet de la garantie, permettait aussi d'avertir les tiers de la constitution de la sûreté, en l'absence d'un système général de publicité des transactions sur les meubles. Cette dépossession était donc un élément fondamental du gage de droit commun portant sur les biens corporels, dont elle commandait à la fois la constitution et les effets.

Or cette dépossession du débiteur, s'il ne faut pas en mésestimer les avantages (le créancier est sûr que le bien ne sera pas détourné, il a un droit de rétention) présente aussi beaucoup d'inconvénients (le créancier est embarrassé du bien, le débiteur ne peut plus s'en servir et épuise son crédit par une seule remise). C'est pourquoi, pour certains biens mobiliers, le législateur avait édicté des réglementations spécifiques qui permettaient de mettre en place des sûretés sans dépossession. Mais ces sûretés n'avaient qu'un champ d'application limité, à la fois quant aux biens sur lesquels elles pouvaient porter et quant aux créances qu'elles pouvaient servir à garantir. En dehors de ces cas, seul le gage traditionnel avec dépossession du débiteur était utilisable, et ses inconvénients en avaient réduit considérablement l'utilisation.

294. – Révolution. Dans le but de redonner une utilité au gage de droit commun, et suivant en cela l'exemple de plusieurs droits étrangers, la commission *Grimaldi* a préconisé une véritable révolution dans la tradition juridique française, et elle a été suivie en cela par le législateur. Désormais, en effet, le gage de droit commun peut être constitué, au gré des parties, avec ou sans remise de la chose au créancier. S'il est constitué sans dépossession, il doit alors être publié et c'est cette publication qui lui confère à la fois son efficacité et son rang, comme pour les sûretés immobilières. Dans l'esprit des rédacteurs du texte, le gage sans dépossession devait éclipser la formule traditionnelle, dont on connaît les lourdeurs. Le texte de 2006 présentait cependant à cet égard une certaine faiblesse, dans la mesure où le gage sans dépossession ne conférait pas de droit de rétention, alors que celui-ci constitue un des avantages principaux du gage. Ce défaut a été en partie réparé par la loi n° 2008-776 du 4 août 2008, qui a reconnu un droit de rétention au gagiste sans dépossession, même si ce droit de rétention ne confère pas, en cas de procédure collective ouverte contre le débiteur, les mêmes avantages que le droit de rétention traditionnel. L'avenir dira si la pratique adopte cette nouvelle forme de sûreté mobilière, qui ne semble avoir eu jusque-là qu'une utilisation limitée.

Cette petite révolution – qui, plus récemment, a inspiré, en partie, la réforme belge du droit des sûretés mobilières (V. *infra*, Points d'actualité) – rapproche considérablement, dans leur mode de fonctionnement, les sûretés mobilières et les sûretés immobilières : dans les deux cas, aujourd'hui, on trouve un système de publicité qui commande le rang de la garantie, et qui permet d'assurer l'opposabilité de la sûreté tant aux autres créanciers – à l'égard desquels le titulaire de la sûreté a un droit de préférence – qu'à l'égard des éventuels acquéreurs du bien – contre qui le créancier gagiste ou hypothécaire peut exercer un droit de suite. Dans les deux cas aussi, il est possible d'assurer au créancier une position plus forte en recourant à la technique traditionnelle de la dépossession (gage avec dépossession en matière mobilière, gage immobilier en matière immobilière). Cependant, si le parallélisme est flagrant, les auteurs de la réforme n'ont pas sérieusement envisagé de mettre en place une sûreté unique, applicable tant en matière mobilière qu'immobilière, sur le modèle de l'hypothèque du droit québécois (V. *infra*, Pistes à explorer à propos de l'hypothèque). Il aurait fallu pour cela remettre en cause le système bien rodé de la publicité foncière, et le rôle essentiel que jouent en France les notaires pour les transactions portant sur des immeubles.

295. – Droit commun et régimes spéciaux. Cette révolution qui affecte le gage de droit commun, et qui s'accompagne de plusieurs autres modifications destinées à élargir l'utilisation de cette sûreté, aurait pu conduire à revoir l'ensemble des gages spéciaux sur meubles corporels créés au fil du temps pour satisfaire certains besoins de crédit que le gage de droit commun permet aujourd'hui de servir. Beaucoup de ces gages (quelle que soit leur appellation) auraient sans doute pu être supprimés. Malheureusement, le législateur n'a rien touché aux régimes existants, et de façon tout à fait absurde, en a même créé un nouveau (V. *infra*, Points d'actualité). On doit donc examiner successivement le gage de droit commun (§ 1) et les différents gages spéciaux maintenus ou créés par la réforme (§ 2).

§ 1. – Le gage de droit commun

296. – Notion et sources. Le nouveau gage est défini par l'article 2333 du Code civil comme « une convention par laquelle le constituant accorde à un créancier le droit de se faire payer par préférence à ses autres créanciers sur un bien mobilier ou un ensemble de biens mobiliers corporels, présents ou futurs ». Cette définition est très différente de celle qui résultait des anciens articles 2071 et 2072 du Code civil, qui présentaient le gage comme un contrat par lequel le débiteur remettait une chose à son créancier pour sûreté de sa dette. On voit d'emblée que la remise de la chose n'est plus un élément constitutif du gage, qui a cessé d'être un contrat réel.

Le terme « gage » désigne à la fois le contrat et le bien remis au créancier.

Le gage est réglementé par les articles 2333 à 2354 du Code civil, qui ont pris la place des anciens articles 2073 à 2083. Il faut noter que les textes anciens concernaient aussi bien les gages sur meubles incorporels, alors que, comme, on l'a dit, ceux-ci, qui portent désormais le nom de nantissements, ne sont plus visés par les nouveaux articles, et font l'objet d'une réglementation distincte. Comme dans le droit antérieur, les articles L. 521-1 à L. 521-3 du Code de commerce posent quelques règles dérogatoires pour le gage commercial. On étudiera successivement la formation (A) et les effets (B) du gage.

A. – La formation du gage

297. – Contrat. Le gage se forme par un contrat entre le créancier et le débiteur (ou un tiers). Celui qui affecte la chose en gage s'appelle le **constituant**, le créancier est le **gagiste**.

Par rapport au droit commun des contrats, le contrat de gage est soumis à des conditions spécifiques. On présentera successivement les conditions tenant aux parties au contrat (1°), aux créances qui peuvent être garanties par le gage (2°), aux biens qui peuvent être affectés en gage (3°) et enfin aux formes de constitution (4°). Sur presque tous ces points, la réforme apporte des nouveautés considérables.

1° Les parties au contrat

298. – Le constituant. En général, le constituant sera le débiteur lui-même. Cependant, le gage peut être donné par un tiers qui affecte un de ses meubles à la garantie de la dette d'autrui. C'est ce qu'on appelait traditionnellement le « cautionnement réel », mais on a vu que cette terminologie a été condamnée par la chambre mixte de la Cour de cassation (V. *supra*, n° 167). Le nouvel article 2334 du Code civil envisage spécialement le cas du gage donné par un tiers, en précisant que « dans ce dernier cas, le créancier n'a d'action que sur le bien affecté en garantie ». Il s'agit ici de mettre fin aux ambiguïtés de la jurisprudence antérieure de la Cour de cassation qui appliquait l'article 1415 à ce gage donné par un tiers. On rappellera cependant que, si le gagiste est un époux commun en biens, l'article 1422, alinéa 2, dans la rédaction que lui a donnée l'ordonnance de 2006, exige désormais pour la validité même du gage le consentement de l'autre époux.

Le constituant doit avoir la capacité d'aliéner le bien donné en gage, puisque le gage peut aboutir, en cas de non-paiement de la dette, à la vente forcée du bien.

En outre, le constituant doit être propriétaire du bien gagé : le gage de la chose d'autrui est nul (C. civ., art. 2335). Jusque-là on admettait, dans le cadre du gage avec dépossession que le gagiste qui s'était fait remettre une chose appartenant à autrui était protégé de l'action en revendication du véritable propriétaire par l'article 2276 du Code civil (sauf si le bien avait été perdu ou volé). La solution s'appliquait en particulier lorsque le bien donné en gage avait été vendu au constituant avec une clause de réserve de propriété : le gagiste pouvait opposer son droit au vendeur réservataire. Bien entendu, cette solution ne vaut plus si le gage est constitué sans dépossession, car alors le véritable propriétaire pourra revendiquer le bien resté entre les mains du constituant : dans ce cas, comme le précise l'article 2335, le gagiste qui avait ignoré que la chose fut à autrui aura simplement droit à des dommages et intérêts. La solution traditionnelle devrait être maintenue en revanche si le gage est avec dépossession, et ceci sans qu'il y ait à distinguer selon que la nullité du gage de la chose d'autrui est relative (comme en matière de vente) ou absolue (comme en matière d'hypothèque) : de toute façon, l'action en revendication du véritable propriétaire devrait être bloquée par la bonne foi du gagiste.

299. – Le créancier. La capacité de recevoir un bien corporel en gage fait l'objet d'une réglementation particulière : le législateur réserve à certains établissements de crédit la pratique du prêt sur gage à titre professionnel aux particuliers. Ce monopole (qui crée une sorte d'incapacité de jouissance pour les autres créanciers) appartient aujourd'hui aux caisses de crédit municipal qui ont succédé aux célèbres « monts de piété » (C. monét. fin., art. L. 571-12). Cependant, le gage des magasins généraux, ainsi que les gages sans dépossession, et les nantissements de biens incorporels échappent à ce monopole et peuvent être pratiqués par n'importe quelle banque.

2° Les créances pouvant être garanties par un gage

300. – Généralité. Le gage de droit commun peut garantir n'importe quelle créance (prêt, solde débiteur d'un compte courant, paiement d'un prix de vente, etc.). Avant la réforme, l'exigence de dépossession rendait en fait le gage de droit commun inutilisable pour garantir le paiement du prix de vente de la chose ou le prêt ayant servi à son acquisition : à quoi bon acheter un bien à crédit, si, pour garantir le paiement de son prix, on doit remettre ce bien au vendeur ou au prêteur ? C'était cette considération qui avait poussé le législateur à mettre en place certains gages sans dépossession sur des biens dont on voulait faciliter l'achat à crédit (véhicules automobiles, outillage et matériel d'équipement des entreprises). Mais désormais, on peut sans difficulté utiliser le gage de droit commun pour garantir de tels crédits, à condition de ne pas mettre le gagiste en possession de la chose.

301. – Créances actuelles ou futures. Le nouvel article 2333, alinéa 2, du Code civil précise qu'on peut garantir par un gage des créances actuelles ou futures, à condition qu'elles soient déterminables. Cette solution, qui lève des incertitudes antérieures, permettra par exemple à un banquier qui accorde une ouverture de crédit (un découvert) à un client de se faire garantir par un gage le remboursement des sommes dont, ultérieurement, le client deviendra débiteur. Cependant, dans la mesure où les créances garanties doivent être déterminables, on ne peut pas aller jusqu'à utiliser le gage pour garantir le remboursement de toutes les sommes dont le débiteur deviendrait un jour débiteur pour quelque cause que ce soit – comme on le fait avec le cautionnement. De ce point de vue, le gage – pas plus que l'hypothèque – ne présente toujours pas la même souplesse d'utilisation que le cautionnement (V. *infra*, Pistes à explorer à propos de l'hypothèque).

3° Les biens pouvant être affectés en gage

302. – Généralité. Le gage de biens corporels peut s'appliquer à toutes sortes de meubles, pourvu qu'ils soient disponibles et saisissables. Il peut porter soit sur une chose déterminée (une montre ou un ordinateur remis au Crédit municipal…), soit sur une certaine quantité de choses fongibles (un stock de blé, de fromages, de vin…). La suppression de l'exigence de dépossession pour la constitution du gage ouvre des perspectives d'utilisation très larges.

Le dépôt de garantie d'une somme d'argent (par ex., par un locataire au bailleur au moment de son entrée dans les lieux) est parfois présenté comme un gage (gage-espèces), et la Cour de cassation a consacré cette analyse, mais la réglementation du gage s'y applique malaisément ; il vaudrait mieux y voir un transfert de propriété à titre de garantie (V. *infra*, Pistes à explorer). La même analyse semble s'imposer pour la pratique courante de remise d'un chèque « de caution », qui transfère immédiatement la provision au bénéficiaire du chèque. La situation est différente lorsque la somme d'argent remise en garantie figure sur un compte bloqué dont le créancier ne peut pas immédiatement disposer. Le projet *Grimaldi* de 2005 avait proposé de réglementer ce nantissement de monnaie scripturale, vue comme un bien incorporel. Cette proposition n'est pas passée dans le texte de 2006, qui ne consacre par ailleurs aucune disposition au « gage-espèces ». La prochaine réforme des sûretés devrait réglementer cette situation comme le prévoit l'article 10 bis de l'article 16 de la loi PACTE.

303. – Biens présents ou futurs. Avant la réforme, le gage devait nécessairement porter sur une chose existante et en possession du constituant au moment de la constitution, puisque cette chose devait être remise au créancier. Si le débiteur souhaitait affecter en garantie des choses futures, il ne pouvait, dans l'immédiat, que consentir une promesse de gage ne donnant aucun droit réel au créancier. La suppression de l'exigence de dépossession fait disparaître cette contrainte : désormais, on peut gager aussi bien des choses futures que des choses présentes (C. civ., art. 2333). Le gagiste n'aura certes de droit sur la chose que le jour où elle existera, mais son gage prendra rang au jour où la sûreté aura été inscrite.

4° Les formalités de constitution

304. – Nouvelle conception. Dans le droit antérieur à la réforme, la constitution du gage était soumise à deux conditions de forme complémentaires : d'une part, la rédaction d'un écrit, requise pour assurer l'opposabilité du gage aux tiers, et d'autre part la dépossession du débiteur, qui était généralement présentée comme une condition de validité même du gage – ce qui faisait du gage un des rares contrats réels subsistant en droit français.

La réforme de 2006 a complètement renversé les conceptions traditionnelles. D'une part, l'écrit apparaît désormais comme une condition de validité du gage. D'autre part, à l'inverse, la dépossession n'est plus exigée en principe, et elle n'est plus qu'une des modalités possibles de publicité du gage.

305. – Formalité requise pour la validité du gage : acte écrit. Aux termes de l'article 2336 du Code civil :

« Le gage est parfait par l'établissement d'un écrit contenant la désignation de la dette garantie, la quantité des biens donnés en gage ainsi que leur espèce ou leur nature ».

Ce texte reprend l'exigence traditionnelle qui figurait à l'article 2074, mais sa rédaction indique clairement que, désormais, l'écrit est devenu une condition de validité même du gage. L'écrit peut être un acte authentique ou sous seing privé, mais, contrairement au droit antérieur, cet écrit n'a plus besoin d'être enregistré. En revanche, le texte a maintenu les mentions obligatoires requises dans l'ancien article 2074 : la désignation de la dette garantie, et la désignation précise des choses données en gage. Comme dans le droit antérieur, cette exigence d'écrit est écartée pour le gage commercial par l'article 521-1, alinéa 1er du Code de commerce. En effet, ce gage « se constate à l'égard des tiers, comme à l'égard des parties contractantes, conformément aux dispositions de l'article L. 110-3 », texte qui, il faut le rappeler, édicte la liberté de la preuve en matière commerciale. La Cour de cassation a confirmé en 2015 l'inapplicabilité de l'article 2336 au gage commercial (Cass. com., 17 févr. 2015, n° 13-27.080).

306. – Formalités requises pour l'opposabilité du gage aux tiers : dépossession ou publicité. Il est essentiel que le gage soit porté à la connaissance des tiers (autres créanciers du constituant, acquéreurs éventuels du bien gagé). Jusqu'à la réforme, cette information des tiers était assurée par la dépossession du débiteur : le bien ne se trouvant plus entre les mains du constituant, celui qui voulait l'acheter ou qui voulait accorder un nouveau crédit au débiteur pouvait savoir que ce bien ne faisait plus partie de l'actif libre de ce dernier. Désormais, l'article 2337 du Code civil donne le choix aux parties entre deux formules : soit le débiteur reste en possession du bien gagé, et le gage doit alors faire l'objet d'une publicité, soit, comme par le passé, le débiteur se dépossède. La première formule est présentée comme le principe. Avant d'entrer dans le détail des deux formules, on notera que le défaut de l'une ou l'autre des formalités n'entraîne pas la nullité du gage mais seulement son inopposabilité aux tiers : le constituant ne peut donc s'abriter derrière l'absence de publicité ou de dépossession pour contester le gage. Mais il est vrai qu'un gage inopposable aux tiers perd une grande partie de son intérêt, car le gagiste ne pourra pas l'emporter sur les autres créanciers.

307. – Première formule : gage sans dépossession publié. L'article 2337 du Code civil prévoit que le gage est opposable aux tiers par la publicité qui en est faite. L'article 2338 précise que cette publicité doit se faire par inscription dans un registre spécial, dont les modalités sont réglées par un décret en Conseil d'État. Ce décret a été pris le 23 décembre 2006. Le système mis en place repose sur la combinaison d'une publicité locale et d'un fichier national. L'inscription se fait, à la diligence du créancier, sur un registre spécial tenu par le greffier du tribunal de commerce dans le ressort duquel le constituant est immatriculé ou, s'il n'est pas soumis à l'obligation d'immatriculation, dans le ressort duquel est situé, selon le cas, son siège ou son domicile. C'est cette inscription qui est la formalité officielle, et c'est elle qui détermine le rang du créancier gagiste. Le décret réglemente soigneusement les formalités à remplir pour opérer l'inscription, ainsi que les modifications et la radiation de l'inscription (qui pourra être exigée par le constituant s'il a complètement payé la dette garantie). Mais cette inscription ne saurait suffire à renseigner les tiers : en effet, à la différence des immeubles – qui, par définition même, ne peuvent être déplacés – ou des meubles pour lesquels la loi organise déjà des gages sans dépossession (véhicules automobiles, outillage et matériel d'équipement des entreprises), qui sont des meubles pouvant être rattachés à une zone géographique ou à une entreprise, les meubles de toute nature auxquels est susceptible de s'appliquer le nouveau gage ne peuvent pas être localisés de manière précise sur le territoire. On ne peut donc pas se contenter, pour le gage de droit commun, d'un régime de publicité locale (à la préfecture de tel ou tel département, au greffe de tel tribunal), car les tiers ne sauraient où se renseigner. L'inscription sur le registre est donc reportée dans un fichier informatique national, tenu par le Conseil national des greffiers des tribunaux de commerce, et qui est consultable gratuitement sur le réseau Internet (www.infogreffe.fr/recherche-gage-sans-depossession). Si vous voulez acheter un bien d'occasion, ou prendre un gage sur ce bien, vous pouvez consulter ce registre pour savoir si votre vendeur ou votre débiteur n'a pas déjà affecté le bien en gage.

308. – Deuxième formule : gage avec dépossession. On retombe ici dans la formule traditionnelle du gage, et on continuera d'appliquer les solutions antérieures. Comme par le passé, la dépossession devra être suffisamment **apparente** pour avertir les tiers que le bien a été remis en gage et ne fait plus partie de l'actif libre du débiteur : par exemple, il ne suffirait pas que le débiteur remette au créancier les clés du local où se trouve entreposée la marchandise gagée (V., par ex., pour du vin acheté en primeur, Cass. com., 7 juill. 1998 : *Bull. civ.* 1998, IV, n° 220). Cependant un arrêt plus récent semble se montrer plus libéral (Cass. com., 12 janv. 2010, n° 08-17.420).

Il faut relever que la chose gagée, dont le constituant se dépossède, n'est pas nécessairement remise au créancier lui-même. L'article 2337, alinéa 2, du Code civil précise qu'elle peut aussi être remise à un tiers convenu entre les parties. Cette remise à un tiers s'appelle **entiercement**. Elle est très utilisée en pratique, notamment dans le cas du warrant des magasins généraux : le dépôt dans ces magasins (qui sont des entrepôts agréés : C. com., art. L. 522-1 et s.) donne lieu à la remise au déposant d'un double document appelé « récépissé warrant ». Le récépissé représente la propriété de la marchandise et sa transmission équivaut à la transmission de la propriété. Quant au warrant, c'est un billet à ordre garanti par un gage sur les marchandises : le déposant qui désire obtenir du crédit transmettra ce warrant à une banque qui deviendra ainsi créancier gagiste ; le magasin général apparaît alors comme le tiers convenu qui détient la marchandise à la fois pour le compte du propriétaire et du gagiste (C. com., art. L. 522-24 et s.). Cette forme de gage est plus pratique que la forme traditionnelle, à la fois pour le débiteur qui peut constituer plusieurs gages sur la marchandise (pourvu qu'elle ait une valeur suffisante) et pour le créancier qui ne supporte pas les inconvénients d'une mise en possession souvent embarrassante. Elle peut en outre être utilisée au profit de n'importe quel établissement de crédit, et pas seulement du Crédit municipal.

B. – Les effets du gage

309. – Avant et après l'échéance. Le gage ne produit que des effets limités tant que la créance garantie n'est pas exigible : on est alors dans une situation d'attente (1°) ; il ne produit son plein effet que lors de l'exigibilité de la créance, si le débiteur ne paie pas et qu'il faut procéder à la réalisation du gage (2°).

1° La situation d'attente

310. – Plan. Cette situation est assez différente selon que le gage a été constitué avec ou sans dépossession du débiteur.

a) Gage avec dépossession

311. – Quasi-dépôt. Le créancier (ou le tiers détenteur) est ici dans la situation d'un dépositaire. Il doit faire le nécessaire pour assurer la conservation de la chose, et répondrait de la perte ou de la détérioration de la chose survenue par sa faute (c'est traditionnellement regardé comme une obligation de moyens). Selon l'article 2344 du Code civil, le débiteur pourrait même, si le gagiste n'assurait pas son obligation de conservation, réclamer la restitution de la chose gagée (ce qui, croit-on comprendre, entraînerait la perte du gage). En contrepartie, le débiteur doit rembourser au gagiste les dépenses de conservation et cette créance est garantie elle-même par le gage (C. civ., art. 2343).

La réforme de 2006 a singulièrement renforcé les droits du gagiste. En principe, celui-ci ne peut pas vendre les biens gagés, dont il n'est pas propriétaire (s'il le faisait il y aurait abus de confiance). Il en va ainsi, selon l'article 2341, même si le gage porte sur des choses fongibles, qui peuvent être remplacées par des choses de même genre et de même espèce. Il est alors prévu que le gagiste doit tenir ces choses séparées des autres choses de même genre dont il pourrait être propriétaire. Mais le texte légalise la stipulation contraire : le gagiste doit alors restituer la même quantité de choses équivalentes. Dans ce cas, l'article 2341, alinéa 2 dispose que le gagiste devient propriétaire des choses remises en gage, ce qui implique qu'il peut les aliéner, et transforme complètement la nature de l'opération (sur la portée d'une telle clause lorsque les choses substituées à celles qui ont été gagées étaient grevées d'une réserve de propriété : Cass. com., 26 mai 2010, n° 09-65.812). Par ailleurs, il était traditionnellement admis que le gagiste ne pouvait ni user de la chose, ni en jouir (Cass. com., 12 juill. 2005, n° 04-10.214). Si la première proposition demeure vraie, la seconde ne l'est sans doute plus puisque l'article 2345 prévoit que le créancier détenteur du bien gagé perçoit les fruits de ce bien et les impute sur le paiement de la dette qui lui est due (cette solution était traditionnellement admise pour le gage des créances et pour l'antichrèse, devenue gage immobilier). S'agissant de choses mobilières, la perception de fruits (et revenus) sera cependant assez exceptionnelle.

312. – Droit de rétention. Le créancier en possession de la chose a bien entendu le droit de la retenir pendant toute la situation d'attente. S'il se dépossédait, et acceptait de rendre la chose au constituant, il ne pourrait plus opposer son droit de gage aux tiers : la dépossession doit être permanente pour être efficace. On pourrait même considérer qu'en rendant la chose, le créancier renoncerait à son gage.

Ce droit peut s'exercer sur la totalité de la chose remise en gage, même si celle-ci peut être divisée. C'est une conséquence du caractère indivisible du gage, rappelé par l'article 2349 du Code civil (V., pour une application, Cass. com., 19 nov. 2002 : *Bull. civ.* 2002, IV, n° 172, p. 197, selon lequel : le gagiste peut refuser un prélèvement sur un lot de marchandises qui lui ont été remises en gage, alors même que la valeur de la marchandise est supérieure au montant du crédit garanti).

Ce droit de rétention, qui est une conséquence normale du gage avec dépossession, constitue dès la constitution du gage une protection utile du gagiste contre l'aliénation de la chose par le constituant : si une telle aliénation intervenait, le gagiste rétenteur pourrait refuser de livrer la chose à l'acquéreur (et du reste, s'il la livrait, il perdrait son gage). Mais le droit de rétention sera surtout utile au gagiste à l'échéance (V. *infra*, n°s 323 et s.).

b) Gage sans dépossession

313. – Limites au droit de propriété du constituant. La situation est ici inverse de la précédente. C'est le constituant du gage qui continue à détenir le bien. Il en est resté propriétaire, mais la constitution du gage lui impose un certain nombre de contraintes. C'est lui qui, ici, est tenu de l'obligation de conserver la chose gagée en bon état, pour que le créancier ne perde pas sa sûreté. À défaut, le gagiste pourrait se prévaloir de la déchéance du terme de la dette garantie ou solliciter un complément de gage (C. civ., art. 2344, al. 2).

Lorsque le gage porte sur des choses fongibles, il peut être prévu dans la convention que le constituant pourra les aliéner ou les consommer (par ex., s'il s'agit de matières premières qu'il utilise pour ses fabrications), sauf à remplacer au fur et à mesure les choses qu'il aliène par d'autres de même nature (C. civ., art. 2342). Ce mécanisme est de droit dans le cas particulier du gage des stocks (V. *infra*, n° 336).

314. – Droit de suite. La question du droit de suite ne se pose pas vraiment dans le cadre du gage avec dépossession : comme on l'a vu, si le constituant vend son bien, le gagiste peut opposer son droit de rétention à l'acquéreur, et il est ainsi suffisamment protégé. En revanche, c'est une question centrale dans un mécanisme de gage sans dépossession (V. *infra*, Pistes à explorer). Le fait que désormais l'article 2286 du Code civil confère un droit de rétention au gagiste sans dépossession ne règle pas la question, dans la mesure où il s'agit d'un droit de rétention fictif qui ne joue qu'au moment de la réalisation du gage (V. *infra*, n° 323) et ne permet pas, en fait, au gagiste de s'opposer à la livraison de la chose gagée à l'acquéreur du bien.

Il faut admettre que, dans le cadre du gage sans dépossession de droit commun, le constituant n'a pas en principe (sauf autorisation expresse donnée par le gagiste) le droit de vendre la chose gagée. S'il le faisait, il encourrait la déchéance du terme ainsi que les sanctions pénales du détournement de gage (C. pén., art. 314-5). Mais en outre, l'article 2337, alinéa 3 précise que « Lorsque le gage a été régulièrement publié, les ayants cause à titre particulier du constituant ne peuvent se prévaloir de l'article 2276 ». Cette solution, qui généralise celle qui était admise pour le gage sans dépossession sur véhicule automobile, constitue une nouveauté considérable pour le gage de droit commun. Elle présuppose que le gage confère au gagiste un droit de suite, c'est-à-dire la possibilité de saisir le bien gagé entre les mains du tiers et de le faire vendre à son profit, sauf au tiers acquéreur à se retourner contre son vendeur. En conséquence, depuis 2006, toute personne qui achète une chose mobilière d'occasion devrait prendre la peine de vérifier en consultant le fichier informatique national que cette chose n'a pas été gagée (comme on le fait depuis longtemps en demandant à la préfecture du département un certificat de non-gage chaque fois qu'on achète un véhicule automobile d'occasion). Cette précaution est cependant très théorique pour les achats à des particuliers, qui ne recourront guère en pratique à cette forme de sûreté.

2° La réalisation du gage

315. – Trois possibilités. Lorsque la créance garantie devient exigible, deux situations peuvent se présenter. Ou le débiteur paie, et le gage s'éteint : le gagiste doit restituer la chose s'il l'a en sa possession ou procéder à la radiation de l'inscription. Ou le débiteur ne paie pas et il faudra alors réaliser le gage. Pour se faire payer, le créancier gagiste a alors le choix entre deux ou trois possibilités, selon que le gage sera avec ou sans dépossession. Avant de présenter ces possibilités, on notera que la réalisation du gage va se faire de manière très particulière si la chose gagée se trouve détruite, et qu'elle était assurée : dans ce cas, il résulte de l'article L. 121-13 du Code des assurances que le droit de préférence du gagiste se reporte sur l'indemnité d'assurance (c'est un mécanisme de subrogation réelle) ; le gagiste se fera alors payer en demandant à l'assureur de lui verser l'indemnité. Nous retrouverons le même mécanisme pour l'hypothèque.

Pour l'essentiel, sur les modalités de réalisation du gage, la réforme a maintenu les principes antérieurs, mais d'importantes nouveautés doivent cependant être signalées.

a) Vente de la chose gagée

316. – Droit de préférence. Le gagiste peut d'abord, selon l'article 2346 du Code civil, faire vendre la chose pour se payer sur le prix : lors du paiement, il bénéficiera d'un **droit de préférence** par rapport aux autres créanciers. Cette première solution, la plus « classique », n'est pas sans inconvénients : à la fois en raison des formalités que le gagiste doit respecter et des résultats auxquels la vente peut aboutir.

317. – Formalités à respecter. Tout d'abord, la vente du bien ne peut se faire sans formalités. La vente doit être ordonnée en justice, et elle se fera selon les formes prévues par le droit des procédures civiles d'exécution. Si le gage est commercial, il suffit, pour procéder à la vente, d'une simple signification faite au débiteur (C. com., art. L. 521-3). Aux termes mêmes de ces textes, toute clause qui prétendrait dispenser le gagiste de ces formalités, en autorisant la vente amiable (clause dite « **de voie parée** ») serait nulle. La rédaction de l'article 2346, qui interdit la clause dans « la convention de gage », conforte cependant l'opinion traditionnelle selon laquelle l'autorisation de vendre à l'amiable peut être convenue postérieurement à la constitution du gage.

Bien entendu, en cas d'ouverture d'une procédure collective contre le constituant, le gagiste ne peut plus prendre l'initiative de faire procéder à la vente du gage. Celle-ci ne sera poursuivie que dans le cadre de la liquidation judiciaire, selon la procédure prévue à l'article L. 642-20-1 du Code de commerce.

318. – Résultat de la vente : paiement sur le prix et rang du gagiste. Le gagiste sera payé par préférence aux autres créanciers sur le prix dégagé lors de la vente du bien. Mais cela ne lui assure pas une certitude de paiement, car il peut entrer en concours avec d'autres créanciers privilégiés de rang préférable au sien. Il faut ici situer le droit de préférence du gagiste dans l'ordre de classement des privilèges (V. *supra*, n°s 276 et s.). Curieusement, alors que le nouveau texte contient des dispositions expresses relatives à ce classement, il reste muet sur le rang du gagiste par rapport aux autres créanciers privilégiés, et il faut sans doute reconduire ici les solutions antérieures : le gagiste doit être traité comme les créanciers titulaires de privilèges spéciaux fondés sur l'idée de gage tacite (le bailleur d'immeuble par exemple). Le gagiste passera certainement avant les privilèges généraux ordinaires et même avant certains privilèges spéciaux, mais il sera primé par le Trésor public et, en cas de procédure collective, par les salariés exerçant leur superprivilège, ce qui suffit souvent à absorber tout l'actif du débiteur.

Le rang du gagiste dans le contexte d'une procédure collective a par ailleurs beaucoup évolué. Dans le système initial de la loi de 1985, en cas de procédure collective, le gagiste était primé par les créanciers postérieurs à l'ouverture de la procédure ; mais la loi du 11 juin 1994 avait, sur ce point, modifié l'article 40 de la loi de 1985 (devenu : C. com., art. L. 641-13), qui prévoyait que la primauté qu'il édicte ne valait pas, en cas de liquidation judiciaire, contre les « sûretés mobilières spéciales garanties par un droit de rétention », ce qui visait en particulier le gage avec dépossession de meubles corporels, mais aussi, depuis la loi du 4 août 2008, le gage sans dépossession doté d'un droit de rétention fictif. Cependant, ce texte a été à nouveau modifié par l'ordonnance du 20 mars 2014, et désormais, les « sûretés mobilières spéciales garanties par un droit de rétention » ne sont plus présentées comme ayant un rang supérieur au privilège de procédure. Mais cela ne devrait pas changer au fond la solution : le texte indique en effet que le rang des différents privilèges est fixé « sans préjudice des droits de rétention opposables à la procédure collective ». C'est le cas du droit de rétention effectif du gagiste, mais aussi, semble-t-il, du droit de rétention fictif résultant de l'article 2286, 4° du Code civil qui n'est déclaré inopposable à la procédure par l'article L. 622-7 du Code de commerce que « pendant la période d'observation et l'exécution du plan » (V. *infra*, n° 324).

Les nouveaux textes règlent le conflit entre plusieurs gagistes sur un même bien – problème qui ne se posait pas lorsque le gage supposait la dépossession du débiteur. Entre plusieurs créanciers gagistes sans dépossession, le concours se règle, comme en matière hypothécaire, en fonction de la date de publication des différents gages : le premier inscrit l'emporte sur les autres (C. civ., art. 2340, al. 1er). Si un gage avec dépossession est constitué après un gage sans dépossession (l'inverse n'est pas possible, car le constituant dépossédé ne peut plus affecter son bien en gage), le gagiste sans dépossession inscrit antérieurement l'emporte nonobstant le droit de rétention du possesseur (C. civ., art. 2340, al. 2).

b) Attribution en paiement de la chose gagée

319. – Prérogative avantageuse. La deuxième possibilité ouverte au gagiste par l'article 2347 du Code civil (reprenant l'ancien article 2078) est de se faire attribuer le bien en paiement. Comme la vente du bien gagé, cette faculté est subordonnée à l'accomplissement de certaines formalités, mais elle permet au gagiste de parvenir à des résultats bien plus favorables, ce qui explique que son domaine ait été discuté. Cette faculté est aujourd'hui explicitement reconnue tant pour le gage commercial (pour lequel elle avait été naguère discutée) que pour le gage civil.

320. – Formalités de l'attribution en paiement : attribution judiciaire. Le créancier doit en principe se faire autoriser par justice à se faire attribuer le bien (C. civ., art. 2347, al. 1er, reprenant la solution antérieure). Pour protéger le constituant en évitant que son bien ne soit sous-évalué, l'ancien article 2078 prévoyait que le bien devait être évalué par expert ; cette exigence a disparu du nouvel article 2347 du Code civil, et c'est donc le juge qui évaluera la valeur du bien sauf s'il estime nécessaire de recourir à une expertise. Mais l'attribution judiciaire n'a toujours lieu qu'à concurrence de la somme restant due au gagiste, la différence étant versée au débiteur ou, s'il existe d'autres créanciers, consignée pour être répartie entre eux.

L'attribution judiciaire peut être demandée même si le débiteur est soumis à une procédure collective. Mais alors le gagiste devra attendre la phase de liquidation judiciaire pour demander l'attribution (C. com., art. L. 642-20-1, al. 2) : il faut éviter que le débiteur qui continue son activité ne soit privé d'un bien nécessaire à celle-ci.

321. – Formalités de l'attribution en paiement : pacte commissoire. Il était admis traditionnellement que le constituant ne pouvait renoncer conventionnellement aux formalités de l'attribution judiciaire en prévoyant que le gage resterait acquis de plein droit au gagiste à défaut de paiement (clause dite « **pacte commissoire** »). Cette solution, prévue expressément par les anciens articles 2078 du Code civil et L. 521-3 du Code de commerce, était traditionnellement justifiée par le souci de protéger le débiteur contre les abus du créancier. Cependant, la nullité du pacte commissoire était écartée si le pacte ne figurait pas dans le contrat de gage lui-même, mais était convenu postérieurement, car on supposait qu'à ce moment-là le débiteur n'avait plus besoin de protection. De même, le pacte commissoire était valable dans les hypothèses où le risque d'une sous-évaluation de la chose gagée n'était pas à craindre : la Cour de cassation en avait ainsi jugé à propos du « gage-espèces » (V. *infra*, Pistes à explorer). La réforme a considérablement modifié ces solutions. Désormais, le pacte commissoire est permis même dans la convention de gage (C. civ., art. 2348, al. 1er), sauf dans le cas où le gage garantit un crédit à un particulier relevant du Code de la consommation (C. consom., art. L. 312-55 ; *ex-art. L. 311-32*). Même dans les autres cas, cependant, les rédacteurs de l'ordonnance ont cherché à éviter les dangers du pacte : en l'absence du contrôle que permet la procédure d'attribution judiciaire, la valeur du bien ne pourra être déterminée que par un expert désigné à l'amiable ou judiciairement, à moins qu'il ne s'agisse d'un bien faisant l'objet d'une cotation officielle sur un marché organisé au sens du Code monétaire et financier (C. civ., art. 2348, al. 2 qui prohibe les clauses contraires). Comme dans le cas de l'attribution judiciaire, si la valeur du bien attribué s'avère supérieure à celle de la dette garantie, le débiteur récupérera la différence, à moins qu'il n'existe d'autres créanciers gagistes (C. civ., art. 2347 et 2348).

La nouveauté considérable résultant de la validation du pacte commissoire par l'ordonnance de 2006 avait cependant été largement atténuée, dès avant l'édiction de ce texte, par la loi du 26 juillet 2005 sur les procédures collectives : l'article L. 622-7, I, alinéa 3 du Code de commerce prévoit en effet que le pacte commissoire ne peut ni être conclu, ni être mis en œuvre après le jugement ouvrant la procédure… c'est-à-dire précisément dans le cas où il serait le plus utile au créancier. Dans un tel cas, le gagiste en sera réduit à demander l'attribution judiciaire, mais seulement au stade de la liquidation judiciaire.

322. – Résultats de l'attribution en paiement. Qu'elle soit judiciaire ou conventionnelle, l'attribution en paiement peut être embarrassante pour le gagiste, qui va se retrouver propriétaire d'un bien dont il n'aura souvent que faire et qu'il ne parviendra peut-être pas à revendre à l'amiable. Cependant, elle présente, par rapport à la vente et à la distribution du prix, un avantage considérable. En effet, lorsque le bien est attribué en paiement au gagiste, les autres créanciers n'ont aucun droit sur le bien attribué : le prix de la chose n'est pas distribué entre les créanciers et, de ce fait, le gagiste échappe au concours. Il primera ainsi même les créanciers de rang préférable au sien, et notamment le Trésor (Cass. com., 31 janv. 1983 : *Bull. civ.* 1983, IV, n° 43), voire les salariés exerçant leur superprivilège (Cass. com., 6 janv. 1998 : *Bull. civ.* 1998, IV, n° 9). Ceux-ci ne pourront, éventuellement, exercer leur droit que sur la différence entre la valeur du bien attribué et la créance de l'attributaire.

On peut se demander, cependant, si cette faculté d'attribution pourrait permettre à un gagiste inscrit en dernier de primer des gagistes ayant publié leur droit antérieurement. La Cour de cassation a admis en 2008, à propos d'un nantissement de parts sociales, que même un créancier gagiste de second rang pouvait demander l'attribution en paiement (Cass. com., 3 juin 2008, n° 07-12.017). Dans un tel cas, il serait logique que les droits du créancier gagiste de premier rang soient préservés par la consignation d'une somme égale à celle qui lui reste due. À défaut, le gagiste de premier rang pourrait exercer son droit de suite contre celui ayant obtenu l'attribution. La même solution devrait être admise si plusieurs créanciers ont stipulé un pacte commissoire.

c) Rétention de la chose gagée

323. – Utilité. Au lieu de faire vendre la chose gagée – ou de la laisser vendre – le gagiste peut exercer son droit de rétention. Rappelons que cette prérogative est, depuis 2008, reconnue aussi bien au gagiste sans dépossession qu'à celui qui est en possession de la chose gagée. Tant qu'il n'est pas payé, il peut refuser de restituer la chose au débiteur. Ce droit de rétention joue exactement de la même manière que le droit de rétention autonome dont nous avons précédemment fait l'étude (V. *supra*, n°s 209 et s.). Il est opposable, non seulement au débiteur lui-même (ou au constituant s'il n'est pas le débiteur) mais aussi aux tiers, et en particulier aux autres créanciers, même privilégiés : par conséquent ceux-ci, s'ils désirent se payer sur la chose gagée, devront désintéresser le gagiste, qui passera ainsi avant tous les autres. Cependant, il résulte de l'article 2340 que le droit de rétention d'un gagiste avec dépossession peut être mis en échec par le droit de préférence d'un gagiste sans dépossession ayant publié antérieurement son droit. *A fortiori* serait-il mis en échec par le droit de rétention de ce gagiste, et celui-ci serait lui-même primé par un droit de rétention résultant d'un gage sans dépossession publié antérieurement.

324. – Mise en œuvre en cas de procédure collective. En dehors des procédures collectives, la rétention peut aboutir à un blocage, mais, si le débiteur est soumis à une procédure collective, le droit de rétention s'exerce de manière particulière. Pendant la période d'observation, le gagiste rétenteur (tout comme le rétenteur non-gagiste) peut espérer être désintéressé par l'administrateur : par dérogation à l'interdiction des paiements des dettes antérieures, l'article L. 622-7, II, alinéa 2 du Code de commerce permet au juge-commissaire d'autoriser le chef d'entreprise ou l'administrateur à payer le rétenteur si la chose retenue est nécessaire à la poursuite de l'activité. Il semble que cette disposition soit également applicable dans le cadre d'un plan de continuation. Cependant, ces avantages ne sont pas reconnus au gagiste sans dépossession titulaire du droit de rétention fictif de l'article 2286, 4° : en effet, l'article L. 622-7, I, alinéa 2 déclare ce droit de rétention inopposable après le jugement d'ouverture de la procédure « pendant la période d'observation et l'exécution du plan ». Sur ce point, donc, il subsiste une infériorité du gage sans dépossession.

En cas de cession totale ou partielle de l'entreprise, le gagiste rétenteur peut de même opposer son droit au cessionnaire et espérer un paiement hors concours. Et, en vertu du texte précédent, cela vaut même pour le gage sans dépossession, car l'inopposabilité du droit de rétention fictif est expressément écartée dans ce cas. Surtout, en cas de liquidation judiciaire, le gagiste rétenteur se voit conférer une priorité absolue sur tous les autres créanciers. Dans ce cas, en effet, le gagiste peut être contraint de laisser vendre le bien gagé, dans l'intérêt des autres créanciers. Mais alors le droit de rétention « se reporte sur le prix », c'est-à-dire qu'il permet au gagiste d'exiger le paiement prioritaire de sa créance, nonobstant toute autre créance privilégiée, quel qu'en soit le rang. Cette solution qui avait été forgée par la jurisprudence à partir de 1960, a été consacrée par la loi de 1967 dans des termes ambigus ; elle a été reprise, de manière plus explicite, par la loi de 1985, dans son article 159 devenu, au fil des réformes, l'article L. 642-20-1 du Code de commerce. Cette disposition s'applique également au droit de rétention résultant d'un gage sans dépossession, dont c'est du reste le principal intérêt : en effet, l'inopposabilité du droit de rétention fictif n'est édictée par l'article L. 622-7 que pendant la période d'observation et l'exécution du plan, elle ne joue donc plus dans le cadre de la liquidation judiciaire.

§ 2. – Les gages spécifiques sur meubles corporels

325. – **Sûretés sans dépossession.** Bien avant la réforme de 2006, le législateur avait mis place, sur certains biens, et pour la garantie de certaines créances, un certain nombre de sûretés mobilières sans dépossession. Ces sûretés visaient à remédier aux inconvénients déjà signalés du gage de droit commun traditionnel (V. *supra*, n° 293), et notamment, pour certaines d'entre elles, de permettre l'utilisation du gage pour garantir le financement de l'acquisition d'un bien mobilier. Ces sûretés ont évidemment perdu un peu de leur intérêt depuis la généralisation de la formule du gage sans dépossession. Cependant le législateur, pour ne pas bouleverser la pratique existante, a maintenu ces sûretés sans dépossession traditionnelles (A). Il a même mis en place, assez inutilement, une nouvelle formule de gage sans dépossession dérogatoire au droit commun, le gage des stocks (B). La prochaine réforme du droit des sûretés devrait toutefois modifier sensiblement ce paysage juridique (V. *infra*, Points d'actualité).

A. – Les sûretés mobilières sans dépossession maintenues par la réforme

326. – **Régimes diversifiés.** Les sûretés mobilières sans dépossession qui existaient avant la réforme sont très diverses, portent des noms variés, et obéissent à des régimes très différents. Certaines présentent des spécificités marquées qui les éloignent du gage de droit commun, et qui justifient leur appellation particulière. Elles n'ont pas été affectées par la réforme de 2006. Il en va ainsi des **warrants**, qui combinent les règles du gage et celles des effets de commerce, le créancier se voyant remettre un billet à ordre qui lui assure en même temps une garantie sur certains biens à usage professionnel du débiteur : outre le warrant des magasins généraux, déjà signalé, qui est un gage avec dépossession avec entiercement (V. *supra*, n° 308), il existe quatre warrants sans dépossession, qui sont très inégalement pratiqués (warrant agricole sur le matériel ou les récoltes : C. rur. pêche marit., art. L. 342-1 et s. ; warrant hôtelier sur le matériel servant à l'exploitation hôtelière : C. com., art. L. 523-1 ; warrant sur les stocks pétroliers : C. com., art. L. 524-1 ; warrant industriel prévu par une loi de 1940). Il en va ainsi également des sûretés mobilières qui reposent sur une transposition des règles du droit hypothécaire : ce sont les **hypothèques mobilières** (sur les bâtiments de mer, les bateaux de navigation fluviale ou sur les aéronefs). Le cadre limité de ce manuel ne permet pas de faire de toutes ces sûretés une étude particulière ; il vous suffit de savoir qu'elles existent.

D'autres sûretés sans dépossession, en revanche, ont un régime calqué au plus près sur le régime du droit commun du gage. Il s'agit du gage sans dépossession sur les véhicules automobiles et, dans une moindre mesure, du nantissement de l'outillage et du matériel d'équipement. On se bornera ici à présenter rapidement ces deux sûretés, dont seule la première a été affectée par la réforme.

1° Le gage sans dépossession sur véhicule automobile

327. – Finalité et sources. Ce gage a été institué pour favoriser l'achat à crédit de véhicules automobiles, en permettant à l'acquéreur de donner le véhicule en gage, sans s'en déposséder, au vendeur ou au prêteur des fonds destinés à l'acquisition. Il a été créé par une loi de 1934, et ultérieurement repris par un décret du 30 septembre 1953. L'ordonnance du 23 mars 2006 a maintenu ce gage, en le faisant entrer dans le Code civil, immédiatement après les textes sur le gage de droit commun, aux articles 2351 à 2353. Au passage, le système mis en place par le décret de 1953 a fait l'objet d'importantes modifications.

328. – Domaine. Ce gage n'avait, jusqu'à la réforme, qu'un champ d'application limité : il permettait seulement de garantir le paiement du prix de vente à crédit des véhicules automobiles ou des sommes prêtées pour leur acquisition par un établissement de crédit, mais ne pouvait être utilisé pour garantir une autre créance. L'ordonnance de 2006 a en quelque sorte « déspécialisé » ce gage, qui pourra désormais être utilisé, comme le gage de droit commun, pour garantir n'importe quelle créance. Simplement, lorsque le gage portera sur un véhicule terrestre à moteur ou une remorque immatriculés, il obéira à des règles particulières tant quant à sa constitution que quant à ses effets. Ces règles particulières se situent à la fois sur le terrain de la constitution et sur celui des effets du gage.

329. – Constitution. Dans le système antérieur, la constitution de ce gage ne requérait pas un accord spécial du débiteur ; elle supposait seulement que le contrat de vente ou de prêt ait fait l'objet d'un acte sous seing privé enregistré, « dans les conditions de l'article 2074 ancien » du Code civil. Ce n'est plus vrai dès lors que le gage sur véhicule automobile est désormais déconnecté d'un crédit particulier : la constitution du gage suppose maintenant une convention particulière. Ce qui reste spécifique, c'est la publicité, qui est liée à l'immatriculation du véhicule. Actuellement, la publicité du gage est assurée par une mention sur un registre spécial ouvert à la préfecture qui délivre la carte grise du véhicule : ainsi les tiers (acquéreurs du véhicule, autres créanciers qui voudraient prendre une sûreté sur ce véhicule) peuvent facilement savoir si le véhicule est ou non grevé d'un gage ; ils doivent demander à la préfecture la délivrance d'un certificat de gage ou de non-gage. L'article 2351 parle simplement d'une « déclaration à l'autorité administrative dans les conditions fixées par un décret en Conseil d'État », mais le décret du 9 février 2009 qui modifie le système d'immatriculation des véhicules automobiles ne dit rien du gage, et il faut considérer que le mode d'inscription traditionnel reste en vigueur jusqu'à nouvel ordre.

330. – Effets. Pour tout ce qui concerne la réalisation du gage, l'article 2353 renvoie aux règles du gage civil de droit commun (jusque-là le renvoi était fait à la réalisation du gage commercial). Dans la mesure où, désormais, le gage de droit commun est en principe, un gage sans dépossession, il faut sans doute considérer que le gage sur véhicule automobile produit aussi les mêmes effets que le gage ordinaire dans la période précédant l'échéance. On doit notamment transposer le principe d'opposabilité du gage publié à l'acquéreur du véhicule, qui ne pourra pas se prévaloir de l'article 2276 du Code civil à l'encontre du gagiste : cela revient à reconnaître au gagiste un **droit de suite**. Cela rejoint du reste la solution antérieure : en pratique, l'acquéreur d'un véhicule d'occasion devra demander à la préfecture un certificat de gage ou de non-gage : s'il apparaît que le véhicule est gagé, il devra désintéresser le prêteur au lieu de payer son vendeur. Un arrêt récent, rendu à propos du régime issu du décret de 1953, a admis que cette opposabilité à l'acquéreur jouait même dans le cas où le gage n'avait pas encore été publié au moment de l'achat du véhicule, dès lors que le gagiste était encore dans le délai légal de publication (Cass. 1re civ., 16 janv. 2013, n° 12-12.226).

Comme le gagiste sans dépossession de droit commun, le gagiste sans dépossession sur véhicule automobile se voit reconnaître un **droit de rétention fictif** sur le véhicule gagé. La jurisprudence antérieure à la réforme avait reconnu ce droit sur le fondement d'un article du décret de 1953, qui disposait que, par la délivrance du reçu de la déclaration, « le créancier gagiste sera réputé avoir conservé le bien gagé en sa possession ». Or cette formule a été reprise textuellement par l'article 2352 du Code civil. Ce droit de rétention fictif est en particulier opposable aux autres créanciers et il va jouer un rôle essentiel dans le cadre de la réalisation du gage. En effet, en cas de non-paiement, le gagiste sans dépossession sur véhicule automobile n'a pas seulement le choix entre la vente forcée du bien et son attribution en paiement, il peut aussi, comme un gagiste avec dépossession, s'opposer à la vente du véhicule par un autre créancier, et ainsi le contraindre à le désintéresser. Cette solution est particulièrement avantageuse en cas de procédure collective : elle va permettre au gagiste, en cas de liquidation judiciaire, d'échapper au concours avec les autres créanciers. Selon la jurisprudence antérieure, le droit de rétention ne cède que devant un droit de rétention effectif, exercé par exemple par un garagiste à qui le véhicule a été confié pour réparation (Cass. com., 11 juin 1969 : *Bull. civ.* 1969, III, n° 221). La loi du 4 août 2008, qui a reconnu un droit de rétention à tout gagiste sans dépossession, a considérablement réduit sur ce point le particularisme du gage sur véhicule automobile. On peut cependant se demander si les dispositions du droit des entreprises en difficulté, qui limitent la portée du droit de rétention résultant de l'article 2286, 4° (V. *supra*, n° 324), s'appliquent également au droit de rétention fictif du gagiste sur véhicule automobile, dans la mesure où celui-ci résulte directement de l'article 2352 du Code civil.

2° Le nantissement de l'outillage et du matériel d'équipement

331. – Finalité. Il a été institué par une loi du 18 janvier 1951 (aujourd'hui codifiée aux articles L. 525-1 et suivants du Code de commerce). Il n'a pas été modifié par l'ordonnance de 2006, et même le terme « nantissement » n'a pas été modifié, alors pourtant que, dans la nouvelle terminologie, il conviendrait plutôt de parler de « gage ».

332. – Domaine. Le nantissement de l'outillage reste un gage spécial, tant quant aux biens sur lesquels il peut porter (outillage et matériel d'équipement professionnel, mais pas nécessairement d'un commerçant) que quant aux créances qu'il peut garantir. Selon l'article L. 525-1 du Code de commerce, il ne peut s'agir que du paiement du prix d'acquisition du matériel, ou du remboursement du prêt destiné à financer cette acquisition. Il faut y assimiler le paiement des cautions et autres garants couvrant cette opération de crédit (C. com., art. L. 525-2, al. 6). Dans ce domaine, il faut sans doute considérer que le nantissement des articles L. 525-1 et suivants du Code de commerce est seul utilisable, à l'exclusion du gage sans dépossession de droit commun. En revanche, si une entreprise veut affecter en gage son matériel déjà acquis pour obtenir un nouveau crédit, elle le peut, depuis la réforme, en utilisant le gage de droit commun.

333. – Constitution. Le nantissement est consenti par une clause expresse de l'acte de vente à crédit ou de l'acte de prêt, qui doit être un acte authentique ou sous seing privé enregistré. Cette clause doit comporter certaines mentions. La sûreté doit être publiée par inscription sur un registre spécial ouvert au tribunal de commerce dans le ressort duquel l'acquéreur du bien grevé est domicilié. En outre, le bien peut être revêtu d'une plaque indiquant le nantissement ; cette apposition permet au créancier nanti de bénéficier d'un droit de suite si le matériel est revendu. Par ailleurs, le créancier nanti, pour rendre son droit opposable aux créanciers hypothécaires inscrits sur l'immeuble dans lequel le matériel est installé, ainsi qu'aux créanciers ayant un droit de préférence sur l'ensemble du fonds de commerce de l'entreprise (vendeur du fonds, créancier nanti), doit leur signifier par acte d'huissier une copie de l'acte constatant le nantissement. Les modalités de publicité de ce nantissement sont donc bien particulières, et tout à fait différentes du régime général de publicité qui a été institué pour le gage de droit commun.

334. – Effets pendant la période d'attente. Pendant la période de remboursement du crédit, le débiteur utilise le matériel nanti, et doit en assurer la conservation. Il ne peut le vendre sans le consentement du créancier. S'il passe outre, il pourra être pénalement sanctionné, mais la question essentielle est de savoir si le créancier peut récupérer le matériel entre les mains de l'acquéreur. Il le peut si les plaques ont été apposées sur le matériel, puisque la loi lui donne alors explicitement un droit de suite ; il ne le peut pas en principe dans le cas contraire, la seule inscription ne suffisant pas à constituer l'acquéreur de mauvaise foi (à la différence de la solution admise aujourd'hui pour le gage de droit commun sans dépossession) (Cass. com., 9 mai 1990, n° 88-16.753, qui réserve cependant le cas où l'acquéreur aurait connu l'existence du nantissement). Contrairement aux textes sur les véhicules automobiles, la loi de 1951 ne confère pas au créancier nanti la possession fictive du matériel. Il n'a donc pas de droit de rétention.

335. – Réalisation du nantissement. Pour la réalisation du nantissement, le créancier n'a donc que le choix entre la vente forcée et l'attribution en paiement.

La vente forcée est cependant plus avantageuse que dans le gage de droit commun car la loi (C. com., art. L. 525-9) donne au créancier nanti un rang nettement préférable à celui du gagiste de droit commun : il passe notamment avant le Trésor et la Sécurité sociale, mais il est primé par le superprivilège, le privilège des frais de justice et le privilège du conservateur. Depuis la loi du 10 juin 1994, qui avait cherché à restaurer les droits des créanciers munis de sûreté face à la priorité des créanciers postérieurs au jugement d'ouverture, le créancier nanti primait également, en cas de liquidation judiciaire, les titulaires du privilège de la procédure. En effet, l'article L. 641-13 du Code de commerce prévoyait que ce privilège était primé par « des sûretés mobilières spéciales assorties d'un droit de rétention ou constituées en application du chapitre V du titre II du livre V » (ce qui visait précisément le nantissement). Cependant, ce membre de phrase vient d'être supprimé par l'ordonnance du 30 mars 2014. Désormais, les titulaires de sûretés mobilières ne peuvent primer les créanciers titulaires du privilège de la procédure que par l'effet du droit de rétention – dont le créancier nanti se trouve dépourvu.

Heureusement pour lui, le créancier nanti dispose de la faculté d'attribution en paiement, qui lui donne une priorité absolue. Cette faculté n'a été admise qu'à la suite d'une longue controverse. En effet, on avait pensé à une certaine époque que cette faculté était liée au droit de rétention, notamment dans le cadre des procédures collectives. La possibilité pour le nanti de se faire attribuer le bien en paiement, d'abord discutée, a été admise par l'assemblée plénière en 1984 (Cass. ass. plén., 26 oct. 1984 : *Bull. civ.* 1984, ass. plén., n° 6) puis réitérée après la loi de 1985 (Cass. com., 6 mars 1990 : *Bull. civ.* 1990, IV, n° 67). Cette faculté ne peut cependant être exercée que dans le cadre de la liquidation judiciaire, et elle peut être neutralisée si le matériel nanti a été revendiqué par son vendeur bénéficiaire d'une clause de réserve de propriété (Cass. com., 5 avr. 1994, n° 90-11.559).

B. – La sûreté mobilière sans dépossession créée par la réforme : le gage des stocks

336. – Principe et (in)utilité. Pour favoriser le crédit aux entreprises, le législateur de 2006 a cru devoir instituer un gage spécial sur les stocks. Une entreprise peut, pour obtenir un crédit, affecter au prêteur les stocks de marchandises (matières premières, approvisionnements, produits résiduels et produits finis, etc.) dont elle dispose. L'entreprise garde la maîtrise de ces stocks, puisqu'elle peut, même si cela n'est pas prévu par la convention, les vendre ou les utiliser – ce qui est essentiel pour lui permettre le remboursement du crédit – sauf à maintenir globalement la valeur de ses stocks pour conserver la valeur du gage. Ce gage est régi par les articles L. 527-1 et suivants du Code de commerce.

Les auteurs du rapport *Grimaldi* avaient envisagé ce gage des stocks comme une simple utilisation du gage sans dépossession portant sur des choses fongibles, et de prime abord, les dispositions de l'article 2342 du Code civil auraient pu suffire à permettre à une entreprise de gager ses stocks. On ne voit guère dès lors l'utilité du dispositif spécifique des articles L. 527-1 et suivants, alors surtout que ces dispositions n'apparaissent pas forcément avantageuses par rapport au gage de droit commun. Le principal intérêt de ce gage semble résider dans une conception de la fongibilité plus large que dans le cadre du gage de droit commun : le constituant qui aliène ou utilise une partie de ses stocks peut les remplacer par des biens qui ne sont pas nécessairement de même nature (par ex., il peut remplacer du blé par de l'avoine, du coton par de la laine), pourvu que la valeur globale des stocks reste stable (C. com., art. L. 527-7). Le créancier est par ailleurs protégé contre une diminution de la valeur des stocks : si cette valeur diminue de 20?% par rapport à celle qui est mentionnée dans l'acte constitutif, le créancier pourra mettre en demeure le débiteur de rétablir la valeur de la garantie ou de rembourser en proportion de la diminution de la valeur constatée. À l'inverse, et dans l'intérêt du constituant cette fois, il peut être convenu que la part des stocks engagés diminuera au fur et à mesure du remboursement du créancier. Mais cette souplesse est contrebalancée par le fait que, contrairement au gage de droit commun, l'article L. 527-2 du Code de commerce prohibe ici le pacte commissoire : pour se faire attribuer les biens en paiement, le gagiste devra donc nécessairement passer par le juge ! Même si cet inconvénient est relatif, dans la mesure où, comme on l'a vu, le pacte commissoire ne peut de toute façon pas être mis en œuvre si le débiteur est soumis à une procédure collective (V. *supra*, n° 321), la pratique avait eu tendance à ne pas utiliser cette nouvelle garantie, et à se tourner plutôt vers le gage sans dépossession de droit commun. Mais la Cour de cassation avait jugé que, dans son domaine, le gage des stocks était exclusif du gage de droit commun (Cass. com., 19 févr. 2013, n° 11-21.763. – Cass. ass. plén., 1er déc. 2015, n° 14-18.435). Cependant le législateur est venu briser cette jurisprudence, diversement appréciée, à travers l'ordonnance n° 2016-56 du 29 janvier 2016 permettant aux parties de choisir à leur guise le régime du gage applicable, à savoir celui relevant du droit commun ou celui introduit dans le Code de commerce. L'article L. 527-1, al. 4 du Code de commerce ouvre désormais cette option (V. *infra*, Points d'actualité).

SOUS-SECTION 2

LES NANTISSEMENTS SUR MEUBLES INCORPORELS

337. – Réorganisation. Avant la réforme, le nantissement d'un bien incorporel, et notamment d'une créance, était par principe assimilé au gage de meubles corporels, les articles 2072 et suivants du Code civil relatifs au gage contenant seulement quelques dispositions spécifiques relatives au gage des créances. Par bien des côtés, cependant, cette réglementation s'avérait inadaptée, et la jurisprudence avait dû opérer quelques ajustements – dans les limites assez strictes résultant des textes impératifs régissant la matière. Par ailleurs, un grand nombre de réglementations particulières s'étaient développées en dehors du Code civil.

La réforme procède à une réorganisation complète de la matière. La réglementation des sûretés mobilières sur biens incorporels – désormais appelées nantissements – est aujourd'hui par principe déconnectée de celle du gage. L'article 2355 nouveau du Code civil définit d'une manière générale le nantissement comme « l'affectation, en garantie d'une obligation, d'un bien meuble incorporel ou d'un ensemble de biens meubles incorporels, présents ou futurs ». Le texte précise qu'un tel nantissement peut soit être donné par convention, soit être accordé par un juge. Sur le nantissement judiciaire, le texte renvoie aux règles des procédures civiles d'exécution (qui réglementent les nantissements judiciaires au titre des mesures conservatoires : V. *infra*, n° 355, à propos du nantissement de fonds de commerce). Les nantissements conventionnels sont, eux, régis par des textes multiples, et, comme pour le gage de biens corporels, le législateur français n'est pas allé jusqu'au bout du souci de rationalisation et de simplification qui avait animé les auteurs du rapport *Grimaldi*. Les articles 2356 et suivants du Code civil régissent seulement le nantissement de créance, sous réserve de réglementations spéciales (§ 1) ; les autres nantissements de biens incorporels (§ 2) font l'objet de réglementations particulières dispersées dans différents codes. À défaut, l'article 2355 renvoie aux règles du droit commun du gage, ce qui contredit fâcheusement la distinction posée au départ entre gage et nantissement.

§ 1. – Le nantissement des créances

338. – Droit commun et réglementations spéciales. Les articles 2356 et suivants du Code civil posent désormais le droit commun du nantissement de créance (A). Mais ces textes laissent subsister des réglementations particulières, même si celles-ci, aujourd'hui, ont largement perdu de leur intérêt (B).

A. – Droit commun

339. – Transformation. Les nouveautés apportées par les articles 2356 et suivants du Code civil à la réglementation du nantissement de créance de droit commun ne sont pas moindres que celles qui affectent le gage sur meubles corporels. Avant la réforme, le nantissement de créance était traité comme une variété de gage avec dépossession, où la dépossession était réalisée, par analogie avec les formalités alors requises pour l'opposabilité aux tiers d'une cession de créance, par la signification du nantissement au débiteur de la créance nantie. Pour sa réalisation, le gage des créances obéissait par principe aux mêmes règles que celles applicables au gage des meubles corporels, même si la jurisprudence avait opéré des simplifications en permettant par exemple aux parties de convenir que le créancier nanti se paierait par l'encaissement de la créance.

Sur le premier point – la **constitution** du nantissement – la transformation est complète, et la mise en place du nantissement est maintenant très différente de celle d'un gage sur meubles corporels (1°). Le législateur s'est ici inspiré directement d'une forme particulière de nantissement de créance qui existait déjà en droit français (et qui existe toujours V. *infra*, n° 347), à savoir le nantissement de créances professionnelles, réglementé dans le Code monétaire et financier en même temps que la cession de créances professionnelles. Sur le second point – les **effets** du nantissement – le législateur s'est largement inspiré des solutions de la jurisprudence antérieure (2°).

340. – Schéma. Par expérience d'enseignement, nous savons que les étudiants se perdent souvent dans les mécanismes qui font intervenir plusieurs débiteurs et plusieurs créanciers. Pour vous aider à suivre nos explications, nous vous présentons l'opération sous forme d'un schéma.

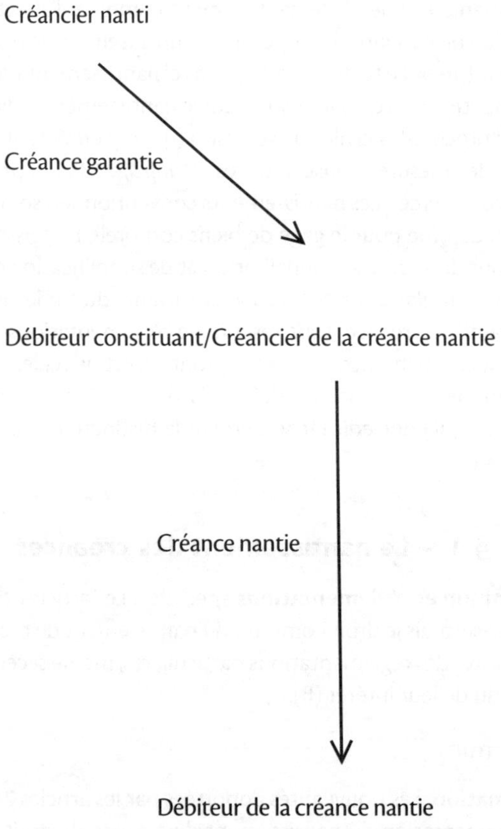

1° Constitution du nantissement

341. – Règles de fond. Le nantissement de créance de droit commun peut être consenti pour garantir n'importe quelle créance, présente ou future. Il peut également porter sur n'importe quelle créance, elle-même présente ou future. Par application de l'article 2355, il est même possible de nantir par un seul acte un ensemble de créances présentes et/ou futures, pourvu qu'elles soient déterminées dans l'acte.

En particulier, le nantissement peut porter sur un compte bancaire (C. civ., art. 2360) : dans ce cas, la créance nantie est censée être le solde créditeur du compte au jour de sa clôture, sous réserve de la régularisation des opérations en cours (le texte renvoie ici aux règles qui régissent la saisie des comptes bancaires), ou, en cas de procédure collective, au jour de l'ouverture de la procédure.

Ce nantissement peut aussi bien être consenti par un particulier que par une entreprise (même si, en pratique, c'est surtout aux entreprises qu'il servira). Il peut être accordé à n'importe quel créancier, et notamment à n'importe quel établissement de crédit, dans la mesure où le monopole du prêt sur gage réservé au Crédit municipal ne concerne pas le nantissement de créances.

342. – Règles de forme. Comme le gage de meubles corporels, le nantissement de créance doit être, à peine de nullité, consenti par écrit, et l'acte doit comporter diverses mentions obligatoires (C. civ., art. 2356). Ceci n'est pas vraiment nouveau, même si le législateur a apporté une attention particulière à l'exigence de détermination des créances, notamment lorsqu'il s'agit de créances futures (C. civ., art. 2356, al. 3).

343. – Conditions d'opposabilité aux tiers. Les solutions sont ici largement décalquées des articles L. 313-23 et suivants du Code monétaire et financier relatifs à la cession et au nantissement de créances professionnelles. Il est à noter que, lors de la réforme du droit des obligations en 2016, les mêmes solutions ont été reprises dans les articles 1323 et 1324 du Code civil pour la cession de créance de droit commun. Comme ces textes, les articles 2361 et 2362 du Code civil distinguent deux catégories de tiers.

S'agissant des tiers autres que le débiteur de la créance donnée en nantissement, la réforme a fait disparaître toute formalité tendant à assurer la publicité du nantissement de créance (qui était assurée antérieurement, comme dans le droit commun originaire de la cession de créance, par la signification au débiteur de la créance nantie). Le nouvel article 2361 porte que : « Le nantissement d'une créance, présente ou future, prend effet entre les parties et devient opposable aux tiers à la date de l'acte ». Désormais, donc, les autres créanciers, et les acquéreurs éventuels de la créance nantie pourront se voir opposer le nantissement alors qu'ils n'ont pas la possibilité d'en avoir connaissance.

En revanche, une formalité particulière d'information est requise à l'égard du débiteur de la créance nantie : pour lui être opposable, le nantissement devra lui être notifié, ou il devra intervenir à l'acte, à défaut de quoi il ne pourra se libérer valablement qu'entre les mains de son créancier, comme si le nantissement n'existait pas, et cela fera perdre sa garantie au créancier nanti (C. civ., art. 2362). On retrouve ici un peu du droit antérieur, mais il faut insister sur les différences. D'une part, la notification exigée par l'article 2362 peut se faire par tous moyens (et non pas nécessairement par acte d'huissier, comme la signification traditionnelle). D'autre part, le défaut de notification ne sera pas sanctionné par l'inopposabilité du nantissement aux tiers (comme c'était le cas dans la cession de créance de droit commun avant la réforme de 2016), mais par l'inopposabilité au seul débiteur cédé.

2° Effets du nantissement

344. – Effets avant l'échéance de la créance garantie. Tant que sa créance n'est pas arrivée à échéance, le créancier nanti ne peut pas se faire payer. Il peut cependant percevoir des sommes au titre de la créance nantie, soit que celle-ci soit arrivée à échéance, soit qu'elle produise des intérêts. Dès lors que le nantissement lui a été notifié, comme il vient d'être expliqué, le débiteur de la créance nantie ne peut payer ce qu'il doit qu'entre les mains du créancier nanti (C. civ., art. 2363). Celui-ci peut même, en appelant les éventuels autres créanciers nantis, poursuivre l'exécution de cette créance. Les sommes encaissées s'imputent sur la créance garantie lorsqu'elle est échue. Mais, si cette créance n'est pas encore échue, le nanti ne peut encaisser immédiatement ces sommes (alors que, dans le droit antérieur, il pouvait, sans attendre l'échéance, imputer les intérêts de la créance nantie sur les intérêts et même sur le capital de la créance garantie). Il doit alors consigner ces fonds sur un compte spécial auprès d'un établissement habilité qui les restituera au débiteur (créancier de la créance nantie) si celui-ci rembourse l'obligation garantie. À défaut, le compte sera débloqué, et le créancier nanti pourra conserver définitivement les fonds huit jours après mise en demeure de son débiteur.

345. – **Effets à l'échéance de la créance garantie.** Ici, il faut faire une nouvelle distinction selon que la créance nantie est ou non elle-même échue.

Si la créance nantie n'est pas encore échue, le nanti peut, sans attendre l'échéance, se faire attribuer la créance nantie en paiement, « par le juge ou dans les conditions prévues par la convention ». Il résulte de ce texte que la convention de nantissement peut dispenser le créancier de solliciter en justice l'attribution en paiement : l'article 2365 permet donc le pacte commissoire. Cette attribution en paiement permet au créancier d'échapper au concours avec les autres créanciers. Mais, en cas de procédure collective ouverte contre le constituant, comme pour le gage sur biens corporels, le pacte commissoire est sans effet, et l'attribution judiciaire ne peut être demandée que dans la phase de liquidation judiciaire.

Le créancier peut aussi attendre l'échéance. Il pourra alors, comme il a été dit, encaisser les sommes dues par le débiteur de la créance nantie et les imputer sur sa propre créance (C. civ., art. 2364, al. 1er). S'il reçoit plus que ce qui lui est dû, il doit naturellement restituer le surplus au constituant (C. civ., art. 2366). Ce mode de réalisation paraît très simple, mais le texte laisse plusieurs questions sans réponse. D'une part, il ne dit pas ce qui se passe lorsque le créancier nanti qui encaisse les sommes se trouve en concours avec d'autres nantis ou avec des créanciers privilégiés d'un rang supérieur au sien : l'encaissement direct permet-il d'évincer ceux-ci s'ils ne se sont pas manifestés avant ? D'autre part, on se demande si ce paiement direct du créancier nanti par le débiteur du constituant est encore possible après l'ouverture d'une procédure collective contre le constituant. Certains auteurs le pensent, en se fondant sur une sorte de droit de rétention accordé au nanti, et qui résulterait de l'impossibilité pour le constituant d'encaisser lui-même sa créance. Ce droit de rétention sur un bien incorporel, que la loi consacre explicitement dans le cas du nantissement de compte-titres (V. *infra*, n° 352), conférerait au nanti une situation d'exclusivité. Mais alors, il faut observer que la situation du nanti n'est plus vraiment différente de celle d'un créancier qui se serait purement et simplement fait céder la créance. Un arrêt de la Cour de cassation, qui statue à propos d'une cession de créance à titre de garantie requalifiée en nantissement, semble confirmer cette analyse en admettant que le créancier nanti peut encaisser les fonds en dépit de l'ouverture de la procédure collective (Cass. com., 26 mai 2010, n° 09-13.388). La prochaine réforme annoncée du droit des sûretés viendra trancher cette question et modifiera, sans doute de manière assez importante, les textes actuels applicables au nantissement de créance (V. *infra*, Points d'actualité).

B. – Réglementations spéciales

346. – Réglementations diverses. L'article 2355 qui ouvre le chapitre sur le nantissement de créances réserve l'application de dispositions dérogatoires. Toutes ces réglementations spéciales se trouvent en dehors du Code civil.

347. – Nantissement de créances professionnelles. On citera en premier lieu la procédure de nantissement de créances professionnelles prévue par les articles L. 313-23 et suivants du Code monétaire et financier. Ces textes trouvent leur origine dans la loi du 2 janvier 1981 (dite « loi Dailly »), dont l'objet principal était de mettre en place une procédure simplifiée de **cession** des créances professionnelles au profit des établissements de crédit (cette procédure est généralement étudiée en liaison avec l'escompte des effets de commerce dont elle est un substitut). Nous la retrouverons plus loin en étudiant les mécanismes de garantie qui confèrent au créancier une situation d'exclusivité (V. *infra*, n° 494). Cependant, par la même procédure qui permet la cession, on peut aussi procéder à un nantissement de ces créances professionnelles : il suffit d'intituler l'acte « acte de nantissement » plutôt qu'acte de cession. Ce nantissement (ou cette cession) s'opère par la remise à l'établissement de crédit prêteur d'un bordereau portant la liste des créances affectées en garantie. Le nantissement produit les effets du nantissement de créances de droit commun. Ce mécanisme n'est guère utilisé en pratique, car la cession réglementée par le texte peut aussi être utilisée à titre de garantie ; l'établissement de crédit qui veut une garantie sur les créances de son client a tout intérêt à se les faire céder plutôt que demander un nantissement, dans la mesure où la cession le place dans une situation d'exclusivité et le fait échapper à tout concours avec les autres créanciers (V. *infra*, n° 494) alors que le nantissement ne lui donne qu'une situation préférentielle (même si, on vient de le voir, dans le nouveau régime, on est proche d'une situation exclusive). Comme nous l'avons dit plus haut, la nouvelle procédure de droit commun a été largement inspirée par la procédure spéciale de la loi de 1981. Le nouveau nantissement de droit commun aura sans doute plus d'intérêt que son modèle, car, à la différence de ce dernier, il peut être utilisé pour toutes sortes de créances et en dehors du cadre bancaire. La cession de créances professionnelles à titre de garantie a également supplanté dans la pratique le **nantissement de marchés publics** autrefois réglementé par les articles 106 et suivants du Code des marchés publics (lesquels prévoient aussi une procédure spécifique de cession des créances résultant des marchés). Ce nantissement (qui porte sur les créances que l'entrepreneur titulaire du marché a sur la collectivité publique) souffre d'un rang très défavorable, auquel, selon la jurisprudence, le créancier ne peut échapper ni par le droit de rétention, ni par la faculté d'attribution en paiement. Une nouvelle réglementation est désormais applicable au nantissement de ces créances figurant dans les articles R. 2191-45 et suivants du Code de la commande publique entré en vigueur le 1er avril 2019. Cette réglementation, qui met sur le même plan nantissement et cession, prévoit notamment qu'« à compter de la notification ou signification au comptable (…) le bénéficiaire de la cession ou du nantissement de créance encaisse seul le montant de la créance ou de la part de la créance qui lui a été cédée ou donnée en nantissement » (CCP, art. R. 2191-56).

348. – Nantissement de polices d'assurance-vie. On citera encore le nantissement des **polices d'assurance-vie** (C. assur., art. L. 132-10), dont la constitution peut résulter, soit de la rédaction d'un avenant au contrat, soit d'un acte soumis aux articles 2355 et suivants du Code civil. Du point de vue de ses effets, ce gage est soumis pour l'essentiel au droit commun. Des difficultés spécifiques surgissent lorsque la créance garantie devient exigible avant le capital de l'assurance.

§ 2. – Les autres types de nantissement

349. – Règles applicables. Certains nantissements de meubles incorporels sont soumis à des règles spécifiques, très éclatées. À défaut, le nouvel article 2355, alinéa 5, du Code civil précise que ces nantissements sont soumis au droit commun, non pas, comme on aurait pu s'y attendre, au droit commun du nantissement des créances, mais à celui du gage de meubles corporels. Ce renvoi suppose qu'on puisse organiser la publicité de ces nantissements.

A. – Les nantissements sur les droits d'associés

350. – Distinction. Ce sont des droits personnels un peu particuliers, puisqu'ils donnent à l'associé le droit de participer à la vie de la société. Du point de vue de leur mise en gage, il faut distinguer les parts sociales (1°) et les instruments financiers, inscrits en compte (2°).

1° Nantissement de parts sociales

351. – Sociétés commerciales et sociétés civiles. Le nantissement des parts de sociétés commerciales est simplement visé par l'article L. 521-1 du Code de commerce qui prévoit qu'il peut être établi par un transfert sur les registres de la société. Pour le reste, il obéit au droit commun du gage (aujourd'hui sans dépossession). En revanche, celui des **parts de sociétés civiles** est soumis à une réglementation particulière issue de la loi du 4 janvier 1978, figurant aux articles 1866 à 1868 du Code civil. Le nantissement suppose la rédaction d'un écrit signifié à la société et une inscription au greffe du tribunal de commerce (qui remplace la dépossession). Cette inscription détermine le rang entre les créanciers nantis s'il y en a plusieurs.

La réalisation de ce gage suscite des difficultés particulières compte tenu de l'*intuitus personae* qui domine les sociétés civiles. Si les autres associés ont donné par avance leur consentement au nantissement, la vente des parts pourra être poursuivie contre leur gré, sauf à eux à pouvoir se substituer au cessionnaire ; s'ils n'ont pas donné leur agrément au nantissement, les autres associés auront, en cas de réalisation du gage, le choix entre l'acquisition des parts et la dissolution de la société.

2° Nantissements de comptes titres, de titres et d'instruments financiers

352. – Évolution. Vous savez sans doute que, depuis 1981, les **valeurs mobilières** (les titres des sociétés par actions) ne sont plus représentées par un morceau de papier, mais seulement par une inscription sur un compte tenu par la société émettrice ou par un intermédiaire habilité. Suite à cette **dématérialisation**, une loi de 1983 avait organisé un régime spécial de nantissement des valeurs mobilières. Ce régime a été profondément modifié par la loi n° 96-597 du 2 juillet 1996 qui a remplacé le gage des valeurs mobilières par le « gage d'un compte d'instruments financiers » (C. monét. fin., art. L. 431-4 et s.). Ces textes ont été ensuite modifiés par une ordonnance du 24 février 2005, qui avait malencontreusement maintenu la terminologie de « gage » pour ce nantissement de biens incorporels. Mais la matière a été à nouveau réorganisée par une ordonnance du 30 janvier 2009, qui a créé un article L. 211-20 du Code monétaire et financier. Cet article, encore modifié en 2017, est désormais relatif au « nantissement de compte-titres et de titres financiers ». Parallèlement, l'ordonnance de 2005, transposant une directive européenne de 2002, a mis en place un régime spécial pour certaines garanties dites « financières ».

353. – Nantissement de compte-titres et de titres financiers. Ce nantissement se constitue de deux manières.

Il peut d'abord s'opérer, très simplement, par une déclaration émise par le titulaire du compte : cette déclaration est à la fois une condition de validité du nantissement et de son opposabilité aux tiers. Le nantissement porte non seulement sur les valeurs mobilières figurant dans le compte gagé, mais aussi sur ceux qui leur sont substitués ou les complètent, ainsi que sur leurs fruits et produits : on peut donc estimer que c'est bien le compte, en tant qu'universalité de fait, qui fait l'objet du nantissement, plutôt que les titres qui y figurent. Le compte nanti prend la forme d'un compte spécial tenu par un intermédiaire ou par l'émetteur des titres. Le créancier nanti définit avec le titulaire du compte les conditions dans lesquelles ce dernier peut disposer des titres. Le nanti se voit expressément reconnaître par l'article L. 211-20, IV du Code monétaire et financier un droit de rétention (évidemment fictif). Les modalités de réalisation du gage sont différentes selon que les valeurs mobilières sont ou non négociées sur un marché réglementé (V. C. monét. fin., art. L. 211-20, V).

La seconde manière opère par le nantissement de titres inscrits dans un dispositif d'enregistrement électronique partagé (DEEP) (C. monét. fin., art. L. 211-20, VII, mod. par Ord. n° 2017-1674, 8 déc. 2017, art. 2). Le nantissement porte donc ici directement sur les titres et non pas sur un compte. Ce dispositif résulte de l'ordonnance du 8 décembre 2017 relative à l'utilisation d'un DEEP pour la représentation et la transmission de titres financiers et peut être mis en œuvre depuis le 25 décembre 2018, soit le lendemain de la publication du décret n° 2018-1226 du 24 décembre 2018, relatif à l'utilisation d'un DEEP pris en application de l'ordonnance précitée. Cette ordonnance ambitionnait d'adapter notre législation pour permettre la représentation et la transmission au moyen d'un DEEP (en anglais, *distributed ledger technology* ou DLT), c'est-à-dire de la technologie *blockchain*.

La première commission *Grimaldi* avait prévu d'insérer le nantissement d'instruments financiers dans le Code civil, à la suite des règles relatives au nantissement de créances, et d'y ajouter un nouveau nantissement de monnaie scripturale, défini comme « la convention par laquelle le constituant affecte en garantie d'une obligation des fonds inscrits sur un compte bloqué ouvert à son nom par un établissement habilité à les recevoir ». Mais cette nouvelle forme n'a pas vu le jour, et le gage de compte d'instruments financiers, devenu nantissement de compte-titres, a été maintenu dans le Code monétaire et financier, tandis que le nantissement de compte d'espèces est devenu un cas particulier de nantissement de créances régi par le Code civil. On ne peut que déplorer cet extrême éclatement de la matière.

354. – Garanties financières. Cet éclatement est encore accentué par l'existence, dans le Code monétaire et financier, d'un régime spécifique relatif aux garanties portant sur des « instruments financiers, effets, créances, contrats ou sommes d'argent » lorsque ces garanties sont données pour couvrir des « obligations financières », ce qui désigne (en simplifiant beaucoup) soit des opérations sur instruments financiers dans lesquelles une des parties au moins est un établissement financier, soit des opérations de toute nature entre établissements financiers. Ce régime est posé par l'article L. 211-38 du Code monétaire et financier, qui provient de la transposition en 2005 de la directive européenne

2002/47/CE du 6 juin 2002 concernant les contrats de garantie financière, dite habituellement directive *collateral* (terme anglais utilisé pour désigner toutes sortes de sûretés). Le régime posé, qui s'applique non seulement au nantissement, mais aussi au transfert de propriété à titre de garantie des avoirs considérés, se caractérise par une constitution informelle des garanties, ainsi que par des modes de réalisation très simplifiés (où l'attribution en paiement et la compensation jouent le premier rôle). Selon l'article L. 211-38, I, du Code monétaire et financier, ces modes de réalisation ne peuvent être entravés par l'ouverture contre le débiteur d'une procédure collective. Une autre disposition caractéristique est celle qui ouvre au créancier nanti, si la convention de garantie le prévoit, un « droit d'utilisation » des instruments financiers donnés en gage, c'est-à-dire le droit de les aliéner ou de les donner lui-même en garantie, alors même qu'il n'en est par hypothèse pas propriétaire, à charge pour lui de restituer, à la fin de l'opération, des titres équivalents. Le but de toutes ces dispositions très dérogatoires au droit commun du gage est d'assurer au créancier bénéficiaire une position de force, de nature à lutter contre le « risque systémique » consistant dans des faillites en chaîne à l'intérieur du système bancaire.

Il est évidemment hors de question d'entrer ici dans le détail de ces garanties qui jouent dans un contexte très spécifique, et qui sont souvent ignorées des manuels de droit civil. Il faut cependant avoir connaissance de leur existence, d'abord parce que, comme nous l'avons signalé dans l'introduction, la directive de 2002 est pour l'instant la seule manifestation de l'harmonisation européenne du droit des sûretés, ensuite parce que ces sûretés sont sans doute parmi les plus utilisées en pratique (alors même qu'elles n'émergent guère au contentieux). Par ailleurs, l'objectif de simplification de la constitution et de la mise en œuvre de ces garanties a pu inspirer, à des degrés divers, les différentes réformes du droit commun des sûretés intervenues en Europe ces dernières années.

B. – Les nantissements des propriétés incorporelles

1° Le nantissement du fonds de commerce

355. – Constitution et effets. Il s'agit d'une sûreté sans dépossession qui a été mise en place par la loi du 17 mars 1909 (actuellement, C. com., art. L. 142-1 et s.). Nous indiquerons sommairement les règles relatives à sa constitution et à ses effets.

Du point de vue de sa **constitution**, le nantissement peut être accordé par le propriétaire du fonds pour garantir une créance quelconque. Il suppose un acte authentique ou sous seing privé enregistré comportant certaines mentions. Cet acte doit être publié sous forme d'une inscription dans un registre spécial au greffe du tribunal de commerce ; cette inscription ne peut plus être prise si le commerçant est en redressement ou en liquidation judiciaires.

Il faut ici signaler que le nantissement de fonds de commerce n'est pas toujours une sûreté conventionnelle. Il peut également être obtenu **judiciairement** par le créancier au titre des mesures conservatoires, s'il justifie d'une créance paraissant fondée en son principe et de circonstances susceptibles d'en menacer le recouvrement (CPC, art. L. 511-1 et s.) : dans un premier temps, le créancier obtiendra du juge de l'exécution une autorisation d'inscrire son nantissement à titre provisoire ; ensuite il poursuivra la procédure au fond contre le débiteur, pour obtenir une décision de condamnation exécutoire ; cette décision lui permettra d'inscrire définitivement le nantissement, qui prendra rang au jour de son inscription provisoire (pour les détails vous consulterez les articles R. 531-1 et suivants du Code des procédures civiles d'exécution). Nous retrouverons la même procédure pour l'hypothèque.

Du point de vue de ses **effets**, le nantissement ressemble aussi beaucoup à une hypothèque. Le créancier nanti bénéficie à la fois d'un droit de préférence et d'un droit de suite. En revanche, il n'a pas de droit de rétention : la Cour de cassation a jugé que le droit de rétention fictif de l'article 2286, 4° ne s'appliquait qu'au gage de meubles corporels. Il ne bénéficie pas, en conséquence, au créancier nanti sur fonds de commerce (Cass. com., 26 nov. 2013, n° 12-27.390). Le **droit de préférence** s'exerce sur la valeur du fonds en cas de vente forcée de celui-ci (cette vente étant soumise à une procédure particulière). Il a un rang très défavorable, auquel le créancier n'a aucun moyen d'échapper. En effet, la loi lui refuse explicitement la faculté de se faire attribuer le bien en paiement.

Le nantissement est en revanche très intéressant en ce qu'il confère un **droit de suite**. Si le fonds est vendu, le nanti peut le faire saisir entre les mains de l'acquéreur et se payer sur le prix en passant avant tous les créanciers de cet acquéreur. Pour éviter d'être inquiété par la suite, celui qui achète un fonds nanti peut mettre en œuvre une procédure de purge analogue à celle que nous rencontrerons ultérieurement à propos de l'hypothèque.

2° Le nantissement des droits de propriété intellectuelle

356. – Réglementations diverses. La loi réglemente spécialement le nantissement des logiciels (CPI, art. L. 132-34), le nantissement de brevets (CPI, art. L. 613-9), le nantissement du droit d'exploitation d'un film cinématographique (C. cinéma, art. L. 124-1 et s.).

Points d'actualité

1. – Articulation du gage de droit commun et des gages spéciaux

La réforme de 2006 a, de manière assez malencontreuse, laissé subsister de nombreux régimes spéciaux de gage sans dépossession (gage sans dépossession sur véhicule automobile, « nantissement » de l'outillage...) et a même créé une nouvelle forme de gage portant sur les stocks des entreprises. La question s'est assez vite posée de savoir comment il fallait articuler ces différents régimes spéciaux avec le régime de droit commun du gage sans dépossession. Deux questions différentes se posent ici.

La première est de savoir si, dans le silence des textes relatifs aux gages spéciaux, les règles du droit commun ont vocation à s'appliquer. La Cour de cassation a ici clairement répondu de manière positive à propos du warrant agricole régi par les articles L. 342-1 et suivants du Code rural et de la pêche maritime. L'article L. 342-1 permettant d'inscrire un tel warrant sur « les récoltes pendantes par les racines et les fruits non encore recueillis », il s'agissait de savoir si cela pouvait viser aussi les récoltes futures d'une année ultérieure. Dans un arrêt de 2015, la première chambre civile a jugé que « le warrant agricole, dont le régime n'exclut pas qu'il puisse concerner des biens mobiliers corporels futurs, peut non seulement porter sur les récoltes pendantes par les racines, conformément à l'article L. 342-1 du Code rural et de la pêche maritime, mais également sur les récoltes futures, en application du droit commun du gage » et plus spécialement de l'article 2333 du Code civil selon lequel le gage peut porter « sur un bien mobilier ou un ensemble de biens mobiliers corporels, présents ou futurs ».

Naturellement la solution ne vaut que si le régime spécial ne contient pas expressément des dispositions impératives dérogatoires au droit commun. Mais alors, dans ce cas, une seconde question se pose. Il s'agit de savoir si les parties peuvent, dans le domaine assigné à un tel régime spécial par les textes qui l'instituent, préférer recourir au droit commun.

Le problème s'est posé en jurisprudence à propos du gage des stocks, régi par les articles L. 527-1 et suivants du Code de commerce, qui présente certes une certaine souplesse par rapport au gage sans dépossession de droit commun (notamment en raison de la fongibilité très étendue entre les stocks gagés et d'autres marchandises qui peuvent venir les remplacer), mais qui, sur d'autres points, s'avère plus contraignant que la formule générale (formalisme accru, prohibition du pacte commissoire). On pouvait donc comprendre que certains établissements de crédit préfèrent recourir au gage de droit commun. La Cour de cassation a cependant jugé que c'était impossible. Dans un arrêt du 19 février 2013 (n° 11-21.763), elle a jugé que « s'agissant d'un gage portant sur des éléments visés à l'article L. 527-3 du Code de commerce, les parties, dont l'une est un établissement de crédit, ne peuvent soumettre leur contrat au droit commun du gage de meubles sans dépossession ». Cet arrêt a suscité d'abondants commentaires, les uns critiques (V., par ex., P. Crocq : *RTD civ.* 2013, p. 418), les autres favorables (V., par ex., M. Bourrassin, *La force d'attraction du gage des stocks* : *D.* 2013, chron. p. 1363). La Cour de cassation a même dû se réunir en assemblée plénière pour clore la controverse dans le même sens que l'arrêt de 2013 (Cass. ass. plén., 7 déc. 2015, n° 14-18.435). Nous vous invitons à aller lire différents commentaires, en faisant la part, dans la position prise par les auteurs, des arguments de technique juridique (*lex specialis generalibus derogant*, volonté du législateur...) et de ceux de politique juridique (besoins de la pratique, protection de l'entreprise constituante...). Le législateur a toutefois fini par céder aux arguments des auteurs hostiles à la solution dégagée par la Cour de cassation en brisant la jurisprudence résultant des arrêts précités. La loi n° 2016-1547 du 18 novembre 2016, ratifiant l'ordonnance n° 2016-56 du 29 janvier 2016, a opté pour la règle de la prévalence de la liberté de choix des parties entre le gage de droit commun et le gage de stocks.

Il est donc difficile encore aujourd'hui de savoir si la position prise par la Cour de cassation à propos du gage des stocks doit pouvoir être transposée aux autres régimes spéciaux, celui du nantissement de l'outillage (moins favorable sur beaucoup de points que celui du nouveau gage sans dépossession, notamment en raison de l'absence de droit de rétention) et celui du gage sur véhicule automobile. Dans ce dernier cas, cependant, une réponse ministérielle de 2007 suggère que, dans l'attente du décret relatif à la publicité de ce gage (toujours pas paru), on pourrait constituer un gage sur véhicule automobile qui n'entrerait pas dans le champ d'application du régime antérieur en utilisant la formule du droit commun. Peut-être la réforme à venir du droit des sûretés permettra-t-elle de corriger les imperfections ou les hésitations du droit actuel (V. *infra*, actualité suivante : n° 3 « La réforme à venir en France du gage et du nantissement).

2. – La réforme du gage en Belgique

La réforme de 2006 a créé une disparité importante, en matière de sûretés mobilières, entre les droits, jusqu'alors très proches, des trois pays du Code civil (France, Belgique et Luxembourg). Au-delà de la différence formelle de structure et de numérotation résultant de la création dans le Code civil français d'un nouveau livre consacré aux sûretés, la mise en place d'un gage sans dépossession par la réforme de 2006 avait créé un véritable fossé, sur le fond, entre les trois droits. Le fossé demeure avec le droit luxembourgeois qui, en matière de gage, a conservé pour l'essentiel les solutions antérieures du droit français (même si, au Luxembourg, le droit commun du gage n'a qu'une importance pratique très limitée en raison d'un régime dérogatoire d'application très large pour les gages portant sur les titres et sur les créances). En revanche, le droit belge s'est rapproché du droit français par une importante réforme du 11 juillet 2013 qui a complètement transformé le chapitre du code sur le gage (articles 2071 à 2091 remplacés par 68 articles !). Cette réforme est seulement entrée en vigueur le 1er janvier 2018. Dans cette réforme, on trouve un certain nombre de points communs avec la réforme française. Le principal est la mise en place, comme en France, d'un gage sans dépossession, qui apparaît, plus nettement que dans le texte français, comme la formule normale de gage (le gage avec dépossession n'ayant dans le nouveau texte qu'une place marginale). Ce gage, comme en droit français, est soumis à une publicité par enregistrement dans un registre national. On retrouve également l'idée de fongibilité des biens grevés du gage, qui permet au constituant de disposer librement des biens gagés, ainsi que le souci de faciliter la réalisation du gage, notamment par la légalisation du pacte commissoire (du moins si le constituant n'est pas un consommateur). La lecture du texte belge révèle cependant d'importantes différences avec le système français. Ainsi le gagiste sans dépossession ne se voit pas reconnaître de droit de rétention, et il ne peut opposer son droit à l'acquéreur du meuble que si celui-ci l'a acquis dans le cadre de son activité professionnelle. Plus généralement, la loi belge ne fait pas une distinction de principe entre le gage sur biens corporels et le nantissement de biens incorporels, qui demeurent par principe, sous le nom générique de « gage », soumis aux mêmes règles. Si vous voulez en savoir plus, nous vous invitons à consulter la loi belge sur le site Juridat (équivalent de Legifrance) (www.ejustice.just.fgov.be/loi/loi.htm).

3 – La réforme à venir en France du gage et du nantissement

Comme nous l'avons déjà indiqué à plusieurs reprises, le droit français des sûretés est à nouveau sur le point d'être réformé, l'article 60 de la loi PACTE ayant habilité le gouvernement à prendre par voie d'ordonnance dans un délai de vingt-quatre mois les mesures nécessaires à simplifier et renforcer l'efficacité du droit des sûretés.

Au titre des dispositions concernant le gage il est prévu, outre le fait de permettre de gager des biens meubles immobilisés par destination, de préciser l'articulation des règles relatives au gage et aux procédures civiles d'exécution. Il est également prévu, et le changement est attendu, d'abroger les sûretés mobilières spéciales tombées en désuétude. Tel devrait être le cas des warrants de stocks de guerre, industriel ou encore hôtelier. Il n'est pas certain en revanche que disparaissent tous les gages spéciaux. Le projet *Grimaldi*, qui inspire la réforme, en laisse perdurer plusieurs et dans la mesure où dans le projet d'ordonnance il est prévu de « simplifier et moderniser les règles relatives aux sûretés mobilières spéciales dans le Code civil, le Code de commerce et le Code monétaire et financier » (art. 60, 5°), cela sous-entend que tous les gages spéciaux pourraient ne pas disparaître. On peut s'en étonner, car la solution contraire permettrait de franchir un véritable cap dans l'œuvre de simplification attendue. Le gouvernement devra aussi harmoniser et simplifier les règles de publicité des sûretés mobilières.

Le nantissement devrait lui aussi faire l'objet d'un important *lifting*. De nombreuses dispositions relatives au nantissement de créance viendront en effet clarifier l'utilisation de cette sûreté qui devrait s'enrichir de précisions opportunes ayant trait à la preuve de la date du nantissement, à la création de la possibilité d'une pluralité de nantissements sur une même créance ainsi que des règles venant gérer les conflits entre créanciers nantis successifs. L'article 2362 du projet *Grimaldi*, qui inspirera probablement l'ordonnance, précise par ailleurs que lorsque le constituant reçoit le paiement de la somme nantie il n'en a pas la libre disposition. Il doit la conserver sur un compte bloqué ouvert auprès d'un établissement de crédit. « La solution est logique dès lors que la somme payée vient en remplacement de la créance qui était affectée en garantie ». L'avancée la plus notable se rencontrerait aussi dans l'article 2363 qui précise qu'après notification, le créancier nanti a seul le droit au paiement de la créance donnée en nantissement tant en capital qu'en intérêts. On reconnaîtrait ainsi un droit exclusif au paiement du créancier nanti.

Il reste enfin à préciser qu'est envisagé de mettre en place une cession de créance à titre de garantie (loi PACTE, art. 60, 9°) et la consécration du transfert d'argent à titre de garantie, et donc du gage-espèces (loi PACTE, art. 60, 11°).

Pistes à explorer

1. – Le « gage-espèces »

C'était, avant la réforme, un des problèmes les plus intéressants en matière de gage, même si la pratique est ancienne : un débiteur remet une somme d'argent à son créancier pour garantir une dette future ou éventuelle qu'il pourrait avoir envers lui. L'exemple le plus connu est celui du dépôt fait par le locataire à son entrée dans les lieux pour garantir le paiement des loyers et le remboursement des dégradations éventuelles des lieux loués. Mais on rencontre aussi ce type de garantie dans la pratique bancaire. La nature juridique de ce dépôt de garantie (parfois appelé tout à fait à tort cautionnement ou caution) est discutée en doctrine : dans la mesure où le créancier devient, en raison de la nature consomptible et fongible de l'argent, propriétaire de la somme qui lui est remise, on peut se demander s'il s'agit bien d'un gage ; certains auteurs y voient plutôt un transfert de propriété à titre de garantie. Il y a peut-être lieu de distinguer selon que la somme remise se fond dans l'actif du créancier (soit qu'il y ait remise d'espèces, soit qu'elle soit inscrite sur son compte bancaire général) ou qu'elle est individualisée (par versement à un compte spécial bloqué). Dans le premier cas, il y a sans doute remise en pleine propriété à titre de garantie, ce qu'avait admis la Cour de cassation avant la réforme (Cass. com., 3 juin 1997 : *Bull. civ.* 1997, IV, n° 165) : à l'époque, un tel transfert de propriété était incompatible avec la qualification de gage, mais il n'en va plus nécessairement de même depuis 2006, puisque, comme on l'a vu (V. *supra*, n° 311), l'article 2341, alinéa 2 prévoit que dans le gage portant sur des choses fongibles, le gagiste peut se voir transférer la propriété des choses, dont il peut alors disposer sauf à restituer une quantité équivalente. Dans le second cas, si les fonds sont déposés sur un compte bloqué et ne se fondent pas dans l'actif du gagiste, il n'y a pas transfert de propriété, et la qualification de gage (ou de nantissement) semble s'imposer. La Cour de cassation l'avait admis à plusieurs reprises (V. en dernier lieu : Cass. 1re civ., 15 nov. 2005, n° 03-14.208 : *Bull. civ.* 2005, I, n° 415). Cependant, dans un tel cas, la Cour de cassation avait admis que (par dérogation au régime général du gage), les parties puissent, lors de la constitution de la sûreté, stipuler qu'à défaut de paiement, le créancier se verrait attribuer en paiement la somme gagée, ce qui permettait une compensation entre son obligation de restitution et ce qui lui était dû (Cass. com., 9 avr. 1996 : *Bull. civ.* 1996, IV, n° 116, solution reprise en 2001 par un arrêt non publié). La consécration générale de la validité du pacte commissoire en matière de gage a retiré à cette solution toute son originalité, mais on s'interroge toujours sur la nature exacte de l'opération : s'agit-il d'un gage sur la monnaie scripturale considérée comme une sorte de bien corporel, ou d'un nantissement portant sur la créance que le titulaire du compte bloqué a contre le banquier teneur du compte ? La commission *Grimaldi* de 2005 s'était proposée de consacrer des dispositions spécifiques à ce nantissement de monnaie scripturale mais ces dispositions n'ont pas été reprises dans l'ordonnance de 2006. Vous trouverez sur cette question un grand nombre d'écrits doctrinaux que nous vous invitons à recenser et à consulter.

Un élément de réflexion supplémentaire est aujourd'hui donné par la réforme belge des sûretés mobilières (exposée ci-dessus). L'article 59 du chapitre du Code civil belge sur le gage dispose en effet que : « Si le gage est constitué en espèces et qu'il y a eu confusion chez le créancier gagiste, le créancier gagiste agit en propriétaire tenu, à l'expiration de la convention de gage, de restituer au constituant du gage un montant équivalent des mêmes devises ».

On l'a déjà dit, le gage-espèces sera consacré par la réforme à venir du droit des sûretés. En effet, l'article 60, 11° de la loi PACTE prévoit de consacrer et d'organiser dans le Code civil le transfert d'une somme d'argent au créancier à titre de garantie. Il s'agit d'un amendement sénatorial qui a complété le projet de loi initial, au motif que le gage-espèces serait très utilisé en pratique. Le projet actuel de la commission *Grimaldi* ne contient pas de dispositions sur le gage-espèces *stricto sensu* (avec remise de fonds au créancier), mais il propose de réglementer le nantissement de monnaie scripturale défini comme « la convention par laquelle le constituant affecte en garantie d'une obligation des fonds inscrits sur un compte bloqué ouvert à son nom par un établissement habilité à les recevoir ».

2. – La protection du gagiste sans dépossession

On a beaucoup souligné les inconvénients du gage avec dépossession, qui rendent cette sûreté impraticable dans un grand nombre de situations. L'introduction en droit français par la réforme de 2006 d'un gage sans dépossession paraît donc aller dans le sens d'une modernisation du droit des sûretés. Cependant, il n'est pas sûr que le gagiste sans dépossession soit aussi bien protégé que le gagiste traditionnel, de sorte que ce gage pourrait finalement se révéler moins attractif que le modèle traditionnel – alors surtout que la jurisprudence récente tend à assouplir la portée de l'exigence de dépossession (Cass. com., 12 janv. 2010, n° 08-17.420, qui admet qu'il y a dépossession valable dans une hypothèse où les biens gagés – du vin – avaient été laissés dans les caves du constituant, mais où l'établissement de crédit gagiste avait mandaté des salariés du constituant pour en assurer la surveillance !). Le projet de réforme de la commission *Grimaldi* va également dans ce sens, en prévoyant que « la dépossession entre les mains d'un tiers peut avoir lieu sans déplacement du bien, pourvu que ce tiers en assure la garde effective et veille au respect de ses obligations par le constituant ». Dans le gage sans dépossession, deux points font difficulté.

Le premier est celui de la protection du gagiste en cas d'aliénation de la chose gagée. Dans le gage traditionnel avec dépossession du débiteur, la question de la vente de la chose gagée se pose à peine : le constituant, qui ne pourra pas représenter la chose, trouvera difficilement un acquéreur, et s'il en trouve un, il ne pourra pas lui livrer la chose. Le gagiste pourra alors opposer son gage à cet acquéreur, qui ne pourra pas se retrancher derrière l'article 2276. La question de savoir si le gage conférait un droit de suite était donc assez théorique. Il n'en va pas de même lorsque le gage est constitué sans dépossession du débiteur. La question est alors double : le constituant, qui a gardé la chose entre les mains, a-t-il le droit de la vendre ? Et, s'il la vend, le gagiste peut-il exercer son droit contre l'acquéreur ? On connaît depuis longtemps ces questions dans le cadre des sûretés spécifiques sans dépossession, où elles reçoivent des réponses différentes. Dans le cadre du gage sur véhicule automobile, le propriétaire du véhicule ne perd pas le droit de vendre parce que l'acquéreur est facilement identifiable (par l'immatriculation). Prévenu lors de l'acquisition par le certificat de gage que lui remettra la préfecture, l'acquéreur potentiel renoncera à l'achat, ou choisira de désintéresser le prêteur plutôt que de payer son vendeur. À défaut, le gagiste pourra saisir la voiture entre ses mains. Il n'en va pas de même dans le cadre du nantissement de l'outillage, où le constituant perd en principe le droit de vendre, et où le gagiste n'a de droit de suite que s'il a pris la précaution d'apposer des plaques sur le véhicule. De même, à propos des warrants agricoles, la Cour de cassation a jugé que la vente des marchandises warrantées (normalement interdites) entraîne la perte du gage, et que le gagiste ne peut en conséquence reporter son droit de préférence sur le prix du bien warranté (Cass. 1re civ., 18 janv. 2000 : *Bull. civ.* 2000, I, n° 17, p. 11. – Cass. 1re civ., 18 déc. 2001 : *Bull. civ.* 2001, I, n° 326, p. 207). Par rapport à ces solutions particulières, il est intéressant de considérer les solutions qui vont désormais s'appliquer au gage de droit commun sans dépossession. Il est clair que le gagiste se voit reconnaître un droit de suite, opposable au tiers acquéreur dès lors que la publicité du gage a été faite, et qui n'est pas paralysé par l'article 2276 du Code civil. On a ici généralisé la solution admise à propos du véhicule automobile. Vous vous interrogerez sur la portée et les conséquences pratiques de cette solution. Le gagiste vous semble-t-il efficacement protégé ? D'un autre côté, le système ne présente-t-il pas de sérieux inconvénients pour les acquéreurs de biens mobiliers d'occasion ?

Le second point où la comparaison entre les deux formes de gage s'impose est celui de la protection du gagiste contre les autres créanciers du constituant. Dans le système traditionnel, un des éléments clés de cette protection est le droit de rétention reconnu au gagiste, qui est opposable aux autres créanciers, qui permet le paiement du gagiste en cas de sauvegarde ou de redressement judiciaire si le bien gagé est utile à la poursuite de l'activité, et qui se reporte sur le prix en cas de liquidation judiciaire, permettant ainsi un paiement prioritaire dans tous les cas. Comme vous le savez, la loi du 4 août 2008 a reconnu au gagiste sans dépossession un droit de rétention fictif. Cette reconnaissance vous paraît-elle suffisante pour assurer la protection du gagiste ?

3. – La fongibilité dans le droit des sûretés mobilières

Parmi les éléments marquants de la réforme française de 2006, il y a l'intrusion dans le droit du gage de la notion de fongibilité, qui est de nature à permettre une utilisation beaucoup plus souple de ce type de sûreté. Il s'agit de permettre que la sûreté, constituée au départ sur des biens déterminés, puisse ensuite se reporter sur d'autres biens de même espèce. Nous vous invitons à chercher, dans les dispositions du Code civil, les articles qui illustrent cette fongibilité, tant pour le gage avec dépossession que pour le gage sans dépossession. Vous comparerez cette fongibilité avec celle qui est au cœur de la réglementation du gage des stocks. Vous pourrez également, en trouver des manifestations importantes dans les opérations de nantissement portant sur des titres. Et, si vous êtes particulièrement curieux, et intéressés par le droit comparé, vous pourrez aller observer l'importance que cette notion prend dans le nouveau droit belge du gage. Naturellement, comme très souvent en droit, la recherche d'une plus grande souplesse d'utilisation, qui est à l'origine de toutes ces dispositions, se traduit par certains risques pour la sécurité des parties (selon les cas du constituant ou du gagiste). Nous vous invitons à réfléchir à cette question.

CHAPITRE 2

LES SÛRETÉS IMMOBILIÈRES

357. – Présentation générale. Les sûretés immobilières, qui font l'objet du sous-titre III du livre IV consacré aux sûretés, obéissent traditionnellement, en droit français, à un régime très différent de celui des sûretés mobilières en raison de l'existence d'un système de publicité foncière. Ce système, qui consiste dans une inscription des transferts et des créations de droits sur les immeubles auprès d'une administration spéciale, le service chargé de la publicité foncière, permet de renseigner facilement les tiers sur l'évolution de la situation juridique d'un immeuble, et en particulier sur l'existence de sûretés portant sur cet immeuble. C'est pourquoi il n'est pas normalement nécessaire, en matière immobilière, de recourir à la dépossession du débiteur pour assurer l'efficacité de la sûreté. Sur ce point, il est vrai que la mise en place d'un régime général de gage sans dépossession, subordonné à une publicité des gages, qui détermine le rang des différents gagistes les uns par rapport aux autres, a rapproché sûretés mobilières et sûretés immobilières. Le régime des sûretés immobilières n'en conserve pas moins sa spécificité, tout comme la publicité des transactions sur les immeubles.

358. – Plan suivi. Le sous-titre III du livre IV relatif aux sûretés est consacré aux sûretés immobilières. Ce sous-titre est divisé en huit chapitres : les trois premiers sont consacrés aux trois types de sûretés immobilières traditionnelles, les privilèges (généraux et spéciaux), le gage immobilier (ex-antichrèse), les hypothèques, les quatre suivants aux règles générales valant pour toutes ces sûretés (publication, effets, purge, extinction), et enfin un chapitre 8, rajouté en 2009, consacré à la propriété cédée à titre de garantie. Le présent manuel ne suivra pas cette présentation. Pour des raisons pédagogiques, il paraît plus opportun de commencer par l'étude des hypothèques, qui constituent les sûretés immobilières de base, et de présenter à leur propos les règles relatives à la publicité, aux effets et à l'extinction des sûretés immobilières. Cet exposé permettra de mieux comprendre le particularisme du gage immobilier et des privilèges, qui, à l'inverse de l'ordre du code, ne seront étudiés qu'ultérieurement. Par ailleurs, nous avons regroupé avec les hypothèques *stricto sensu*, les privilèges spéciaux immobiliers, qui ne sont en réalité que des variétés d'hypothèques légales dont seul le rang est dérogatoire. Du reste, la loi PACTE, qui habilite le gouvernement à prendre une ordonnance pour réformer le droit des sûretés, invite à assimiler purement et simplement ces privilèges aux hypothèques, comme l'avait déjà proposé la commission *Grimaldi* de 2005 (V. art. 16, 11°).

En conséquence, on étudiera successivement, en trois sections, les **hypothèques et les privilèges spéciaux immobiliers** (Section 1), les **privilèges généraux immobiliers** (Section 2) et enfin **le gage immobilier** (Section 3). Auparavant, dans une section préliminaire, on donnera un aperçu des règles de la **publicité foncière**, dont la connaissance est utile à la compréhension des sûretés immobilières. Nous vous rappelons que nous n'étudions dans ce titre que les sûretés qui confèrent à leurs titulaires un droit de préférence : les sûretés qui confèrent un droit exclusif, et notamment les sûretés reposant sur le droit de propriété seront étudiées dans le titre suivant, qu'elles portent sur des meubles ou sur des immeubles.

SECTION PRÉLIMINAIRE

NOTIONS SOMMAIRES SUR LA PUBLICITÉ FONCIÈRE

359. – Historique. Si j'achète un immeuble, j'ai besoin de savoir avec certitude si cet immeuble appartient bien à mon vendeur, et s'il ne l'a pas déjà vendu à un tiers. De même, si j'octroie un crédit garanti par une hypothèque, je dois, pour apprécier la valeur de ma sûreté, savoir si d'autres créanciers n'ont pas déjà pris des hypothèques sur le même immeuble. C'est à cette information nécessaire que sert l'institution de la publicité foncière.

Malgré cette utilité considérable, l'institution est, en France, relativement récente. Aucune publicité des actes portant sur les immeubles n'était organisée sous l'Ancien droit, sauf dans certaines provinces. Le Code civil lui-même ne mettait en place qu'une publicité très limitée, concernant les seules hypothèques ; les opérations de transfert de propriété n'étaient pas soumises à publicité, la protection des acquéreurs étant recherchée à travers les sanctions sévères qui frappaient le propriétaire qui vendait deux fois (stellionat). Ce n'est que par une loi du 23 mars 1855 que fut institué un système général de publicité foncière, certaines hypothèques restant cependant occultes. Le système fut complètement réorganisé par deux **décrets du 4 janvier et du 14 octobre 1955**, qui, modifiés à plusieurs reprises, sont toujours en vigueur. On notera que, dans les trois départements d'Alsace-Moselle, c'est un système très différent qui est en vigueur depuis une loi de 1924 qui a conservé les bases du système allemand. Le système français a été récemment affecté par la suppression du régime particulier du conservateur des hypothèques, résultant de l'ordonnance n° 2010-638 du 10 juin 2010, entrée en vigueur le 1er janvier 2013. Enfin, on notera qu'un rapport destiné à moderniser la publicité foncière a été remis le 12 novembre 2018 au garde des Sceaux (V. *infra*, Points d'actualité).

360. – Caractéristiques générales. Le système de publicité foncière français présente diverses caractéristiques générales :

– c'est un système qui mêle une **publicité personnelle**, et une **publicité réelle :** pour l'essentiel, les inscriptions (et les recherches) se font à partir des personnes (du nom des parties) ; mais le décret du 4 janvier 1955 a créé un fichier immobilier, qui permet une recherche à partir des immeubles en liaison avec le cadastre ;

– c'est un système d'**information sur les actes**, qui n'est **pas acquisitif (ou créateur) de droits :** il ne faut pas oublier que, en droit français, le transfert de propriété se fait *solo consensu*, c'est-à-dire par le seul accord des parties, et il en va de même de la constitution de droits réels (hypothèques, servitudes…), même si la loi impose certaines formes à cet accord ; en tout cas, le transfert ou la création de droits résulte de l'acte. La publicité sert seulement à informer les tiers sur les actes passés, et, par suite, à régler les conflits entre propriétaires concurrents sur un même immeuble : par exemple, *Tertius* achète un immeuble, et, la consultation du registre foncier lui apprend que son vendeur (*Secundus*) a acheté l'immeuble trois ans auparavant de *Primus*, et qu'aucun acte de vente postérieur n'a été inscrit ; il peut être sûr qu'on ne lui opposera pas un acte de vente concurrent du sien ; si une autre personne (Dupont) vient ensuite dire qu'elle a acheté l'immeuble antérieurement du même auteur, elle ne pourra pas opposer son droit puisqu'elle n'aura pas publié son acte. *Tertius* va alors publier l'acte de vente pour être sûr de pouvoir l'opposer à des acquéreurs ultérieurs. Mais la publicité ne purge pas les vices éventuels du droit du vendeur : si le contrat par lequel *Secundus* avait acquis son droit vient ultérieurement à être frappé de nullité (par ex., parce que *Primus* était incapable ou avait été victime d'un vice du consentement) *Primus* pourra récupérer son immeuble. Le fait pour *Tertius* d'avoir publié la vente ne lui sera d'aucun secours ! Et le fait que, trois ans auparavant, *Secundus* ait publié son propre acte d'acquisition n'aura pas eu davantage d'effet sur les droits transmis. De ce point de vue, le système français s'oppose au système du « livre foncier » des pays germaniques : dans ces pays, le transfert de propriété sur les immeubles s'opère, indépendamment du contrat de vente, par un accord distinct entre les parties matérialisé par l'inscription au livre foncier ; cette inscription opère transfert de propriété même si le contrat de vente était affecté d'une cause de nullité. Dans notre exemple, *Tertius* serait donc complètement protégé contre toute annulation antérieure (dont les conséquences se régleraient entre les parties). En Allemagne, la publicité renseigne donc avec certitude sur le **droit** sur l'immeuble ; en France, elle ne fait qu'informer sur les **actes** passés sur cet immeuble, sans préjuger de leur validité.

Ces explications préliminaires étant données, on étudiera d'abord les actes qui sont soumis à l'exigence de publicité (Sous-section 1) avant de voir comment celle-ci s'opère (Sous-section 2).

SOUS-SECTION 1

LES ACTES SOUMIS À LA PUBLICITÉ FONCIÈRE

361. – Domaine et portée variables. Tous les actes qui touchent un immeuble ne sont pas soumis à l'exigence de publicité, et, parmi ceux qui y sont soumis, cette exigence n'a pas toujours la même portée. Il faut distinguer selon que le défaut de publicité est ou non sanctionné par l'inopposabilité de l'acte.

§ 1. – Les actes soumis à publication pour assurer leur opposabilité aux tiers

362. – Distinction. Le décret du 4 janvier 1955 distingue les actes autres que les privilèges et hypothèques (A) et les privilèges et hypothèques (B).

A. – Les actes autres que les privilèges et hypothèques

1° Nature des actes soumis à publicité (D. n° 55-22, 4 janv. 1955, art. 28, 1° et 2°)

363. – Transfert ou constitution de droits réels. Ce sont d'abord « tous actes, même assortis d'une condition suspensive et toutes décisions judiciaires, portant ou constatant entre vifs mutation ou constitution de droits réels immobiliers autres que les privilèges et hypothèques » : cela vise notamment les ventes, échanges, constitutions de servitudes, d'usufruit...

On notera que le texte assimile aux contrats les décisions judiciaires (par ex., une décision prononçant un transfert de propriété à la suite d'un compromis de vente non réalisé).

364. – Actes créateurs de certains droits personnels. Le texte soumet également à publicité, à peine d'inopposabilité, certains **actes créateurs de droits personnels**, mais qui limitent beaucoup la valeur de l'immeuble sur lequel ils portent : « bail pour une durée de plus de douze années, et, même pour un bail de moindre durée, quittance ou cession d'une somme équivalente à trois années de loyers ou fermages non échus ». L'inopposabilité n'aura ici pour effet que de réduire, aux yeux des tiers, le bail ou la cession de loyers à la durée maximum prévue par la loi (douze ans pour les baux, trois ans pour les cessions de loyers).

365. – Autres actes. L'article 28, 2° énumère ensuite un certain nombre d'actes très hétérogènes parmi lesquels il faut surtout noter ceux qui entraînent « restriction au droit de disposer » : par exemple, une clause d'inaliénabilité. Les promesses unilatérales de vente ne sont pas concernées car elles sont visées par un texte spécial qui prévoit seulement leur publication facultative pour l'information des usagers (V. *infra*, n° 371). Cette publication est particulièrement utile depuis la réforme du droit des obligations de 2016, dans la mesure où l'article 1124 du Code civil prévoit désormais que le contrat conclu par le promettant en violation de la promesse est nul s'il a été passé avec un tiers qui en connaissait l'existence. Mais on s'est demandé si les pactes de préférence portant sur des immeubles devaient, eux, être publiés : la solution négative l'a emporté (Cass. 3ᵉ civ., 16 mars 1994 : *Bull. civ.* 1994, III, n° 58). Ces pactes n'en seront pas moins opposables aux tiers qui en auront eu personnellement connaissance (Cass. ch. mixte, 26 mai 2006, n° 03-19.376 : *Bull. civ.* 2006, ch. mixte, n° 4 dont la solution a été consacrée en 2016 par l'article 1123 du Code civil).

2° Sanctions du défaut de publication

366. – Inopposabilité. Il faut observer que, pour les actes visés aux articles 28, 1° et 2°, la publicité est obligatoire, c'est-à-dire que, si elle n'est pas intervenue dans un certain délai suivant l'acte ou la décision (sur ce délai, V. D. 4 janv. 1955, art. 33 D), certaines sanctions seront encourues par la partie qui était tenue de publier (amende civile, pénalités fiscales). Mais la principale sanction est bien sûr l'**inopposabilité de l'acte non publié**, prévue par l'article 30 du décret.

On dit souvent, pour simplifier, que les mutations ou constitutions de droits réels immobiliers non publiées sont « inopposables aux tiers », ce qui est une présentation simpliste : d'une part, la loi définit restrictivement les tiers à l'égard de qui cette inopposabilité joue, d'autre part l'inopposabilité est parfois écartée.

367. – Tiers à qui l'acte est inopposable. Les tiers à qui les actes non publiés sont inopposables sont définis dans une formule complexe par l'article 30 du décret.

« Les actes et décisions judiciaires soumis à publicité par application du 1° de l'article 28 sont, s'ils n'ont pas été publiés, inopposables aux tiers qui, sur le même immeuble, ont acquis, du même auteur, des droits concurrents en vertu d'actes ou de décisions soumis à la même obligation de publicité et publiés, ou ont fait inscrire des privilèges ou des hypothèques. Ils sont également inopposables, s'ils ont été publiés, lorsque les actes, décisions, privilèges ou hypothèques, invoqués par ces tiers, ont été antérieurement publiés. »

De cette formule on peut déduire **cinq conditions pour être « un tiers au sens de la publicité foncière »**, donc pour pouvoir se prévaloir de l'inopposabilité :

– il faut d'abord n'avoir pas été partie à l'acte : un vendeur ne peut pas se prévaloir de ce que son acheteur n'a pas encore publié pour vendre une deuxième fois ;

– il faut ensuite avoir acquis sur le même immeuble soit un droit concurrent à celui que confère l'acte non publié (cas du second acquéreur d'un immeuble déjà vendu une première fois), soit une hypothèque ou un privilège : cela signifie que les créanciers chirographaires du vendeur, par exemple, ne peuvent pas prétendre ignorer la vente au prétexte que l'acheteur n'a pas publié son droit, car eux-mêmes n'ont pas de droit réel sur cet immeuble. La règle est cependant assez théorique car il suffit au créancier chirographaire de pratiquer une saisie sur l'immeuble : la publication du commandement de saisie lui fait acquérir un droit sur l'immeuble et arrête le cours des inscriptions (C. civ., art. 2200) ; l'acquéreur qui n'a pas publié ne pourra plus le faire ;

– il faut ensuite avoir acquis ce droit concurrent du même auteur que celui qui a omis de publier : A (qui se prétend propriétaire par succession) vend son immeuble à B, qui ne publie pas ; C (qui se prétend propriétaire par usucapion) vend à D, qui publie. Le conflit entre B et D ne se réglera pas par l'antériorité de publication, mais par le jeu normal des preuves de la propriété immobilière, dans le cadre d'une action pétitoire – par où l'on voit à nouveau que la publicité n'est pas attributive de droit ;

– il faut ensuite avoir acquis son droit par l'effet d'un acte lui-même soumis à publicité en vertu du texte : A vend son immeuble à B, puis décède ; son héritier C (qui a acquis par succession) ne peut pas tirer argument de ce que B n'a pas publié la vente pour prétendre l'ignorer ;

– il faut enfin avoir soi-même publié son propre droit : c'est le premier qui publie qui l'emporte sur les autres.

D'après le texte, ces conditions ne sont pas exigées lorsque l'acte est une donation : dans ce cas, selon l'article 941 du Code civil, « toute personne ayant intérêt » peut se prévaloir du défaut de publicité ; mais la Cour de cassation a progressivement assimilé les deux situations, en refusant le droit d'invoquer le défaut de publicité aux ayants cause à titre universel, puis aux simples titulaires de droits personnels.

368. – Limites à l'inopposabilité. L'inopposabilité aux tiers peut se trouver **écartée** dans certaines circonstances. L'article 30 D du décret du 4 janvier 1955 prévoit que ne peuvent se prévaloir de l'inopposabilité « les tiers qui étaient eux-mêmes chargés de faire publier les droits concurrents, ou leurs ayants cause à titre universel » : par exemple, le mandataire chargé d'effectuer les formalités de publicité au nom d'un premier acquéreur n'effectue pas ces formalités, mais achète lui-même au vendeur, et se hâte de publier pour lui-même ; il ne peut opposer un défaut de publication dont il est lui-même responsable. Dans le prolongement de cette idée, la jurisprudence écarte l'inopposabilité lorsque le tiers a essayé de tirer parti du mécanisme de la publicité foncière pour acquérir un droit de manière illégitime. Dans un premier temps, la jurisprudence n'a écarté l'inopposabilité qu'en cas de concert frauduleux entre le vendeur et le second acquéreur, mais ensuite la Cour de cassation s'est contentée de la simple **mauvaise foi** du second acquéreur : celui qui a acquis un bien en sachant que ce bien avait déjà été vendu, bien que la publicité n'ait pas été faite, ne peut pas invoquer ce défaut de publicité. C'est une application de l'article 1240 (*ex-art. 1382*) du Code civil. Cette solution, que la Cour de cassation avait semblé vouloir abandonner, a été consacrée lors de la réforme du droit des obligations par le nouvel article 1198 du Code civil. La situation du sous-acquéreur tenant ses droits de l'acquéreur de mauvaise foi a également donné lieu à une évolution jurisprudentielle (V. *infra*, Piste à explorer).

B. – Les privilèges et hypothèques

369. – Particularisme. La publicité est également prescrite à peine d'inopposabilité aux tiers, puisque le conflit entre plusieurs créanciers hypothécaires ou privilégiés se règle d'après la date d'inscription. Mais, sur plusieurs points, le régime de cette publicité (qui a été intégré dans C. civ., art. 2426 et s., *ex-art. 2146 et s.*) se distingue de celle des actes précédents :

– la publicité n'est pas obligatoire en ce sens que la partie qui n'y procède pas n'encourt pas de sanctions autres que l'inopposabilité ;

– l'inopposabilité encourue, en revanche, est beaucoup plus radicale : elle s'applique à l'encontre de tous les créanciers, même simplement chirographaires, et pas seulement de ceux qui sont titulaires d'un droit réel sur l'immeuble ; et, selon la jurisprudence, elle joue même si la personne qui s'en prévaut était au courant de l'hypothèque par un autre moyen.

L'exigence de publicité ne concerne que les hypothèques (quelle qu'en soit la source) et les privilèges spéciaux immobiliers ; les privilèges généraux immobiliers restent, eux, occultes, mais, depuis la réforme de 1955, ils sont en nombre très limité (V. *infra*, n° 452).

§ 2. – Les actes dont la publication n'est pas une condition d'opposabilité aux tiers

A. – Publicité obligatoire

370. – Actes divers. L'article 28, 3° à 9° du décret du 4 janvier 1955 impose la publication d'un certain nombre d'actes sans que le défaut de publication soit sanctionné par l'inopposabilité, d'ailleurs difficilement concevable : par exemple, il faut publier l'attestation notariée constatant la transmission par décès d'un droit immobilier, mais on ne conçoit pas qu'à défaut de publicité le bien soit censé être toujours dans le patrimoine du défunt ! De même, la publicité est obligatoire pour certains actes affectant ou susceptibles d'affecter la situation d'un immeuble (demande en résolution ou en annulation d'un contrat portant sur un immeuble, jugement prononçant cette annulation ou résolution, partage d'un bien immobilier...). Même si ces actes sont « naturellement » opposables aux tiers, il est utile que ceux-ci soient informés sur leur existence, et le défaut de publication est assorti de toute une série de sanctions. Dans le cas particulier de la demande en résolution ou en annulation, la sanction est l'irrecevabilité de la demande. D'une manière plus générale, les tiers qui subiraient un préjudice du fait de l'absence de publication pourraient obtenir réparation de ce préjudice en agissant en responsabilité contre les officiers publics tenus de procéder à la publicité (par ex., si j'achète un immeuble sans savoir que le contrat par lequel mon vendeur était devenu propriétaire a été annulé ou résolu par un jugement non publié). Surtout, le défaut de publication d'un de ces actes empêchera la publication de tous les actes subséquents (règle dite de « l'effet relatif de la publicité foncière » : si, ayant hérité d'un immeuble, je n'ai pas fait publier l'attestation notariée constatant cette transmission successorale, la personne qui m'achètera cet immeuble ne pourra pas elle-même publier son acte d'acquisition, ce qui est très dissuasif – V. *infra*, n° 374).

B. – Publicité facultative

371. – Promesses unilatérales de vente. L'article 37 du décret énumère trois catégories d'actes qui peuvent être publiés, dans le but d'informer les « usagers ». La catégorie la plus importante est celle des promesses unilatérales de vente (et de bail de plus de douze ans) : la promesse non publiée n'est pas inopposable aux tiers, mais la publication permettra au bénéficiaire, en cas de vente du bien par le promettant à un tiers, de soutenir que ce tiers était de mauvaise foi, pour essayer d'obtenir sa condamnation à des dommages-intérêts, et même, depuis 2016, la nullité du contrat passé avec ce tiers (C. civ., art. 1124). Par ailleurs, pour les promesses de vente, l'article 37, 2° prévoit le système de la « prénotation », qui est une publication conservatoire : si, une fois que le bénéficiaire a levé l'option, le promettant refuse de passer l'acte notarié, l'acquéreur peut faire publier immédiatement, sans attendre le jugement constatant le transfert de propriété ; si le jugement est obtenu dans les trois ans, le transfert sera opposable aux tiers à compter de la publication.

SOUS-SECTION 2

LES OPÉRATIONS DE PUBLICITÉ FONCIÈRE

372. – Registres et fichier. La publication est opérée au service chargé de la publicité foncière, service administratif dépendant du ministère des Finances, et qui, depuis 1969, est également chargé de la perception des droits d'enregistrement relatifs aux actes publiés (ce qui ne doit pas amener à confondre la publicité et l'enregistrement). Elle s'opère à la fois dans des **registres** (registre des dépôts, dans lequel sont inscrits au jour le jour les actes publiés ; registres des formalités, qui regroupent, par catégorie, les actes déposés), et dans un **fichier immobilier**, institué en 1955, composé à la fois de fiches personnelles (par nom des personnes ayant effectué des opérations de publicité) et de fiches réelles (par immeubles). Le fichier est destiné à offrir une facilité de consultation, mais ce sont les registres qui ont une valeur juridique.

On étudiera rapidement les règles qui régissent la publication des actes (§ 1) et la délivrance des renseignements (§ 2).

§ 1. – La publication des actes

A. – Conditions requises pour publier

1° Conditions de forme

373. – Acte authentique. Les actes destinés à être publiés doivent en principe être rédigés en la forme authentique (actes notariés, jugements, assignations...). La loi n° 2011-331 du 28 mars 2011 de modernisation des professions judiciaires ou juridiques a fait entrer cette règle (qui ne figurait antérieurement que dans le décret de 1955) dans le Code civil, où elle fait l'objet d'un nouvel article 710-1. Cette règle fait souvent croire que la vente d'immeuble est un acte solennel. C'est une erreur : la vente d'immeuble rédigée par acte sous seing privé est en principe valable (sous réserve de très nombreuses exceptions, qui rendent le principe très théorique), mais elle ne peut pas être publiée.

L'exception principale concerne les avant-contrats qui peuvent être publiés avant même leur reprise dans un acte authentique si l'une des parties se refuse à la régularisation : c'est le système de la **prénotation** évoqué plus haut.

2° Conditions de fond

374. – Effet relatif. Sur le fond, un acte ne peut être publié « si le titre du disposant ou dernier titulaire n'a pas été précédemment publié ». Cette règle, énoncée par l'article 3 du décret du 4 janvier 1955, est dite, curieusement, **règle de l'effet relatif de la publicité foncière**. Cette règle permet de connaître dans tous les cas la « généalogie des immeubles », c'est-à-dire la chaîne des transmissions qui les affectent. Elle est de nature à inciter à une publication rapide des actes, même lorsque la non-publication n'est pas sanctionnée par l'inopposabilité. Si, en effet, la personne qui veut me vendre son immeuble (ou qui veut me consentir une hypothèque) n'a pas publié l'acte qui l'a rendue propriétaire, je ne pourrai pas publier moi-même mon droit : la prudence m'incitera à ne pas acheter tant que mon auteur n'aura pas publié (de même que je ne ferai pas crédit si je ne peux publier mon hypothèque !), et l'immeuble se trouvera ainsi, de fait, bloqué dans le patrimoine de celui qui n'aura pas publié. Mais la publication peut encore intervenir en même temps que celle de l'acte subséquent.

Pour assurer le respect de la règle, le titre présenté à la publication doit contenir toutes les références sous lesquelles a été publié le titre du disposant. Mais il y a des aménagements lorsque le droit du disposant est un droit d'origine légale n'ayant pas donné lieu à publication (usucapion, accession...). Il faudra alors, au moment de la publication du nouveau droit, dresser une attestation notariée constatant l'origine de propriété du disposant.

B. – Formalités du dépôt

375. – **Contrôle de la régularité.** Le dépôt de l'acte à publier doit être effectué (en pratique par le notaire) au service chargé de la publicité foncière dans le ressort de laquelle l'immeuble est situé, et donne lieu immédiatement à l'inscription sur le registre des dépôts : c'est cette inscription qui va assurer, à sa date, l'opposabilité de l'acte. Postérieurement, l'acte sera classé dans le registre des formalités, et sera répertorié au fichier immobilier.

Le service de publicité foncière n'assure aucune vérification de la validité des actes qui lui sont soumis (rappelons que la publicité foncière n'est pas attributive de droit !). Il en contrôle seulement la régularité formelle au regard des règles de la publicité foncière (par ex., authenticité de l'acte, mention du titre du disposant...). Si l'irrégularité est grave et apparente (D. n° 55-22, 4 janv. 1955, art. 34), il **refusera le dépôt**, et l'acte ne pourra être opposé aux tiers ; pour certaines irrégularités mineures ou n'apparaissant qu'ensuite, il y aura seulement **rejet de la formalité** : le service inscrira le dépôt dans le registre (ce qui permettra à l'acte de prendre date) mais notifiera au déposant qu'il doit régulariser dans un certain délai à défaut de quoi la formalité sera définitivement refusée, et l'acte deviendra inopposable. Un recours judiciaire est possible contre ce rejet de formalité.

§ 2. – La délivrance des renseignements

376. – **Réquisitions.** Toute personne a le droit d'obtenir des renseignements auprès du service chargé de la publicité foncière sur la situation juridique de n'importe quel immeuble, ou des immeubles d'une personne quelconque. La demande de renseignements s'effectue par une réquisition soumise à un formalisme important. L'État engage sa responsabilité en cas de renseignements incomplets ou inexacts, mais les erreurs commises n'affectent pas les droits des intéressés.

Points d'actualité

1. – Vers une réforme de la publicité foncière?

La publicité foncière s'enrichira peut-être de nouvelles règles dans un avenir proche. En effet, un rapport destiné à moderniser la publicité foncière a été remis le 12 novembre 2018 au garde des Sceaux par Laurent Aynès, professeur à l'Université de Paris 1. Il a été rédigé par une commission composée d'universitaires et de praticiens (avocats, conservateurs des hypothèques, notaires et directeur du Cridon de Paris).

Ce rapport est notamment destiné à tenir compte des nouveaux défis que constituent l'informatisation et la mondialisation pour proposer de nouvelles règles plus modernes. En effet, comme on l'a déjà dit, la publicité foncière est aujourd'hui régie par deux décrets datant de plus de soixante ans qui ne tiennent pas compte des évolutions offertes par l'informatisation des procédures et des services.

Ce document est très instructif en ce qu'il fait le point, d'abord, sur le fonctionnement de la publicité foncière aujourd'hui et propose, ensuite, une autre organisation pour demain. Il suggère également d'insérer de nouveaux textes dans le Code civil en plus d'autres propositions de modifications législatives et réglementaires avec notamment des dispositions concernant l'inscription des privilèges et des hypothèques.

Pour en savoir davantage, nous vous invitons à consulter le contenu de ce rapport à l'adresse suivante : www.justice.gouv.fr/art_pix/rapportpublicitefonciere.pdf. Ce rapport, commandé par le garde des Sceaux, nourrira en effet la réflexion pour une éventuelle prochaine réforme de la matière.

2. – La mauvaise foi du tiers dans la publicité foncière

L'hypothèse est que l'acte soumis à publicité n'a pas été publié au service chargé de la publicité foncière. Il devrait donc être inopposable aux tiers. Mais on suppose qu'un tiers était parfaitement au courant de l'acte non publié : pourra-t-il néanmoins faire comme si cet acte n'avait pas été passé en s'abritant derrière l'inobservation des règles de publicité ? Il faut distinguer selon que le problème se pose à propos d'un privilège ou d'une hypothèque, ou d'un autre acte.

Pour les privilèges et hypothèques, la Cour de cassation a jugé en 1986 que l'inscription à la publicité foncière était le seul mode légal de publicité (Cass. 3e civ., 17 juill. 1986 : *Bull. civ.* 1986, III, n° 118). En conséquence, l'acquéreur d'un immeuble, même s'il sait que cet immeuble avait été hypothéqué ou était grevé d'un privilège spécial immobilier, ne peut pas se voir opposer cette sûreté si elle n'a pas été publiée. Réciproquement, il a été jugé que le créancier hypothécaire, qui a inscrit son hypothèque en sachant que le bien vendu avait déjà fait l'objet d'une cession non publiée, pouvait opposer son droit à l'acquéreur (Cass. 2e civ., 11 juill. 2002 : *Bull. civ.* 2002, II, n° 170).

Il en va autrement en cas de conflit entre deux acquéreurs successifs. Supposez une personne qui vend deux fois le même immeuble : le premier acquéreur ne publie pas (peut-être tout simplement parce que la vente lui a été consentie par acte sous seing privé, et qu'il attend la régularisation par acte authentique) ; le second, qui connaît l'existence de la première vente, se hâte de publier. Depuis longtemps, la Cour de cassation admet que la mauvaise foi du second acquéreur peut faire obstacle au jeu normal de la publicité foncière : la première vente peut lui être opposable alors même qu'elle n'a pas été publiée. Mais le fondement et la portée de cette solution ont considérablement évolué. Traditionnellement, c'était une application de l'adage *fraus omnia corrumpit*, et l'inopposabilité résultant du défaut de publicité n'était écartée que s'il y avait eu concert frauduleux entre le vendeur et le second acquéreur. Depuis 1968, la Cour de cassation se fonde, très différemment sur l'article 1240 (*ex-art. 1382*) du Code civil : celui qui achète un immeuble qu'il sait déjà vendu commet une faute dont il doit réparation au premier acquéreur. Le mode adéquat de réparation consiste à ne pas lui permettre d'invoquer à son profit les règles de la publicité foncière. Dans cette conception, la mauvaise foi du second acquéreur suffit, sans qu'il soit nécessaire de prouver des manœuvres dolosives ou un concert frauduleux (Cass. 3e civ., 22 mars 1968 : *Bull. civ.* 1968, III, n° 129). Cette évolution a entraîné une modification des solutions concernant la situation du sous-acquéreur : que décider lorsque le second acquéreur (de mauvaise foi) a revendu lui-même l'immeuble à un tiers qui est, lui, parfaitement innocent ? Ce sous-acquéreur doit-il être évincé par le premier acheteur ? Logiquement la solution ne doit pas être la même selon que l'on raisonne en termes de fraude ou de responsabilité civile. Nous vous laissons le soin de découvrir vous-même, par le raisonnement, la solution actuelle. Cette conception subjective de la publicité foncière, qui tient compte de la bonne ou de la mauvaise foi du second acquéreur, avait semble-t-il été abandonnée par la Cour de cassation dans un arrêt rendu par la troisième chambre civile le 12 janvier 2011 (n° 10-10.667), qui semblait considérer que la connaissance par le second acquéreur de la première vente était indifférente. Mais la récente réforme du droit des contrats est passée par là. Le nouvel article 1198, alinéa 2 du Code civil pose en effet dorénavant en règle que « lorsque deux acquéreurs successifs de droits portant sur un même immeuble tiennent leur droit d'une même personne, celui qui a, le premier, publié sont tire d'acquisition passé en la forme authentique au fichier immobilier est préféré, même si son droit est postérieur, à condition qu'il soit de bonne foi ». Il résulte de ce texte qu'est déclaré légitime propriétaire celui qui a publié son titre d'acquisition en premier et de bonne foi, ce qui revient à briser la jurisprudence issue de l'arrêt précité de 2011.

Vous pourriez également essayer de comparer la situation du second acquéreur en cas de vente précédente non publiée avec celle de l'acquéreur qui a acheté un immeuble en sachant que cet immeuble a déjà fait l'objet, au profit d'un tiers, d'une promesse unilatérale de vente ou d'un pacte de préférence (non soumis à publicité). Les sanctions de cette mauvaise foi avaient donné lieu à une jurisprudence remarquable (et critiquée par de nombreux auteurs) de la troisième chambre civile de la Cour de cassation de 1993 (Cass. 3e civ., 15 déc. 1993 : *Bull. civ.* 1993, III, n° 174) : selon cette jurisprudence, la seule sanction de la violation de la promesse était l'allocation de dommages-intérêts au bénéficiaire. Une solution différente avait été consacrée en chambre mixte le 26 mai 2006 pour le pacte de préférence (n° 03-19.376 : *Bull. civ.* 2006, ch. mixte, n° 4) et on avait pu croire que cela entraînerait une évolution de la solution en matière de promesse unilatérale de vente. Pourtant, démentant les espoirs qu'avait fait naître un arrêt de 2010 (Cass. 3e civ., 8 sept. 2010, n° 09-13.345), la troisième chambre civile avait réitéré sa position de 1993 (Cass. 3e civ., 11 mai 2011, n° 10-12.875). Mais aujourd'hui le débat est clos puisque la réforme du droit des contrats du 10 février 2016 a posé en règle, dans un nouvel article 1124, alinéa 2 du Code civil, que la révocation de la promesse pendant le temps laissé au bénéficiaire pour opter n'empêche pas la formation du contrat promis. De surcroît, ajoute le texte, le contrat conclu en violation de la promesse unilatérale avec un tiers qui en connaissait l'existence est nul. Cette règle est en harmonie avec la solution applicable en cas d'acquéreurs successifs d'un bien immobilier posée par l'article 1198, alinéa 2.

SECTION 1

LES HYPOTHÈQUES ET LES PRIVILÈGES SPÉCIAUX IMMOBILIERS

377. – Notion et évolution. L'hypothèque est définie par le Code civil comme « un droit réel sur les immeubles affectés à l'acquittement d'une obligation » (C. civ., art. 2393 qui reprend textuellement l'ancien art. 2114). C'est une **sûreté sans dépossession**, qui donne au créancier à la fois un **droit de préférence** sur l'immeuble grevé et un **droit de**

suite. Il convient de lui assimiler les privilèges spéciaux immobiliers, qui ne sont plus aujourd'hui que des variétés d'hypothèques légales.

L'hypothèque, qui trouve son origine dans l'Ancien droit, a pendant longtemps été considérée comme la « reine des sûretés », surtout depuis le perfectionnement du système de publicité foncière : elle semblait concilier les impératifs de sécurité maximale procurée au créancier (qui peut bien apprécier par avance la valeur de sa sûreté et qui, à cette seule condition, est normalement sûr d'être payé) et de gêne minimale causée au débiteur (qui conserve tout pouvoir sur l'immeuble hypothéqué, qui peut en user et même en disposer, compte tenu du droit de suite reconnu au créancier). Cependant, l'hypothèque présente l'inconvénient d'une certaine lourdeur, à la fois quant à sa constitution (nécessité d'un acte authentique et de formalités de publicité) et quant à sa mise en œuvre (nécessité d'une saisie immobilière). La sécurité qu'elle procure dépend dans une certaine mesure des évolutions du marché immobilier : si la valeur de l'immeuble hypothéqué s'effondre et que le créancier n'a pas calculé large en prenant une garantie sur un immeuble d'une valeur bien supérieure au montant du crédit garanti, sa garantie peut finalement s'avérer insuffisante. Cela a été, en 2007, un des facteurs de la crise des *subprimes* qui, des États-Unis, a gagné le système bancaire mondial. Par ailleurs, en France, l'hypothèque a subi, dans le cadre du crédit aux entreprises, l'incidence de l'évolution du droit des procédures collectives, dans la mesure où la loi de 1985 avait prévu que les créanciers hypothécaires pouvaient être primés par les créanciers postérieurs au jugement d'ouverture ; cette solution, qui pouvait être désastreuse pour le crédit hypothécaire, a été abandonnée par la loi du 10 juin 1994 qui a contribué à redonner à l'hypothèque un lustre qu'elle avait perdu.

378. – Réforme de 2006. On peut penser que la réforme de 2006 a contribué à revitaliser cette sûreté traditionnelle. Même si elle n'aboutit pas, comme elle le fait pour le gage, à refondre le principe même du mécanisme hypothécaire, la réforme de 2006 apporte à cette vieille sûreté un rajeunissement considérable. Elle procède à diverses simplifications de la constitution et de la réalisation de l'hypothèque, surtout conventionnelle : remodelage de l'hypothèque de biens indivis, élargissement des cas d'hypothèques d'immeubles à venir, possibilité d'utiliser l'hypothèque pour la garantie de créances futures non encore déterminées, assouplissement du formalisme hypothécaire, consécration de la faculté d'attribution du bien en paiement de l'immeuble hypothéqué et de la validité du pacte commissoire, consécration de la purge amiable… Sur ces derniers points, l'ordonnance du 23 mars 2006 a été prolongée par l'ordonnance du 21 avril 2006 qui opère la réforme de la saisie immobilière, et qui devrait rendre plus aisée la réalisation des sûretés sur les immeubles. L'ordonnance de 2006 a également mis en place deux mécanismes complètement nouveaux ouvrant la porte à de nouvelles utilisations de la vieille sûreté : l'hypothèque rechargeable qui permet de réutiliser, pour une durée indéterminée, une hypothèque constituée au départ pour la garantie d'une dette à la garantie d'autres dettes venant à naître par la suite, et le prêt viager hypothécaire, permettant de faire garantir par une hypothèque sur un immeuble d'habitation un prêt non professionnel consenti à l'emprunteur et remboursable seulement à son décès par ses héritiers.

Sur le plan des sources du droit, l'hypothèque, qui était jusque-là régie par les articles 2114 et suivants du Code civil, fait désormais l'objet des articles 2393 à 2488. Ces textes forment les chapitres III à VII du sous-titre III consacré aux sûretés sur les immeubles. Le chapitre III est exclusivement consacré à l'hypothèque et comprend cinq sections. La première contient les dispositions générales de la matière. Les trois suivantes sont consacrées respectivement aux hypothèques légales, judiciaires et conventionnelles. La dernière touche au classement des hypothèques. Les chapitres IV, V et VI sont communs aux privilèges et à l'hypothèque, et sont respectivement consacrés aux questions de l'inscription, des effets, de la purge et de l'extinction de ces sûretés. L'ordre suivi dans ces chapitres n'est pas exactement le même que celui des anciens textes. Ces textes du Code civil sont complétés par quelques articles du Code de commerce et surtout par de nombreux textes du Code de la consommation (notamment ceux qui sont relatifs au prêt viager hypothécaire). Quant aux privilèges spéciaux immobiliers, qui ne sont que des variétés d'hypothèques, ils sont traités, en parallèle aux privilèges généraux, dans le chapitre II (C. civ., art. 2374).

379. – **Plan.** Les hypothèques peuvent avoir plusieurs **sources** (Sous-section 1). Mais dans tous les cas, elles sont soumises aux mêmes règles de **publicité** (Sous-section 2) et elles produisent à peu près les mêmes **effets** (Sous-section 3).

SOUS-SECTION 1

LES SOURCES DES HYPOTHÈQUES

380. – **Trois sources.** Les hypothèques sont des sûretés prévues et longuement réglementées par la loi. Mais la naissance d'une hypothèque au profit d'un créancier peut avoir une origine conventionnelle, légale ou judiciaire (C. civ., art. 2395 et 2396).

§ 1. – Les hypothèques conventionnelles

381. – **Principe.** Les hypothèques conventionnelles sont en pratique les plus importantes, et la plupart des modifications apportées par la réforme y sont relatives. Le créancier se fait consentir l'hypothèque par un contrat qu'il passe avec le débiteur (ou avec un tiers, dit traditionnellement caution réelle, qui affecte son immeuble à la garantie de la dette d'autrui).

Ce contrat obéit à certaines conditions de fond (A) et de forme (B) qui s'écartent assez nettement du droit commun des contrats. Ces conditions ont fait l'objet d'importantes modifications dans le cadre de la réforme de 2006.

A. – Les conditions de fond

382. – **Plan.** Il faut répondre ici à trois questions : quels biens peuvent être hypothéqués ? Par qui ? Et pour la garantie de quelles créances ?

1° Les biens pouvant être hypothéqués

383. – **Biens immobiliers.** L'hypothèque ne peut porter que sur les immeubles (C. civ., art. 2397), ou plus exactement sur des droits immobiliers (on peut hypothéquer non seulement un immeuble dont on est propriétaire mais aussi l'usufruit sur un immeuble) : cette solution – qui vaut pour toutes les hypothèques et pas seulement pour les hypothèques conventionnelles – s'inscrit dans une longue tradition historique, comme le traduit la formulation à l'ancienne maintenue dans l'article 2398 du Code civil : « les meubles n'ont pas de suite par hypothèque ». Il existe cependant des hypothèques mobilières, déjà évoquées (sur les navires, les bateaux et les aéronefs) mais elles obéissent à des règles très particulières (auxquelles renvoie l'article 2399). Par ailleurs on a vu que

la réforme du droit du gage a considérablement contribué à rapprocher les sûretés mobilières du modèle de l'hypothèque.

Ce rapprochement incite à se demander si l'on ne pourrait pas concevoir la mise en place, sous l'étiquette d'hypothèque, d'un modèle unique de sûreté conventionnelle, qui pourrait porter aussi bien sur les meubles que sur les immeubles. Ce pas a déjà été franchi par certains systèmes juridiques, pourtant proches du droit français, comme le droit québécois et, plus récemment, le droit roumain.

384. – **Biens disponibles.** L'hypothèque, parce qu'elle peut conduire à la vente forcée du bien, ne peut porter que sur des immeubles disponibles. Cela exclut en principe l'hypothèque des immeubles du domaine public. De même, l'hypothèque devient impossible si l'immeuble fait l'objet d'une procédure de saisie, à compter de la publication de l'acte de saisie, ou, naturellement, à compter de l'ouverture d'une procédure de redressement ou de liquidation judiciaire, sauf avec l'autorisation du juge-commissaire en garantie de dettes postérieures.

385. – **Biens présents.** En principe, l'hypothèque ne peut porter que sur des biens présents, c'est-à-dire des biens qui existent déjà, et qui font actuellement partie du patrimoine du constituant. L'hypothèque des **biens à venir**, c'est-à-dire d'immeubles non encore construits ou dont le constituant pense ultérieurement devenir propriétaire (par succession notamment) est en principe nulle. L'article 2419 du Code civil (*ex-art. 2130*) a maintenu ici une règle traditionnelle, destinée à éviter les endettements inconsidérés, et qui est sanctionnée par la nullité absolue de l'hypothèque. L'interdiction connaît cependant plusieurs exceptions, qui figurent maintenant, avec quelques remodelages, dans l'article 2420, et qui tendent à la vider de sa substance. D'une part, l'hypothèque des biens à venir devient possible si le constituant n'a pas de biens présents ou n'en a pas en quantité suffisante : il peut alors convenir que les biens qu'il acquerra par la suite seront affectés au remboursement de la dette au fur et à mesure de leur acquisition. Il en va de même lorsque l'hypothèque avait été consentie sur un immeuble présent qui a péri ou qui a été détérioré. D'autre part, il est possible d'hypothéquer un immeuble à construire pour obtenir un crédit destiné à financer cette construction (C. civ., art. 2420, al. 3, *ex-art. 2133*).

2° Le constituant de l'hypothèque

386. – **Débiteur ou tiers.** On rappellera d'abord que le constituant peut être soit le débiteur, soit un tiers « caution réelle ». Dans les deux cas, l'hypothèque n'est valable que si le constituant est capable, et que s'il est propriétaire du bien.

387. – **Capacité et pouvoirs.** Le constituant doit naturellement être **capable** et la capacité requise est celle de disposer du bien (C. civ., art. 2413, *ex-art. 2124*). En effet, l'hypothèque, qui peut aboutir à la vente forcée de l'immeuble, est un acte de disposition. Cela signifie par exemple que si le débiteur est un mineur, son tuteur ne pourra hypothéquer un de ses biens qu'avec l'autorisation du conseil de famille.

Le constituant doit également avoir le **pouvoir** de consentir des actes de disposition sur le bien. Ainsi un époux ne peut, sans le consentement de l'autre, consentir une hypothèque sur un immeuble assurant le logement de la famille, et ceci même s'il en est propriétaire (C. civ., art. 215). Dans le cadre du régime de communauté, l'hypothèque d'un immeuble commun est un des actes soumis au principe de la cogestion par l'article 1424 du Code civil. Cette exigence de pouvoir exclut également qu'un débiteur consente une hypothèque, même au profit d'un créancier postérieur, après l'ouverture d'une procédure de sauvegarde, de redressement ou de liquidation judiciaire : une telle hypothèque (comme d'ailleurs un gage ou un nantissement) ne peut être consentie qu'avec l'autorisation du juge-commissaire (C. com., art. L. 622-7). De même, l'hypothèque fait partie des sûretés qui ne peuvent être consenties par le débiteur pour garantir une dette antérieure pendant la période dite « suspecte » qui s'écoule entre la cessation des paiements et l'ouverture de la procédure (C. com., art. L. 632-1, 6°).

388. – **Hypothèque de la chose d'autrui.** Le constituant doit être **propriétaire** du bien. L'hypothèque de la chose d'autrui est nulle. La règle, posée par la jurisprudence, est sanctionnée par la nullité absolue du contrat. Si le constituant était propriétaire au moment du contrat, mais que son droit de propriété est ensuite anéanti rétroactivement par suite d'une nullité ou d'une résolution, cela entraînera l'anéantissement de l'hypothèque (Cass. 3e civ., 24 sept. 2003 : *Bull. civ.* 2003, III, n° 162, p. 144). Dans ces différents cas, le créancier est cependant parfois protégé par la théorie de l'apparence, s'il a commis une erreur légitime.

389. – **Hypothèque d'un immeuble indivis.** Dans le cas où l'immeuble est en indivision (par ex., un immeuble dépendant d'une succession non encore partagée), et que l'un des coïndivisaires a besoin de crédit, il peut chercher à offrir l'immeuble en garantie. L'article 2414 du Code civil précise ici les règles qui avaient été dégagées antérieurement par la jurisprudence, en distinguant clairement deux hypothèses :

– la première hypothèse est celle où l'hypothèque porte sur l'immeuble indivis lui-même (C. civ., art. 2414, al. 2). Il n'y a pas de problème si cette hypothèque est consentie par tous les indivisaires : dans ce cas, elle conservera son effet quel que soit le résultat du partage, même si elle est mise dans le lot d'un autre que le débiteur, les indivisaires non débiteurs apparaissant alors comme des cautions réelles du débiteur. La Cour de cassation en avait déduit, avant la réforme, que le créancier pouvait poursuivre la saisie de l'immeuble commun dès avant le partage. Si en revanche, l'hypothèque a été consentie par un seul coïndivisaire, elle apparaît comme une hypothèque sur un droit conditionnel, et son effet dépendra du résultat du partage. Elle tombera si l'immeuble est mis dans le lot d'un autre indivisaire, elle produira effet s'il est attribué au constituant, ou, ce qui revient au même, si l'immeuble est licité à un tiers et que le constituant se voit attribuer le prix de la vente ;

– la seconde hypothèse (C. civ., art. 2414, al. 3) est celle où le constituant a hypothéqué, non l'immeuble indivis en son entier, mais seulement sa quote-part indivise sur l'immeuble (ou sur plusieurs immeubles indivis). Là encore, l'effet de cette hypothèque est subordonné au résultat du partage. L'hypothèque ne conservera son effet que si le constituant se voit attribuer l'immeuble. Mais alors elle portera sur tout ce qui est attribué au constituant, et pas seulement sur la quote-part qui a été hypothéquée. Par exemple, il y avait sur deux immeubles, trois héritiers ; l'un d'eux a hypothéqué sa part sur ces immeubles (soit 1/3 de leur valeur). Il se voit attribuer l'un de ces immeubles, qui représente 2/3 de la valeur des deux. L'hypothèque consentie portera alors sur la totalité de cet immeuble. C'est sur ce point que le nouveau texte innove par rapport à la jurisprudence antérieure.

Vous distinguerez soigneusement de l'indivision ordinaire le cas où l'immeuble dépend de la communauté entre deux époux : dans ce cas, l'hypothèque, étant un acte d'aliénation, suppose le consentement des deux époux (C. civ., art. 1424).

3° Les créances pouvant être garanties

390. – Évolution. Dans le droit antérieur à la réforme, l'hypothèque souffrait d'une certaine rigidité. S'il était admis que l'hypothèque pouvait servir à garantir des créances non seulement présentes mais aussi futures (par ex., une ouverture de crédit), il était nécessaire que la ou les créances garanties soient déterminées avec précision lors de la constitution de l'hypothèque. Ce **principe de spécialité** de l'hypothèque quant aux créances garanties se traduisait par des exigences particulières dans la rédaction de l'acte constitutif. On ne pouvait donc pas mettre en place une hypothèque « omnibus » qui garantirait toutes les dettes du débiteur envers le créancier, et, de ce point de vue, l'hypothèque présentait une infériorité sensible par rapport au cautionnement, dont c'est, nous l'avons vu, une utilisation courante (V. *supra*, n° 68).

La réforme de 2006 a marqué un recul très sensible de ce principe de spécialité. D'une part, l'hypothèque peut être constituée *ab initio* pour garantir des créances non encore déterminées. D'autre part, il est possible de prévoir, à certaines conditions, qu'en cours de vie de l'hypothèque, les créances initialement garanties seront remplacées par d'autres, dans le cadre du mécanisme dit « de l'hypothèque rechargeable ». Une fois évoqué le jeu de l'élargissement des créances garanties lors de la constitution de l'hypothèque demeure (*a*), nous nous intéresserons au mécanisme de l'hypothèque rechargeable qui a connu une vie mouvementée depuis son introduction (*b*).

a) Créances garanties lors de la constitution de l'hypothèque

391. – Créances actuelles ou futures. Aux termes de l'article 2421 du Code civil :

« L'hypothèque peut être consentie pour sûreté d'une ou plusieurs créances, présentes ou futures. Si elles sont futures, elles doivent être déterminables. La cause en est déterminée dans l'acte ».

392. – Créances actuelles : cas particulier du prêt viager hypothécaire. On peut d'abord consentir une hypothèque pour garantir une créance existante, par exemple le remboursement d'un prêt consenti par le bénéficiaire de l'hypothèque. C'est l'utilisation classique de cette sûreté.

C'est cette utilisation classique qui sert de cadre à une figure originale mise en place par l'ordonnance de 2006, et qui est parfois désignée sous le nom d'« hypothèque inversée » (parce qu'elle est inspirée de la pratique nord-américaine du *reverse mortgage*), mais dont le nom officiel, dans les textes, est celui de « prêt viager hypothécaire ». Réglementé dans le Code de la consommation (art. L. 315-1 et s. ; *ex-art. L. 314-1 et s.*), ce mécanisme ne présente en réalité qu'un faible particularisme sur le plan de la technique hypothécaire. Son originalité réside principalement dans les conditions du crédit garanti par l'hypothèque.

Ce crédit prend la forme d'un prêt d'argent consenti par un établissement de crédit à un particulier, en capital ou en rente viagère, pour un usage non professionnel. Ce prêt est garanti par une hypothèque sur un immeuble servant à usage exclusif d'habitation de l'emprunteur. Sa particularité est que ce prêt n'a pas en principe à être remboursé pendant la vie de l'emprunteur. Sauf si celui-ci vend son immeuble, le remboursement ne deviendra exigible qu'au décès de l'emprunteur, il sera donc intégralement supporté par ses héritiers. Au décès ceux-ci auront le choix : soit ils remboursent le prêt (en capital et intérêts), soit ils abandonnent l'immeuble au créancier hypothécaire (qui pourra soit procéder à la vente forcée, soit se le faire attribuer en paiement).

On voit bien l'intérêt de l'opération, qui permet par exemple à une personne âgée, dotée de ressources limitées, mais propriétaire de sa maison ou de son appartement, de se servir de celui-ci, sans le vendre, pour obtenir un crédit lui permettant, par exemple, de financer son séjour en maison de retraite ou les soins qu'exige sa situation de dépendance.

Mais on voit bien aussi les dangers du mécanisme : parce qu'elle est complètement indolore pour l'emprunteur dans l'immédiat, cette technique risque d'inciter certaines personnes à s'endetter de manière inconsidérée, en ayant tout de même l'impression de sauvegarder leur patrimoine. Celui qui hésiterait à vendre sa maison, pour la garder à ses héritiers, hésitera moins à emprunter en hypothéquant la maison, alors que, *in fine*, cela reviendra peut-être au même si les héritiers n'ont pas les moyens de payer. C'est pourquoi ce mécanisme – qui n'avait été préconisé par la commission *Grimaldi* qu'à la suite d'une demande expresse du gouvernement – est entouré par la loi de toutes sortes de dispositions restrictives destinées à en limiter les inconvénients. Au moment de la conclusion de l'opération, tout d'abord, la loi réglemente strictement la publicité (C. consom., art. L. 315-4 ; *ex-art. L. 314-3*) et interdit tout démarchage (C. consom., art. L. 315-8 ; *ex-art. L. 314-4*) pour ce type de crédits ; elle instaure en outre un formalisme très accentué destiné à attirer l'attention de l'emprunteur sur les conséquences de l'opération (C. consom., art. L. 315-9 à L. 315-11 ; *ex-art. L. 314-5 à L. 314-7*). Une fois le prêt accordé, l'article L. 315-15 (*ex-art. L. 314-9*) édicte un plafonnement de la dette de l'emprunteur ou de ses ayants droit qui ne peut jamais excéder la valeur de l'immeuble à l'échéance : du coup, l'opération n'apparaît pas sans risque pour le prêteur qui peut, en cas de baisse du marché immobilier, voir sa créance de remboursement réduite en fonction de la valeur de l'immeuble. Par ailleurs, selon l'article L. 315-15 (*ex-art. L. 314-10*), l'emprunteur a toujours la possibilité pour l'emprunteur de rembourser par anticipation, sauf à verser une indemnité qui ne peut être supérieure à un montant fixé par décret. Il peut également demander une suspension ou une modification de l'échéancier des versements en cas de versements périodiques du capital (C. consom., art. L. 315-19, *ex-art. L. 314-12*). Certaines de ces règles sont assorties pour l'établissement de crédit de sanctions pénales qui ont été considérablement alourdies par la loi du 17 mars 2014 sur la consommation.

Il faut redire que si le mécanisme est très original, l'hypothèque constituée ici obéit presque entièrement aux règles générales qui sont exposées dans cette section. La principale particularité est que la réalisation de l'hypothèque, en cas de non-remboursement par les héritiers, peut se faire par attribution en paiement de l'immeuble, et qu'il est même possible de stipuler que cette attribution aura lieu de plein droit (pacte commissoire), alors qu'en principe ces facultés sont exclues lorsque l'immeuble sert de résidence principale au constituant (V. *infra*, n° 439). En outre, l'hypothèque permettra de garantir la totalité des intérêts du prêt, alors que, en principe, l'inscription hypothécaire ne couvre les intérêts que pour une durée de trois ans (C. civ., art. 2432).

393. – Créances futures. On peut aussi se servir de l'hypothèque pour garantir une ou plusieurs créances futures. Cela était déjà admis dans le droit antérieur à la réforme de 2006, mais la nouveauté est qu'il n'est pas nécessaire que cette créance soit déterminée avec précision (par ex., tel prêt que le bénéficiaire consentira le mois prochain au constituant), elle peut être simplement déterminable. Il faut simplement que la cause de cette créance soit indiquée dans l'acte. Le texte valide par exemple l'utilisation de l'hypothèque pour garantir le solde débiteur d'un compte courant, ce qui pouvait faire difficulté dans le droit antérieur.

Cependant, en dépit de cet élargissement, l'exigence de l'indication de la cause de la créance garantie ne permet pas d'utiliser l'hypothèque de la même manière que le cautionnement, pour garantir « toutes les dettes dont le constituant pourrait un jour devenir débiteur pour quelque cause que ce soit ». Il faudra au moins indiquer les causes des différentes créances futures qui seront susceptibles de naître entre les parties et qui entreront dans le champ de la garantie. Mais, pour le reste, cette hypothèque portant sur des créances futures ressemble beaucoup au cautionnement « omnibus ». Elle peut être donnée pour une durée indéterminée, et, dans ce cas, elle pourra être résiliée à tout moment par le constituant, moyennant un préavis de trois mois (C. civ., art. 2423, al. 3). Comme en matière de cautionnement, la résiliation n'aura d'effet que pour l'avenir : elle empêchera que l'hypothèque garantisse les créances à naître, mais l'hypothèque sera bien entendu maintenue pour les créances déjà nées. Pour celles-ci, la garantie ne disparaîtra que lorsqu'elles seront payées.

394. – **Montant déterminé.** Qu'elle porte sur une ou plusieurs créances actuelles ou futures, l'hypothèque ne garantit qu'un montant déterminé en capital fixé dans l'acte. Si les créances garanties sont des créances futures, éventuelles ou conditionnelles, les parties doivent en faire l'évaluation (C. civ., art. 2423). Cependant, cette détermination de montant laisse place à une certaine souplesse :

– d'une part, si la créance garantie est assortie d'une clause de réévaluation, l'hypothèque s'étend à la créance réévaluée dès lors que l'acte le mentionne ;

– d'autre part, l'hypothèque s'étend de plein droit aux intérêts et autres accessoires de la dette garantie (la règle est analogue à celle de l'article 2293, *ex-art. 2016*, pour le cautionnement), même si, comme nous le verrons, l'inscription hypothécaire ne couvre les intérêts que pour une période de trois ans.

b) Modification des créances garanties en cours de vie de l'hypothèque : l'hypothèque rechargeable

395. – **Principe.** Lointainement inspirée du système de la *floating charge* connu dans les droits de *common law*, l'hypothèque rechargeable, prévue par l'article 2422 du Code civil, constitue une des principales nouveautés de la réforme de 2006. C'est une hypothèque, consentie au départ sur une ou plusieurs créances déterminées, mais qui, lorsque ces créances sont éteintes en tout ou en partie, peut servir à garantir, avec son rang d'origine, d'autres dettes que le constituant peut contracter envers le créancier bénéficiaire ou même envers un autre créancier.

Par exemple, vous avez emprunté il y a cinq ans 100 000 € sur dix ans pour acheter un immeuble (d'une valeur de 150 000 €) et vous consentez au banquier prêteur une hypothèque sur cet immeuble. Cinq ans plus tard, vous avez déjà remboursé 50 000 €. Vous voulez alors emprunter à nouveau 30 000 € pour installer une cuisine équipée dans votre maison. Dans le système antérieur à la réforme, vous pouviez bien sûr hypothéquer à nouveau la maison : la valeur actuelle de celle-ci est bien supérieure au montant de la créance garantie par la première hypothèque, de sorte que votre nouveau prêteur, même s'il venait en deuxième rang par rapport au premier, était tout de même sûr de se faire payer sur l'immeuble. Mais il fallait, pour utiliser ainsi cette valeur libérée de l'immeuble, constituer une nouvelle garantie, ce qui était lourd et coûtait cher. Dans une telle situation, on utilisait rarement l'hypothèque, et le second créancier préférait en général un cautionnement. Dans le système issu de l'ordonnance de 2006, grâce à l'hypothèque rechargeable, on pouvait utiliser la première hypothèque – devenue surdimensionnée pour le premier emprunt – pour garantir un second emprunt (un troisième, un quatrième, etc.), soit auprès du premier prêteur, soit auprès d'un autre – exactement comme vous pouvez recharger une carte de téléphone, une carte de photocopie ou une carte « monéo » sans avoir, à chaque fois, à en racheter une nouvelle. Il fallait tout de même, pour pouvoir ainsi « recharger » l'hypothèque, que la possibilité de rechargement ait été prévue au départ dans l'acte constitutif et que la convention de rechargement soit passée par acte notarié. Mais le coût du rechargement était moins élevé que celui de la constitution d'une nouvelle hypothèque. Nous utilisons ici l'imparfait car les conditions dans lesquelles il est possible de recourir à cet instrument ont évolué dans un sens restrictif (V. *infra*, n° 396).

Ce mécanisme marque en tout état de cause un relâchement très remarquable du caractère accessoire de l'hypothèque, en ce qu'il permet de constituer en quelque sorte une sûreté immobilière « flottante », non affectée à la garantie d'une créance déterminée. De ce point de vue, il peut être rapproché d'une sûreté connue du droit allemand, la « dette foncière » (*Grundschuld*), droit réel de garantie consenti sur un immeuble sans lien avec une créance particulière (BGB, § 1191). Il s'inscrit aussi dans une tendance prônée au niveau européen par les concepteurs de l'eurohypothèque (V. *infra*, Pistes à explorer).

396. – Abrogation/réhabilitation partielle. Moins de dix ans après son introduction en droit français, l'hypothèque rechargeable, qui n'avait connu qu'un succès très limité dans la pratique, a été supprimée par la loi du 17 mars 2014 (dite loi Hamon) relative à la consommation, au motif qu'elle constituait un mécanisme trop dangereux pour les consommateurs, incités à s'endetter sur la seule valeur de leur immeuble (V. *infra*, Points d'actualité). Cette suppression a pris effet à partir du 1er juillet 2014. Les hypothèques rechargeables antérieurement constituées restent bien sûr valables, ainsi que les rechargements éventuellement effectués avant, mais il faut sans doute considérer qu'il n'est plus possible, à compter du 1er juillet 2014, d'utiliser ces hypothèques pour la garantie de nouvelles créances, du moins lorsque les créances ne sont pas d'origine professionnelle.

En effet cette même hypothèque rechargeable a finalement été réintégrée dans l'article 2422 du Code civil lors de l'adoption de la loi n° 2014-1545 du 20 décembre 2014. Le domaine d'application de cette sûreté a toutefois été cantonné, car l'hypothèque rechargeable est désormais réservée à la garantie d'un crédit octroyé à un professionnel. En effet, selon l'article 2422 dans son dernier état, il est nécessaire que l'hypothèque soit constituée par une personne physique ou morale à des fins professionnelles et soit affectée à la garantie de créances professionnelles. Ont ainsi de la sorte été neutralisés les risques qui avaient conduit à sa disparition.

Si l'on aspire à décrire rapidement son régime juridique, il convient de retenir que le rechargement de l'hypothèque, qui doit être prévu dans l'acte constitutif (C. civ., art. 2422), n'est qu'une faculté. Il faut nécessairement fixer un montant maximal prévu dans l'acte constitutif à peine de nullité (C. civ., art. 2423). Ainsi, l'hypothèque rechargeable ne pourra garantir de nouvelles créances que dans la limite du montant stipulé dans l'acte, diminué des créances antérieures restant à acquitter. Le rechargement peut avoir lieu au profit du créancier originaire ou de tout autre créancier (C. civ., art. 2422, al. 2). S'agissant des conditions de forme, doivent être passés devant notaire non seulement l'acte constitutif d'hypothèque rechargeable, mais aussi les conventions de rechargement (C. civ., art. 2422, al. 3). Enfin, pour être opposable aux tiers, la convention d'hypothèque rechargeable doit être obligatoirement publiée au service de la publicité foncière. Quant aux conventions de rechargement, elles doivent aussi être publiées sous forme de mention en marge, comme le précise l'article 2340 du Code civil. Le créancier qui n'aurait pas publié la mention selon cette forme se verra opposer la radiation de l'inscription (C. civ., art. 2440, al. 2).

B. – Les conditions de forme

397. – Importance du formalisme. La gravité particulière de la constitution d'hypothèque, qui compromet sérieusement la valeur de l'immeuble, a amené les rédacteurs du Code civil à l'entourer de formes particulières destinées à protéger le constituant en attirant son attention sur la gravité de l'acte. Curieusement, ces exigences, bien que protectrices d'un intérêt privé, sont traditionnellement sanctionnées par la nullité absolue du contrat. Les textes ayant réformé le droit des sûretés ne précisent rien sur ce point. Mais peut-être que la réforme du droit des contrats, qui comporte désormais des définitions précises de la nullité absolue (qui est invocable lorsque la règle violée a pour objet l'intérêt général : C. civ., art. 1179) et de la nullité relative (qui ne peut être demandée que par la partie que la loi entend protéger : C. civ., art. 1181), conduira les juges à faire évoluer la jurisprudence.

398. – Contrat solennel. Le contrat constitutif d'hypothèque est un contrat solennel – c'est-à-dire que sa validité est subordonnée à la passation d'un acte authentique (C. civ., art. 2416, *ex-art. 2127*). Le texte antérieur exigeait même la présence de deux notaires, mais cette formule avait été considérée comme implicitement abrogée par une loi de ventôse, an IX : le nouveau texte a fait disparaître cette exigence. Conformément au principe général en matière de mandat, la procuration donnée en vue de consentir une hypothèque doit elle-même être donnée par acte authentique (sauf lorsqu'il s'agit d'un pouvoir donné par une société). Le notaire a, lors de la rédaction de l'acte, un important devoir d'information et de conseil et sa responsabilité est susceptible d'être engagée en cas d'inefficacité de la garantie.

Une personne peut cependant, par un acte sous seing privé, donner à son créancier une promesse d'hypothèque : la pratique bancaire recourt souvent à cette formule, qui évite le coût de la rédaction de l'acte authentique. Mais il faut comprendre que cette promesse ne fait naître qu'une obligation de faire à la charge du débiteur : en cas de refus de passer l'acte authentique, cette inexécution ne serait sanctionnée que par la responsabilité du débiteur, sans possibilité d'exécution forcée. Et, si l'acte authentique était finalement passé, l'hypothèque ne pourrait être publiée et ne prendrait rang qu'à ce moment-là. En outre, le créancier court le risque que le débiteur soit mis en redressement ou en liquidation judiciaires, ce qui aurait pour effet d'empêcher l'inscription. Plusieurs arrêts sont venus préciser le régime d'une telle promesse. Ainsi il a été jugé que cette promesse ne constituant pas un acte de disposition, n'est pas soumise à l'exigence du consentement du conjoint lorsque l'immeuble sert de logement familial (Cass. 3e civ., 29 mai 2002 : *Bull. civ.* 2002, III, n° 118, p. 104), qu'en l'absence de délai fixé dans la convention, le bénéficiaire d'une telle promesse ne peut se voir reprocher de ne pas en avoir demandé l'exécution dans un délai raisonnable (Cass. 3e civ., 10 juill. 2002 : *Bull. civ.* 2002, III, n° 167, p. 141), ou encore que, parce que la promesse ne donne pas en elle-même de droit préférentiel au créancier, le fait de ne pas en demander l'exécution ne saurait permettre à la caution d'obtenir sa décharge sur le fondement de l'article 2314 (Cass. 1re civ., 12 mars 2002 : *Bull. civ.* 2002, I, n° 87, p. 68 ; solution réitérée par Cass. 1re civ., 19 nov. 2009, n° 08-19.173).

399. – Mentions obligatoires. L'acte authentique doit comporter un certain nombre de mentions obligatoires. En particulier, il doit déclarer spécialement la nature et la situation de chacun des immeubles hypothéqués (C. civ., art. 2418), et donner au moins les éléments de détermination des créances garanties par l'hypothèque. C'est le principe de **spécialité** de l'hypothèque conventionnelle, à la fois quant aux immeubles et quant aux créances. On a vu cependant que, pour les créances, ce principe avait vu sa portée largement diminuée, puisqu'il suffit d'indiquer dans l'acte la cause des créances s'il s'agit de créances futures et indéterminées (V. *supra*, n° 390). S'agissant des immeubles, le principe n'empêche pas le constituant d'hypothéquer tous ses immeubles présents, pourvu qu'ils soient tous individuellement désignés dans l'acte.

§ 2. – Les hypothèques légales

400. – Notion et classification. Elles sont accordées de plein droit par la loi à certains créanciers. Il en existe plusieurs catégories. Habituellement, on réserve l'appellation « hypothèques légales » aux hypothèques générales, ou « simples » (A). Cependant, on peut ranger aussi parmi les hypothèques légales les privilèges spéciaux immobiliers, qui sont beaucoup plus importants en pratique (B).

A. – Les hypothèques légales simples

401. – Principe. Il s'agit d'hypothèques qui sont accordées à un créancier sur tous les immeubles du débiteur. Cependant, ce caractère de généralité est aujourd'hui très atténué car, depuis la réforme de la publicité foncière réalisée en 1955, toutes les hypothèques légales doivent, comme les hypothèques conventionnelles, être publiées pour être opposables aux tiers : ce qu'on appelle hypothèque légale n'est donc que le droit accordé à un créancier d'inscrire une hypothèque sur tous les immeubles de son débiteur (C. civ., art. 2401, *ex-art. 2122*). Or la publicité est nécessairement spéciale : elle s'effectue bien par bien, de sorte que le créancier doit prendre une inscription séparée sur chacun des immeubles de son débiteur. Celui-ci peut d'ailleurs demander au juge de réduire les inscriptions prises par le créancier si elles excèdent notablement la valeur de la créance à garantir (V. *infra*, n° 425.). On remarquera que, du fait de l'exigence de publicité, les hypothèques légales ont cessé d'être automatiques : le créancier qui en est titulaire n'est pas protégé de plein droit contre l'insolvabilité de son débiteur ; il est seulement autorisé, si certaines conditions sont remplies, à prendre des inscriptions hypothécaires sur ses immeubles. Il vaudrait mieux parler d'hypothèques forcées que d'hypothèques légales.

Ces sûretés sont très nombreuses, surtout depuis la réforme de 1955 : désormais en effet, aux hypothèques légales spécifiques (1°) s'ajoutent les anciens privilèges généraux immobiliers transformés en hypothèques légales (2°).

1° Les hypothèques légales spécifiques

402. – Article 2400 du Code civil. Il s'agit de sûretés qui sont directement accordées sur les immeubles de tel ou tel débiteur, sans porter aussi sur les meubles. Les principales sont énumérées par l'article 2400 (*ex-art. 2121*) du Code civil, mais d'autres sont accordées par d'autres codes ou lois particulières. Ces hypothèques – qui n'ont pas été touchées par la réforme de 2006 – ayant aujourd'hui un intérêt pratique très limité, on se limitera à quelques indications sur l'hypothèque des époux et sur l'hypothèque des mineurs. Notez que, logiquement, il faudrait aussi ranger dans cette catégorie l'hypothèque dite « judiciaire » attachée de plein droit aux jugements de condamnation ; mais, pédagogiquement, il semble opportun d'en lier l'étude à celle de l'hypothèque conservatoire, qui est, elle, véritablement judiciaire (V. *infra*, n° 411).

403. – Hypothèque légale des époux. L'hypothèque légale des époux trouve son origine dans l'ancienne hypothèque de la femme mariée. Occulte et prenant rang au jour du mariage, cette hypothèque était très nocive pour le crédit du mari, car les créanciers de celui-ci pouvaient toujours redouter d'être primés par la femme. Elle est aujourd'hui, comme toutes les hypothèques légales, soumise à publicité. Par ailleurs, dans la logique de la reconnaissance de l'égalité des époux, l'hypothèque a été « bilatéralisée » lors de la réforme des régimes matrimoniaux de 1965, et sa portée a été singulièrement restreinte. Elle est accordée à chaque époux sur les biens de l'autre pour garantir le paiement des créances qui peuvent exister entre eux. Cette hypothèque ne peut être inscrite par l'époux créancier que dans des conditions très restrictives. Elle n'est véritablement légale que dans le cadre du régime de participation aux acquêts : chaque époux a alors le droit d'inscrire une hypothèque sur les biens de l'autre même avant la dissolution du mariage ; mais de toute façon, elle ne pourra prendre rang au plus tôt qu'au jour de la dissolution (C. civ., art. 2402, *ex-art. 2136*). En dehors du régime de participation aux acquêts, l'inscription, qui détermine le rang, doit être autorisée par une décision de justice (C. civ., art. 2403, *ex-art. 2137*). L'époux bénéficiaire qui a inscrit une hypothèque peut être contraint de consentir à une cession d'antériorité aux créanciers de l'autre époux si l'intérêt de la famille l'exige (C. civ., art. 2405, *ex-art. 2139*). Ces multiples contraintes ont retiré à cette hypothèque une grande partie de son intérêt pratique.

404. – Hypothèque légale des mineurs ou majeurs en tutelle. Les mineurs ou les incapables majeurs ont une hypothèque légale sur les biens de leur tuteur ou administrateur légal, pour garantir les créances que l'incapable peut avoir contre l'administrateur de ses biens. L'inscription de l'hypothèque est décidée soit par le conseil de famille (en cas de tutelle) ou par le juge des tutelles (en cas d'administration légale) à l'ouverture de la tutelle ou pendant le cours du régime de protection, soit par l'incapable lui-même après la fin de son incapacité (pour plus de détails, vous lirez : C. civ., art. 2409 à 2411, *ex-art. 2143 à 2145*).

2° Les privilèges généraux immobiliers transformés en hypothèques légales

405. – Réforme de 1955. Avant 1955, tous les privilèges généraux mobiliers, énumérés par l'article 2331 (*ex-art. 2101*) du Code civil (V. *supra*, n°s 239 et s.) portaient en même temps sur les immeubles ; ils n'avaient pas à être publiés et passaient avant les hypothèques. Ce système était très dangereux pour le crédit du débiteur car les créanciers, même s'ils prenaient une hypothèque conventionnelle, pouvaient toujours craindre de se voir primer par un privilège dont ils n'avaient pas le moyen de connaître l'existence. Ce système ne subsiste plus aujourd'hui que pour deux privilèges généraux, les frais de justice et les salaires (V. *infra*, n°s 452 et s.). Dans tous les autres cas (privilèges énoncés en l'article 2331, 2°, 3°, 5°, 6°, 7° et 8°, ainsi que privilèges énoncés par des lois particulières), le créancier titulaire d'un privilège général mobilier est seulement autorisé à inscrire une hypothèque sur les immeubles de son débiteur (C. civ., art. 2377, *ex-art. 2106*) ; cette hypothèque prend rang, comme toutes les hypothèques, à la date de son inscription. Par exemple, le Trésor n'a plus un privilège général sur les meubles et les immeubles de son débiteur : il a un privilège général sur les meubles et une hypothèque légale sur les immeubles du contribuable.

B. – Les privilèges spéciaux immobiliers

406. – Principe. Les privilèges spéciaux immobiliers ont été, eux aussi, profondément modifiés par la réforme de la publicité foncière réalisée en 1955, et depuis cette date, ils se rapprochent davantage des hypothèques légales. En effet, ils confèrent les mêmes droits qu'une hypothèque sur l'immeuble qu'ils grèvent – droit de préférence et droit de suite – et, depuis 1955, ils sont soumis à publicité, tout comme les privilèges généraux précédemment examinés (C. civ., art. 2377, *ex-art. 2106*, qui soumet à la publicité tous les privilèges) Il faut seulement mettre à part aujourd'hui le privilège du syndicat des copropriétaires de l'article 2374, 1° bis, qui est occulte. La seule différence avec les hypothèques légales (et avec les hypothèques en général) précédemment étudiées, est que ces privilèges spéciaux ne prennent pas rang à la date de leur inscription mais à une date antérieure (qui est généralement la date de naissance de la créance) ; c'est pourquoi on les désigne parfois sous le nom d'**hypothèques légales privilégiées** (pour les distinguer des hypothèques légales « simples »). La commission *Grimaldi* avait du reste proposé de requalifier ces privilèges en hypothèques légales spéciales, en en modifiant légèrement le régime. Cette proposition n'a malheureusement pas été suivie, ce qui maintient dans le système des sûretés immobilières un élément de complexité bien inutile. Mais la prochaine réforme des sûretés devrait permettre de franchir ce pas, puisque l'article 16, 11° de la loi PACTE prescrit de remplacer les privilèges immobiliers spéciaux soumis à publicité par des hypothèques légales.

En attendant, ces « privilèges » sont accordés par la loi à certains créanciers dont l'intervention a enrichi le débiteur, et donc, indirectement, profité aux autres créanciers. La liste (limitative) en est donnée par l'article 2374 (*ex-art. 2103*) du Code civil. On n'étudiera ici que les principaux.

1° Le privilège du vendeur d'immeuble

407. – Fondement. Le vendeur d'immeuble qui fait crédit à son acheteur bénéficie d'un privilège sur l'immeuble (C. civ., art. 2374, 1°). Ce privilège repose sur la même idée que celle qui justifie le privilège du vendeur de meubles : le vendeur a mis une valeur dans le patrimoine du débiteur ; il est juste que les autres créanciers ne puissent en profiter qu'après que le vendeur ait été payé. Le privilège garantit le paiement du prix et de divers accessoires. Il porte sur l'immeuble vendu ainsi que sur ses accessoires, notamment les améliorations qui ont été apportées par l'acquéreur.

408. – Régime. Ce privilège doit être inscrit dans les deux mois suivant la vente (C. civ., art. 2379, *ex-art. 2108*) : à cette condition il prendra rang, rétroactivement, au jour de la vente. Le vendeur à crédit primera donc les créanciers de l'acquéreur qui auraient pu inscrire une hypothèque après la vente. Passé le délai de deux mois, l'inscription est encore possible (sous réserve d'événements qui arrêteraient l'inscription des hypothèques – V. *infra*, n° 419) mais alors le privilège ne prendra rang qu'au jour de l'accomplissement de cette formalité (C. civ., art. 2386, al. 2, *ex-art. 2113, al. 2*). On dit que le privilège « dégénère en hypothèque légale simple ». Par ailleurs, l'inscription effectuée dans le délai de deux mois permet au vendeur d'exercer son action résolutoire et de récupérer l'immeuble s'il n'est pas payé ; si l'inscription est effectuée hors délai, l'action résolutoire ne peut plus être exercée au préjudice des créanciers inscrits depuis la vente.

2° Le privilège du prêteur de deniers

409. – Lien avec le précédent. En pratique, aujourd'hui, c'est rarement le vendeur qui fait crédit, l'acquisition de l'immeuble étant généralement financée par un établissement de crédit prêteur. Autrefois, pour faire bénéficier le prêteur du privilège, on le subrogeait dans les droits du vendeur : une loi de 1971 a rendu inutile le recours à la subrogation en faisant bénéficier le prêteur de deniers d'un privilège autonome (C. civ., art. 2374, 2°, *ex-art. 2103, 2°*).

Le mécanisme de ce privilège est exactement le même que le précédent : si le prêteur inscrit son droit dans les deux mois de la vente, il passe avant les créanciers inscrits du chef de l'acheteur ; sinon le privilège dégénère en hypothèque légale simple, et prend rang au jour de son inscription. Cependant, le privilège du prêteur de deniers présente une double infériorité par rapport à celui du vendeur :

– d'une part, si une partie du prix était payable à crédit au vendeur lui-même, le prêteur passera, semble-t-il, après le vendeur (mais le prêteur peut se faire consentir une cession d'antériorité) ;

– d'autre part, le prêteur ne bénéficie pas de l'action résolutoire (pour en bénéficier, il peut se faire subroger dans les droits du vendeur).

3° Le privilège du syndicat de copropriétaires

410. – Caractère exorbitant. Il a été accordé par une loi du 21 juillet 1994 et est désormais prévu par l'article 2374, 1° bis du Code civil ; avant cette loi, le syndicat de copropriétaires ne bénéficiait que d'une hypothèque légale simple. Il faut supposer que l'immeuble est divisé en appartements, sous le régime de la copropriété, et que le propriétaire d'un appartement ne paie pas les charges : le syndicat pourra, en cas de vente forcée de l'immeuble, se payer par préférence sur le prix pour les charges de l'année courante et des quatre dernières années. Ce privilège vient à égalité avec ceux du vendeur et du prêteur de deniers, mais le syndicat prime pour les charges de l'année courante et des deux dernières années.

Ce privilège spécial immobilier est une anomalie : l'article 2378 (*ex-art. 2107*) du Code civil le dispense en effet de la formalité de l'inscription, au même titre que les privilèges généraux. En pratique, lorsqu'on achète ou lorsqu'on veut prendre une hypothèque sur un appartement en copropriété, il faut se renseigner pour savoir si le copropriétaire a bien payé ses charges.

4° Le privilège du copartageant (C. civ., art. 2374, 3°)

411. – Principe. On suppose qu'un immeuble, lors d'un partage (successoral ou autre : V. C. civ., art. 2381, *ex-art. 2109*, qui parle du cohéritier ou du copartageant), a été attribué à une personne ; cette personne doit payer une soulte à ses copartageants, le paiement de cette soulte (et éventuellement d'autres sommes : remboursement des frais qui ont été engagés par les copartageants, paiement d'une indemnité en cas d'atteinte à la quotité disponible) est garanti par un privilège sur l'immeuble. Ce privilège, comme celui du vendeur, doit être inscrit dans les deux mois du partage et, à cette condition, il prend rang au jour du partage.

5° Le privilège des architectes et entrepreneurs (C. civ., art. 2374, 4°)

412. – Principe. Il porte sur un immeuble construit et réparé et il garantit le paiement des travaux effectués. Ce privilège obéit à un régime complexe et, en fait, il est rarement inscrit. C'est pourquoi une loi de 1994 a inséré dans le Code civil un nouvel article 1799-1, qui impose, pour les marchés importants, au maître de l'ouvrage de fournir à l'entrepreneur une garantie sous forme d'un cautionnement bancaire.

6° Le privilège dit « de la séparation des patrimoines » (C. civ., art. 2374, 6°)

413. – Principe. Une personne décède : en principe, son passif et son actif se trouvent immédiatement confondus avec ceux des héritiers. Les créanciers personnels du défunt vont donc normalement entrer en concours avec ceux des héritiers ; si ceux-ci ont un actif important et un passif limité, c'est une bonne affaire pour les créanciers du défunt. Mais il n'en va pas de même si les héritiers sont eux-mêmes insolvables. L'article 878 du Code civil permettait aux créanciers du défunt de demander à ce que le patrimoine de leur débiteur reste séparé de celui des héritiers. Ils pouvaient alors se payer par priorité sur les biens de la succession, en passant avant les créanciers des héritiers ; tout se passait comme s'ils avaient un privilège. C'est ainsi que le mécanisme apparaît expressément dans la nouvelle rédaction de l'article 878, issue de la réforme des successions par la loi n° 2006-728 du 23 juin 2006 : le texte ne parle plus de séparation des patrimoines. Par ailleurs, ce privilège est désormais bilatéralisé : les créanciers personnels d'un héritier peuvent aussi demander à être payés sur les biens de leur débiteur par priorité aux créanciers du défunt. Lorsqu'il porte sur les immeubles, ce privilège correspond à celui qui est visé à l'article 2374, 6°, et il doit, par application de l'article 2283, être inscrit dans les quatre mois de l'ouverture de la succession. Son étude détaillée relève du droit des successions.

§ 3. – Les hypothèques judiciaires

414. – Distinction. Il en existe deux variétés très différentes et complémentaires.

A. – L'hypothèque « judiciaire » attachée aux jugements de condamnation

415. – Hypothèque judiciaire légale. Un créancier n'a pas au départ pris d'hypothèque contre son débiteur. Celui-ci ne payant pas, il le poursuit en justice, et obtient contre son débiteur un jugement de condamnation (ou une sentence arbitrale revêtue de l'*exequatur*). L'article 2412 (*ex-art. 2123*) du Code civil donne alors au créancier le droit d'inscrire une hypothèque dite judiciaire sur tous les immeubles de son débiteur. Le juge n'a ici aucun pouvoir d'appréciation ; on est donc en présence en réalité d'une variété d'hypothèque légale, dont le jugement n'est que le fait générateur. Conformément au système général des hypothèques légales, cette hypothèque ne prendra rang qu'au jour où elle sera inscrite. Or, à ce moment-là il sera souvent trop tard pour venir en rang utile. C'est pourquoi, sans attendre le jugement de condamnation, le créancier dont la créance semble en péril peut demander au juge de lui accorder, à titre conservatoire, une hypothèque sur tous les immeubles du débiteur ou sur certains d'entre eux.

B. – L'hypothèque judiciaire conservatoire

416. – Évolution. Créée par une loi de 1955, elle est actuellement prévue (entre autres sûretés judiciaires) par les articles L. 531-1 et suivants du Code des procédures civiles d'exécution, issus de la loi du 9 juillet 1991, qui en a sensiblement modifié le régime. Le créancier doit normalement demander au juge de l'exécution, par voie de requête, une autorisation d'inscrire son hypothèque. Cette autorisation de justice permet au créancier de prendre immédiatement une inscription provisoire, qui sera remplacée par une inscription définitive dès que le créancier aura obtenu un jugement de condamnation. L'inscription définitive se substituera alors rétroactivement à l'inscription provisoire et prendra rang à la date de celle-ci. Il faut noter que, si le créancier a un titre exécutoire, il peut prendre sans autorisation de justice une inscription provisoire, qu'il pourra ensuite transformer en inscription définitive si le débiteur n'élève aucune contestation : cette hypothèque provisoire sur titre exécutoire n'a plus de judiciaire que le nom (pour plus de détails, V. CPC ex., art. R. 531-1 et s.). Le mécanisme des hypothèques conservatoires n'a pas été modifié par la réforme : il faut noter ici que le même mécanisme s'applique, en matière mobilière, au nantissement de parts sociales et d'actions et au nantissement de fonds de commerce. Seules les formalités requises sont différentes, en fonction de la nature des biens grevés de la sûreté conservatoire.

SOUS-SECTION 2

PUBLICITÉ DES HYPOTHÈQUES

417. – Importance de la publicité. L'hypothèque doit être publiée pour être opposable aux tiers. Une hypothèque non publiée est sans intérêt pour le créancier puisqu'il ne peut pas exercer son droit de préférence à l'encontre des autres créanciers ni, en cas de revente de l'immeuble, faire valoir son droit de suite à l'encontre de l'acquéreur. Cette publicité se fait sous la forme d'une inscription au service chargé de la publicité foncière dans le ressort de laquelle l'immeuble est situé. On en étudiera successivement les conditions et les effets, qui ont fait l'objet de quelques modifications lors de la réforme de 2006.

§ 1. – Conditions de l'inscription

418. – Particularités. L'inscription de l'hypothèque obéit aux règles générales de la publicité foncière (qui ont été présentées précédemment). Les principales particularités sont relatives à la spécialité des inscriptions hypothécaires (A) et au moment où elles doivent être prises (B).

A. – Spécialité des inscriptions hypothécaires

419. – Spécialité double. On retrouve ici le principe de spécialité de l'hypothèque, qui était déjà apparu lors de la constitution des hypothèques conventionnelles (V. *supra*, n° 390), mais qui vaut sur le terrain de la publicité pour toutes les hypothèques et privilèges soumis à publication. Il s'agit d'une spécialité à la fois quant aux sommes garanties et quant à l'assiette (C. civ., art. 2426).

1° Spécialité quant aux sommes garanties

420. – Somme déterminée. L'inscription ne peut avoir lieu que pour une **somme** déterminée : il faut mentionner à la fois le principal de la dette et les accessoires. Pour le détail des différentes sommes qui doivent être mentionnées dans le bordereau de publication, vous consulterez l'article 2428 (*ex-art. 2148*) du Code civil.

2° Spécialité quant à l'assiette

421. – Immeubles déterminés. L'inscription ne peut avoir lieu que sur des **immeubles** déterminés. Pour les hypothèques conventionnelles, la spécialité des inscriptions hypothécaires complète et prolonge la spécialité au stade de la constitution. En revanche, pour les hypothèques légales, qui sont par principe générales, la règle de la spécialité apparaît pour la première fois au moment de l'inscription. Comme nous l'avons déjà expliqué, même si le créancier est titulaire d'une hypothèque générale, il doit désigner lors de l'inscription les immeubles sur lesquels il prend l'hypothèque. En conséquence, si le débiteur venait ultérieurement à acquérir un nouvel immeuble, le créancier devrait prendre une nouvelle inscription, qui prendrait rang à sa date.

B. – Moment des inscriptions hypothécaires

422. – Début. L'inscription peut être faite dès que le contrat a été passé ou dès que les conditions requises pour l'inscription de l'hypothèque légale sont réunies. La loi ne fixe pas de date limite, mais le créancier a évidemment intérêt à y procéder le plus tôt possible, d'abord parce que c'est l'inscription qui détermine le rang de l'hypothèque (V. *infra*, n°s 434 et s.) et ensuite parce que certains événements peuvent empêcher l'inscription ou du moins la rendre inutile.

423. – Fin : arrêt du cours des inscriptions. Trois séries d'événements, qui fixent définitivement les droits des tiers sur l'immeuble, vont empêcher de publier une nouvelle hypothèque. Ces événements qui entraînent, selon l'expression consacrée, l'arrêt du cours des inscriptions, sont énumérés par l'article 2427 du Code civil (*ex-art. 2147*).

424. – Publication de la mutation au profit d'un tiers. Si le débiteur vend son immeuble à un tiers avant que l'hypothèque ne soit inscrite, et que l'acquéreur inscrit son droit, il est alors trop tard pour inscrire l'hypothèque : le créancier ne pourrait plus exercer son droit de suite. Ce n'est qu'une application du principe selon lequel, entre deux titulaires de droits concurrents sur l'immeuble, c'est le premier inscrit qui l'emporte.

425. – Décès du débiteur avec acceptation à concurrence de l'actif ou vacance de la succession. En principe, le décès du débiteur n'empêche pas le créancier d'inscrire son hypothèque à l'encontre des héritiers, qui continuent la personne de leur auteur. Il en va autrement cependant si la succession est vacante ou si un héritier accepte à concurrence de l'actif (cette expression a remplacé celle d'acceptation sous bénéfice d'inventaire depuis la loi du 23 juin 2006 qui a réformé le droit des successions). Dans ce cas, la consistance du patrimoine est figée : seuls peuvent encore inscrire leur droit certains titulaires de privilèges spéciaux de l'article 2374 (le vendeur, le prêteur de deniers, le copartageant, les créanciers et légataires du défunt).

426. – Ouverture d'une procédure liée à l'insolvabilité du débiteur. En cas de saisie immobilière, d'ouverture d'une procédure collective ou de traitement de surendettement contre le débiteur, l'article 2427 renvoie aux textes relatifs à ces procédures. Sans entrer dans les détails, il faut relever ici que si un créancier pratique une saisie immobilière, la publication de l'acte de saisie fixe définitivement ses droits sur l'immeuble : seuls les créanciers qui ont publié leur droit avant pourront lui opposer leur droit de préférence, sous réserve, comme dans le cas précédent, du droit pour le vendeur, le prêteur de deniers pour l'acquisition et le copartageant d'inscrire, dans les délais prévus par les articles 2379 à 2381, le privilège qui leur est conféré par l'article 2374 (C. civ., art. 2200, issu de la réforme du droit de la saisie immobilière par l'ordonnance du 21 avril 2006).

Dans le cadre des procédures collectives touchant les entreprises, l'article L. 622-30 du Code de commerce reprend la solution traditionnelle selon laquelle le jugement d'ouverture (de la sauvegarde, du redressement judiciaire ou de la liquidation judiciaire) arrête le cours des inscriptions. La même solution est reprise pour les procédures de traitement du surendettement par l'article 2427, alinéa 3. Cette interdiction des inscriptions – qui est plutôt une inopposabilité des sûretés inscrites après l'ouverture de la procédure – connaît cependant de nombreuses dérogations.

§ 2. – Effets de l'inscription

A. – Principe

427. – Opposabilité et rang. L'inscription rend l'hypothèque opposable aux tiers, et détermine son rang par rapport aux autres créanciers inscrits (V. *infra*, n°s 434 et s.). En revanche, si l'hypothèque n'est pas inscrite, elle ne peut être opposée à aucun tiers, même pas aux créanciers chirographaires (c'est une particularité par rapport au droit commun de la publicité foncière, puisqu'on l'a vu, en principe, ce sont seulement les tiers qui ont acquis un droit concurrent sur l'immeuble qui peuvent se prévaloir de l'inopposabilité). Il faut observer que, selon la jurisprudence, l'inopposabilité de l'hypothèque non publiée joue même si le tiers avait connaissance de son existence.

B. – Durée

428. – Limites dans le temps. L'inscription, une fois qu'elle est prise, n'est pas valable éternellement. Elle peut prendre fin en tout ou en partie si le débiteur obtient la radiation ou la réduction de l'hypothèque (1°). Elle peut également se périmer (2°).

1° Radiation ou réduction

429. – Distinction. La **radiation** est la suppression totale de l'inscription hypothécaire. Elle résulte d'une mention en marge du registre hypothécaire. Elle peut être volontaire (si le créancier, parce qu'il est payé, qu'il fait une remise de dette, ou qu'il abandonne sa garantie, accepte de donner mainlevée de l'hypothèque) ou judiciaire (si le juge estime qu'une inscription hypothécaire n'est plus justifiée, par exemple parce que la dette est éteinte et que le créancier a refusé de donner mainlevée). Les modalités de la radiation sont précisées aux articles 2440 et suivants du Code civil. Sur ce sujet, la réforme de 2006 s'est contentée d'apporter une légère simplification au régime de la radiation conventionnelle.

Pour les hypothèques légales et judiciaires, le débiteur peut aussi obtenir judiciairement la **réduction** de l'hypothèque. Supposez que le créancier, bénéficiaire d'une hypothèque légale ait inscrit cette hypothèque sur trois immeubles du débiteur, alors qu'un seul suffirait à garantir le montant de sa créance : le débiteur peut demander au juge la réduction de cette inscription excessive (C. civ., art. 2444, *ex-art. 2161*). En principe, cette réduction n'est pas possible pour les hypothèques conventionnelles, sauf si la créance est une créance indéterminée, éventuelle ou conditionnelle qui n'a pas été évaluée dans l'acte (C. civ., art. 2445, *ex-art. 2162*) : songez par exemple à l'hypothèque du solde débiteur d'un compte courant. Cette situation devrait aujourd'hui être plus fréquente avec le relâchement du principe de spécialité de l'hypothèque, qui peut désormais garantir des créances futures : même si la loi impose que l'hypothèque soit accordée pour un montant déterminé, elle n'impose pas l'évaluation séparée de chaque créance future entrant dans la garantie.

2° Péremption

430. – Date variable. Alors même que l'hypothèque existe toujours, l'inscription peut se périmer : cette péremption intervient au bout d'une durée que fixe lui-même le créancier lors de l'inscription, mais avec un maximum fixé par la loi. Ce maximum est variable selon les cas. L'article 2434, issu de la réforme de 2006, a apporté sur ce point, diverses modifications par rapport au droit antérieur. Il faut distinguer selon que l'échéance de la dette garantie est ou non déterminée. Dans le premier cas, l'hypothèque se périme en principe un an après la dernière échéance (au lieu de deux ans dans le droit antérieur), sans que la durée maximum de l'inscription puisse excéder cinquante années (trente-cinq ans dans le droit antérieur). Dans le second cas – échéance indéterminée – c'est cette durée de cinquante années à compter de la publication qui fixe la date extrême de péremption. Ce cas est aujourd'hui très important, en raison de la multiplication des hypothèses où l'on ne connaîtra pas précisément les créances garanties au moment de la constitution de l'hypothèque (cas de l'hypothèque de créances futures dont seule la cause est déterminée). En outre, il inclut le cas du prêt viager hypothécaire (dont l'échéance normale, liée à la mort de l'emprunteur, n'est pas connue au moment de la publication). Donc, dans tous ces cas, l'inscription de l'hypothèque se périmera au bout de cinquante ans, sauf si le créancier fixe un délai plus court lors de la publication. Pour plus de détails, vous lirez l'article 2434, qui envisage le cas où l'hypothèque garantit des créances relevant de régimes différents.

Les règles qui viennent d'être exposées ne valent que pour le capital de la dette. L'inscription hypothécaire ne couvre les intérêts de la dette que pour une durée de trois ans ; au-delà, le créancier doit, s'il veut être garanti, prendre une nouvelle inscription, qui prendra rang à sa date (C. civ., art. 2432, sous réserve de l'hypothèque garantissant un prêt viager relevant de l'article L. 315-1 du Code de la consommation).

431. – Renouvellement. Le créancier peut éviter la péremption en renouvelant l'inscription avant l'expiration du délai précédent. Le renouvellement est bien utile lorsque le crédit garanti n'a pas été remboursé à son échéance, ou que le créancier a accordé un délai supplémentaire. Le renouvellement peut être demandé pour la même durée que l'inscription initiale, en suivant les mêmes distinctions (C. civ., art. 2435).

SOUS-SECTION 3

EFFETS DES HYPOTHÈQUES

432. – Plan. Pour rendre accessible cette matière extrêmement complexe, on peut repartir de la définition de l'hypothèque par l'article 2393 (*ex-art. 2114*) : « L'hypothèque est un droit réel sur les immeubles affectés à l'acquittement d'une obligation ». À partir de là, décrire les effets de l'hypothèque revient à s'interroger sur le contenu de ce droit (§ 1) et sur la manière dont il s'exerce (§ 2). On terminera en envisageant les modalités d'extinction et de transmission de ce droit (§ 3).

§ 1. – Le contenu du droit hypothécaire

433. – Lien entre le droit de préférence et le droit de suite. On dit souvent que l'hypothèque donne au créancier un droit de préférence et un droit de suite. Cette présentation peut être contestée : en effet, le droit de suite n'est pas une prérogative différente du droit de préférence, ce n'en est qu'une modalité d'exercice. En réalité, le créancier hypothécaire n'a qu'une seule et unique prérogative : un droit de préférence sur la valeur de l'immeuble, qu'il peut exercer en quelques mains que se trouve cet immeuble. L'essentiel des développements doit donc être consacré à cerner ce droit de préférence (B). Mais, auparavant, il faut préciser que le créancier n'a aucune prérogative sur l'immeuble lui-même (A).

A. – Absence de prérogatives sur l'immeuble lui-même

434. – Situation du propriétaire. Droit réel accessoire, l'hypothèque n'est pas un démembrement de la propriété : c'est le constituant qui conserve les prérogatives de propriétaire. Et, parce qu'elle est une sûreté sans dépossession, elle n'affecte pas directement l'exercice des droits du constituant : c'est d'ailleurs un de ses principaux avantages (qu'on retrouve maintenant dans le nouveau gage sans dépossession). On le voit si l'on observe la situation avant l'échéance de la dette.

Le débiteur peut continuer à user de l'immeuble (par ex., en y habitant) ainsi qu'à en jouir, c'est-à-dire à en tirer des revenus notamment en le louant (sous réserve de la réduction possible des baux de plus de douze ans ou des cessions de bail de plus de trois ans). Il peut même, dans une large mesure, en disposer. Du moins, il peut faire des actes de disposition juridiques, c'est-à-dire aliéner l'immeuble. En effet, le créancier n'a pas à craindre de tels actes puisque, nous le savons, il a un droit de suite lui permettant de saisir l'immeuble entre les mains de l'acquéreur. En revanche, le débiteur se voit interdire les actes de disposition matérielle qui compromettent la valeur de l'immeuble sans pouvoir donner prise au droit de suite : destruction de l'immeuble, enlèvement de matériaux, etc. De tels actes seraient sanctionnés par la déchéance du terme (C. civ., art. 1305, 4 ; *ex-art. 1188*).

B. – Droit de préférence sur la valeur du bien

435. – Droit sur la valeur. Le créancier hypothécaire a le droit de se faire payer par préférence sur la valeur du bien. Ce droit s'exercera normalement lorsque le bien fera l'objet d'une vente forcée (V. *infra*, n° 438). Il faut en examiner l'assiette et le rang.

1° Assiette du droit de préférence

436. – Indivisibilité. Le droit de préférence s'exerce sur la valeur intégrale du ou des immeubles grevés, avec tous leurs accessoires. Il s'étend même, depuis la réforme, aux améliorations qui ont pu être apportées à l'immeuble (C. civ., art. 2397, al. 2). À cet égard, il faut évoquer le principe de l'**indivisibilité de l'hypothèque**, qui est une règle traditionnelle reprise à l'article 2393 (*ex-art. 2114*) du Code civil. Cette règle présente deux aspects : quant à la créance et quant à l'immeuble.

D'une part, l'immeuble entier garantit chaque partie de la créance même si celle-ci se divise (ainsi dans le cas où le débiteur décède, la dette se divise entre ses héritiers, mais si un seul devient propriétaire de l'immeuble, le créancier peut exercer son droit sur l'immeuble entier).

D'autre part, chaque immeuble (même s'il y en a plusieurs) garantit en entier (même s'il est divisé en plusieurs parcelles) la dette.

437. – Subrogation réelle. Le droit de préférence s'exerce normalement sur le prix de l'immeuble, tel qu'il apparaît à la suite d'une procédure de saisie immobilière, ou dans le cadre d'une procédure de liquidation judiciaire, ou encore à la suite d'une vente amiable à un tiers.

Cependant, si l'immeuble a été détruit ou dégradé, il se reporte sur l'indemnité d'assurance, en vertu du mécanisme de **subrogation réelle**, prévu à l'article L. 121-13 du Code des assurances pour toutes les sûretés spéciales. Le créancier hypothécaire s'adressera alors directement à l'assureur pour être payé. Cependant, les paiements faits de bonne foi par l'assureur avant opposition sont valables.

2° Rang du droit de préférence

438. – Principe. Le principe, posé par l'article 2425 du Code civil, est simple : le rang de chaque créancier hypothécaire se détermine en fonction de la date de son inscription. Celui qui a été inscrit en premier est payé d'abord et ainsi de suite…

Ce classement en fonction de la date d'inscription (qu'on retrouve maintenant aussi en matière mobilière en cas de concours entre plusieurs gages sans dépossession) donne une grande sécurité au créancier hypothécaire, dans la mesure où, au moment où il s'apprête à prendre une hypothèque, il peut savoir avec certitude s'il sera ou non primé par d'autres. Cette certitude n'est cependant pas absolue dans la mesure où il subsiste certains privilèges qui ne sont pas soumis à publication, et qui priment les hypothèques inscrites (V. *infra*, n°s 452 et s.).

Il faut noter qu'entre différents créanciers hypothécaires inscrits peut intervenir une cession d'antériorité, qui permet à un créancier de renoncer à son rang prioritaire au profit d'un autre inscrit après lui. Ce mécanisme est régi par l'article 2424 dans le cadre des transmissions du droit hypothécaire (V. *infra*, n° 451).

439. – Difficultés d'application. Le principe de la priorité liée à la date suscite des difficultés d'application dans deux hypothèses :

– d'abord en cas de concours entre plusieurs hypothèques inscrites le même jour : la difficulté est résolue, selon diverses distinctions, par l'article 2425, alinéas 2 et suivants du Code civil. En principe, entre deux hypothèques inscrites le même jour, c'est celle qui garantit la créance constatée par le titre le plus ancien qui l'emporte (sauf la priorité reconnue à certains « privilèges spéciaux immobiliers »). Si les créances garanties sont elles-mêmes constatées par des titres du même jour, les créanciers hypothécaires viennent à égalité. On ne tient jamais compte de l'ordre des inscriptions sur le registre ;

– ensuite en cas de concours entre une hypothèque portant sur un seul immeuble, et une hypothèque « multiple » inscrite antérieurement sur plusieurs immeubles : si le créancier bénéficiaire de l'hypothèque multiple choisit d'exercer son droit d'abord sur l'immeuble également grevé de l'hypothèque unique, il prime le titulaire de celle-ci, alors qu'il lui laisse la priorité s'il saisit un autre immeuble. Le principe de l'indivisibilité de l'hypothèque implique que le créancier titulaire d'une hypothèque multiple a le libre choix de l'immeuble sur lequel il exercera son droit, mais la jurisprudence tempère cette liberté, soit en recourant à la théorie de l'abus de droit, soit en ouvrant une procédure d'ordre unique lorsque les différents immeubles sont réalisés en même temps.

440. – Exceptions. Il existe diverses exceptions au critère de la primauté d'inscription. D'abord, comme on l'a vu précédemment, il faut tenir compte du mécanisme spécifique des privilèges spéciaux immobiliers, dont l'inscription rétroagit à une date antérieure (par ex., la date de la vente pour le privilège du vendeur d'immeuble). Ensuite, nous verrons plus loin que les hypothèques inscrites sont primées par les privilèges généraux immobiliers qui, eux, ne sont pas soumis à inscription (le privilège des frais de justice, le privilège des salariés). Mais ces privilèges généraux, très dangereux pour le crédit hypothécaire, sont depuis 1955 en nombre très limité. La loi du 10 juin 1994 a par ailleurs rétabli en cas de liquidation judiciaire la primauté du créancier hypothécaire sur les créanciers postérieurs à l'ouverture de la procédure et cette solution a été maintenue lors de la dernière réforme du droit des entreprises en difficulté par l'ordonnance du 20 mars 2014 (C. com., art. L. 641-13. – V. *infra*, n° 453).

§ 2. – L'exercice du droit hypothécaire

441. – Distinction. La grande particularité de l'hypothèque est de pouvoir s'exercer tant contre le constituant lui-même (A) que contre l'acquéreur de l'immeuble hypothéqué (B). Dans les deux cas, la réforme de 2006 a apporté des simplifications considérables.

A. – L'exercice contre le débiteur

442. – Saisie. Si le débiteur paye, il y a **extinction** de l'hypothèque. Le créancier doit alors en donner mainlevée et le débiteur peut obtenir la radiation de l'inscription hypothécaire.

Si le débiteur ne paie pas, le créancier hypothécaire peut faire saisir l'immeuble grevé selon les formes de la saisie immobilière, qui débouche sur une vente aux enchères publiques de l'immeuble. Cependant, vous devez comprendre qu'il ne s'agit pas d'un effet spécifique de l'hypothèque, car ce droit appartient à tout créancier, même chirographaire. Du moins, le créancier titulaire d'une hypothèque conventionnelle, qui dispose d'un acte notarié, n'a pas besoin de se procurer un titre exécutoire. Mais pour le reste, pas plus que le créancier gagiste, le créancier hypothécaire ne peut, conventionnellement, se dispenser de recourir aux formes de la saisie immobilière, ni prévoir que l'immeuble sera vendu à l'amiable, par une clause de voie parée. Cette solution est aujourd'hui affirmée expressément par l'article 2458 du Code civil. La jurisprudence admet cependant traditionnellement qu'une convention de ce type peut être passée après la constitution de l'hypothèque.

Si le débiteur est mis en redressement judiciaire, le créancier hypothécaire ne pourra plus procéder individuellement à la saisie de l'immeuble. Comme tout créancier, il devra déclarer sa créance et attendre que l'immeuble soit vendu dans le cadre de la liquidation judiciaire. C'est dans ce cadre que s'exercera son droit de préférence.

443. – Attribution en paiement de l'immeuble et pacte commissoire. La vente forcée de l'immeuble hypothéqué, débouchant sur le paiement préférentiel sur le prix, était jusqu'à la réforme le seul mode de réalisation des hypothèques. C'est toujours vrai pour l'hypothèque légale ou judiciaire. En revanche, pour les hypothèques conventionnelles, l'article 2458 a introduit une nouveauté considérable en permettant au créancier de demander en justice l'attribution du bien en paiement, par analogie avec le mode classique de réalisation du gage. Bien plus – et en parallèle avec la solution nouvelle en matière de gage – l'article 2459 valide le pacte commissoire dans la convention constitutive d'hypothèque : le créancier et le constituant peuvent convenir qu'en cas de non-paiement, le créancier deviendra de plein droit propriétaire de l'immeuble. Ces deux facultés ne sont cependant pas ouvertes si l'immeuble constitue la résidence principale du débiteur (sauf dans le cas particulier du prêt viager hypothécaire, V. *supra*, n° 392). Par ailleurs, il faut relever que, comme en matière de gage, le pacte commissoire ne joue pas en cas d'ouverture d'une procédure collective (C. com., art. L. 622-7, al. 1er). La loi ne dit pas en revanche si l'attribution judiciaire en paiement reste possible dans ce contexte, mais la Cour de cassation a récemment décidé qu'elle ne l'était pas : dans la mesure où la demande d'attribution tend (indirectement) au paiement d'une somme d'argent, la demande d'attribution judiciaire de l'immeuble hypothéqué se heurte au principe de l'interdiction des poursuites après le jugement d'ouverture et est donc irrecevable (Cass. com., 28 juin 2017, n° 16-10.591). La solution est donc différente de celle admise en matière de gage, où une disposition spéciale de la loi permet l'attribution en paiement pendant la procédure collective (V. *supra*, n° 320).

Lorsqu'elle est possible, l'attribution en paiement donnera lieu à une estimation de la valeur de l'immeuble par expert (désigné à l'amiable ou judiciairement), les textes ne distinguant pas ici comme en matière de gage entre l'attribution judiciaire et conventionnelle. Si cette valeur est supérieure à celle de la créance, le créancier devra restituer la différence au débiteur. S'il existe d'autres créanciers hypothécaires, cette somme sera consignée pour être partagée entre eux.

Pas plus qu'en matière de gage, le texte ne dit ce qui se passe lorsque le créancier hypothécaire qui a demandé l'attribution en paiement n'était pas un créancier de premier rang, ou lorsqu'il existait des privilèges généraux de rang supérieur : l'attribution en paiement permettra-t-elle, notamment lorsqu'elle joue de plein droit et sans intervention du juge, au créancier d'échapper au concours ? Dès lors que l'on admet, comme en matière de gage (V. *supra*, n° 322) qu'un créancier inscrit en second peut demander l'attribution judiciaire, il convient sans doute de distinguer selon que les autres créanciers sont ou non titulaires d'un droit de suite. En cas de concours avec des créanciers privilégiés généraux, qui ne sont pas titulaires du droit de suite (V. *infra*, n° 452), le créancier attributaire doit logiquement emporter, comme ce serait le cas en matière mobilière. En revanche, on ne voit pas comment l'attribution en paiement pourrait permettre à un créancier hypothécaire de deuxième rang de l'emporter sur un créancier inscrit avant lui, et qui pourrait exercer son droit de suite contre l'attributaire comme contre n'importe quel acquéreur de l'immeuble.

B. – L'exercice contre le tiers acquéreur

444. – Droit de suite. Si l'immeuble a été vendu par le débiteur à un tiers, les créanciers chirographaires perdent toute possibilité de se payer sur lui, puisque l'immeuble ne fait plus partie de leur gage général. Les créanciers hypothécaires, parce qu'ils ont un droit réel sur l'immeuble, peuvent le suivre « dans quelques mains qu'il passe » (C. civ., art. 2461, *ex-art. 2114*). Un créancier hypothécaire pourra donc saisir l'immeuble entre les mains du tiers acquéreur – qu'on appelle le *tiers détenteur* – et se payer par préférence sur son prix.

Ce droit de suite est évidemment plein d'inconvénients pour l'acquéreur, et pourrait empêcher toute vente d'un immeuble hypothéqué. C'est pourquoi la loi reconnaît au tiers détenteur certains moyens de protection : d'une part, au moment où le créancier hypothécaire exerce le droit de suite, l'acquéreur dispose de certains moyens d'éviter la saisie (1°) ; d'autre part et surtout il peut, préventivement, au moment de l'acquisition de l'immeuble, se prémunir contre un exercice futur du droit de suite (2°).

1° Protection de l'acquéreur au moment de l'exercice du droit de suite

445. – Moyens de protection. On suppose ici que l'acheteur n'a rien fait au moment de l'acquisition du bien. Le débiteur ne paye pas sa dette, et le créancier s'apprête à saisir l'immeuble entre les mains du tiers détenteur. Celui-ci peut bien sûr opposer toutes les exceptions dont disposerait le débiteur lui-même (nullité du contrat garanti ou de l'hypothèque par exemple, délais accordés au débiteur originaire : C. civ., art. 2462) Mais, parce qu'il n'est pas personnellement débiteur, il dispose aussi d'un certain nombre de moyens de protection qui lui sont propres (C. civ., art. 2463 et s.). À défaut d'y recourir, le tiers s'expose à ce que l'immeuble soit saisi entre ses mains, sauf son recours (*a priori* voué à l'échec) contre son vendeur.

446. – Bénéfice de discussion. Le tiers détenteur peut d'abord essayer de retarder les poursuites diligentées contre lui en demandant au créancier de saisir d'abord les autres immeubles hypothéqués à son profit, si le débiteur en a encore (C. civ., art. 2465, *ex-art. 2170*) : c'est le bénéfice de discussion, analogue à celui dont jouit la caution simple (V. *supra*, n° 135). Ce bénéfice ne peut cependant, selon l'article 2466, être opposé qu'aux créanciers hypothécaires titulaires d'une hypothèque légale générale.

447. – Moyens d'éviter la saisie. Si ce moyen dilatoire est fermé ou n'aboutit pas, le tiers détenteur peut éviter la saisie de deux manières bien différentes :

– il a d'abord la faculté de **délaisser** l'immeuble (C. civ., art. 2467 et s.) : dans ce cas, la procédure de saisie se déroulera contre un curateur à l'immeuble (ce qui évite au tiers les désagréments d'une saisie contre lui), mais le résultat sera le même que celui de la saisie : l'immeuble sera vendu et le tiers exproprié, sauf bien sûr son recours contre son vendeur s'il a eu l'imprudence de payer le prix ;

– pour conserver la propriété de l'immeuble, le tiers détenteur peut choisir de **payer la dette** au(x) créancier(s) hypothécaire(s) – ce qui suppose qu'il ne l'ait pas encore fait entre les mains de son vendeur. Mais ce parti n'est envisageable que si le montant des dettes hypothécaires est inférieur ou égal au prix de l'immeuble : l'acquéreur n'a aucun intérêt à payer les dettes au-delà de ce prix ; or, si ce prix n'est pas suffisant pour désintéresser tous les créanciers, le tiers détenteur court le risque qu'un créancier non payé ne poursuive à son tour la saisie. Certes, en vertu de l'article 1346 (*ex-art. 1251, 2°*), le tiers détenteur est subrogé dans les hypothèques des créanciers désintéressés, ce qui devrait dissuader les créanciers de rang inférieur de saisir l'immeuble. Mais, dans les périodes de dépréciation monétaire, ou d'augmentation du prix de l'immobilier, ils peuvent espérer obtenir de la vente un prix plus élevé que les sommes payées : dans ce cas, bien qu'ayant payé, le tiers détenteur sera donc finalement exproprié.

Le caractère très imparfait de ces moyens de protection devrait donc inciter (et en fait incitera toujours) l'acquéreur d'un immeuble hypothéqué à se prémunir, dès le moment de son acquisition, contre l'exercice du droit de suite.

2° Protection de l'acquéreur au moment de l'acquisition de l'immeuble hypothéqué

448. – Deux voies. L'acquéreur peut, au moment de la vente, se débarrasser de l'hypothèque en procédant à la purge (*a*). Il peut aussi, très différemment, dans un cas particulier, reprendre le crédit garanti par l'hypothèque (*b*).

a) Purge

449. – Principe. La purge des hypothèques est un moyen pour celui qui achète un immeuble hypothéqué, d'éviter d'être exproprié par les créanciers hypothécaires, en leur offrant le prix de l'immeuble : ce prix sera distribué entre tous les créanciers, et l'immeuble sera libéré, « purgé » de toutes les hypothèques qui le grevaient. Naturellement, il se peut fort bien que le prix offert ne soit pas suffisant pour désintéresser tous les créanciers hypothécaires ; c'est tout l'intérêt de la purge pour le tiers détenteur, qui autrement aurait choisi de payer les créanciers ; les créanciers hypothécaires non désintéressés n'ont pas à se plaindre puisque l'insuffisance du prix montre qu'ils ont pris une sûreté inefficace. Encore faut-il cependant que le prix offert par le tiers détenteur corresponde bien à la valeur de l'immeuble. Certaines aliénations entraîneront par elles-mêmes une purge des hypothèques parce qu'elles offrent des garanties quant à l'évaluation des biens vendus (c'est le cas des ventes sur saisie ou dans le cadre d'une procédure de liquidation judiciaire). Dans les autres cas, où le prix est librement déterminé entre le vendeur et l'acquéreur, la loi met en place une procédure spécifique visant à préserver les intérêts des créanciers. Cette procédure s'ouvre par une notification faite aux créanciers, auxquels le prix d'acquisition est offert. Les créanciers peuvent accepter ce prix, auquel cas, ils sont réglés en fonction de leur rang. Mais, s'ils estiment que le prix offert est insuffisant, ils peuvent refuser le prix offert, et requérir la mise aux enchères de l'immeuble. Ils doivent alors faire une **surenchère** égale au moins au dixième du prix proposé, en s'engageant à acquérir l'immeuble s'il ne se présente pas d'autre acquéreur. Le tiers détenteur qui désire conserver l'immeuble n'a alors que la possibilité de se porter dernier enchérisseur. À défaut, il sera évincé et réputé n'avoir jamais eu la propriété de l'immeuble. Toute cette procédure, qui vise à assurer l'équilibre entre les intérêts du tiers détenteur et ceux des créanciers inscrits, est entourée par la loi d'un formalisme complexe (C. civ., art. 2478 et s., *ex-art. 2181 à 2192*), qui explique sa faible utilisation pratique.

450. – Purge amiable. Depuis longtemps, la pratique notariale recourt à une « purge amiable » : le prix de vente est remis entre les mains du notaire qui l'utilise pour désintéresser les créanciers hypothécaires si ceux-ci sont d'accord. Cette procédure avait suscité diverses interrogations. Le risque était que d'autres créanciers, non inscrits, ne saisissent (par une saisie-attribution ou, s'agissant du Trésor, par un avis à tiers détenteur) le prix déposé entre les mains du notaire : en effet, tant qu'il n'a pas été remis aux créanciers hypothécaires, ce prix est dû au vendeur et constitue l'objet d'une créance saisissable. Pour parer à ce risque, la pratique notariale avait imaginé de nantir le prix de vente au profit des créanciers inscrits, ce qui le rendait indisponible et excluait une saisie. Finalement, la Cour de cassation avait admis à plusieurs reprises que le prix versé entre les mains du notaire à la suite d'un accord avec les créanciers hypothécaires était affecté à leur paiement, rendant du même coup ces montages inutiles. La réforme de 2006 a légalisé la pratique de la purge amiable pour les hypothèques conventionnelles. L'article 2475 du Code civil dispose que :

> « Lorsque, à l'occasion de la vente d'un immeuble hypothéqué, tous les créanciers inscrits conviennent avec le débiteur que le prix en sera affecté au paiement total ou partiel de leurs créances ou de certaines d'entre elles, ils exercent leur droit de préférence sur le prix et ils peuvent l'opposer à tout cessionnaire comme à tout créancier saisissant de la créance de prix. Par l'effet de ce paiement, l'immeuble est purgé du droit de suite attaché à l'hypothèque ».

Ce n'est que si l'un des créanciers hypothécaires n'est pas d'accord que l'acquéreur devra recourir à la procédure formelle de la purge.

b) Reprise du crédit

451. – Lorsque la créance hypothécaire n'est autre qu'un crédit immobilier ayant servi à l'acquisition de l'immeuble (c'est le cas le plus fréquent) et que le remboursement de ce crédit est en cours, la solution la plus souvent utilisée consiste pour l'acquéreur à « reprendre » ce crédit, en prenant à sa charge l'hypothèque qui en garantit le remboursement. Naturellement le montant restant à rembourser s'impute sur le prix dû au vendeur. L'opération, qui repose généralement sur une **délégation** (le vendeur délègue son acheteur à son créancier pour assurer le remboursement du prix) suppose cependant l'accord du prêteur. Le débiteur initial, quant à lui, ne sera libéré que si le créancier y consent.

§ 3. – Extinction et transmission du droit hypothécaire

A. – Extinction

452. – Causes diverses. L'article 2488 (qui reprend l'ancien article 2180) énumère les causes d'extinction de l'hypothèque. L'hypothèque étant un droit accessoire, « affecté à l'acquittement d'une obligation », elle va d'abord s'éteindre en conséquence de l'extinction de l'obligation principale, que ce soit par suite de paiement ou par une autre cause (prescription, remise de dette, novation sauf report de l'hypothèque sur la dette nouvelle). Cette règle joue toutefois sous réserve de l'existence d'une hypothèque rechargeable, qui peut être réutilisée pour garantir une autre créance même après l'extinction de la créance garantie à l'origine. Ce mécanisme apparaît comme une remarquable exception au caractère accessoire de l'hypothèque.

Plus exceptionnellement, l'hypothèque peut s'éteindre alors que la dette garantie subsiste. C'est le cas si le créancier y renonce ou si l'hypothèque est purgée (sans qu'un créancier soit entièrement désintéressé). En revanche, il faut bien noter que la péremption de l'inscription n'est pas une cause d'extinction de l'hypothèque : le créancier peut, sans avoir à obtenir un nouvel accord du constituant, réinscrire l'hypothèque – mais alors cette hypothèque réinscrite prendra rang au jour de la nouvelle inscription.

Aux causes traditionnelles d'extinction, l'article 2488 a ajouté le cas prévu par l'article 2423, alinéa dernier – la résiliation de l'hypothèque de créances futures consentie pour une durée indéterminée. En réalité, pas plus que la résiliation du cautionnement, cette résiliation n'éteint à proprement parler l'hypothèque : elle ne fait que limiter les créances qui sont garanties par cette hypothèque (V. *supra*, n°s 110 et s.).

B. – Transmission

453. – Distinction. La transmission de l'hypothèque peut s'opérer de diverses manières. Le nouvel article 2424 du Code civil fait une distinction entre la transmission à titre accessoire et la transmission à titre principal.

1° Transmission à titre accessoire

454. – Modalités. La transmission peut d'abord s'opérer à titre accessoire, comme une conséquence de la transmission de la créance garantie (C. civ., art. 2424, al. 1er). Celle-ci peut elle-même s'opérer par la voie de la cession de créance, soit par le procédé de la subrogation (au profit de celui qui paye la dette à la place du débiteur originaire).

L'acte authentique constitutif d'hypothèque peut, à certaines conditions, donner lieu à la création d'une copie exécutoire à ordre, qui permettra de transmettre par endossement la créance et l'hypothèque qui la garantit. Dans ce cas, l'acte constitutif doit comporter un certain nombre de mentions destinées à renseigner celui qui recevra le titre sur le contenu exact du droit transmis. Ce système, qui est destiné à faciliter la mobilisation des crédits à long terme garantis par des hypothèques, a été organisé par une loi n° 76-519 du 15 juin 1976. Il a remplacé le système antérieur des « grosses au porteur ».

2° Transmission à titre principal

455. – **Distinction.** Un créancier peut transmettre à un autre son hypothèque, ou les avantages en résultant, sans transmettre sa créance. Le nouvel article 2424 légalise deux combinaisons nées de la pratique, dont la validité n'était pas douteuse, mais que le Code civil ne mentionnait pas.

Il donne d'abord la possibilité au créancier hypothécaire de « subroger » un autre créancier dans l'hypothèque tout en conservant sa créance. Le terme de **subrogation**, utilisé en pratique, paraît assez impropre (dans la mesure où la subrogation est normalement liée à un paiement). Il s'agit plutôt d'une cession du droit d'hypothèque.

L'article 2424, alinéa 2, prévoit ensuite la possibilité pour le créancier hypothécaire de céder son rang d'inscription à un créancier de rang postérieur. Cette **cession d'antériorité** doit être mentionnée en marge de l'inscription hypothécaire. On est alors en présence d'une limite conventionnelle au principe de priorité.

Points d'actualité

1. – Les débuts mouvementés de l'hypothèque rechargeable

En dépit, ou à cause, de son originalité, l'hypothèque rechargeable prévue par l'article 2422 du Code civil n'a connu qu'un succès très limité dans la pratique, et la baisse des crédits en période de crise n'a de toute façon pas permis son plein développement. Lors des travaux parlementaires sur la loi du 17 mars 2014 (dite loi Hamon) relative à la consommation, la Commission des affaires économiques de l'Assemblée nationale avait adopté un amendement prévoyant la suppression du mécanisme, qualifié de « *subprimes* à la française ». Il avait en effet été estimé que, en dépit de mesures protectrices des particuliers utilisant ce type d'hypothèque figurant aux articles L. 313-14 et suivants anciens du Code de la consommation, il s'agissait d'un mécanisme trop dangereux pour les consommateurs, incités à s'endetter à partir de la seule valeur de leur bien immobilier. Le texte a ainsi été finalement abrogé par la loi du 17 mars 2014, cette abrogation étant entrée en vigueur le 1er juillet 2014. Si les arguments invoqués pour justifier cet abandon ne manquaient pas de pertinence, on peut cependant s'étonner qu'une loi de protection des consommateurs ait fait disparaître un mécanisme de droit commun qui pouvait être utilisé aussi dans le cadre de crédits aux entreprises, alors qu'il aurait peut-être suffi d'en restreindre l'utilisation. Cette critique a porté ses fruits puisque quelques mois plus tard, à l'occasion de la loi n° 2014-1545 du 20 décembre 2014, l'article 2422 du Code civil a ressuscité de ses cendres. Mais son champ d'application est nettement plus restreint, car il est dorénavant nécessaire que l'hypothèque soit constituée par une personne physique ou morale à des fins professionnelles et soit affectée à la garantie de créances professionnelles. De la sorte, on neutralise les risques qui avaient conduit à sa disparition. Il faut se réjouir de cette réintroduction, ne serait-ce que parce que l'hypothèque rechargeable rapproche la France des droits allemand et suisse et par là même d'un éventuel droit européen de l'hypothèque, voire d'une adoption d'une « eurohypothèque ».

2. – Le sort de l'hypothèque en cas d'annulation du contrat de prêt garanti

La Cour de cassation a récemment jugé, à propos d'un privilège de prêteur de deniers, que ce privilège subsistait malgré l'annulation de l'acte de vente en considération duquel le prêt garanti avait été consenti (Cass. 3e civ., 26 oct. 2017, n° 16-15.754). Cette solution reprend celle d'un arrêt plus ancien qui avait jugé que l'hypothèque donnée pour la garantie d'un prêt survit à l'annulation de ce prêt (Cass. 3e civ., 5 nov. 2008, n° 07-17.357). La solution *est a priori* étonnante si l'on considère que l'hypothèque est une sûreté accessoire. Mais en réalité, elle n'est que la transposition à l'hypothèque d'une solution bien acquise pour le cautionnement (V. *supra*, n° 93), qui s'explique par les effets particuliers de l'annulation du contrat de prêt : vous savez en effet que l'emprunteur n'est pas libéré par cette annulation, puisqu'il doit restituer les sommes qui lui ont été prêtées. La sûreté se reporte alors sur la créance de restitution.

Pistes à explorer

1. – La protection de l'acquéreur de l'immeuble hypothéqué

C'est un des aspects les plus intéressants du droit hypothécaire. Vous devez bien comprendre que, si l'acquéreur de l'immeuble n'avait pas le moyen de se débarrasser de l'hypothèque et devait attendre passivement l'exercice éventuel du droit de suite du créancier, en priant pour que le précédent propriétaire rembourse ponctuellement sa dette, les immeubles hypothéqués ne trouveraient jamais d'acheteurs ! La personne qui a financé par un crédit l'acquisition de son immeuble ne pourrait donc jamais revendre cet immeuble tant que son crédit ne serait pas remboursé (sauf à faire reprendre son crédit et l'hypothèque par son acquéreur).

D'où l'importance de la procédure de purge, qui permet à l'acquéreur qui ne reprend pas le crédit, au moment de la vente, de faire disparaître la ou les hypothèques en offrant le prix aux créanciers au lieu de le payer à son vendeur. Vous lirez dans le détail les articles 2478 et suivants du Code civil et vous comparerez avec la « purge amiable » pratiquée depuis longtemps par les notaires, et consacrée par la réforme de 2006 pour l'hypothèque conventionnelle. La grosse différence est que, dans la purge amiable, le notaire doit obtenir l'accord des créanciers (qui peuvent refuser le prix offert s'ils estiment que l'immeuble a été sous-évalué). Dans l'attente de cet accord, le prix, consigné entre les mains du comptable de l'étude, est toujours dû au vendeur. Le vendeur a donc une créance contre le notaire, et les notaires redoutaient que cette créance ne soit saisie par d'autres créanciers non inscrits sur l'immeuble : c'est pourquoi certains avaient eu l'idée de nantir cette créance de prix (ou les sommes déposées elles-mêmes) au profit des créanciers inscrits : en utilisant vos connaissances sur le gage, vous pouvez comprendre quelle protection cela donnait à ces créanciers. Mais ce montage est aujourd'hui devenu complètement inutile.

Vous pourrez aussi utilement comparer la situation de l'acquéreur d'un immeuble hypothéqué avec celle qu'a, aujourd'hui, l'acquéreur d'un bien gagé sans dépossession. Réfléchissez à ceci : si lorsqu'on achète un immeuble, on doit nécessairement passer par un notaire, qui vous conseille et qui accomplit les formalités, ce n'est pas le cas lorsqu'on achète un bien meuble.

2. – L'hypothèque comme mode de garantie de créances à naître

En permettant de constituer une hypothèque conventionnelle pour la garantie de créances futures dont seule la cause est déterminée (mais ni le montant ni les caractéristiques), le législateur de 2006 a voulu offrir aux créanciers et aux débiteurs une alternative au cautionnement, par exemple pour la garantie du solde débiteur d'un compte courant ou du courant d'affaires entre deux entreprises. Il est donc assez intéressant de comparer les deux techniques, à la fois du point de vue des conditions de mise en place de la garantie (notamment quant aux formes à respecter et quant au degré d'indétermination des créances qui peuvent être garanties) et des effets (notamment de la faculté de résiliation offerte dans les deux cas au constituant ou au garant). Pour que la comparaison soit complète, vous pourrez y introduire le gage, qui peut, lui aussi, être utilisé pour la garantie de créances futures, et même la fiducie, lorsqu'elle est utilisée comme sûreté.

3. – L'eurohypothèque

Depuis les années 1960, certains juristes européens – praticiens et universitaires – réfléchissent à l'idée de mettre en place une « eurohypothèque » qui serait de nature à faciliter le développement des crédits immobiliers transfrontières. Actuellement, en effet, les importantes divergences qui existent quant aux règles applicables aux hypothèques dans les différents pays peuvent dissuader un établissement de crédit d'accorder un prêt immobilier au ressortissant d'un autre pays en le garantissant par une hypothèque (sachant que, pour l'essentiel, les règles applicables à la sûreté seraient celles du droit du pays de la situation de l'immeuble). Il ne s'agirait pas, pour les initiateurs de ce projet, d'unifier ou même d'harmoniser les droits hypothécaires des différents pays, mais de créer un régime supplémentaire applicable à l'échelle européenne, et qui pourrait être choisi par les contractants à la place du droit national normalement applicable (le principe serait le même que celui de la [défunte] proposition de règlement de 2011 relative à un « droit commun européen de la vente » dont vous avez peut-être entendu parler par ailleurs). Le projet d'eurohypothèque a donné lieu à la rédaction, en 2005, d'un texte émanant d'un groupe de travail et fixant ses lignes directrices. Selon ce texte, « une hypothèque commune pour l'Europe (l'Eurohypothèque), flexible tout en restant sûre, aidera à résoudre les problèmes mentionnés dans le paragraphe précédent, si elle est adaptée aux exigences modernes du financement immobilier. Pour parvenir à ces objectifs, l'un des meilleurs outils disponibles est une sûreté non accessoire (l'Eurohypothèque) ». L'idée centrale de ce projet en est le relâchement du lien entre l'hypothèque et le crédit garanti, un peu sur le modèle de la *Grundschuld* du droit allemand, qui a pu servir d'inspiration à la défunte « hypothèque rechargeable » du droit français. Un travail intéressant pourrait être de rechercher dans quelle mesure le projet d'eurohypothèque s'éloigne du régime français de l'hypothèque. Vous pourrez aussi rechercher ce qu'il est advenu de ce projet au sein de l'Union européenne depuis 2005.

SECTION 2

LES PRIVILÈGES GÉNÉRAUX IMMOBILIERS

456. – Article 2375 du Code civil. Avant la réforme de la publicité foncière en 1955, les privilèges généraux de l'article 2331 du Code civil portaient sur l'ensemble du patrimoine, mobilier et immobilier du débiteur. Comme on l'a déjà vu (V. *supra*, n° 401), le décret du 4 janvier 1955 a réduit aux biens mobiliers l'assiette de la plupart de ces privilèges qui, sur les immeubles, ont été transformés en hypothèques légales, soumises à inscription. Deux privilèges seulement ont continué à porter à la fois sur les immeubles et sur les meubles : le **privilège des frais de justice** et le **privilège des salaires** et des créances assimilées (dans son double aspect de privilège ordinaire et de superprivilège). Ces privilèges, en tant qu'ils portent sur les immeubles, sont visés à l'article 2375 (*ex-art. 2104*) du Code civil. Ils obéissent à un régime très différent de celui des hypothèques ou des privilèges spéciaux : en effet, ils ne sont pas soumis à publicité (C. civ., art. 2378, *ex-art. 2107*) et ils prennent rang avant toutes les autres sûretés immobilières quelle que soit leur date d'inscription (C. civ., art. 2376, *ex-art. 2105*). En contrepartie de ces avantages – qui les rendraient dangereux pour le crédit du débiteur – ils ne peuvent être exercés qu'à titre subsidiaire, si les meubles du débiteur sont insuffisants pour désintéresser le créancier (C. civ., art. 2376, qui ne leur reconnaît cette primauté qu'à défaut de mobilier). De plus, ils ne confèrent pas de droit de suite. On peut en outre penser que, désormais, cette primauté peut être mise à mal par la faculté d'attribution du bien en paiement reconnue au créancier hypothécaire, qu'elle soit exercée sous contrôle judiciaire ou par l'effet d'un pacte commissoire (V. *supra*, n° 443).

457. – **Privilège de procédure.** Comme on l'a déjà vu à propos des meubles (V. *supra*, n°s 253 et s.), l'article 40 de la loi du 25 janvier 1985 avait créé sans le dire, au profit des créanciers dont la créance était née après l'ouverture de la procédure, quelque chose qui ressemblait à un nouveau privilège général (mobilier et immobilier). Cependant la Cour de cassation refusait cette qualification de privilège au motif que la priorité de paiement n'était pas liée à la qualité des créances garanties, mais uniquement à leur date de naissance (Cass. com., 5 févr. 2002 : *Bull. civ.* 2002, IV, n° 27). La loi du 26 juillet 2005 a explicitement affirmé la nature de privilège de cette priorité, en le subordonnant à des conditions d'exercice nouvelles. En effet, désormais, ce privilège, qui figure actuellement aux articles L. 622-17 (en cas de sauvegarde et de redressement) et L. 641-13 (en cas de liquidation) du Code de commerce, ne profite aux créanciers postérieurs à l'ouverture de la procédure que pour les créances nées pour les besoins de la procédure ou en contrepartie d'une prestation fournie au débiteur pendant la période d'observation ou, en cas de liquidation judiciaire, pendant le maintien provisoire de l'activité. Dans le cas de liquidation judiciaire, l'ordonnance du 12 mars 2014 a ajouté les créances nées des besoins de la vie courante du débiteur, personne physique. Dans le texte initial de la loi de 1985, ce privilège passait avant tout autre, tant sur les meubles que sur les immeubles, à la seule exception du superprivilège des salaires ; les créanciers postérieurs passaient donc même avant les créanciers hypothécaires, ce qui avait été vivement critiqué, comme de nature à ruiner le crédit de l'entreprise avant l'ouverture de la procédure. À la suite des réformes de 1994 et de 2005, les créanciers postérieurs sont primés non seulement par les salariés superprivilégiés, mais aussi par les titulaires du privilège des frais de justice engagés postérieurement à l'ouverture de la procédure, et, en cas de liquidation judiciaire, par les titulaires de sûretés immobilières. Il faut rappeler qu'entre eux, les créanciers bénéficiaires de ces priorités de paiement sont classés selon l'ordre spécifique prévu par le texte. Mais, comme on l'a vu en matière mobilière (V. *supra*, n° 289) ils ont le droit d'exiger leur paiement à l'échéance, et, à défaut, d'exercer des poursuites individuelles sur les biens du débiteur : le classement établi par l'article n'a pas lieu, alors, de s'appliquer.

458. – **Privilège de conciliation.** On a déjà vu à propos des privilèges sur les meubles que la loi de 2005 a ajouté, pour inciter les créanciers à venir en aide au débiteur en difficulté dans le cadre d'une procédure de conciliation, un nouveau privilège analogue au privilège de procédure. Ce privilège de conciliation profite aux créanciers qui, dans le cadre d'une procédure de conciliation ayant donné lieu à un accord homologué, ont consenti au débiteur en difficulté un nouvel apport en trésorerie ou qui lui ont fourni un bien ou un service en vue d'assurer la poursuite d'activité de l'entreprise et sa pérennité (C. com., art. L. 611-11). Ce privilège vient immédiatement après le superprivilège des salaires et les privilèges des frais de justice, mais avant le privilège de procédure. En cas de liquidation judiciaire, il passe avant les sûretés immobilières (C. com., art. L. 641-13, II).

SECTION 3

LE GAGE IMMOBILIER

459. – De l'antichrèse au gage immobilier. Le gage immobilier est régi par les articles 2387 à 2392 du Code civil. Il est défini par l'article 2387 comme « l'affectation d'un immeuble en garantie d'une obligation ». Il s'agit donc d'un contrat par lequel le débiteur (ou un tiers garant) remet au créancier un immeuble en sûreté de la dette.

Dans la rédaction que leur avait donnée l'ordonnance du 23 mars 2006, les articles 2387 à 2392 visaient l'antichrèse. Celle-ci est une sûreté traditionnelle qui, avant la réforme de 2006, était présentée par le Code civil comme la variété immobilière du nantissement, alors défini comme la remise d'un bien en garantie d'une dette (C. civ., *ex-art. 2072*). En quelque sorte, l'antichrèse était une sorte de gage portant sur un immeuble ; mais on pouvait aussi y voir une sorte d'hypothèque avec dépossession du débiteur. Il s'agit en réalité d'un mécanisme hybride, qui emprunte à l'un et à l'autre des deux grands modèles de sûretés. La loi n° 2009-526 du 12 mai 2009, qui se présente comme une loi de simplification et de clarification du droit, a décidé de remplacer dans le Code civil le terme d'antichrèse, sans doute jugé trop désuet, par l'expression de « gage immobilier ». Cependant, ce changement de terminologie (contestable) ne peut guère être interprété comme une prise de parti sur la nature juridique de l'opération. Du reste, sur le fond, les articles 2387 à 2392 sont restés inchangés, et, sur un grand nombre de points, l'article 2388 renvoie aux dispositions relatives à l'hypothèque. On pourrait s'étonner que la réforme de 2006 ait maintenu cette sûreté, qui était, pendant longtemps, quasiment tombée en désuétude en raison de la plus grande commodité de l'hypothèque. Mais en réalité, l'antichrèse avait connu ces dernières années un renouveau d'actualité lié à l'affaiblissement de la situation des créanciers hypothécaires dans les procédures collectives : certains praticiens avaient eu l'idée de tirer parti de la mise en possession du créancier antichrésiste pour le faire profiter des avantages liés au droit de rétention, notamment en cas de redressement ou de liquidation judiciaire. En légalisant la pratique sur ce point, le législateur a entendu redonner son intérêt à l'antichrèse, devenue en 2009 gage immobilier.

§ 1. – Constitution

460. – Écrit publié et dépossession. Du point de vue de sa constitution, le gage immobilier suppose un contrat écrit, par acte notarié et il doit être publié au service chargé de la publicité foncière. Le débiteur doit en outre se dessaisir de l'immeuble, mais ce dessaisissement n'a pas le même sens qu'en matière mobilière : en effet, le créancier peut louer l'immeuble pour en percevoir les revenus (c'est même tout à fait dans l'esprit de l'opération), il peut en particulier le relouer au débiteur qui en aura ainsi l'usage. Ce montage – dit « antichrèse bail » – permet en particulier d'utiliser le gage immobilier pour garantir le financement de l'acquisition d'un immeuble. Sa validité avait été admise par la Cour de cassation. Cette jurisprudence se trouve consacrée par l'article 2390 du Code civil, selon lequel « le créancier peut, sans en perdre la possession, donner l'immeuble à bail, soit à un tiers, soit au débiteur lui-même ».

§ 2. – Effets

461. – Droit de jouissance et droit de préférence. Du point de vue de ses effets, le gage immobilier confère au créancier la jouissance de l'immeuble : c'est lui qui va en percevoir les revenus, ce qui peut permettre un remboursement progressif de la dette (C. civ., art. 2389, *ex-art. 2085*). C'est un de ses avantages par rapport à l'hypothèque. De ce point de vue, le gage immobilier n'est pas si éloigné d'une cession anticipée des loyers de l'immeuble. En cas de non-remboursement, le créancier pourra réaliser son droit de la même manière que le créancier hypothécaire : soit faire vendre l'immeuble et se payer par préférence sur son prix, en fonction de la date de son inscription, soit se le faire attribuer en paiement (le pacte commissoire étant désormais permis comme en matière d'hypothèque).

462. – Droit de rétention. Comme un gagiste sur meubles corporels, le créancier titulaire d'un droit de gage immobilier peut retenir l'immeuble jusqu'à complet paiement (C. civ., art. 2391), et ce droit de rétention est un des principaux avantages de cette sûreté : la Cour de cassation en a reconnu l'existence même dans le cas déjà évoqué de l'antichrèse-bail (Cass. 3e civ., 18 déc. 2002 : *Bull. civ.* 2002, III, n° 261). On peut cependant s'interroger sur l'efficacité de ce droit. D'une part, pas plus qu'en cas de concours entre un gage avec dépossession et un gage sans dépossession (C. civ., art. 2340), ce droit de rétention ne devrait permettre de primer un créancier hypothécaire antérieurement inscrit : il ne sera donc efficace qu'à l'égard des créanciers privilégiés généraux dont le droit n'est pas publié. D'autre part, avant la réforme, la Cour de cassation avait jugé que l'article L. 622-21 (devenu art. L. 642-20-1) du Code de commerce, accordant au rétenteur le report de son droit de rétention sur le prix en cas de vente forcée par le liquidateur n'était pas applicable en matière immobilière (Cass. 3e civ., 23 oct. 2002 : *Bull. civ.* 2002, III, n° 209). Si cette solution s'appliquait au créancier titulaire d'un gage immobilier, le droit de rétention de celui-ci perdrait beaucoup de son intérêt. Cependant un arrêt récent de la chambre commerciale, rendu à propos d'un droit de rétention autonome, se prononce en sens contraire de l'arrêt de 2002 (Cass. com., 30 janv. 2019, n° 17-22.223).

Piste à explorer

Vers une sûreté unique en matière mobilière et en matière immobilière ?

Nous sommes très habitués en France (comme dans beaucoup d'autres pays) à ce que l'hypothèque ne puisse porter que sur des biens immobiliers (sous réserve de quelques régimes très spéciaux d'hypothèques mobilières), les sûretés mobilières (gage et nantissement) obéissant traditionnellement à un régime complètement différent. Cette distinction, même si elle est profondément inscrite dans la tradition juridique française, et qui s'est longtemps imposée sur la base de puissantes considérations pratiques, n'est cependant pas dans la nature des choses, comme le montrent certaines évolutions récentes de systèmes juridiques étrangers, à l'origine très proches du droit français. C'est ainsi qu'en 1992, le nouveau Code civil du Québec a adopté un modèle unique de sûreté conventionnelle, l'hypothèque, pouvant porter à la fois sur des meubles et sur des immeubles (Code civil du Québec, art. 2660 et s.), en faisant complètement disparaître le mécanisme du gage (qui n'est plus, selon l'article 2665, que l'autre nom de l'hypothèque lorsqu'elle est consentie avec dépossession). Plus récemment, le nouveau Code civil roumain de 2011 (publié en version française par Dalloz), s'est inspiré de ce modèle : l'article 2343 de ce code définit l'hypothèque comme « un droit réel sur des biens, meubles ou immeubles, affectés à l'exécution d'une obligation ». Le code roumain a cependant maintenu en parallèle la formule du gage avec dépossession.

Cela peut sembler très étrange pour un juriste français. Pourtant, si vous regardez les grandes nouveautés de la réforme de 2006, vous verrez que cette réforme s'est traduite par un rapprochement considérable du gage et de l'hypothèque. En permettant la constitution d'un gage sans dépossession, soumis à publicité, et donnant lieu à un droit de suite, la réforme a fait tomber la différence essentielle qui existait auparavant entre le gage et l'hypothèque. Par ailleurs, il y a eu aussi un rapprochement net des modes de réalisation du gage et de l'hypothèque, avec l'ouverture, en matière hypothécaire, de l'attribution en paiement (prérogative traditionnelle du créancier gagiste) et la légalisation, pour les deux sûretés, du pacte commissoire. Ne pourrait-on, à partir de là, concevoir une réglementation commune de ces deux sûretés, tout en introduisant bien sûr les règles spécifiques qui tiennent à la nature mobilière ou immobilière ? Qu'est-ce qui empêcherait de rattacher à cette réglementation commune la sûreté immobilière avec dépossession constituée sur un immeuble (actuellement dénommée gage immobilier) ? N'est-ce finalement qu'une question de présentation, ou y a-t-il de véritables intérêts sur le fond à maintenir des réglementations séparées du gage et de l'hypothèque ? Autant de questions (provocantes) sur lesquelles vous pourriez réfléchir – même si la réforme attendue ne remettra pas en cause la distinction traditionnelle.

TITRE 3

L'AFFECTATION PAR OCTROI D'UN DROIT EXCLUSIF

463. – Principe. Dans certaines hypothèses, un créancier est seul à pouvoir se payer sur un ou certains biens qui sont soustraits à l'emprise de son débiteur, et qui échappent complètement aux autres créanciers. Le créancier est en situation d'exclusivité, il n'entre donc pas en concours avec les autres créanciers. Il est normalement sûr d'être payé.

Le droit français a toujours connu certaines situations de ce type, mais elles se sont considérablement développées depuis une cinquantaine d'années. Et, alors que les situations d'exclusivité traditionnelles étaient toujours **d'origine légale**, on a vu apparaître des **situations d'exclusivité conventionnelles**, nées de l'imagination de la pratique pour remédier à l'affaiblissement des sûretés réelles, notamment dans le cadre des procédures de traitement des difficultés des entreprises. Certaines de ces garanties ont été consacrées par la loi, et le législateur est allé jusqu'à faire entrer dans le Code civil, au titre des sûretés réelles, les deux principales, la clause de réserve de propriété en 2006, et la fiducie en 2009. La reconnaissance de ces nouvelles formes de garantie par la jurisprudence et parfois par le législateur ne va pas sans poser un sérieux problème de politique juridique : comment peut-on concilier cette reconnaissance avec le souci affiché par ailleurs par le législateur d'abaisser les droits des créanciers pour mieux sauvegarder l'entreprise ?

Il existe un premier type de situations d'exclusivité sur lesquelles nous ne reviendrons pas : c'est ce qu'on peut appeler les situations d'exclusivité négatives, qui résultent, non de ce que le créancier a un droit particulier sur tel bien, mais de ce que les autres n'en ont pas. Ces situations ont déjà été étudiées avec les « sûretés négatives » (V. *supra*, n°s 204 et s.). On s'intéressera ici seulement aux situations d'exclusivité qu'on peut appeler positives, qui résultent de la reconnaissance à un créancier d'un droit exclusif sur tel ou tel bien : à l'inverse des situations précédentes, c'est ce droit qui est la source de l'exclusion des autres créanciers, donc de l'absence de concours. On étudiera successivement les droits exclusifs d'origine légale (Chapitre 1), puis ceux d'origine conventionnelle (Chapitre 2).

CHAPITRE 1

LES DROITS EXCLUSIFS D'ORIGINE LÉGALE

464. – Droit de rétention (rappel). Nous vous rappelons d'abord, pour mémoire, que le droit de rétention reconnu à certains créanciers, et aujourd'hui légalisé, s'il est d'abord un moyen de pression lié à la privation d'usage du bien que le créancier peut imposer au débiteur, peut aussi conférer à son titulaire une situation d'exclusivité, dans la mesure où le rétenteur peut amener les autres créanciers à le désintéresser. Cette situation (qui n'est en principe que de pur fait) est institutionnalisée par le législateur en cas de liquidation judiciaire où le droit de rétention se reporte sur le prix, permettant ainsi à son titulaire d'écarter tous les autres créanciers, même de rang préférable. Le droit de rétention se transforme alors en véritable droit exclusif.

465. – Droits exclusifs sur créances. En dehors du droit de rétention, les droits exclusifs d'origine légale sont des droits sur des biens incorporels, et spécialement sur des créances. Deux mécanismes généraux du droit des obligations doivent ici être rappelés, car leur utilité première est de servir de garantie : il s'agit de la compensation (Section 1) et des actions directes (Section 2).

SECTION 1

LA COMPENSATION

466. – Principe. C'est un mécanisme que vous avez dû étudier en droit des obligations. Nous vous rappellerons simplement que lorsqu'un créancier est, en même temps, débiteur de son propre débiteur, les deux dettes réciproques vont s'éteindre par compensation dès lors qu'elles sont toutes deux certaines, liquides et exigibles. Ce mécanisme, réglementé par les articles 1347 et suivants du Code civil (*ex-art. 1289 et s.*) au titre des causes d'extinction des obligations, a une double fonction : une fonction de règlement simplifié (les deux dettes sont payées sans que les débiteurs aient à se procurer des liquidités) et une fonction de garantie, qui nous intéresse spécialement ici. Pour comprendre ce rôle de la compensation, il suffit d'imaginer ce qui se passerait si le créancier d'un débiteur insolvable n'invoquait pas la compensation (il n'est jamais obligé de le faire) : il devrait alors payer sa propre dette, et agir en paiement contre son débiteur. En cas de non-paiement, il pourrait saisir les éléments d'actif de son débiteur, et il trouverait, dans cet actif, la créance réciproque que son débiteur a sur lui. Mais, sur cette créance, il entrerait en concours avec les autres créanciers (ceux-ci pourraient même lui « damer le pion », en pratiquant sur cette créance une saisie-attribution avant lui). Au lieu de cela, le créancier qui invoque la compensation se paye à titre exclusif avec la créance que son débiteur a sur lui, qui se trouve éteinte, et sur laquelle les autres créanciers n'auront plus de prise. Toute la question est cependant de savoir à partir de quand le créancier qui invoque la compensation bénéficiera de cette exclusivité. De ce point de vue, il faut faire une importante distinction.

467. – Compensation ordinaire. D'une manière générale, la compensation ne procure à chaque créancier qu'une garantie limitée. Certes, la compensation ne se produit pas seulement au moment où elle est invoquée, elle s'opère, dit l'article 1347, alinéa 2 du Code civil, « ... sous réserve d'être invoquée, à due concurrence, à la date où ses conditions se trouvent réunies », c'est-à-dire lorsque les deux dettes sont certaines, liquides et exigibles à la fois. Le créancier qui peut invoquer la compensation est donc efficacement protégé contre les autres créanciers qui se manifesteraient après ce moment : par exemple, si un autre créancier prétendait faire, sur la créance existant contre lui, une saisie-attribution, ce créancier pourrait lui dire « trop tard, cette créance est déjà éteinte par compensation ! ». En revanche, avant ce moment crucial chaque créancier/débiteur n'a aucun droit exclusif sur la créance de l'autre. Si un autre créancier a fait une saisie-attribution avant ce moment, si la créance a été cédée ou nantie à un tiers, ou si une procédure collective a déjà été ouverte contre le débiteur, son créancier ne peut plus invoquer la compensation. La créance susceptible de compensation ne lui est pas réservée *ab initio*.

468. – Compensation entre dettes connexes. Il en va autrement lorsque les deux dettes sont connexes, c'est-à-dire qu'elles sont liées l'une à l'autre par un même rapport contractuel ou extracontractuel. On peut prendre l'exemple d'un entrepreneur qui a effectué des travaux pour le compte du débiteur, qui n'est pas payé (il est créancier) mais qui par ailleurs doit des dommages-intérêts à son client dans le cadre du même contrat. Dans un tel cas, la jurisprudence, relayée par le législateur lors de la réforme du droit des contrats (C. civ., art. 1348-1, al. 1), admet traditionnellement que la compensation peut être invoquée même à l'encontre des tiers qui prétendraient avoir acquis un droit sur l'une de ces créances avant même que les deux créances ne soient liquides et exigibles : la compensation pourra ainsi jouer même si l'un des débiteurs créanciers a prétendu, avant ce moment, céder sa créance à un tiers, ou qu'un autre créancier aura prétendu faire une saisie-attribution, ou, surtout, si le débiteur a été mis en sauvegarde, en redressement ou en liquidation judiciaire. Cette dernière solution avait déjà été explicitement consacrée par la loi du 10 juin 1994, et figure actuellement dans l'article L. 622-7 du Code de commerce. Elle apparaît comme une exception au principe de l'interdiction des paiements résultant de l'ouverture de la procédure. Ainsi, dans notre exemple, l'entrepreneur impayé pourra invoquer la compensation avec sa dette de dommages-intérêts même si celle-ci n'était pas liquide ou exigible avant l'ouverture de la procédure (à condition, selon la jurisprudence, de déclarer sa créance à la procédure). Cela lui procure un avantage considérable, car il pourra ainsi « tirer son épingle du jeu » et se faire payer par compensation une créance antérieure. Cela s'explique parce que, dans un tel cas, on considère que les créances connexes se servent mutuellement de garantie, chaque créance est, avant même qu'elle ne devienne liquide et exigible, réservée à l'autre, affectée à titre exclusif à son paiement. Le droit exclusif existe avant même que l'extinction par compensation ne se produise. Vous remarquerez que la notion qui justifie cet effet – la connexité – est la même que celle que nous avons déjà rencontrée à propos du droit de rétention, et ce n'est pas par hasard. Dans les deux cas, on est en présence de deux dettes qui se servent mutuellement de garantie – même si l'effet extinctif de la compensation est bien plus radical que l'effet de blocage du droit de rétention.

SECTION 2

LES ACTIONS DIRECTES

469. – Exposé sommaire et distinctions. On parle d'action directe lorsque le créancier est autorisé à « agir directement en paiement de sa créance contre un débiteur de son débiteur » (C. civ., art. 1341-3 nouveau). De la sorte, il se paye avec la créance de son débiteur sur le tiers, et échappe au concours avec les autres créanciers, qui, eux, ne peuvent appréhender la créance en question. Les actions directes doivent être bien distinguées de l'action oblique, qui est reconnue à tous les créanciers par l'article 1341-1 du Code civil (*ex-art. 1166*) et qui ne procure à celui qui l'exerce aucune situation d'exclusivité ni même préférentielle. Par ailleurs, et malgré certaines tentatives doctrinales d'unifier les deux notions, il paraît rationnel de distinguer les actions directes en paiement, qui constituent des garanties du paiement de la dette du créancier contre le débiteur intermédiaire, et les actions directes en responsabilité reconnues à certaines victimes dans les chaînes de contrats, qui aboutissent à la reconnaissance d'un droit autonome contre le tiers.

La loi n'accorde une action directe qu'à certains créanciers qu'elle désire favoriser, ce qui revient à leur accorder une garantie de paiement. Il n'est pas question de faire ici une étude exhaustive de toutes les actions directes, mais simplement de montrer leur diversité, à travers la distinction entre actions directes générales et actions directes spéciales.

§ 1. – Actions directes générales

470. – Procédures d'exécution. Certaines actions directes sont générales ; c'est-à-dire que le créancier a la possibilité de demander son paiement à tous les débiteurs de son débiteur. Il s'agit en réalité de procédures d'exécution particulières.

L'exemple le plus important est fourni par la procédure **de saisie administrative à tiers détenteur** (autrefois appelée avis à tiers détenteur avant la loi n° 2018-1317 du 28 décembre 2018) pour le paiement des dettes fiscales, réglementée par les articles L. 262 et suivants du Livre des procédures fiscales. Le Trésor peut demander directement le paiement des impôts qui lui sont dus aux débiteurs du contribuable (employeur, banque auprès de laquelle le contribuable a un compte créditeur…).

L'avantage principal de cette procédure était traditionnellement dans sa rapidité, et dans l'exclusivité de paiement qui pouvait en résulter pour le Trésor : le Trésor n'avait pas besoin de recourir à la procédure de saisie-arrêt, plus longue, et à laquelle tous les créanciers pouvaient se joindre ; la notification de l'avis à tiers détenteur produisait les mêmes effets qu'un jugement de validité de saisie-arrêt, c'est-à-dire qu'il transférait la créance du contribuable au Trésor sans que les autres créanciers aient eu le temps d'agir. Si cet effet translatif n'a pas disparu, la loi du 9 juillet 1991 portant réforme des procédures civiles d'exécution lui a fait perdre une grande partie de son intérêt, puisque désormais, tous les créanciers peuvent obtenir le même résultat en recourant à la procédure de **saisie-attribution** (CPC ex., *art. L. 211-1 et s.*). Le paiement est donc désormais le prix de la course, sans que le Trésor puisse aller plus vite que les autres : l'article L. 263 du Livre des procédures fiscales renvoie du reste, en ce qui concerne les effets du tiers détenteur, à l'article L. 211-2 du Code des procédures civiles d'exécution. Le Trésor ne conserve un avantage que lorsqu'il prétend, grâce à l'avis à tiers détenteur, appréhender les salaires du contribuable, car les autres créanciers ne peuvent pas exercer la procédure de saisie-attribution dans ce cas.

Ces procédures « éclair » ne constituent donc pas, en elles-mêmes, des garanties de paiement sur telle ou telle créance du débiteur. Mais elles peuvent, grâce à leur effet immédiat, assurer à celui qui les exerce à temps une véritable exclusivité. En particulier, elles peuvent permettre au créancier de neutraliser un autre créancier qui aurait un privilège sur la créance appréhendée.

§ 2. – Actions directes spéciales

471. – **Actions parfaites ou imparfaites.** La sécurité est plus grande dans le cas des actions directes spéciales, c'est-à-dire qui ne portent que sur une créance déterminée du débiteur. Dans ce cas, la créance en question est réservée d'avance au créancier titulaire de l'action directe, de telle sorte que les autres créanciers ne peuvent pas l'appréhender.

L'exemple le plus important est fourni par l'action directe que la loi du 31 décembre 1975 confère au sous-traitant contre le maître de l'ouvrage. Normalement, le sous-traitant est créancier de l'entrepreneur principal, qui doit lui-même recevoir son paiement du maître de l'ouvrage, pour ensuite reverser sa part au sous-traitant. Donc, à défaut de texte spécial, si l'entrepreneur principal était en faillite, le sous-traitant devrait venir en concours avec les autres créanciers, ce qui lui donnerait bien peu de chances d'être payé. Grâce à l'action directe, il peut passer par-dessus la tête de l'entrepreneur, même en cas de faillite, car la créance de l'entrepreneur contre le maître de l'ouvrage lui est par avance réservée, dans la limite des travaux qu'il a effectués. Il en résulte que l'entrepreneur principal ne peut pas céder à un tiers cette partie de sa créance : s'il le fait (notamment par la voie du bordereau Dailly), le sous-traitant l'emportera sur le banquier cessionnaire. La même solution se rencontre, nous le verrons, dans le cas de l'action directe qui est reconnue au vendeur réservataire de propriété en cas de revente du bien grevé (V. *infra*, n° 489).

Le seul risque couru par le créancier titulaire d'une telle action directe est que le débiteur se fasse payer sa créance avant que l'action directe n'ait été exercée. C'est ce qui peut arriver au vendeur réservataire de propriété, qui n'a plus son action directe si le sous-acquéreur a payé le prix au premier acheteur : les actions directes qui ne jouent ainsi que tant que le débiteur intermédiaire n'est pas payé sont dites **actions directes imparfaites**. Mais, dans certains cas, la loi interdit ce paiement tant que le créancier n'a pas été désintéressé. C'est la solution retenue, par exemple, en cas de sous-traitance de marchés publics, ou pour l'action directe de la victime d'accident contre l'assureur du responsable. Dans un tel cas, le créancier jouit d'une protection absolue, et c'est pourquoi on parle d'**action directe parfaite**.

CHAPITRE 2

LES DROITS EXCLUSIFS D'ORIGINE CONVENTIONNELLE

472. – Propriété-sûreté. Dans les sûretés réelles traditionnelles, le créancier a seulement un droit accessoire sur un bien dont le débiteur reste propriétaire. Mais divers mécanismes conventionnels, en pleine expansion, permettent d'aller plus loin : il s'agit de rendre le créancier propriétaire du bien dont le débiteur aura seulement l'usage. Il en résulte que si le débiteur ne rembourse pas sa dette, le créancier reprendra le bien en évitant tout concours avec les autres créanciers, qui ne peuvent se payer que sur les biens dont le débiteur est propriétaire.

Le droit français s'est, jusqu'à une période récente, montré prudent dans l'admission de tels mécanismes, qui pouvaient paraître à une certaine époque constituer un détournement de la fonction normale de la propriété – qui est d'assurer l'utilité économique du bien. En outre, ces mécanismes aboutissent à vider l'actif du débiteur au profit de certains de ses créanciers, et leur mise en œuvre peut compromettre les tentatives de redressement de l'entreprise en difficulté. Le souci d'encourager le crédit en développant des garanties efficaces l'a cependant emporté, et le législateur a peu à peu reconnu ces mécanismes de garantie fondés sur la propriété.

Dans un premier temps, ce type de garantie a été reconnu dans le cadre d'opérations qui servent à financer l'acquisition d'un bien, et qui doivent donc normalement aboutir au transfert de la propriété de ce bien : le créancier **retient** la propriété à titre de garantie jusqu'à ce qu'il soit payé (Section 1).

Mais plus récemment, on a reconnu la possibilité pour un débiteur, dans le cadre d'opérations de crédit quelconques, de **transférer** à son créancier la propriété d'un bien qui lui appartenait antérieurement (Section 2).

Cette distinction apparaît explicitement dans la nouvelle organisation du droit des sûretés réelles dans le Code civil. Ce n'était pas le cas dans la présentation issue de l'ordonnance de 2006, qui ne faisait une place qu'à la propriété retenue à titre de garantie. Mais cette présentation a été ultérieurement modifiée par l'ordonnance n° 2009-112 du 30 janvier 2009, pour intégrer dans le livre relatif aux sûretés, des dispositions concernant la fiducie. Désormais, le chapitre IV du sous-titre consacré aux sûretés sur les meubles s'intitule « De la propriété retenue ou cédée à titre de garantie ». En matière immobilière, l'article 2373 du Code civil, dans la rédaction que lui a donnée la même ordonnance, dispose désormais, après l'énoncé des sûretés traditionnelles : « la propriété de l'immeuble peut également être retenue ou cédée en garantie », le chapitre VIII du sous-titre relatif aux sûretés sur les immeubles étant spécialement consacré à la propriété cédée à titre de garantie. Vous remarquerez qu'il existe deux séries de textes, pour les meubles et pour les immeubles. Cependant, les mécanismes ne sont pas substantiellement différents dans l'un et l'autre cas, contrairement à ce que l'on observe pour les sûretés traditionnelles conférant un droit de préférence (gage ou nantissement d'un côté, hypothèque de l'autre). C'est pourquoi nous ferons ici une étude globale de ces mécanismes, sauf à signaler, pour telle ou telle garantie, les particularités de la réglementation en matière mobilière ou en matière immobilière.

SECTION 1

LA PROPRIÉTÉ RETENUE À TITRE DE GARANTIE

473. – Principe. Une personne (particulier ou entreprise) veut se procurer un bien, et pour ce faire elle a besoin d'un crédit, qu'elle va demander soit à son vendeur, soit à un établissement de crédit prêteur. Deux techniques permettent au donneur de crédit de rester propriétaire du bien jusqu'à complet remboursement : il s'agit du crédit-bail (Sous-section 1) et de la réserve de propriété (Sous-section 2).

SOUS-SECTION 1

LE CRÉDIT-BAIL

474. – Présentation rapide. Nous ne vous donnerons de cette technique – non réglementée dans le Code civil – qu'un aperçu très sommaire, car elle est généralement étudiée par ailleurs (soit dans le cours de contrats spéciaux, soit dans le cours de droit du crédit).

L'idée de base est la suivante : l'établissement de crédit qui finance l'acquisition d'un bien (mobilier ou immobilier), au lieu de prêter à l'acheteur pour lui permettre de payer le vendeur, acquiert lui-même la propriété de ce bien pour le louer à l'utilisateur, avec possibilité pour ce dernier d'acquérir le bien en fin de bail. L'un des intérêts de l'opération est précisément que le crédit-bailleur reste propriétaire du bien jusqu'à la fin du financement, ce qui lui permet de le revendiquer en cas de redressement judiciaire du locataire. Pour assurer l'efficacité de la garantie, les contrats de crédit-bail contiennent une clause résolutoire en cas de non-paiement des loyers (ce qui dispense le bailleur de recourir au juge), ainsi qu'une clause pénale mettant à la charge du locataire, en cas de résiliation, l'intégralité ou une grande partie des loyers restant à courir.

Le législateur traite le crédit-bail comme une opération de crédit dans laquelle la propriété du crédit-bailleur a une fonction de garantie. C'est pourquoi la loi du 2 juillet 1966 relative aux entreprises pratiquant le crédit-bail a imposé une publicité des opérations de crédit-bail, destinée à faire savoir aux tiers (acquéreurs éventuels du bien loué et autres créanciers du locataire) que le bien ne lui appartient pas (C. monét. fin., art. L. 313-10). En matière immobilière, cette publicité se fait au service de la publicité foncière. En matière mobilière, elle résulte d'une inscription au greffe du tribunal de commerce ; à défaut de cette inscription, le crédit-bailleur ne peut pas opposer son droit de propriété aux tiers ; en revanche, si l'inscription a été prise, l'établissement de crédit pourra revendiquer le bien même si le locataire est soumis à une procédure collective et ceci sans avoir à respecter le délai de trois mois normalement imposé pour les revendications mobilières (C. com., art. L. 624-10, *ex-art. 621-116*).

En cas de procédure collective, le crédit-bailleur est dans une bien meilleure situation que l'établissement de crédit qui aurait prêté en prenant une sûreté réelle traditionnelle (hypothèque ou nantissement sur l'outillage). Non seulement, grâce à son droit de propriété, il échappe complètement au concours avec les autres créanciers, mais en plus il peut exercer son droit à tout moment sans être soumis à l'arrêt des poursuites individuelles. Son action en revendication ne peut être bloquée que par la décision de l'administrateur de continuer le contrat de crédit-bail, mais dans ce cas l'administrateur doit payer les loyers à leur échéance. En cas de sauvegarde ou de redressement, le juge-commissaire peut autoriser l'administrateur à lever l'option d'achat en payant le crédit-bailleur lorsque ce paiement est inférieur à la valeur vénale du bien et qu'il est justifié par la poursuite de l'activité (C. com., art. L. 622-7 et L. 631-14). Il en va de même en cas de liquidation, sans que l'objectif de la poursuite d'activité soit ici requis (C. com., art. L. 641-3).

SOUS-SECTION 2

LA RÉSERVE DE PROPRIÉTÉ

475. – Historique. Pour comprendre l'intérêt de la clause de réserve de propriété, il faut d'abord rappeler que, en principe, le contrat de vente transfère la propriété de la chose vendue dès que les parties ont conclu le contrat, même si la chose n'a pas encore été livrée ni le prix payé (C. civ., art. 1583, solution aujourd'hui posée de manière générale pour tous les contrats translatifs de propriété par l'article 1196 du Code civil). Le vendeur impayé ne peut donc pas purement et simplement reprendre la chose, qui ne lui appartient plus. Certes, la loi lui accorde certaines garanties pour lui permettre de récupérer son dû. Mais si, en matière immobilière, le privilège du vendeur, qui prend rang au jour de la vente, dispose d'une efficacité certaine (V. *supra*, n° 407), il n'en va pas de même en matière mobilière. En effet, le vendeur de biens mobiliers n'a, en cas de non-paiement du prix, que des garanties fort limitées, et la plus efficace de ces garanties – la possibilité d'obtenir la résolution de la vente – disparaît dans le cas où elle serait le plus utile, c'est-à-dire en cas de procédure collective ouverte contre l'acheteur (nous vous avons expliqué cela à propos du privilège du vendeur de meubles dans le titre 2, V. *supra*, n°s 267 et s.). Pour tenter de remédier à cette situation, les vendeurs de meubles avaient depuis longtemps songé à insérer dans leurs contrats une clause aux termes de laquelle ils demeureraient propriétaires de la chose vendue tant qu'ils ne seraient pas payés. Mais une jurisprudence constante considérait que cette clause, quoique valable dans les rapports entre vendeur et acheteur, était inopposable aux autres créanciers en cas de faillite de l'acheteur – ce qui revenait à la priver de toute efficacité. Cette solution traditionnelle a été abandonnée par une loi du 12 mai 1980, qui a reconnu l'opposabilité de la clause de réserve de propriété à la masse des créanciers en cas de procédure collective. Cette loi a été intégrée dans la loi du 13 juillet 1967, et ses dispositions ont été reprises, avec quelques modifications, aux articles 121 et 122 de la loi du 25 janvier 1985 (devenus aujourd'hui C. com., art. L. 624-16 et s.). Ces articles ont fait l'objet de modifications par la loi du 10 juin 1994, puis par différents textes de 2006 et 2008.

Ces textes n'étaient jusque-là, cependant, qu'une réglementation visant à déterminer les conditions d'opposabilité et les effets de la clause de réserve de propriété dans le contexte des procédures collectives. Tout en les modifiant sur certains points, l'ordonnance de 2006 a par ailleurs fait entrer la réserve de propriété dans le Code civil, comme une des sûretés mobilières de droit commun. Cette réglementation, qui figure aux articles 2367 et suivants du Code civil, sous le titre « De la propriété retenue à titre de garantie », est pour l'essentiel analogue à celle qui figure dans le Code de commerce, mais elle en diffère par certains points. Cette réglementation ne concerne que la réserve de propriété portant sur des meubles, mais l'article 2373, qui ouvre le sous-titre sur les sûretés immobilières, prévoit également que « la propriété de l'immeuble peut également être retenue en garantie », sans donner de ce mécanisme une réglementation particulière. Cette intégration de la réserve de propriété dans le Code civil a surtout une portée symbolique, car, en pratique, c'est presque toujours dans le cadre d'une procédure collective qu'on voit un vendeur impayé se prévaloir d'une clause de réserve de propriété : ce sont alors les textes du Code de commerce et non ceux (légèrement différents) du Code civil qui détermineront à quelles conditions la clause sera opposable aux créanciers, comment elle pourra être mise en œuvre et avec quel résultat. Mais les articles 2367 et suivants du Code civil, même s'ils sont loin de ce qu'avait prévu le projet *Grimaldi*, marquent de manière éclatante la reconnaissance du droit de propriété comme sûreté.

476. – Nature juridique. La nature juridique de la clause de réserve de propriété a été discutée : on y voit tantôt une condition suspensive (mais il paraît contraire à la notion de condition de lier un effet du contrat à l'exécution d'une obligation pesant sur une partie), tantôt un terme (mais le paiement est un événement par hypothèse incertain). L'article 2367 du Code civil qui définit la réserve de propriété comme une clause « qui suspend l'effet relatif d'un contrat jusqu'au complet paiement de l'obligation qui en constitue la contrepartie » ne permet pas de prendre parti dans un sens ou dans l'autre. Il faut surtout relever que la clause n'affecte pas le contrat tout entier – qui est formé et qui produit la plupart de ses effets – mais seulement le transfert de propriété de la chose vendue. Sur un autre plan, le point de savoir si la réserve de propriété est une véritable sûreté était très controversé. La Cour de cassation n'avait pas hésité à admettre cette qualification dans un arrêt de 1995 sans en tirer toutes les conséquences. La discussion est close aujourd'hui dès lors que, on l'a dit, le Code civil contient un chapitre sur la réserve de propriété dans le sous-titre consacré aux sûretés mobilières et que la réserve de propriété est visée par l'article 2373 parmi les sûretés sur les immeubles.

La clause de réserve de propriété constitue en tout cas pour le vendeur une garantie appréciable puisqu'elle lui permet d'échapper à la fois au concours avec les autres créanciers, et aux contraintes résultant de l'ouverture d'une procédure collective. Le vendeur sera seul à pouvoir revendiquer le bien et il pourra le faire dès le début de la procédure de redressement judiciaire. Cela explique que les clauses de réserve de propriété se soient considérablement répandues dans la pratique des ventes de meubles. Cependant, il ne faut pas en exagérer l'efficacité, car, si la mise en place de la réserve de propriété est aisée (§ 1), de multiples obstacles peuvent l'empêcher de produire ses pleins effets (§ 2).

§ 1. – Mise en place de la réserve de propriété

477. – Plan. Au départ, la réserve de propriété est toujours stipulée au profit du vendeur lui-même (A), mais la jurisprudence a permis sa transmission au profit d'un tiers, spécialement d'un établissement de crédit (B).

A. – La stipulation au profit du vendeur

478. – Code civil et Code de commerce. Les conditions de constitution de la réserve de propriété sont posées aux articles 2367 et 2368 du Code civil (pour le droit commun) et à l'article L. 624-16 du Code de commerce (en cas de procédure collective). Le respect des exigences minimales du Code civil est suffisant pour assurer la validité de la clause et son opposabilité aux tiers lorsque le débiteur est *in bonis* ; en revanche, si l'on veut assurer l'efficacité de la clause dans le cadre d'une procédure collective, il faut tenir compte des exigences légèrement plus grandes du Code de commerce.

1° Conditions de fond

479. – Contrat. Les textes originaires relatifs à la réserve de propriété ont été écrits pour le contrat de vente, et figurent, dans le Code de commerce, dans une section intitulée « Des droits du vendeur de meubles ». L'article L. 624-16 vise explicitement les biens « vendus » avec une clause de réserve de propriété. Mais la jurisprudence en avait étendu l'application à tout contrat quelle qu'en soit la nature. C'est ainsi notamment qu'une clause de réserve de propriété peut produire ses effets dans un contrat d'entreprise (Cass. com., 19 nov. 2003 : *Bull. civ.* 2003, IV, n° 174). Cette jurisprudence se trouve aujourd'hui confirmée sur le terrain du droit commun, puisque l'article 2367 vise la clause suspendant l'effet translatif d'un contrat sans en préciser la nature.

480. – Biens. Sur le fond, la réserve de propriété peut être stipulée dans toute vente de biens mobiliers corporels (le texte originaire parlait de « marchandises » mais ce terme avait reçu une interprétation extensive dans la jurisprudence), y compris d'ailleurs ceux qui peuvent faire l'objet de sûretés particulières (matériel d'équipement, véhicules automobiles…). Les textes du droit des procédures collectives n'envisagent que la réserve de propriété portant sur un meuble (les textes figurent dans la sous-section du Code de commerce consacrée aux droits du vendeur de meubles), et ceux du Code civil réglementent la clause au titre des sûretés portant sur les meubles. Cependant, comme nous l'avons déjà dit, l'article 2373 du Code civil, qui énumère les sûretés sur les immeubles, dispose que « la propriété de l'immeuble peut également être retenue en garantie ». Cette clause – dont les textes ne donnent aucune réglementation – présente cependant moins d'intérêt dans ce cadre car les garanties du vendeur d'immeuble sont beaucoup plus efficaces que celles du vendeur de meubles : pourvu qu'ils aient été inscrits à temps, le privilège spécial du vendeur (ou du prêteur de deniers) et l'action résolutoire peuvent encore être exercés dans le cadre de la procédure collective. En outre, en matière immobilière, c'est aujourd'hui rarement le vendeur qui fait lui-même crédit.

2° Conditions de forme

481. – Écrit obligatoire. Le droit des procédures collectives pose des conditions de validité très précises. La clause doit être « convenue dans un écrit établi au plus tard au moment de la livraison ». Cet écrit peut être le contrat lui-même ou un document postérieur (bon de livraison, facture…) pourvu que ce document soit porté à la connaissance de l'acheteur au plus tard au moment de la livraison. C'est en effet à ce moment-là que s'opère le transfert de propriété pour les choses de genre (les « marchandises » sur lesquelles le législateur avait sans doute raisonné en 1980) et ce transfert ne peut plus être remis en cause. En outre, on pourrait craindre un concert frauduleux entre le vendeur et l'acheteur visant à soustraire le bien vendu aux autres créanciers. Cependant, curieusement, l'exigence d'un écrit concomitant ou antérieur à la livraison ne se retrouve pas dans le Code civil, qui parle seulement d'un écrit.

L'exigence d'une clause « convenue par écrit » a suscité une jurisprudence très abondante que les modifications apportées par la loi du 10 juin 1994 rendent largement obsolète dans le cadre des procédures collectives : désormais, le texte précise que la clause peut être stipulée « dans un écrit régissant un ensemble d'opérations commerciales convenues entre les parties » (ce qui vise un contrat-cadre). Bien que cette précision ne figure pas dans les textes du Code civil, la solution, qui est conforme au droit commun, semble devoir s'appliquer de manière générale.

482. – Publicité facultative. On remarquera que l'efficacité de la clause de réserve de propriété, en matière mobilière, n'est subordonnée à **aucune condition d'opposabilité aux tiers**. La clause n'a pas à être publiée. Sans doute la loi exige-t-elle une publicité comptable (la réserve doit être mentionnée au bilan), mais le défaut de publicité n'est pas sanctionné par l'inopposabilité de la réserve de propriété aux tiers – comme c'est habituellement le cas en matière de sûretés réelles conventionnelles. La solution est assez étonnante si l'on considère que la réserve de propriété est une garantie plus forte que le gage, et beaucoup plus dangereuse pour les créanciers de l'acheteur. Nous verrons du reste que ce défaut de publicité peut, dans certains cas, se retourner contre le vendeur réservataire. Cependant, le décret du 21 octobre 1994 pris pour l'application de la loi de 1994 a institué une publicité facultative de la clause de réserve de propriété (qui se retrouve maintenant dans l'article R. 624-15 du Code de commerce, qui renvoie lui-même aux modalités de publicité du crédit-bail) : l'intérêt de cette publicité est de dispenser le réservataire de faire reconnaître son droit de propriété dans le délai de trois mois de l'article L. 624-9 du Code de commerce : comme désormais le crédit-bailleur, le réservataire qui aura publié pourra demander la restitution à tout moment (C. com., art. L. 624-10). Cette publicité n'a donc de sens que dans le cadre des procédures collectives, et, en droit commun, aucune publicité n'est organisée.

Le projet *Grimaldi* avait prévu de subordonner l'opposabilité aux ayants cause de l'acquéreur de la réserve de propriété à une publicité pour des biens supérieurs à une certaine valeur à fixer par décret. Mais cette solution n'a pas été reprise par l'ordonnance de 2006. Peut-être que la réforme à venir du droit des sûretés permettra de mettre en place cette publicité puisqu'il est question dans l'article 16, 6° de la loi PACTE d'harmoniser et de simplifier les règles des sûretés mobilières. En revanche, en matière immobilière, la clause doit être publiée conformément aux règles générales qui régissent la publicité foncière.

B. – La transmission de la clause à un tiers

483. – Principe de la transmissibilité. Dès le lendemain de la loi de 1980, la question avait été vivement discutée de savoir si le bénéfice de la réserve de propriété pouvait être transmis par le vendeur en même temps que la créance de prix. En pratique, il s'agissait de savoir si un établissement de crédit acceptant de mobiliser le crédit commercial fait par le vendeur deviendrait du même coup propriétaire de la marchandise vendue. Sur le plan théorique, la solution paraissait liée à la reconnaissance de l'utilisation du droit de propriété comme une véritable sûreté. Après plusieurs décisions contradictoires des juridictions du fond, la Cour de cassation, traitant la réserve de propriété comme une véritable sûreté, accessoire de la créance de prix, a admis cette **transmissibilité** par plusieurs arrêts rendus en 1988 (Cass. com., 15 mars 1988 : *Bull. civ.* 1988, IV, n° 106. – Cass. com., 11 juill. 1988 : *Bull. civ.* 1988, IV, n° 241). On peut considérer que cette solution a été confirmée par l'ordonnance de 2006, puisque l'article 2367 du Code civil dispose que « La propriété ainsi réservée est l'accessoire de la créance dont elle garantit le paiement ».

484. – **Modalités de la transmission.** Cette solution a une portée très générale. Tous les modes de transmission de la créance de prix entraîneront la transmission de la réserve de propriété. Il en ira ainsi de l'escompte d'une lettre de change représentant la créance de prix, ou encore de la cession de cette créance par bordereau Dailly ou encore de la subrogation d'une société d'affacturage dans les droits du vendeur…

L'intérêt pratique d'une telle transmission est évident pour l'établissement de crédit, qui bénéficiera ainsi d'une garantie particulièrement forte en cas de non-paiement par l'acheteur. Et l'on pouvait se demander si la réserve de propriété n'était pas appelée à supplanter les gages ou nantissements assortissant des crédits faits aux acheteurs, dans la mesure où ceux-ci ne procurent au banquier qu'un droit de préférence, alors que la réserve de propriété place son titulaire en situation d'exclusivité. L'intérêt de ce mécanisme pour les banquiers semble cependant avoir diminué depuis que la Cour de cassation, puis le législateur en 2006, ont reconnu que tout gagiste, même sans dépossession, avait, même en cas de procédure collective, la faculté de se faire attribuer le bien en paiement, ce qui le place également en situation d'exclusivité (sauf il est vrai à attendre la phase de liquidation judiciaire). Par ailleurs, comme nous allons le voir, de nombreux obstacles peuvent paralyser l'efficacité de la réserve de propriété.

§ 2. – Les effets de la réserve de propriété

A. – Les effets avant l'échéance de la créance de prix

1° Le vendeur reste propriétaire

485. – **Risques.** Tant que le prix n'est pas payé, le vendeur reste propriétaire de la chose vendue. En principe, donc, comme tout propriétaire, il supporte les risques de destruction ou de détérioration de la chose. Cela signifie que, en cas de destruction fortuite du bien, non seulement le vendeur ne pourra plus récupérer le bien, mais que, de surcroît, l'acheteur sera libéré totalement ou partiellement de son obligation de payer le prix. Pour éviter cette solution fâcheuse, les vendeurs prennent généralement soin d'assortir la clause de réserve de propriété d'une clause précisant que le transfert des risques à l'acquéreur s'effectue immédiatement à la livraison. Il appartient alors à l'acheteur d'assurer la chose contre les risques de destruction ou de détérioration.

2° L'acheteur n'est pas encore propriétaire

486. – **Droits limités.** Le vendeur étant resté propriétaire, cela signifie bien sûr que l'acheteur ne l'est pas encore. Tant qu'il n'a pas payé, il n'est que détenteur précaire de la chose, et n'a sur elle aucun droit. Mais cette affirmation est assez théorique.

C'est ainsi qu'en théorie, l'acheteur n'a **pas le droit de se servir de la chose vendue**. Mais cela est parfaitement contradictoire avec l'esprit d'un achat à crédit. C'est pourquoi, souvent, le vendeur autorisera expressément l'acheteur à se servir du bien vendu, et, même en l'absence d'une telle stipulation, on doit considérer que cette possibilité d'usage est conforme à l'esprit du contrat et à la volonté des parties. La possibilité, reconnue par le texte, d'exercer l'action en revendication sur les biens transformés (V. *supra*, n° 485) confirme que l'acheteur dispose d'une certaine latitude dans l'utilisation de la chose grevée de la réserve de propriété.

De même, en droit, l'acheteur n'étant pas propriétaire, ne **doit pas pouvoir revendre le bien** tant qu'il ne l'a pas payé. Cette règle est inapplicable cependant lorsque la réserve porte sur des marchandises destinées précisément à être revendues, d'autant plus que l'acheteur attend généralement la revente pour payer son propre vendeur. Nous verrons du reste que, si les marchandises grevées de la réserve de propriété sont fongibles, la propriété peut se reporter sur des biens de même nature qui lui sont substitués (V. *infra*, n° 489). L'interdiction de revendre n'a un sens que lorsque le bien vendu est du matériel d'équipement de l'entreprise. Dans ce cas, cette interdiction sera fréquemment rappelée par une clause du contrat, qui prévoira éventuellement les sanctions de son non-respect (clause pénale, déchéance du terme...). Le vendeur peut aussi, pour assurer le respect de cette interdiction, imposer à l'acheteur l'apposition de plaques sur le matériel, comme cela se fait en cas de crédit-bail ou de nantissement. Mais si, malgré ces précautions, l'acheteur revend néanmoins le matériel, cela pourra faire perdre au vendeur le bénéfice de la réserve de propriété, car il n'aura plus la possibilité de revendiquer, comme nous allons le voir ; il aura cependant la possibilité de se payer sur le prix dû par le sous-acquéreur (V. *infra*, n° 489).

B. – Les effets à l'échéance

487. - Droit de revendication. Il n'y a pas de problème si l'acheteur paie le prix. La réserve de propriété tombe, et l'acheteur devient propriétaire de la chose. On se demande si ce transfert de propriété s'opère rétroactivement ou non : cela dépend du point de savoir si l'on analyse la clause comme une condition suspensive ou comme un terme ; mais la question ne semble pas avoir un grand intérêt pratique.

C'est dans l'hypothèse inverse, où l'acheteur ne paie pas le prix, que la réserve de propriété va produire son plein effet. Elle donne alors le droit au vendeur (ou au banquier à qui la clause a été transmise) de revendiquer le bien vendu, même si l'acheteur est soumis à une procédure collective (1°). Dans certaines hypothèses, le vendeur aura le droit de revendiquer, non pas la chose, mais sa valeur (2°).

1° La revendication de la chose

488. - Plan. L'action en revendication de la chose – qui est l'effet normal de la réserve de propriété – est subordonnée à des conditions parfois gênantes pour le créancier et ses conséquences ne sont pas toujours aussi favorables qu'on pourrait le croire.

a) Conditions de la revendication

489. - Conditions de fond. Sur le fond, la revendication dans le cadre de la procédure collective est subordonnée par la loi à la condition que les marchandises vendues « se retrouvent en nature » au moment de l'ouverture de la procédure (C. com., art. L. 624-16). Cette exigence n'est pas reprise dans le Code civil, mais il paraît tout de même nécessaire, en dehors d'une procédure collective, que le bien existe encore tel quel lors de la revendication. Cela peut s'entendre de deux manières.

Il faut d'abord que le bien **n'ait pas été détruit ou transformé**. Mais les textes précisent que, si les biens grevés ont été incorporés dans d'autres (par ex., pneus montés sur une voiture), la revendication peut encore être exercée dès lors que les deux biens peuvent être séparés sans subir de dommages (C. civ., art. 2370 ; C. com., art. L. 624-16, al. 3). Par ailleurs, si les biens détruits ou transformés sont fongibles, l'article 2369 du Code civil et l'article L. 624-16, alinéa 3 du Code de commerce disposent que « La propriété réservée d'un bien fongible peut s'exercer, à concurrence de la créance restant due, sur des biens de même nature et de même qualité détenus par le débiteur ou pour son compte ». Ce glissement de la réserve de propriété sur des biens fongibles rappelle celle qui est aujourd'hui admise en matière de gage (V. *supra*, n° 311). Il jouerait aussi si les biens fongibles étaient vendus à un tiers.

En dehors de ce cas, la revendication ne peut ensuite s'exercer que si les biens grevés sont **encore en la possession de l'acquéreur** (même si elle est détenue par un tiers pour le compte de l'acquéreur : Cass. com., 10 mai 2012, n° 11-17.626). L'action en revendication de la chose sera ainsi normalement exclue si la chose a été revendue et livrée au sous-acquéreur, celui-ci étant alors protégé par l'article 2276 du Code civil. L'intérêt d'instaurer un mécanisme de publicité obligatoire des réserves de propriété aurait précisément été de paralyser ce texte, comme en matière de gage sans dépossession. Par ailleurs, si elle est détenue par un tiers titulaire d'un droit de rétention, ce droit pourra être opposé au réservataire. Cela devrait en particulier permettre au créancier gagiste, au moins avec dépossession, de paralyser la revendication du vendeur, nonobstant l'article 2335 du Code civil qui prohibe le gage de la chose d'autrui. Par ailleurs, nous avons vu que, en se fondant sur l'idée de gage tacite, la jurisprudence fait passer le bailleur d'immeuble, titulaire d'un privilège sur les meubles garnissant les lieux loués, de passer avant le vendeur réservataire de ces meubles (V. *supra*, n° 262).

490. – Conditions procédurales. La revendication est soumise à des conditions procédurales particulières **dans le cadre des procédures collectives**. Elle doit être exercée dans le délai de trois mois suivant l'ouverture du redressement judiciaire. Il en va autrement, cependant, depuis la loi de 1994, si le réservataire a publié son droit puisque, alors, il n'a plus à faire reconnaître son droit ; son action n'est plus une revendication au sens strict, mais une simple demande en restitution. Pour essayer de concilier les droits du vendeur avec l'objectif de sauvegarde de l'entreprise, la loi du 25 janvier 1985 a permis à l'administrateur (aujourd'hui au juge-commissaire) de s'opposer à la revendication, en payant le prix. Normalement, le prix doit être payé immédiatement, mais le créancier revendiquant peut consentir à un délai, auquel cas il sera un créancier privilégié de l'article L. 622-17 (auquel renvoie l'article L. 624-16, alinéa 4). Depuis la loi du 10 juin 1994, l'administrateur ne peut plus imposer de délai de règlement au vendeur, ce qui améliore la position de celui-ci.

b) Effets de la revendication

491. – Effets. Quant aux conséquences de la revendication, le vendeur retrouve la possession de la chose. Mais que devient le contrat de vente ? La Cour de cassation considérait que ce contrat n'était pas résolu, mais que le vendeur retrouvait néanmoins le droit de disposer de la chose, et que sa créance contre l'acheteur était éteinte à concurrence de la valeur du bien revendiqué (Cass. com., 5 mars 1996 : *Bull. civ.* 1996, IV, n° 72). Cette dernière solution se trouve expressément consacrée par le nouvel article 2371 du Code civil, selon lequel :

« À défaut de complet paiement à l'échéance, le créancier peut demander la restitution du bien afin de recouvrer le droit d'en disposer. La valeur du bien repris est imputée, à titre de paiement, sur le solde de la créance garantie ».

C'est précisément cet effet satisfactoire de l'exercice de la revendication, analogue à celui que procure la réalisation d'un gage ou d'une hypothèque, qui a amené le législateur à classer la réserve de propriété parmi les véritables sûretés.

2° La revendication de la valeur de la chose

492. – Deux hypothèses. Le droit du réservataire de propriété va s'exercer sur la valeur, et non sur la chose elle-même dans deux hypothèses : en cas de revente de la chose par l'acquéreur et en cas de destruction de la chose.

493. – Revente. Lorsque la chose a été revendue par l'acheteur, l'article L. 624-18 donne au vendeur le droit de revendiquer « le prix ou la partie du prix qui n'a été ni payé, ni réglé en valeur, ni compensé en compte courant entre le débiteur et l'acheteur à la date du jugement ouvrant la procédure ». Cette possibilité de « revendication » du prix peut s'analyser comme une **action directe du vendeur contre le sous-acquéreur**. Elle est aujourd'hui reprise par l'article 2372 du Code civil selon lequel « Le droit de propriété se reporte sur la créance du débiteur à l'égard du sous-acquéreur ».

Cette action directe en paiement du prix suppose d'abord que les conditions générales d'efficacité de la clause de réserve de propriété aient été réunies avant la revente (rédaction par écrit de la clause, absence de transformation de la chose avant revente). Il faut ensuite que le sous-acquéreur n'ait pas payé le prix, d'une manière ou d'une autre (directement ou par compensation, ou par inscription en compte courant) ; en cas de procédure collective, c'est au jour de l'ouverture de la procédure qu'il faut se placer : les paiements postérieurs à l'ouverture de la procédure collective ne peuvent pas nuire au vendeur réservataire. La Cour de cassation a en revanche interdit au sous-acquéreur d'opposer au vendeur réservataire les exceptions (autres que le paiement) qu'il aurait pu opposer à son propre vendeur, par exemple une exception d'inexécution (Cass. com., 5 juin 2007, n° 05-21.349). L'avant-projet de réforme du droit des sûretés de 2017 condamne cette solution en permettant au sous-acquéreur d'opposer au créancier les exceptions inhérentes à la dette ainsi que les exceptions nées de ses rapports avec le débiteur avant qu'il ait eu connaissance du report (V. projet d'article, 2372 du rapport).

Lorsqu'elle est ouverte à l'encontre du sous-acquéreur, l'action directe permet au vendeur d'échapper complètement au concours avec les autres créanciers de l'acheteur. Ceux-ci en effet n'ont aucun droit sur la créance de prix qui n'est jamais entrée dans le patrimoine de l'acheteur. Cela explique aussi que le vendeur réservataire l'emporte sur d'éventuels cessionnaires de cette créance (notamment un banquier à qui l'acheteur aurait cédé sa créance contre son propre client par la voie du bordereau Dailly ou un affactureur subrogé dans les droits de l'acquéreur contre le sous-acquéreur : Cass. com., 26 avr. 2000 : *Bull. civ.* 2000, IV, n° 89). Il en va cependant autrement, selon un arrêt récent, si la cession de créance, portant sur les créances futures de l'acheteur, est antérieure à la stipulation de la réserve de propriété (Cass. com., 14 déc. 2010, n° 09-71.767).

494. – Destruction. Si le bien est détruit (et que les risques ont été transférés à l'acheteur), la jurisprudence estime que le droit du vendeur se reporte sur l'indemnité d'assurance. Cette solution est désormais consacrée par les articles 2372 du Code civil et L. 624-18 du Code de commerce. Mais, comme dans le cas précédent, le vendeur doit agir avant que l'indemnité n'ait été versée à l'acquéreur.

SECTION 2

LA PROPRIÉTÉ TRANSFÉRÉE À TITRE DE GARANTIE

495. – Principe. Dans la réserve de propriété ou dans le crédit-bail, le bien dont le créancier est propriétaire n'a jamais appartenu au débiteur. La propriété lui en sera transférée à la fin de l'opération, qui a précisément pour but le financement de cette acquisition.

Mais on peut concevoir une autre utilisation de la propriété à titre de garantie : pour obtenir un crédit, le débiteur transfère au créancier la propriété d'un bien qui lui appartenait jusque-là. Il est convenu entre les deux parties que le débiteur redeviendra propriétaire lorsqu'il aura remboursé le crédit qui lui a été accordé. La licéité d'une telle convention n'a cependant été reconnue que tardivement en droit français, et, aujourd'hui encore, on ne peut pas dire que sa reconnaissance soit générale.

496. - **Transfert déguisé : la vente avec faculté de rachat.** Jusqu'à une période relativement récente, le seul moyen – très approximatif – de réaliser un transfert de propriété à titre de garantie était, en droit français, de recourir à la vente avec faculté de rachat réglementée aux articles 1659 et suivants du Code civil (jusqu'à la loi n° 2009-526 du 12 mai 2009, on parlait de vente à réméré). Le demandeur de crédit vend un de ses biens au donneur de crédit, en se ménageant la possibilité de le racheter dans un certain délai, qui ne peut excéder cinq ans. Le prix versé représente le crédit. Si, dans le délai, le vendeur rembourse le crédit (reverse le prix, qui peut être majoré pour rémunérer le crédit), il redeviendra propriétaire du bien. L'inconvénient principal de cette formule est que le vendeur avec faculté de rachat n'est nullement obligé de racheter ; s'il le désire, il peut préférer ne jamais rembourser, et laisser le bien en la propriété de l'acheteur-donneur de crédit. Celui-ci n'a aucun moyen de le contraindre. Par ailleurs, la jurisprudence requalifiait parfois la combinaison en gage assorti d'un pacte commissoire (alors) illicite.

497. - **Transfert direct d'un bien à titre de garantie.** La possibilité directe de transférer la propriété d'un bien en garantie d'une créance (distincte du prix de vente de ce bien) n'a d'abord été reconnue par la loi que dans des cas particuliers (§ 1). Mais, dans la période récente, le législateur a mis en place un mécanisme général, la fiducie, qui permet, entre autres, de réaliser un tel transfert (§ 2).

§ 1. – Les cas spéciaux de transfert d'un bien à titre de garantie

A. – La cession de créances à titre de garantie

498. - **Loi Dailly.** La loi du 2 janvier 1981 (dite « loi Dailly ») a introduit des formes simplifiées pour la **cession de créances professionnelles** au profit des établissements de crédit (C. monét. fin., art. L. 313-23 et s.). Cette cession peut être utilisée de deux manières bien différentes : soit comme substitut de l'escompte des effets de commerce, soit à titre de garantie. Dans ce second cas, il n'y a aucun lien entre la cession de créances et le crédit accordé qui peut prendre la forme d'un prêt, d'un découvert… et qui peut même, selon la jurisprudence récente, avoir été antérieurement accordé. Cette cession de créances joue alors le même rôle que le nantissement de créances qui était antérieurement pratiqué (notamment dans le cadre du financement des marchés publics), et que, du reste, la loi de 1981 réglemente en parallèle avec la cession. Mais elle produit des effets beaucoup plus énergiques, puisque le cessionnaire, étant « propriétaire » de la créance, aura seul le droit de se faire payer en cas de non-remboursement du prêt garanti ; il n'entrera pas en concours avec les autres créanciers, et il échappera aux contraintes de la procédure collective ouverte contre le débiteur cédé. Comme dans le cas des actions directes, le seul risque qu'il court est que le cédant se fasse lui-même payer la créance ; mais le créancier cessionnaire peut très facilement éviter ce risque en notifiant la cession au tiers débiteur de la créance cédée. La matière est généralement étudiée en détail dans les cours de droit du crédit, en liaison avec l'étude des effets de commerce, et nous vous y renvoyons.

499. – Droit commun. La cession de créances mise en place par la loi Dailly ne peut être utilisée que dans un contexte limité : il faut que le crédit garanti ait été accordé par un établissement de crédit soit à une personne morale, soit à une personne physique dans le cadre de son activité professionnelle. Par ailleurs, les créances cédées doivent être des créances contre une personne morale de droit privé ou de droit public, ou une personne physique agissant elle-même dans le cadre de son activité professionnelle. La question peut dès lors se poser de savoir si, en dehors de ce domaine particulier, la cession de créance de droit commun, destinée normalement à rendre le cessionnaire définitivement débiteur, peut aussi être utilisée pour assurer la garantie d'un crédit. Imaginez par exemple un bailleur d'immeuble à usage commercial qui, pour financer des travaux de réparation sur cet immeuble, voudrait affecter en garantie les créances de loyer contre son locataire. Il ne peut pas utiliser la loi Dailly car la créance de loyers n'est pas pour lui une créance professionnelle. Peut-il faire une cession de créance à titre de garantie sur le fondement du droit commun ? La Cour de cassation avait d'abord semblé l'admettre (Cass. 1re civ., 20 mars 2001 : *Bull. civ.* 2001, I, n° 76), mais, dans des arrêts plus récents, elle l'a nettement refusé : pour la chambre commerciale, « en dehors des cas prévus par la loi, l'acte par lequel un débiteur cède et transporte à son créancier, à titre de garantie, tous ses droits sur des créances, constitue un nantissement de créance » (Cass. com., 19 déc. 2006, n° 05-16.395 : *Bull. civ.* 2006, IV, n° 250. – Dans le même sens : Cass. com., 26 mai 2010, n° 09-13.388). Il est vrai que, dans le droit issu de la réforme de 2006, le nantissement de créances de droit commun ne produit pas des effets substantiellement différents d'une cession (V. *supra*, nos 338 et s.), dès lors que le créancier nanti se voit reconnaître un droit d'encaisser directement la créance nantie. L'arrêt du 26 mai 2010, déjà cité, confirme ce rapprochement du nantissement de créances et de la cession de créance à titre de garantie. Mais la prochaine réforme du droit des sûretés devrait venir briser cette jurisprudence puisqu'il est expressément prévu dans la loi PACTE, à l'article 16, 9°, d'inscrire dans le Code civil la possibilité de céder une créance à titre de garantie. Les articles 2373 et suivants de l'avant-projet de la commission *Grimaldi* réglementent cette cession.

B. – Les transferts d'instruments financiers à titre de garantie

500. – Diversité. Pour satisfaire les impératifs spécifiques du droit des marchés financiers, le législateur a mis en place diverses techniques, issues de la pratique, qui permettent à un titulaire de titres d'en céder la propriété à titre temporaire en contrepartie de l'avance de liquidités par le cessionnaire. On citera notamment les opérations de pension définies par l'article L. 211-27 du Code monétaire et financier comme :

« l'opération par laquelle une personne morale, un fonds commun de placement, un fonds de placement immobilier, un fonds professionnel de placement immobilier ou un fonds commun de titrisation cède en pleine propriété à une autre personne morale, à un fonds commun de placement, à un fonds de placement immobilier, un fonds professionnel de placement immobilier ou à un fonds commun de titrisation, moyennant un prix convenu, des titres financiers et par laquelle le cédant et le cessionnaire s'engagent respectivement et irrévocablement, le premier à reprendre les titres, le second à les rétrocéder pour un prix et à une date convenus ».

Il s'agit en quelque sorte d'une vente avec obligation de rachat. De même, les contrats de garantie financière prévus par l'article L. 221-38 du même code peuvent prendre la forme soit d'un nantissement, soit d'une « remise en pleine propriété ». La directive *collateral* de 2002, dont ce texte est la transposition en France (V. *supra*, n° 354), impose du reste dans son article 6 aux États membres de l'Union européenne de reconnaître ce type de garantie financière avec transfert de propriété.

C. – La remise d'une somme d'argent à titre de garantie

501. – Gage ou transfert de propriété? On a déjà examiné le cas – très fréquent en pratique – où un débiteur, actuel ou potentiel, remet à son créancier une somme d'argent que le créancier pourra conserver si le débiteur n'exécute pas son obligation. L'application la plus connue est celle du dépôt de garantie versé par un locataire au bailleur à son entrée dans les lieux pour garantir les éventuels arriérés de loyers et, surtout, le paiement des éventuels frais de remise en état du bien loué à la fin du bail. Mais il est également très fréquent que, dans la pratique bancaire, un établissement de crédit prélève une somme d'argent de son client pour garantir un remboursement ultérieur. On parle parfois de gage-espèces pour désigner ces opérations. Comme on le sait (V. *supra*, Pistes à explorer, à propos du gage), la nature juridique de ce versement est discutée en doctrine : dans la mesure où le créancier devient, en raison de la nature consomptible et fongible de l'argent, propriétaire de la somme qui lui est remise, on peut se demander s'il s'agit bien d'un gage ; certains auteurs y voient plutôt un transfert de propriété à titre de garantie, donc une application de la fiducie. La Cour de cassation a parfois admis cette analyse (Cass. com., 3 juin 1997 : *Bull. civ.* 1997, IV, n° 165), et, s'il est vrai que d'autres arrêts ont fait prévaloir la qualification gage, c'est dans des hypothèses où les sommes remises ne s'étaient pas fondues dans le patrimoine du gagiste. La réforme du droit des sûretés n'a pas pris nettement parti sur la question, mais on sait que désormais, lorsque le gage porte sur des choses fongibles (donc en particulier sur de l'argent), le gagiste avec dépossession peut être autorisé à confondre ces choses avec les siennes propres, sauf à restituer au constituant des choses de même genre et de même espèce que les choses qui lui ont été remises. Dans ce cas, l'article 2341, alinéa 2 prévoit que le gagiste devient propriétaire des biens remis (V. *supra*, n° 311) : le législateur a donc consacré ici, à l'abri de la qualification de gage (qui semble bien inadaptée) un cas de transfert de propriété à titre de garantie. Mais la prochaine réforme du droit des sûretés modifiera sans doute le droit positif sur la question puisque la loi PACTE, dans son article 16, I, 10° bis, demande au gouvernement « d'inscrire et organiser dans le Code civil le transfert de somme d'argent au créancier à titre de garantie ».

§ 2. – Le mécanisme général de la fiducie

502. – Notion. Il s'agit d'un mécanisme ancien, qui était déjà connu du droit romain. D'une manière générale, la fiducie est une opération par laquelle une personne, le constituant, transfère tout ou partie de son patrimoine à une autre, le fiduciaire, à charge pour celui-ci d'agir au profit d'une troisième personne, le bénéficiaire, dans un but et pour une durée déterminée. La fiducie, qui confère au fiduciaire des pouvoirs considérables, repose sur la confiance que le constituant a dans ce dernier, d'où le nom de l'institution. En droit romain, la fiducie était utilisée pour servir des fins diverses : pour assurer la transmission d'un patrimoine dans des hypothèses où le bénéficiaire est inapte à le recevoir immédiatement, pour permettre la gestion du patrimoine par une personne dotée de pouvoirs étendus, ou – et c'est ce qui nous intéresse ici – pour servir de garantie au fiduciaire. Celui-ci était alors un créancier qui se voyait transférer en pleine propriété un bien ou un ensemble de biens du constituant-débiteur jusqu'à paiement de la dette par ce dernier ; en cas de non-paiement, le fiduciaire était désigné comme bénéficiaire destiné à conserver les biens en cas d'inexécution.

Conservée ou retrouvée par certains droits de la sphère romaniste (notamment en droit allemand), la fiducie a par ailleurs, et depuis la fin du Moyen Âge, un équivalent bien connu dans les droits de *common law* : le *trust* qui a connu, au fil du temps, un développement considérable, et avait inspiré diverses législations étrangères. En France, en revanche, la fiducie avait complètement disparu jusqu'à une période récente, et la France apparaissait comme relativement isolée sur le marché international. C'est pourquoi, récemment, et après beaucoup d'hésitations, le législateur français a introduit la fiducie dans le Code civil comme un mécanisme général pouvant servir entre autres à des fins de sûreté.

503. – Hésitations législatives. Cette introduction de la fiducie, à laquelle on songeait depuis longtemps, se heurtait à d'assez fortes résistances, à la fois en raison de l'attachement quasi obsessionnel de certains juristes français au principe de l'unité et de l'indivisibilité du patrimoine, et, de manière plus pragmatique, aux risques de fraudes que cet instrument était censé recéler (fraude aux droits des héritiers dans le cas où la fiducie serait utilisée comme instrument de transmission, fraude aux droits du fisc dans le cas de la fiducie-gestion).

Ce sont surtout ces dernières considérations qui, sans doute, ont retardé l'adoption en France du mécanisme de la fiducie : entre 1989 et 1995, trois projets de textes avaient échoué, avant que, dix ans plus tard, une nouvelle proposition de loi ne soit déposée le 8 février 2005. Cette proposition aboutit, après d'importantes modifications, à une loi n° 2007-211 du 19 février 2007. Cette loi a intégré dans le Code civil, aux articles 2011 et suivants (laissés vacants par le déplacement des textes sur le cautionnement) un nouveau titre « De la fiducie ». Cependant, cette loi, qui comportait diverses imperfections, a déjà fait l'objet d'importantes modifications par une loi du 4 août 2008 et par une ordonnance du 30 janvier 2009.

504. – Finalités multiples. Dans leur version initiale, les textes issus de la loi de 2007, figurant dans le livre III du Code civil, à la suite du mandat, n'étaient aucunement reliés au nouveau livre sur les sûretés, alors même que – et c'est à ce titre qu'elle trouve sa place dans ce manuel – la fiducie peut être utilisée comme sûreté. Il aurait pu en aller autrement. À l'origine, à un moment où le projet d'introduction de la fiducie en droit français semblait oublié, la commission *Grimaldi* s'était proposée d'intégrer dans le Code civil une réglementation générale du droit de propriété utilisé comme sûreté, en distinguant entre la propriété retenue à titre de garantie (la réserve de propriété) et la propriété transférée à titre de garantie – la fiducie-sûreté. Cependant, alors que les travaux de cette commission étaient en cours, une autre commission fut constituée auprès du ministère de l'Économie et des Finances, pour réfléchir d'une manière générale à l'introduction de la fiducie en droit français dans ses diverses utilisations. La commission *Grimaldi* abandonna donc la réglementation de la propriété transférée à titre de garantie, en proposant simplement d'en consacrer le principe dans le Code civil. Mais cette suggestion ne fut même pas retenue et l'ordonnance de 2006 se contenta des textes précédemment étudiés sur la réserve de propriété. La loi de 2007, quant à elle, ne distinguait pas entre les diverses utilisations qui pouvaient être faites du mécanisme qu'elle mettait en place, et, sous réserve de l'interdiction des fiducies constituées dans une intention libérale (C. civ., art. 2012), elle ne disait même rien de ces utilisations possibles. Si, dans l'esprit des parlementaires, il était bien admis que la fiducie pouvait être utilisée tant comme sûreté que comme moyen de gestion, les textes étaient rédigés de manière générale, sans distinction entre ces deux hypothèses. Conçue pour décalquer la technique multifonction du *trust*, cette méthode législative s'est avérée finalement assez désastreuse : en effet, de manière plus ou moins consciente, les rédacteurs du texte ont surtout conçu la réglementation en pensant à la fiducie-gestion, et les textes se sont révélés souvent très inadaptés à la fiducie-sûreté. C'est pourquoi l'ordonnance n° 2009-112 du 30 janvier 2009 a complété les articles 2011 et suivants par d'autres textes, spécifiques à la fiducie-sûreté, qui ont été intégrés dans le livre quatrième relatif aux sûretés. Ces textes figurent dans ce livre en deux exemplaires, presque similaires, d'une part, pour les meubles aux articles 2372-1 et suivants (où ils ont été rapprochés des textes relatifs à la réserve de propriété), d'autre part pour les immeubles aux articles 2488-1 et suivants, dans une section et un chapitre intitulés « De la propriété cédée à titre de garantie ». Cette dissociation apparaît bien artificielle, car il n'existe que des différences de détail entre la réglementation de la fiducie en matière mobilière et en matière immobilière, et, en outre, la fiducie est conçue pour être constituée sur un ensemble de biens comprenant à la fois des meubles et des immeubles. C'est pourquoi nous étudierons ici la fiducie-sûreté en général, sans distinguer par principe entre les meubles et les immeubles.

505. – Structure générale de l'opération. Elle résulte de la définition qui est donnée par l'article 2011 du Code civil :

« La fiducie est l'opération par laquelle un ou plusieurs constituants transfèrent des biens, des droits ou des sûretés, ou un ensemble de biens, de droits ou de sûretés, présents ou futurs, à un ou plusieurs fiduciaires qui, les tenant séparés de leur patrimoine propre, agissent dans un but déterminé au profit d'un ou plusieurs bénéficiaires ».

L'opération apparaît comme profondément originale. Elle repose certes sur un transfert de propriété – les biens cessent d'appartenir au constituant – mais en même temps, si on la compare aux mécanismes fiduciaires déjà connus en droit français (par ex., la cession de créance à titre de garantie), on voit que les biens remis en fiducie ne tombent pas dans le patrimoine du fiduciaire (conséquence normale d'un transfert de propriété). Celui-ci doit en effet les tenir séparés de son patrimoine propre. On est en présence d'un patrimoine d'affectation, qui constitue déjà (avant la loi de 2010 relative à l'entrepreneur individuel) une profonde remise en cause des principes d'unité et d'indivisibilité du patrimoine ancrés traditionnellement dans le droit français. Cette « fiducie à la française » apparaît comme un mécanisme intermédiaire entre la fiducie romaine et le *trust* anglo-saxon.

En théorie, l'opération fait intervenir trois personnes : le constituant, le fiduciaire (à qui les biens sont transférés) et un bénéficiaire (au profit de qui les biens sont conservés et gérés par le fiduciaire). Mais en pratique, comme l'indique expressément l'article 2016, il peut y avoir confusion entre deux de ces personnages : le constituant peut être désigné comme bénéficiaire (si les biens sont gérés à son profit), et, notamment dans le cas de la fiducie-sûreté, le fiduciaire peut être bénéficiaire. Dans ce cas, en effet, c'est à son profit, pour le cas où le constituant débiteur ne rembourserait pas, que le fiduciaire conserve la propriété des biens.

A. – Constitution de la fiducie

506. – Loi ou contrat. Selon l'article 2012, la fiducie peut être établie par la loi ou par contrat. Dans l'immense majorité des cas, la fiducie aura une origine conventionnelle. Le contrat constitutif obéit alors à des conditions de fond et de forme très particulières.

1° Conditions de fond

507. – Parties à l'opération. À l'origine, la loi avait restreint considérablement le domaine de la fiducie, en en réservant l'utilisation à certaines personnes, tant du côté du constituant que du fiduciaire.

Selon l'article 2014 du Code civil, dans sa version initiale :

« Seules peuvent être constituants les personnes morales soumises de plein droit ou sur option à l'impôt sur les sociétés ».

Selon ce texte, donc, une personne physique ne pouvait jamais constituer une fiducie. Cette restriction avait été inspirée, semble-t-il, par le souci de ne pas permettre le contournement des dispositions relatives aux sûretés protégeant les personnes physiques (par ex., l'interdiction du pacte commissoire dans le gage pour les crédits à la consommation). Cependant, cette restriction, unanimement critiquée, a été supprimée par la loi du 4 août 2008, qui a abrogé l'article 2014.

La loi limite toujours, en revanche, la capacité à être fiduciaire. Il résulte de l'article 2015 que :

« Seuls peuvent avoir la qualité de fiduciaires les établissements de crédit mentionnés au I de l'article L. 511-1 du Code monétaire et financier, les institutions et services énumérés à l'article L. 518-1 du même code, les entreprises d'investissement mentionnées à l'article L. 531-4 du même code, les sociétés de gestion de portefeuille ainsi que les entreprises d'assurance régies par l'article L. 310-1 du Code des assurances ».

Cette limitation se comprend mieux que la précédente, car le mécanisme, comme son nom l'indique, repose sur la confiance qu'on peut faire au fiduciaire : il est logique qu'on réserve cette qualité aux professionnels du crédit ou de l'assurance dont l'activité est strictement encadrée. Mais, là encore, la loi du 4 août 2008 a élargi le domaine de la fiducie, en ouvrant aux membres de la profession d'avocat la capacité d'être fiduciaires (C. civ., art. 2015, al. 2).

On notera qu'en revanche, toute personne, physique ou morale, particulier ou professionnel, peut être bénéficiaire de la fiducie. L'identité de ce bénéficiaire n'a, du reste, pas à être déterminée lors de la conclusion du contrat, pourvu que celui-ci permette sa désignation ultérieure (C. civ., art. 2018, 5°).

508. – Éléments objectifs. Si l'on raisonne sur le cas de la fiducie-sûreté, il faut s'interroger successivement sur les biens qui peuvent être remis en garantie, et sur les créances que la fiducie peut servir à garantir. La loi est ici beaucoup plus générale et beaucoup plus souple qu'en ce qui concerne les parties à l'opération.

S'agissant d'abord des **biens** pouvant être affectés, les termes de l'article 2011 sont très généraux : la fiducie peut porter sur « des biens, des droits ou des sûretés » ou sur « un ensemble de biens, de droits ou de sûretés ». Les biens transférés peuvent donc être aussi bien des biens corporels que des biens incorporels, il peut s'agir de biens mobiliers ou immobiliers. Le texte prévoit expressément que, parmi les droits cédés, peuvent figurer des sûretés (un gage, une hypothèque, la créance contre une caution) : lorsque la fiducie est utilisée comme sûreté, on peut donc constituer en quelque sorte une « sûreté au carré ». On notera aussi qu'on peut transférer, non seulement des biens déterminés, mais aussi des ensembles de biens (par ex., les biens affectés à une entreprise). Selon certains auteurs, cela permettrait de transférer des dettes.

S'agissant ensuite des **créances** pouvant être garanties par la fiducie, les articles 2011 et suivants sont complètement muets, ce qui est logique puisqu'ils n'envisagent pas spécialement le cas de l'utilisation de la fiducie comme sûreté. Les articles 2372-1 et 2488-1, issus de l'ordonnance de 2009, indiquent simplement que la propriété d'un bien (mobilier ou immobilier) peut être cédée à titre de garantie d'une obligation, sans autre précision. Dans ce cas, les articles 2372-2 et 2488-2 disposent que le contrat constitutif de fiducie doit mentionner, en plus des exigences de l'article 2018 (V. *supra*, n° 504), « la dette garantie ». On peut se demander si cette formule permet d'utiliser la fiducie pour garantir un ensemble de créances, voire la totalité des créances actuelles et futures du constituant envers le fiduciaire. Si tel était le cas, la fiducie pourrait être utilisée à la place du cautionnement « omnibus ». S'agissant de la nature des créances garanties, on peut penser que, dans l'immense majorité des cas, il s'agira de crédits bancaires, puisque l'opération est en principe réservée aux établissements de crédit et assimilés. Cependant, on peut imaginer qu'un établissement de crédit non-créancier se voie remettre en fiducie un bien pour la garantie d'une créance quelconque du bénéficiaire, à qui la propriété pourrait être ensuite transférée si la dette n'était pas remboursée.

2° Conditions de forme

509. – Formalisme *ad validitatem*. Le contrat constitutif de fiducie est entouré d'un formalisme pointilleux par l'article 2018 du Code civil, qui énumère les mentions obligatoires du contrat. Nous vous y renvoyons. Mais, en outre, toujours à peine de nullité, ce contrat doit, selon l'article 2019, être enregistré dans le délai d'un mois suivant l'acte : il s'agit d'éviter les fraudes fiscales. Point plus remarquable : l'article 2019, alinéa 2 prévoit que, sous la même sanction – donc la nullité – le contrat portant sur des biens immobiliers doit être publié à la publicité foncière : c'est un cas très exceptionnel où cette formalité de publicité est requise pour la validité même d'un acte !

510. – Conditions d'opposabilité aux tiers. La question des conditions d'opposabilité aux tiers de la fiducie, essentielle lorsque la fiducie est utilisée comme sûreté, n'a été réglée que de manière très lacunaire par la loi de 2007, et c'est une des grandes faiblesses du texte. L'ordonnance de 2009, qui a pourtant introduit des dispositions spécifiques à la fiducie-sûreté, n'a pas davantage réglé le problème. Il est pourtant essentiel que les autres créanciers du constituant, dont la situation va se trouver profondément affectée par la constitution de la fiducie (V. *supra*, n° 508), soient avertis de celle-ci. Cela sera heureusement le cas lorsque les biens transmis seront des immeubles, puisque, on vient de le voir, il faudra publier à la publicité foncière, à peine de nullité. En revanche, aucune mesure de publicité spécifique n'est prévue lorsque les biens transférés sont des meubles corporels ou incorporels. On ne prendra pas pour une telle mesure de publicité la déclaration fiscale d'existence de la fiducie prévue par l'article 223 VH du Code général des impôts, ni même l'inscription de la fiducie dans le registre national des fiducies institué, sur le fondement de l'article 2020 du Code civil, par un décret du 2 mars 2010 : ce registre est destiné uniquement à prévenir les activités illicites (blanchiment de l'argent sale par exemple), et il n'est consultable que par l'administration, non par les tiers intéressés. À partir de là, et en attendant de nécessaires modifications des textes, la publicité de la fiducie sur les meubles corporels ne peut, semble-t-il, être assurée que par la mise en possession du fiduciaire – ce qui n'est guère raisonnable, et limite largement l'utilisation de la fiducie-sûreté. À défaut de mise en possession, le fiduciaire court le risque que le constituant vende le bien à un tiers, qui pourrait se prévaloir de l'article 2276 du Code civil. Parce qu'elle a été conçue surtout comme un moyen de gestion des biens du constituant, la fiducie des articles 2011 et suivants du Code civil implique normalement une mise en possession du fiduciaire. Mais les parties peuvent conclure une convention de mise à disposition au profit du constituant, si les biens sont nécessaires à son activité

(V. C. civ., art. 2018-1). Quant à la fiducie sur meubles incorporels, certains suggéraient de transposer les règles du nantissement : ils ont été entendus, car la loi du 4 août 2008 a créé un article 2018-2 du Code civil prévoyant, comme c'est le cas en matière de nantissement, que la cession de créances réalisée dans le cadre d'une fiducie est opposable aux tiers à la date du contrat, mais qu'elle ne devient opposable au débiteur cédé que si elle lui a été notifiée par le cédant ou par le fiduciaire.

B. – Effets de la fiducie

511. – Effets de la fiducie-sûreté. On s'intéressera seulement ici aux effets de la fiducie en tant qu'ils concernent son utilisation comme sûreté, en essayant d'appliquer à cette situation les dispositions générales de la loi. Pour vous permettre de comparer avec la situation qui résulterait des sûretés traditionnelles (gage ou hypothèque), nous suivrons le même plan que celui observé pour celles-ci, en étudiant d'abord les effets avant l'échéance de la créance garantie, pendant ce qu'on peut appeler la période d'attente (1°) avant de voir comment se dénoue l'opération (2°).

1° La période d'attente

512. – Droits et obligations du fiduciaire. Le fiduciaire jouit de pouvoirs étendus sur le patrimoine fiduciaire. Cependant, dans les rapports avec le constituant et avec le bénéficiaire, ces pouvoirs, modelés par la convention constitutive, sont limités par le but de l'opération. Si l'on est dans le cadre d'une fiducie-sûreté, les pouvoirs du fiduciaire devraient être assez proches de ceux d'un gagiste : en principe, le fiduciaire ne devrait pas pouvoir se servir personnellement des biens remis en fiducie, même s'il en a la possession ; il devrait en revanche pouvoir en jouir, c'est-à-dire en tirer des revenus (par ex., donner à bail les immeubles, percevoir les intérêts des créances), sauf à imputer les revenus sur le montant de la dette garantie. En principe, le fiduciaire ne devrait pas avoir le droit de vendre les biens, sauf s'il s'agit de biens fongibles et consomptibles qu'il devra alors remplacer par des biens équivalents (comme dans le cas d'un gage de choses fongibles). S'agissant de créances, le fiduciaire devrait pouvoir, comme un créancier nanti, les encaisser, si elles viennent à échéance avant la fin de la fiducie, sauf à ne pas confondre les sommes encaissées avec son propre patrimoine. La loi, malheureusement, ne règle pas toutes ces questions, puisqu'elle a été rédigée pour pouvoir s'appliquer aussi (et sans doute principalement), à la fiducie-gestion ; il appartient donc à la convention constitutive de régler cela dans le détail.

Dans les rapports avec les tiers, en revanche, « le fiduciaire est réputé disposer des pouvoirs les plus étendus sur le patrimoine fiduciaire, à moins qu'il ne soit démontré que les tiers avaient connaissance de la limitation de ses pouvoirs » (C. civ., art. 2023). Mais il doit alors expressément révéler sa qualité de fiduciaire (C. civ., art. 2021).

Comme un mandataire, le fiduciaire doit rendre compte de sa gestion, à la fin de l'opération, et, en cours de fiducie, selon une périodicité fixée par le contrat (C. civ., art. 2022). Il répond, sur son patrimoine propre, de ses fautes de gestion, à l'égard du constituant et/ou du bénéficiaire sur le fondement de la responsabilité contractuelle. Si, en cours de fiducie, le constituant ou le bénéficiaire s'aperçoivent que le fiduciaire manque à ses obligations, ils peuvent demander en justice la nomination d'un fiduciaire provisoire ou solliciter le remplacement du fiduciaire. La décision judiciaire faisant droit à la demande emporte de plein droit dessaisissement du fiduciaire (C. civ., art. 2027). Pour assurer une meilleure protection du constituant, l'article 2017 lui permet, lors de la constitution de la fiducie ou à tout moment, de désigner un tiers chargé de s'assurer de la préservation de ses intérêts dans le cadre de l'exécution du contrat et qui peut disposer des pouvoirs que la loi accorde au constituant (et notamment de la faculté de demander le remplacement du fiduciaire). Cette possibilité peut cependant être écartée par une clause contraire du contrat de fiducie, sauf lorsque le constituant est une personne physique.

513. – **Situation des créanciers des parties.** Pendant le cours de la fiducie, le patrimoine fiduciaire est normalement à l'abri des poursuites des créanciers, tant du constituant que du fiduciaire. C'est l'effet essentiel de la séparation des patrimoines qui est à la base de l'opération. Les biens remis en fiducie ne peuvent être saisis que par les titulaires de créances nées de la conservation ou de la gestion de ce patrimoine (C. civ., art. 2025). En conséquence, l'ouverture d'une sauvegarde, d'un redressement ou d'une liquidation judiciaire de l'une des parties est sans effet à l'égard du patrimoine fiduciaire. Curieusement, la loi ne le prévoit que pour les procédures ouvertes au profit du fiduciaire (C. civ., art. 2024), mais la solution s'impose également pour les procédures ouvertes contre le constituant : les biens remis en fiducie restent séparés et ne tombent pas dans la masse des biens profitant aux créanciers du constituant. Ce n'est qu'à cette condition que la fiducie peut servir de sûreté efficace pour le fiduciaire.

La loi, cependant, ne va pas jusqu'au bout de l'idée de séparation des patrimoines, en introduisant des dérogations dans les deux sens. D'abord, selon l'article 2025, le patrimoine fiduciaire peut parfois être appréhendé par les créanciers du constituant : il en va ainsi, de manière bien compréhensible, si ces créanciers avaient, avant la constitution de la fiducie, acquis un droit de suite sur certains biens remis en fiducie (par ex., un bien hypothéqué ou un bien gagé sans dépossession), ainsi que si la fiducie a été constituée dans le but de frauder les droits des créanciers antérieurs (c'est une application particulière de l'action paulienne). Dans le prolongement, la loi a ajouté un 9° à l'article L. 632-1 du Code de commerce pour faire tomber la fiducie sous le coup des nullités de la période suspecte (sauf cependant dans le cas où la fiducie a été constituée en garantie d'une dette concomitamment contractée : correctif heureusement apporté postérieurement à la loi de 2007). Ensuite, et dans l'autre sens, l'article 2025, alinéa 2 accorde aux titulaires de créances de conservation ou de gestion le droit de se payer subsidiairement sur le patrimoine du constituant si le patrimoine fiduciaire est insuffisant : c'est une solution curieuse qui revient en quelque sorte à pénaliser le constituant lorsque la gestion du fiduciaire a été mauvaise. Une stipulation contraire du contrat de fiducie peut cependant mettre tout ou partie du passif à la charge du fiduciaire, voire limiter l'obligation au passif fiduciaire au seul patrimoine fiduciaire (cette dernière clause n'étant opposable qu'aux seuls créanciers qui l'ont acceptée).

2° Dénouement de la fiducie

514. – **Situation en cas de paiement de la dette ou des dettes garanties.** L'article 2029 du Code civil prévoit que la fiducie prend fin, notamment, « par la réalisation du but poursuivi ». En cas de fiducie-sûreté, le paiement de la ou des dettes garanties constitue la réalisation de ce but, et la fiducie doit normalement prendre fin. Tous les biens, droits et sûretés présents dans le patrimoine fiduciaire font alors de plein droit retour au constituant. C'est le fonctionnement normal d'une sûreté réelle.

Dans la proposition de loi de 2005, il avait été prévu que l'extinction en ce cas ne serait pas automatique, ce qui aurait permis de maintenir la fiducie pour la garantie de nouvelles créances à naître ultérieurement, sur le modèle de l'hypothèque rechargeable (V. *supra*, n° 395). Cette disposition avait disparu dans le texte de 2007, mais elle est réapparue dans l'ordonnance de 2009 qui a créé des dispositions spécifiques aux fiducies sûretés. Les articles 2372-5 et 2488-5 envisagent désormais la faculté de prévoir dans la convention constitutive de fiducie que la propriété cédée à titre de garantie pourra être ultérieurement affectée à la garantie de dettes autres que celles mentionnées dans l'acte constitutif. Dans ce cas, donc, la fiducie ne s'éteindra pas avec le paiement de la ou des premières dettes garanties.

515. – Extinction avant le paiement de la dette garantie. La fiducie est nécessairement stipulée pour une durée déterminée, qui, selon l'article 2018, 2°, ne peut être supérieure à quatre-vingt-dix-neuf ans suivant la signature du contrat (à l'origine, dans la loi de 2007, cette durée était de trente-trois ans). Mais rien n'empêche bien sûr de fixer une durée plus courte. Il se peut donc que la fiducie prenne fin avant que la dette garantie n'ait été intégralement remboursée, ou, lorsque la fiducie porte sur des dettes indéterminées, alors qu'un passif est toujours en cours. Et, dans un tel cas, contrairement à ce qui se passe pour le cautionnement ou l'hypothèque, la fiducie s'éteindra complètement, elle ne continuera pas de jouer pour la garantie des dettes déjà nées. De manière encore plus gênante, le législateur de 2007 avait prévu des causes d'extinction de la fiducie qui semblaient difficilement compatibles avec sa fonction de sûreté : il en allait ainsi si le fiduciaire faisait l'objet d'une liquidation judiciaire ou d'une dissolution, ou disparaissait par suite d'une cession ou d'une absorption (C. civ., art. 2029). Ces causes d'extinction de la fiducie ont fort heureusement disparu en 2009.

En principe, la fiducie prend également fin par suite du décès du constituant (C. civ., art. 2029). Cependant, l'ordonnance de 2009 a fort heureusement prévu, dans les articles 2372-1 et 2488-1 du Code civil, que cette cause d'extinction ne jouait pas dans le cas où la fiducie est utilisée comme sûreté : il serait en effet catastrophique que le créancier fiduciaire perde sa garantie à l'égard des héritiers de son débiteur.

516. – Défaillance du constituant débiteur. Le but de la fiducie-sûreté, il faut le rappeler, est d'assurer la garantie du bénéficiaire (qui est généralement confondu avec le fiduciaire dans cette hypothèse) en cas de non-paiement des dettes garanties. La manière dont s'opère alors la réalisation des droits du bénéficiaire est donc essentielle. Or, soucieux de ne pas mettre en exergue telle ou telle utilisation de la fiducie, le législateur de 2007 était resté muet sur ce point, et cela constituait sans aucun doute la plus grande faiblesse du texte au regard du droit des sûretés. Certes, on pouvait imaginer que, en cas de défaillance, le contrat constitutif devrait prévoir l'attribution des biens en pleine propriété au bénéficiaire (le plus souvent le fiduciaire) : il y aurait alors fusion du patrimoine fiduciaire dans le patrimoine général du bénéficiaire. Cette attribution devrait permettre au créancier garanti d'échapper au concours avec tous les autres créanciers du constituant, à la seule exception de ceux qui avaient un droit de suite sur les biens, et sous réserve du paiement, sur le patrimoine fiduciaire de ceux qui ont conservé ou géré ce patrimoine. Mais comment va se réaliser cette attribution ? Faudra-t-il, comme dans le cas du pacte commissoire, procéder à une évaluation des biens ? Le créancier pourra-t-il conserver ces biens au-delà du montant garanti ? Surtout, comment cette attribution se réalisera-t-elle en cas d'ouverture d'une procédure collective touchant le constituant ? Doit-on transposer la paralysie du pacte commissoire édictée en matière de gage, et, s'il faut demander un transfert judiciaire, à quel moment pourra-t-on le demander ? La réforme réalisée par l'ordonnance du 30 janvier 2009 a répondu en partie à ces différentes questions : elle a prévu, tant en matière mobilière qu'en matière immobilière, qu'à défaut de paiement de la dette garantie, et sauf stipulation contraire, le fiduciaire acquiert la libre disposition du bien cédé en garantie. Les modalités de cette attribution en paiement sont réglées, en matière mobilière, par les articles 2372-3 et 2372-4, et en matière immobilière, par les articles 2488-3 et 2488-4. L'avant-projet de réforme de 2017 prévoit une simplification de la réalisation de la fiducie.

517. – **Mise en œuvre de la fiducie en cas de procédure collective.** Mais, par ailleurs, l'ordonnance du 18 décembre 2008 réformant les procédures collectives a apporté d'importantes limites à la mise en œuvre des droits du créancier fiduciaire dans le cadre d'une procédure de sauvegarde ou de redressement ouverte contre le débiteur constituant, du moins dans le cas où les biens objets de la fiducie ont fait l'objet d'une convention de mise à disposition au profit du constituant : ces biens apparaissent en effet comme étant utiles à la continuation de l'entreprise, et la loi paralyse alors largement les effets de la fiducie. Dans ce cas, l'article L. 622-23-1 du Code de commerce prévoit qu'aucun transfert ou cession de biens ne peut avoir lieu au profit du fiduciaire : on retrouve l'équivalent de la paralysie du pacte commissoire en matière de gage. Le fiduciaire ne retrouve l'intégralité de ses droits que dans le cas d'une liquidation judiciaire. La position du fiduciaire est beaucoup plus favorable s'il détient les biens mis en fiducie : en effet, dès lors que les biens sont utiles à la poursuite de l'activité, l'article L. 622-7 du Code de commerce, applicable en cas de sauvegarde et de redressement prévoit que le juge-commissaire peut autoriser le débiteur « à payer des créances antérieures au jugement (...) pour obtenir le retour de biens et droits transférés à titre de garantie dans un patrimoine fiduciaire, lorsque ce retrait ou ce retour est justifié par la poursuite de l'activité ». Le fiduciaire se trouve ici placé dans la même situation que le gagiste ou le rétenteur.

Pistes à explorer

1. – Comparaison de situations

C'est un excellent exercice que de comparer la situation de l'établissement de crédit qui finance l'acquisition d'un bien en cas de non-remboursement du crédit, dans les différentes techniques permettant d'assurer ce financement. La technique traditionnelle est le prêt assorti d'une sûreté réelle prise sur le bien financé, acheté par l'emprunteur grâce au prêt (gage sans dépossession sur véhicule automobile, nantissement sur l'outillage et le matériel d'équipement, privilège spécial immobilier du prêteur de deniers). Le crédit-bail est une autre solution : l'établissement de crédit achète le bien (mobilier ou immobilier) et le loue à l'utilisateur qui, s'il le désire peut devenir propriétaire après paiement d'un certain nombre de loyers. Depuis que la Cour de cassation a admis en 1986 la transmissibilité de la clause de réserve de propriété, on peut concevoir également que le crédit soit accordé en premier lieu par le vendeur du bien, qui ensuite, par diverses techniques (cession de créance, escompte d'un effet de commerce, subrogation personnelle) transmet sa créance (avec la réserve de propriété qui l'assortit) à l'établissement de crédit ; cela ne se conçoit guère qu'en matière mobilière. Enfin, on peut désormais garantir sa créance par l'affectation en fiducie du bien acquis... Comparez ces différentes techniques du point de vue de la garantie qu'elles procurent à l'établissement de crédit, quant à la mise en place de cette garantie (y a-t-il un formalisme à respecter ? Faut-il accomplir des formalités de publicité ?) et quant à la sécurité qu'elle confère à l'établissement de crédit (quelle est sa situation vis-à-vis des autres créanciers ? Que se passe-t-il en cas de procédure collective ouverte contre le débiteur ? L'établissement de crédit est-il protégé en cas de vente du bien à un tiers ?...).

Une autre comparaison que nous vous conseillons de tenter est celle de l'utilisation des différentes techniques étudiées dans ce manuel pour garantir des créances futures et indéterminées d'une entreprise envers une banque : cautionnement, hypothèque, gage, fiducie... Jusqu'où peut-on aller dans l'indétermination des créances garanties avec toutes ces techniques ? Quelle peut être la durée dans le temps de ces garanties, et comment peut-on y mettre fin ? Quels sont les effets des causes d'extinction de ces garanties par rapport aux dettes nées antérieurement ?

2. – Le concours du réservataire de propriété avec les autres créanciers de l'acheteur

C'est une partie de la question précédente qui mérite un examen attentif. De prime abord, le réservataire de propriété échappe au concours, puisque le bien n'est pas entré dans le patrimoine de l'acquéreur. Mais la réserve de propriété n'est pas si sûre que cela. Le réservataire peut être évincé par certains créanciers dont le droit est fondé sur la possession (réelle ou fictive) du bien : réfléchissez ainsi à ce qui se passe si le bien acheté et non payé est mis en gage au profit d'un tiers. Vous trouverez sur ce point plusieurs arrêts de la Cour de cassation. Et, par analogie, que se passerait-il si ce bien était placé dans un local dont l'acheteur serait locataire et dont il n'aurait pas payé les loyers ?

Sans qu'il y ait véritablement mise en possession, le bien acheté peut être confié à un tiers (garagiste, réparateur...) qui pourra exercer son droit de rétention : pourra-t-il, à votre avis, l'opposer au réservataire de propriété ?

Dans le même ordre d'idées, vous pourrez faire le point sur les situations de concours du réservataire de propriété avec le cessionnaire de la créance de prix que l'acquéreur a contre le sous-acquéreur. Vous pourrez rapprocher les solutions de celles qui sont admises à propos de l'action directe du sous-traitant.

Il est vrai qu'alors vous sortirez vraiment du « droit des sûretés ». Mais ce serait une bonne chose si vous compreniez qu'en droit tout se tient...

3. – La porosité des frontières entre sûretés préférentielles et sûretés fondées sur la propriété

On a pris l'habitude de faire une distinction nette entre les sûretés traditionnelles, qui ne confèrent qu'un droit de préférence et les sûretés fondées sur la propriété, qui donnent à leur titulaire le droit de se payer à titre exclusif sur un bien soustrait du patrimoine du débiteur. Cette distinction est formalisée dans la directive européenne de 2002 sur les garanties financières, qui distingue dans son article 1er les garanties avec transfert de propriété et les garanties avec constitution de sûreté (comprenez : celles qui ne transfèrent pas la propriété, mais donnent seulement un droit de préférence). Dans le livre IV du Code civil issu de la réforme de 2006, la distinction apparaît également de manière nette, alors même que les garanties fondées sur la propriété sont également qualifiées de sûretés. Cependant, les évolutions récentes du droit des sûretés, notamment en France, montrent que la frontière entre les deux catégories n'est pas toujours aussi nette.

On le voit en premier lieu si on considère, dans le Code civil, les dispositions relatives au gage de biens corporels. Il y a d'abord la faculté traditionnelle reconnue au gagiste de se faire attribuer la chose en paiement, qui permet de transformer le droit réel de gage en droit de propriété (d'autant plus facilement que désormais cette transformation peut s'opérer sans intervention du juge par le jeu d'un pacte commissoire). Il y a surtout cette disposition extraordinaire de l'article 2341 relatif au gage avec dépossession de biens fongibles : si la convention dispense le gagiste de tenir les choses gagées des choses de même nature qui lui appartiennent, « il acquiert la propriété des choses gagées à charge de restituer la même qualité de choses équivalentes ». Le gagiste est ici transformé en propriétaire temporaire des choses gagées. On peut voir dans cette disposition un écho du « droit d'utilisation » que la directive de 2002 prévoit au profit du créancier nanti sur les titres qui lui sont remis en garantie : si la convention le prévoit, le nanti a la possibilité d'aliéner les titres, sauf à restituer des titres équivalents.

Mais, en second lieu, c'est surtout à propos des garanties sur créances qu'on voit s'opérer un glissement entre les deux types de sûretés. Traditionnellement, on distingue nettement, dans leur principe même, cession de créance et nantissement : alors que la cession transfère la propriété de la créance, que le cessionnaire peut se faire payer directement par le cédé sans entrer en concours avec les autres créanciers du cédant, le nantissement ne confère au créancier nanti qu'un droit de préférence susceptible d'être primé par des créanciers de rang préférable (au moins dans le contexte des procédures collectives). Traditionnellement aussi, les deux opérations ont des finalités différentes : le nantissement n'est qu'un mécanisme de garantie, qui se veut temporaire (le titulaire de la créance nantie devant en retrouver la propriété après avoir remboursé sa dette), alors que la cession opère définitivement transfert de propriété au cessionnaire, généralement pour permettre au cédant d'obtenir immédiatement des liquidités à partir d'une créance à terme. Un premier brouillage des catégories avait été réalisé par la loi du 2 janvier 1981 (dite « loi Dailly ») qui, tout en réglementant de manière parallèle cession et nantissement de créances professionnelles au profit d'un établissement de crédit, avait permis l'utilisation de la cession de créance à titre de garantie. Mais la chambre commerciale de la Cour de cassation a récemment marqué son refus d'étendre cette utilisation en dehors de ce contexte particulier, en posant qu'« en dehors des cas prévus par la loi, l'acte par lequel un débiteur cède et transporte à son créancier, à titre de garantie, tous ses droits sur des créances, constitue un nantissement de créance » (Cass. com., 19 déc. 2006, n° 05-16.395 : *Bull. civ.* 2006, IV, n° 250).

Un élément nouveau est cependant apporté par un arrêt plus récent de 2010 (Cass. com., 26 mai 2010, n° 09-13.388) : cet arrêt réitère la solution de 2006, en requalifiant en nantissement une cession de créance à titre de garantie, portant sur une créance de loyer, et réalisée en dehors du cadre de la cession de créance professionnelle. Mais, en même temps, la Cour de cassation casse l'arrêt d'appel qui avait jugé que les loyers « cédés » devaient être versés entre les mains des organes de la procédure collective ouverte contre le bailleur. Il semble que pour la Cour de cassation, ces loyers pouvaient être encaissés directement par le créancier nanti, même après l'ouverture de la procédure. Avec un tel arrêt, on ne voit plus bien la différence entre les effets d'une cession de créance et ceux d'un nantissement. La solution a été rendue sur le fondement des textes antérieurs à la réforme de 2006. Mais elle devrait sans difficulté pouvoir être transposée sous l'empire des nouveaux textes, qui ont de toute façon tendance à rapprocher considérablement les effets du nantissement de créances de ceux d'une cession. Mais là encore, la réforme à venir du droit des sûretés pourrait faire évoluer les solutions. Vous pourrez ainsi utilement consulter l'avant-projet de réforme du droit des sûretés que nous avons évoqué à de multiples reprises.

4. – La fiducie-sûreté

Longtemps attendue, la loi du 19 février 2007 a beaucoup déçu, et a été sévèrement critiquée, en particulier par les spécialistes du droit des sûretés. Ont été particulièrement pointés du doigt le domaine restreint dans lequel la loi enfermait l'utilisation de cette nouvelle technique (réservée aux constituants personnes morales assujettis à l'impôt sur les sociétés), et, surtout, les très nombreuses incertitudes et inadaptations du nouveau régime pour le cas où la fiducie serait utilisée comme sûreté (pour une critique impitoyable, vous pourrez lire en particulier : P. Crocq, *Lacunes et limites de la loi au regard du droit des sûretés : D.* 2007, p. 1354 et s.). La principale raison de ces imperfections multiples tient à ce que le législateur avait voulu réglementer sans distinction la fiducie-gestion et la fiducie-sûreté – en pensant surtout du reste à la première, et en étant obnubilé par des considérations fiscales. Ce faisant, on avait voulu, dans la méthode, s'inspirer du régime anglo-saxon du *trust*, qui est une technique unique servant à de multiples fins. Mais, s'il est vrai que cette malléabilité du *trust* constitue un de ses principaux atouts, en raison de la souplesse qu'elle donne aux praticiens, il ne faut pas oublier que le régime du *trust* s'est formé, sur une très longue période de temps, à travers des décisions jurisprudentielles, en s'adaptant espèce après espèce aux utilisations qu'en faisait la pratique. Il n'est pas sûr qu'une méthode de réglementation unique soit aussi adaptée à un droit de source législative, dont les multiples incertitudes de départ risquent surtout de contribuer à générer un contentieux abondant. Une partie des imperfections de la loi de 2007 a été corrigée par la loi du 4 août 2008, et surtout par l'ordonnance du 30 janvier 2009, qui a adapté certaines dispositions à l'utilisation de la fiducie comme sûreté, et qui a formellement raccordé le mécanisme au livre sur les sûretés. Tout n'est pas réglé cependant. Le principal problème vient de ce que, en matière de meubles corporels, la loi n'a pas prévu d'exigence de publicité de la fiducie pour en assurer l'opposabilité au tiers. Du coup, le créancier qui se fait remettre des biens mobiliers en fiducie n'est protégé contre le risque d'aliénation de ces biens par le constituant que s'il se fait remettre la possession de ces biens. Mais cela rend peu commode le recours à la fiducie-sûreté. D'une manière plus générale, il serait souhaitable de distinguer dans le texte selon que le fiduciaire se fait ou non remettre la possession des biens, sur le modèle des textes en matière de gage. Par ailleurs, la réglementation de droit commun de la fiducie, à peine édictée, a dû être corrigée pour éviter que, dans le contexte des procédures de traitement des difficultés des entreprises, la fiducie n'aboutisse à vider de sa substance le patrimoine de l'entreprise, et à compromettre le maintien de son activité : l'ordonnance n° 2008-1345 du 18 décembre 2008 réformant le droit des procédures collectives a, dès lors, apporté diverses restrictions aux droits des fiduciaires. Mais il n'y a là qu'une des manifestations de l'habituel conflit entre le droit des sûretés, principalement orienté vers la protection des créanciers, et le droit des procédures collectives, dont l'objectif premier est aujourd'hui d'assurer le maintien de l'activité de l'entreprise. Il n'y a donc là rien de spécifique à la fiducie, même si l'on peut particulièrement regretter, pour ce mécanisme nouvellement réglementé, que la législation n'ait pas été pensée en une seule fois, au lieu d'être fractionnée en quatre textes en moins de deux ans ! Nous vous invitons à regarder ce que devient la fiducie-sûreté dans l'avant-projet de réforme du droit des sûretés.

PARTIE 3
L'AGENT DES SÛRETÉS

518. – **Prolégomènes.** Le livre quatrième du Code civil, consacré aux sûretés, contient trois titres. Le premier est relatif aux sûretés personnelles, le deuxième aux sûretés réelles et le troisième à l'agent des sûretés qui est dorénavant régi par les articles 2488-6 à 2488-12 du Code civil. Il est assez rare que, dans un cours de droit des sûretés, l'enseignant ait le temps de présenter cette nouvelle figure du droit français. Il importe toutefois de l'évoquer dans cet ouvrage, car il nous paraît important que vous en ayez entendu parler.

519. – **Utilité.** Pour comprendre la genèse de l'agent des sûretés, il convient de partir d'un constat : celui de la complexification et de l'ampleur des projets financés par le crédit. Ceux-ci ont entraîné la multiplication des acteurs du financement, spécialement lorsqu'un projet nécessite un emprunt très important. Plusieurs établissements de crédit s'emploient alors à créer un *pool* bancaire (encore appelé syndicat bancaire), qui a pour objet de diviser la charge du crédit, chaque banque membre du *pool* prêtant une partie de la somme globale. Les risques sont ainsi partagés entre les prêteurs, l'une des banques initiant le montage et supportant alors le rôle de chef de file dans le *consortium*. Il reste qu'en dépit de la mutualisation des risques, les membres du *pool* exigent classiquement des garanties et sûretés attachées à leur créance. Or, dès lors qu'un emprunteur se trouve face à une pluralité de créanciers, la problématique de la multiplication des sûretés et de leur gestion dans le temps se révèle au grand jour. C'est là qu'intervient **l'agent des sûretés** qui est particulièrement utile, comme on l'a compris, dans les contrats de crédit syndiqué. Il sera l'interlocuteur commun du débiteur, des créanciers et, le cas échéant, des tiers. Il va permettre **de privilégier une gestion homogène des sûretés.**

520. – **Apparition de l'agent des sûretés.** C'est la loi n° 2007-211 du 19 février 2007, relative à la fiducie, qui a officiellement introduit cet agent en droit français en insérant un article 2328-1 dans le Code civil. Ce texte prévoyait que toute **sûreté réelle** pouvait être **inscrite, gérée et réalisée**, pour le compte des créanciers de l'obligation garantie, par une personne qu'ils désignent à cette fin dans l'acte qui comporte cette obligation. Cette loi avait été complétée par la loi n° 2008-776 du 4 août 2008 qui avait précisé que l'agent des sûretés pouvait également « **constituer** » des sûretés pour le compte des créanciers. Il s'agissait déjà de faire face aux insuffisances des instruments juridiques existant en France pour répondre aux besoins de la pratique et à la concurrence du droit étranger.

Pour autant ce dernier texte n'a pas permis de répondre aux attentes du monde des affaires. Il faut dire que les nombreuses imprécisions de l'article 2328-1 du Code civil laissaient planer le flou sur la **qualification juridique** de l'opération et son **régime applicable** (mandat, fiducie, institution *sui generis*...). Surtout, le rôle de l'agent des sûretés était trop limité pour satisfaire aux attentes des créanciers, ne serait-ce que parce que ce texte n'accordait de pouvoirs à l'agent des sûretés qu'en matière de sûretés réelles. Les acteurs auraient ainsi continué de privilégier des mécanismes de droit étranger.

521. – Mise en place d'un nouveau régime. C'est pourquoi la loi « Sapin 2 » du 9 décembre 2016 relative à la transparence, à la lutte contre la corruption et à la modernisation de la vie économique avait indiqué, dans son article 117, I, 2°, qu'interviendrait une réforme de l'agent des sûretés avant le 9 octobre 2017, « afin de doter le droit français d'un régime juridique de l'agent des sûretés efficace, permettant de concurrencer les dispositifs existants dans les pays anglo-saxons ». Le gouvernement s'est donc trouvé habilité à prendre par ordonnance les mesures relevant du domaine de la loi tendant à clarifier et moderniser le régime défini à l'article 2328-1 du Code civil. C'est l'ordonnance n° 2017-748 du 4 mai 2017 qui est ainsi venue tenter de répondre aux insuffisances évoquées. Elle abroge l'article 2323-1 du Code civil au profit des nouveaux articles 2488-6 et suivants du même code, qui sont entrés en vigueur le 1er octobre 2017.

522. – Sûretés visées. Le premier apport significatif de l'ordonnance est de rendre possible le recours à un agent des sûretés pour… l'ensemble des sûretés. Le nouvel article 2488-6, alinéa 1 du Code civil pose en effet en règle que « toute **sûreté ou garantie** peut être prise, inscrite, gérée et réalisée par un agent des sûretés, qui agit en son nom propre au profit des créanciers de l'obligation garantie ». Ne sont donc plus seulement visées les sûretés réelles comme dans l'ancien article 2323-1. Surtout, les auteurs de l'ordonnance prennent le soin d'ajouter aux sûretés les « garanties ». Il s'agit de ratisser le plus largement possible et permettre de mobiliser des techniques de garantie qui ne relèvent pas nécessairement du livre quatrième du Code civil. On a déjà eu l'occasion de relever qu'il existe des discussions doctrinales sur la notion de sûreté (V. *supra*, n° 26). Pour éviter qu'elles ne viennent paralyser le recours à l'agent des sûretés, il était opportun de viser les garanties en plus des sûretés. Cela permettra de surcroît de recourir à des sûretés d'origine étrangère.

523. – Opérations envisagées. L'agent des sûretés pourra procéder aux différentes opérations de la vie d'une garantie, qu'il s'agisse de sa prise, de son inscription, de sa gestion ou encore de sa réalisation. Il sera donc en mesure de gérer l'opération du début jusqu'à la fin, ce qui paraît somme toute logique eu égard à la finalité de l'opération.

524. – Désignation de l'agent des sûretés. Il n'est plus nécessaire, contrairement à ce qu'exigeait l'ancien article 2328-1 du Code civil, que l'agent des sûretés soit désigné dans l'acte qui constate l'obligation garantie. Cette désignation pourra ainsi intervenir dans un autre acte pouvant être conclu à un autre moment. En revanche, comme le précise très clairement l'article 2488-7, l'acte de désignation de l'agent des sûretés ***est un contrat solennel***. En effet, « à peine de nullité, la convention par laquelle les créanciers désignent l'agent des sûretés doit être constatée par un écrit qui mentionne sa qualité, l'objet et la durée de sa mission ainsi que l'étendue de ses pouvoirs ». L'exigence s'explique par l'importance des sommes en jeu dans les opérations financières. Il est nécessaire de sécuriser ces opérations en étant le plus explicite possible.

Il n'est pas anodin de relever que les textes ne **fournissent aucune indication quant à la qualité que doit revêtir l'agent des sûretés**, contrairement par exemple à ce qui existe en droit OHADA qui évoque des institutions financières ou des établissements de crédit.

Il peut donc être une personne physique ou morale. Compte tenu, une fois encore, des sommes en jeu, il y a fort à parier que les acteurs économiques seront très prudents quant au choix de cet agent. Mais les auteurs de l'ordonnance ont souhaité laisser le plus de marge possible à la liberté contractuelle.

525. – Nature juridique du mécanisme. Il est important de souligner, pour commencer, que l'article 2488-6 du Code civil affirme que l'agent des sûretés agit en son propre nom. Il en résulte qu'il n'a pas la qualité de **mandataire**, puisque n'agissant pas au nom des créanciers qui l'ont recruté. Le changement d'un des créanciers du *pool* sera donc sans incidence, ce qui accroît sans conteste la souplesse du mécanisme.

Cette opération, qui ne s'apparente donc pas à un mandat, se rapproche en revanche de la **technique fiduciaire**. En effet, indique l'article 2288-6 dans ses alinéas 2 et 3, l'agent des sûretés est titulaire des sûretés et garanties. Les droits et biens acquis par l'agent des sûretés dans l'exercice de sa mission forment un patrimoine affecté à celle-ci, distinct de son patrimoine propre. L'agent des sûretés se voit donc reconnaître les pouvoirs d'un fiduciaire. Entreront en effet dans le patrimoine créé spécialement pour l'opération les sûretés et garanties elles-mêmes ainsi que les actifs perçus dans le cadre de leur gestion et réalisation.

Mais, comme le précise clairement le rapport remis au Président de la République, l'agent des sûretés est un fiduciaire spécial. Il est seulement soumis aux dispositions visées par les articles qui le concernent. Le rapport ajoute qu'il n'y a donc pas lieu à application des formalités de la fiducie de droit commun des articles 2011 et suivants du Code civil. Cela s'avérerait en effet beaucoup trop lourd pour la seule gestion des sûretés.

526. – Gestion du patrimoine affecté de sûretés. Dans la mesure où l'agent des sûretés agit en son propre nom, l'article 2488-8 du Code civil l'oblige à faire mention de sa qualité lorsqu'il agit au profit des créanciers garantis, afin que les tiers en soient informés. Il convient en effet d'éviter tout risque d'ambiguïté. Sans avoir à justifier d'un mandat spécial, l'agent des sûretés peut exercer toute action pour défendre les intérêts des créanciers de l'obligation garantie (C. civ., art. 2488-9).

Ces actions pourront aussi bien tendre à la conservation qu'à la gestion ou à la réalisation des sûretés et garanties. L'article 2488-9 vise tout spécialement, au titre de ces actions, les déclarations de créances qui pourraient s'avérer nécessaires en cas de procédure collective.

Les prérogatives de l'agent des sûretés seront toutefois fonction des pouvoirs qui lui auront été accordés par les créanciers dans le contrat de désignation.

La création d'un patrimoine d'affectation produit plusieurs conséquences. La première est exposée par l'article 2488-10, alinéa 1 du Code civil. Elle tient à ce que les droits et biens acquis par l'agent des sûretés dans l'exercice de sa mission ne peuvent être saisis que par les titulaires de créances qui sont nées de leur conservation ou de leur gestion. Le texte prévoit toutefois logiquement l'exception de l'existence et l'exercice d'un droit de suite d'un autre créancier, et celle des cas de fraude.

Quant à la seconde conséquence, qui résulte du deuxième alinéa du même texte, elle tient à l'ouverture d'une procédure de sauvegarde, de redressement judiciaire, de liquidation judiciaire ou de rétablissement professionnel à l'égard de l'agent des sûretés. Dans ce cas, ces procédures sont sans effet sur le patrimoine affecté à sa mission. Il s'agit, comme on le comprend aisément, de protéger les créanciers bénéficiaires des garanties.

527. – Remplacement de l'agent des sûretés. Ce remplacement peut tout d'abord être prévu contractuellement. Si tel n'est pas le cas, tout créancier bénéficiaire des sûretés et garanties peut demander en justice la désignation d'un agent des sûretés provisoire ou le remplacement de l'agent s'il s'avère que l'agent manque à ses devoirs, s'il met en péril les intérêts qui lui sont confiés ou s'il fait l'objet d'une procédure d'insolvabilité.

Dans tous les cas, le remplacement de l'agent des sûretés emporte de plein droit la transmission du patrimoine affecté au nouvel agent (C. civ., art. 2488, al. 11).

528. – Responsabilité de l'agent des sûretés. Dans l'hypothèse où l'agent des sûretés commettrait des fautes dans l'exercice de sa mission, l'article 2488-12 dispose qu'il est responsable sur son patrimoine propre. Il est toutefois possible d'imaginer que les parties organisent contractuellement la responsabilité de cet agent en mobilisant les ressources du droit commun des contrats.

Bibliographie sommaire

Nous vous invitons vivement à consulter régulièrement en bibliothèque d'autres manuels que celui-ci, qui n'est destiné qu'à vous donner une première idée de la matière, et qui peut s'avérer insuffisant notamment pour la préparation des travaux dirigés. Vous n'aurez que l'embarras du choix, car le droit des sûretés est une matière qui a donné lieu, depuis quelques années, à un nombre impressionnant de traités et manuels de toutes catégories.

D'une manière générale, ne confondez pas les petits manuels à vocation pédagogique (qui peuvent faire double emploi avec le cours) et les ouvrages à contenu doctrinal. Ce sont ces derniers qui vous serviront à prolonger l'aperçu de la matière qui vous sera donné en cours, ou par le présent ouvrage, et qui vous serviront principalement à la préparation des travaux dirigés. Attention aussi lorsque vous utilisez un ouvrage à en vérifier la date, pour mesurer l'actualité des développements : d'une manière générale, les ouvrages antérieurs à la réforme de 2006 sont difficilement utilisables, du moins sur la matière des sûretés réelles. Nous en avons cependant maintenu quelques-uns dans la bibliographie, en raison du caractère fondamental de certains de leurs développements. Ils peuvent toujours être consultés à l'occasion en bibliothèque.

- – C. ALBIGES et M.-P. DUMONT-LEFRANC, *Droit des sûretés*, Dalloz, coll. « HyperCours », 6e éd. 2017.
- – L. AYNÈS et P. CROCQ, *Droit civil : les sûretés, la publicité foncière*, Defrénois, 12e éd. 2018.
- – A.-S. BARTHEZ et D. HOUTCIEFF, *Les sûretés personnelles*, in *Traité de droit civil*, ss dir. J. GHESTIN, LGDJ, 2010.
- – M. BOURASSIN et V. BRÉMOND, *Droit des sûretés*, Sirey, coll « Université », 6e éd. 2017.
- – M. CABRILLAC, C. MOULY, S. CABRILLAC et P. PÉTEL, *Droit des sûretés*, LexisNexis, 10e éd. 2015.
- – J. FRANÇOIS, *Droit civil* (ss. dir. C. LARROUMET), t. VII, *Les sûretés personnelles*, Economica, 2004.
- – M.-N. JOBARD-BACHELIER, *Droit civil : sûretés, publicité foncière*, Mémento Dalloz, 17e éd. 2014.
- – D. LEGEAIS, *Sûretés et garanties du crédit*, LGDJ/Lextenso éditions, coll. « Manuels », 12e éd. 2017.
- – G. MARTY et P. RAYNAUD, *Traité de droit civil, les sûretés, la publicité foncière*, par P. JESTAZ, Sirey, 1988.
- – H.-L. et M. MAZEAUD, *Leçons de droit civil*, t. 3, vol. 1, *Sûretés, publicité foncière*, 7e éd. 1999, par Y. PICOD.
- – J. MESTRE, E. PUTMAN et M. BILLIAU, *Sûretés réelles*, 2 vol. (*Droit commun* et *Droit spécial des sûretés réelles*), in *Traité de droit civil*, ss dir. J. GHESTIN, LGDJ, 1996.
- – M. MIGNOT, *Droit des sûretés*, Montchrestien, 3e éd. 2017.
- – Y. PICOD, *Droit des sûretés*, PUF, 3e éd. 2016.
- – S. PIÉDELIÈVRE, *La publicité foncière*, in *Traité de droit civil*, ss dir. J. GHESTIN, LGDJ, 2000.
- – G. PIETTE, *Droit des sûretés : sûretés personnelles, sûretés réelles*, Gualino, 7e éd. 2013.
- – T. REVET et F. ZENATI-CASTAING, *Cours de droit civil : les sûretés personnelles*, PUF, 2013.
- – J.-F. RIFFARD, *Droit des sûretés*, Bréal, 2e éd. 2012.
- – J.-B. SEUBE, *Droit des sûretés*, Dalloz, 9e éd. 2018.
- – Ph. SIMLER, *Cautionnement, garanties autonomes, garanties indemnitaires*, LexisNexis, coll. « Traités », 5e éd. 2015.
- – P. SIMLER et P. DELEBECQUE, *Les sûretés, la publicité foncière*, Précis Dalloz, 7e éd. 2016.
- – P. THÉRY, *Sûretés et publicité foncière*, PUF, coll. « Droit fondamental », 2e éd. 1998.

Vous pouvez en outre, si vous suivez la matière en travaux dirigés, utiliser un ouvrage destiné spécialement à cette fin. Nous vous conseillons tout particulièrement :

- – D. LEGEAIS, *Travaux dirigés de droit des sûretés : études de cas, commentaires d'articles, commentaires d'arrêts*, LexisNexis, coll. « Objectif Droit », 6e éd. 2015.

Enfin, faut-il vous rappeler qu'on ne travaille aucune matière de droit privé sans un Code civil ? C'est dans ce code que vous trouverez les principaux textes relatifs à la matière. En annexe du *Code civil*, LexisNexis (le bleu !) ou Dalloz (le rouge !) ou sous les textes du Code civil dans l'une ou l'autre de ces éditions, vous trouverez de nombreux textes qui peuvent vous être utiles (notamment le Code de la consommation, le Code des assurances, la loi de 1991 sur les procédures civiles d'exécution, certains textes relatifs au droit des entreprises en difficulté).

Index alphabétique

(Les chiffres renvoient aux numéros des paragraphes)

G-I

L-N

P

R-S

V-W

Table des matières

Photocomposition Nord Compo Multimédia
59650 Villeneuve d'Ascq

Cet ouvrage a été achevé d'imprimer en juin 2019
dans les ateliers de Normandie Roto Impression s.a.s.
61250 Lonrai (Orne)
N° d'impression : 1902930
Dépôt légal : juin 2019

Imprimé en France